明治維新期の貨幣経済

小林延人［著］

東京大学出版会

本書は，第 4 回東京大学南原繁記念出版賞を受けて刊行された.
This volume is the fourth recipient of the University of Tokyo
Nambara Shigeru Publication Prize.

The Development of a Monetary Economy in Early Meiji Japan
Noburu KOBAYASHI
University of Tokyo Press, 2015
ISBN 978-4-13-026239-2

明治維新期の貨幣経済／目次

凡例

1 引用は可能な限り引用元の表記を尊重し、適宜読点を補った。そのため、引用文中の字体は統一していない。
2 引用文中の〔 〕は引用者による補記を、／は改行を表している。平出・闕字などの書式は、文意に影響のない範囲で無視した。
3 出典注の表記にあたって、公刊書（私家版を含む）、雑誌、および史料群の名称は『 』で、これらに収録された論文・史料等の表題は「 」で示した。
4 府県・市などの編纂・発行した自治体史の類は、編纂者・発行所名および発行年を一部省略した。
5 年次表記は和暦年号（元号）を基本とし、対応する西暦年号を括弧内に示した。ただし、①慶応四年（一八六八）九月八日の改元の詔書で新元号が慶応四年一月一日にさかのぼって適用されたことを踏まえ、同時代的には慶応四年であっても、本文では明治元年と表記した箇所がある、②明治六年（一八七三）一月一日以前の日付は旧暦によるものであり、西暦と厳密には対応していない。

序章　明治維新期における経済発展の展望

本書は、明治維新期の貨幣経済の分析を通して、貨幣体系・実体経済の構造的変容と持続的成長の可否を探るささやかな試みの一端である。しかしながらこれは、先行する諸研究によって必然的に導かれる命題ではない。まずは、日本史学におけるこの問題に関する議論を追うこととし、そこから浮かび上がってくる課題を析出するところから始めたい。

第一節　貨幣体系の構造的変容

1　近世三貨制度から近代的統一貨幣制度へ

近世の貨幣制度は一般に「三貨制度」と呼ばれる。万延二分金などの正金《しょうきん》、南鐐《なんりょう》二朱銀（計数貨幣）や丁銀・豆板銀（秤量貨幣）などの正銀、天保銭（当百銭）などの正銭、さらに全国各地で発行された藩札・旗本札・寺社札・宿駅札・私札や、主に西日本で流通が見られる銀目手形、など多様な紙幣が発行された。計算単位としては金建て（両建て）・銀建て（匁建て）・銭建て（貫文建て）が混在し(1)、発行主体も多様であった。

明治期に入り、維新政府が貨幣発行を一元的に管理して、国内貨幣の計算単位や流通範囲を統一しようとしたとき、こうした旧来の貨幣を回収し、新しい貨幣制度を構築する必要があった。そこで政府は、明治元年（一八六八）五月

表序-1　太政官札製造高内訳

（単位：両）

	10両札	5両札	1両札	1分札	1朱札	計
明治元　閏4	1,100,000	125,000				1,225,000
5	1,510,000	315,000	143,000	41,750	9,000	2,018,750
6	1,520,000	295,000	431,000	121,500	23,000	2,390,500
7	630,000	195,000	825,000	168,000	45,750	1,296,750
8	1,980,000	395,000	840,000	242,500	59,562	3,517,062
9	3,360,000	700,000	1,139,000	344,500	60,250	5,603,750
閏10	2,660,000	705,000	1,063,000	373,500	55,187	4,856,687
11	1,700,000	825,000	1,340,000	330,000	88,125	4,283,125
12	471,080	671,275	1,181,551	335,471	70,703	2,730,080
明治2　1		100,000	660,000	172,500	37,500	970,000
2		325,360	1,675,007	589,740	28,014	2,618,121
3	400,000	1,150,000	2,260,000	785,000	172,500	4,767,500
4	3,270,000	168,050	1,430,000	865,000	145,625	5,908,675
5	2,704,780		2,498,236	791,833	165,120	6,159,969
計（製造総高）	21,306,860	5,969,685	15,485,794	5,161,296	1,050,337	48,973,973
未発行高	600,000	300,000	70,000	3,000	973	973,973
発行総高	20,706,860	5,669,685	15,415,794	5,158,296	1,049,364	48,000,000

出所：澤田章『明治財政の基礎的研究』（柏書房，1966年）161頁．
注：両未満切捨て．

九日に銀目廃止令を出している(2)。当時、大坂などの西日本では銀建てが計算単位として主流で、銀目廃止はそれを金建てに統一する趣旨を帯びた施策であった。

ところが、近代的統一貨幣制度への移行は一挙に進行したわけではない。維新政府は、旧貨幣を自ら増鋳し、また金建ての太政官札・民部省札を発行した。藩札発行も各藩に任せ、近世期の貨幣制度の大部分を引き継ぐ形で、貨幣政策を開始したのである。

明治元年閏四月二一日に会計官中に設置された貨幣司は、同年七月から翌二年二月にかけて旧幕府鋳貨である万延二分金と安政一分銀を模造している。その額はそれぞれ一七四万六九六四両、七七万六五七五両に達した。このほかに、政府が接収した江戸の金銀座でも引き続き旧貨幣の鋳造を行い、二分金・一分銀・一朱銀の計三五四万三三三両、および当百銭六三九万一三七五貫文あまりを発行した(3)。

由利公正（三岡八郎）によって起案・推進されたのが、太政官札の発行である。明治元年一月二三日に太政官札の発行が内定し(4)、明治元年と明治二年（一八六九）の両年に、四八〇〇万両の太政官札が発行された。太政官札は金建ての紙幣であり、そのことから「金札」とも呼ばれた。太政官札の製造高とその内訳は表序-1の通りで、一〇両札と五両札が金額の過半を占める高額紙幣である。(5) なお、本書では、金建て換算で一両以上の額面を高額貨幣、一分（時期・地域により比価は異なるが、おおよその目安として銀建てだと一五―五五匁、銭建てだと一―三貫文、円建てだと二五銭相当）未満を小額貨幣と規定する。(6)

民部省札は、明治二年九月一七日の布告に基づいて民部省通商司が発行した紙幣である。同年一〇月から翌三年一〇月までに総計七五〇万両の二分札、一分札、二朱札、一朱札が製造された。(7) 太政官札と民部省札を合わせて、官省札と呼ぶ。

維新政府による貨幣発行に加えて、幕末維新期には各藩の藩札発行高が急増したため、物価が高騰した（表序-2）。すでに万延元年（一八六〇）の貨幣改鋳に伴い、正貨の品位が切り下げられ、両建て物価は幕末には上昇傾向にあったが、慶応二（一八六六）年と明治二年の物価上昇はそれと一線を画する。旧貨幣の回収が不徹底のまま、政府は貨幣の新規発行に踏み込んだため、幕末以来のインフレ傾向に拍車をかける結果となった。

表序-2　幕末・明治初期の両＝円建て一般物価指数

（1854-1856 年＝100）

西暦（年）	和暦（年）	年次別指数
1854	安政元	106.5
1855	安政 2	96.3
1856	安政 3	97.2
1857	安政 4	102.2
1858	安政 5	117.1
1859	安政 6	121.1
1860	万延元	147.0
1861	文久元	165.3
1862	文久 2	155.5
1863	文久 3	166.0
1864	元治元	202.2
1865	慶応元	267.2
1866	慶応 2	422.9
1867	慶応 3	460.4
1868	明治元	412.1
1869	明治 2	626.8
1870	明治 3	566.9
1871	明治 4	422.6
1872	明治 5	353.4
1873	明治 6	368.7
1874	明治 7	439.1
1875	明治 8	427.0
1876	明治 9	369.0
1877	明治 10	379.7
1878	明治 11	426.7
1879	明治 12	476.0

出所：新保博『近世の物価と経済発展』（東洋経済新報社，1978 年）282 頁．

このように、万延二分金を始めとする幕府鋳貨や各種藩札など近世以来の貨幣と太政官札・民部省札など明治期の貨幣が混在して流通する明治維新期であったが、戊辰戦争の終結と廃藩置県により新政府の政権基盤が固まるにつれ、貨幣政策も進展していく。(8)

藩札については、まず明治二年一二月五日に藩札増製を禁止し、維新後に製造された藩札を

表序-3　新政府による新貨幣発行高　（単位：円）

会計年度	金貨	銀貨	銅貨	合計
明治　4	1,266,900	2,948,616	0	4,215,516
5	23,950,575	4,070,777	0	28,021,352
6	19,835,720	3,836,817	0	23,672,537
7	4,341,484	3,362,334	421,876	8,125,694
8 上	854,143	828,701	545,536	2,228,380
8 下	365,558	1,895,482	917,405	3,178,445
9	1,057,354	5,515,659	1,127,045	7,700,058
10	361,435	3,940,889	937,565	5,239,889
11	468,050	2,259,710	919,051	3,646,811
12	472,874	3,443,999	885,541	4,802,414
13	481,348	5,025,153	1,120,475	6,626,976
小計	53,455,441	37,128,137	6,874,494	97,458,072

出所：内閣統計局編，中村隆英監修『日本帝国統計年鑑 1』（東洋書林，1999 年）591-592 頁より作成．

通用停止にした。廃藩置県断行日である明治四年（一八七一）七月一四日に、藩札を当日付の相場（いわゆる「七月一四日相場」）で追々引き換えることを布達してからは(9)、政府による藩札回収も本格化した。

明治四年五月一〇日には新貨条例が制定され、新貨幣の発行が開始された。新貨条例によって、旧貨幣の全面的回収と新貨（円建て通貨である新紙幣・新貨幣）への統一が明確に打ち出された(10)。新しく発行された新貨幣の一円金貨は、万延二分金二枚（一両）とほぼ同じ素材価値を持ち、両と円は等価で交換された(11)。

遅れて同年一二月二七日には新貨条例に基づく新紙幣発行の布告が太政官で裁可され、一円、五〇銭、二〇銭、一〇銭の四種が翌年二月一五日から発行されることとなった。このとき、新紙幣は五〇〇〇万円製造されていたが、それでも藩札の「交換ニ充用スルニ足ラス」、加えて新紙幣は一〇銭未満の軽位の貨幣を含まなかったため、多様な額面で発行された藩札を回収すると、人々の日用取引に支障が出る可能性があった(12)。

明治五年六月九日、廃藩置県時の「七月一四日相場」に基づきながら、藩札と新貨との交換比率を定めた「新貨幣旧藩製造楮弊価格比較表」（通称「価格比較表」）が出された。このとき定められた相場は「改正相場」とも呼ばれる。同年七月二三日の太政官布達では、五銭以上に該当する貨幣のみを引き換え、それ未満の藩札については当分通用させることとした。大蔵省は府県に価格比較の印を渡し、それを五銭未満の藩札に押印して通用させた。この押印藩札は、元は藩札であるが、大蔵省の名と「円建て」の額面が併せて捺印された紙幣であり、政府紙幣に転化した貨幣

表序-4　各種貨幣の流通高推移　（単位：千円）

各年12月時点	紙幣							硬貨（新貨幣）			合計
	太政官札	民部省札	新紙幣	国立銀行券	藩札	その他	小計	本位貨	補助貨	小計	
明治 元	24,037				不明		24,037				24,037
2	48,000	2,091			不明		50,091				50,091
3	48,000	7,500			不明		55,500				55,500
4	48,000	7,500			38,551	4,772	98,823	5,407	7,034	12,441	111,264
5	43,251	7,475	4,774		24,904	12,900	93,304	29,824	9,483	39,307	132,611
6	36,864	7,248	24,435	1,362	19,234	9,834	98,977	47,215	13,232	60,447	159,424
7	26,574	6,378	56,108	1,995	4,655	7,842	103,552	44,284	14,825	59,109	162,661
8	5,148	2,338	83,798	1,420	1,101	7,788	101,593	36,795	16,544	53,339	154,932
9	3,096	1,540	88,687	1,774	607	11,795	107,499	35,980	20,821	56,801	164,300
10	3,070	1,520	89,246	13,353	91	11,961	119,241	31,610	24,581	56,191	175,432
11			119,800	26,279		19,619	165,698	29,650	26,647	56,297	221,995
12			114,191	34,046		16,118	164,355	27,206	24,351	51,557	215,912
13			108,412	34,426		16,528	159,366	24,140	20,255	44,395	203,761
14			105,905	34,397		13,000	153,302	23,064	19,376	42,440	195,742
15			105,369	34,385		4,000	143,754	26,892	19,730	46,622	190,376
16			97,999	34,276			132,275	29,851	20,500	50,351	182,626

出所：朝倉孝吉・西山千明『日本経済の貨幣的分析』（創文社，1974年）270-280，404頁.
注：「その他」には，横浜為替会社銀券，大蔵省兌換証券，開拓使兌換証券などが含まれる．小数点第1位四捨五入.

と定義できる。同年八月二八日には細則が定められ、「差向五銭以上各種ノ楮弊而已新紙幣ヲ以テ交換致スヘキ」とあるように、五銭以上の藩札が新貨幣ではなく新紙幣と交換されることが確認された。

新政府による新貨幣発行高を表序-3に示した。金貨（本位貨幣）は二〇円、一〇円、五円、二円、一円、銀貨（補助貨幣）は五〇銭、二〇銭、一〇銭、五銭の他、貿易銀として一円銀貨が鋳造された。銅貨（補助貨幣）の額面は二銭、一銭、半銭（五厘）、一厘の小額貨幣である。従来主流であった万延二分金に代位すべく、新貨幣は明治五・六年にわたって大量に発行されたが、小額貨幣、中でも額面五銭未満の貨幣の発行は、明治七年以降にずれ込んだ。

新紙幣も含めて、紙幣・硬貨の流通高を推計したものが表序-4である。この表は幕府鋳貨を含んでいないが、明治元年から五年にかけて、太政官札の全政府貨幣に占める割合が非常に高かったことがうかがえる。

その後、新紙幣の発行高増大とともに、官省札の流通高も減少していく。同時に藩札回収過程も進行した。これは、新紙幣が、官省札および藩札との交換により市場に投入されたためである。新紙幣は正貨との兌換性は保証されていなかったものの、明治四年の発行後、順調に流通し、円建てに基づく統一的貨幣制度への移行は明治七年前後に完了した。たとえば、三井組西京両替店では明治六年三―四月には帳簿上の精算が円建てで表記されるようになる。それ以前から新紙幣は利用されていたが、精算の時に両に換算し直されていた。明治六年四月以降は逆に、両建て貨幣が円建てに換算し直されるようになる。[13] 三都以外の地域ではそれよりやや遅れ、明治七―八年頃に新紙幣が普及することで、「円」が定着していった。[14]

以上のように、明治維新期（慶応三年一二月九日―明治四年七月一四日）は貨幣制度が大きく変容した時期であった。近世期の貨幣制度は、維新期の政策により変容し、計算単位は円建てに、発行主体は中央政府および中央銀行に統一されていくことになる。しかしながら、明治七年頃まで藩札の回収は不徹底で、旧貨幣の増鋳も行われたため、近世期の貨幣と新しい貨幣がしばらくの間並行して流通することとなった。一国内の計算単位を統一し、貨幣発行を一元的に管理する制度を近代的統一貨幣制度と呼ぶなら、[15] 明治維新期は近世三貨制度から近代的統一貨幣制度への過渡期にあたる。当該期は、貨幣の多様性が極地に達した時期であった。

2 「万延二分金」本位制論

幕末の万延幣制改革以降に大量に発行された万延二分金が、文久期以来ほとんど姿を消した本位小判に代わって様々な市場における「元建」通貨＝価格基準となったこと、そしてこの「万延二分金」本位制が明治七年頃まで続くこと、を論じたのが山本有造『両から円へ』である。この明治七年頃というのは、日本国内で「円」の国民的定着が果たされたと山本氏が考える時期であり、同時に「新貨条例」体制そのものが崩壊し、新貨幣（「金円」「銀円」）の貨幣市場からの退出と、新紙幣（「紙円」）の専一的流通が見られた時期でもあった。以後「銀を基礎とする紙幣本位制」が成立し、松方正義による紙幣整理が明治一八年（一八八五）に完結したのに伴って「近代的幣制」が確立する。したがって、山本氏にとって明治四年五月一〇日に制定された新貨条例は、あくまで「洋銀」を媒介とする「両」の国際的平準化の帰結に過ぎず、「円」の国民的定着こそが近世近代を分かつ分水嶺となる[16]。

幕末から明治初年までを同じ貨幣制度の枠内に位置付けることによって、「両」から「円」への円滑な接続を説明した山本氏の功績は大きい。かねてより、①幕末から明治三年までの価値尺度・価値標準は二分判金であったこと、②新貨条例で、対外的には一ドルとほぼ同価の金であるとともに、対内的には旧一両とほぼ同量の金を持つ一円金貨が創出されたことは指摘されてきたが[17]、両円切り替えが社会の末端にまで行き届いた時期までを画して「万延二分金」本位制を立論したのは、山本氏の独自の着想であろう。氏が継承・発展させた諸論のうち、「円」の誕生を「両」の否定の上ではなく「両」の延長線上に置いた点、明治七年前後まで万延二分金が対外的に基軸性を発揮したことを明らかにした点、そして明治七―八年頃に「円」の国民的定着が果たされたとする点など、本書でも援用する議論は少なくない。

しかしながら、幕末から「円」の定着期までを一括して「万延二分金」本位制と設定する分析では、維新期貨幣経済の内実を捉えきれない。維新期には、多量の贋金が流通して万延二分金のみならず正金自体の信用が危機に瀕した地域も存在するからである。たとえば、第五章で述べる上田藩領の事例がそうである。また、政府は旧幕府鋳貨を模造する一方で古金銀を回収したため、正金の供給は不安定なものとなり、地域偏差は大きくなった。万延二分金の基軸性を全面的に否定するものではないが、贋金流通や古金銀回収政策により「万延二分金」本位制が動揺し、太政官札や数多の藩札が維新期に入ってから新規に発行された結果、貨幣体系は幕末期とは違った形で編成し直されたはずである。

また、山本氏は全国的な状況として、「万延二分判同位の二分判は、明治初年期に流通する金貨のうち実に82％強を、そして金銀貨総額に対してもその37％強を占めている」と説明し[18]、万延二分金の国内的基軸性を強調するが、紙幣も含めて流通高を検討した場合、その基軸性は果たして変わらないのであろうか、という疑問もある。旧佐賀藩域においては藩札が基軸通貨であったことを示唆する研究もあり[19]、「万延二分金」本位制がどう再編されたか、問う必要があると考える。

維新期にどのような貨幣制度ないし貨幣体系が成立したか、この解明が本書の掲げる一つ目の課題である。本書では、法制度的に定義付けられる貨幣利用の枠組みを貨幣制度、実際に人々の手を介して流通する貨幣の組み合わせと使用比率およびそれぞれの貨幣の利用層、という三つの要素によって析出される貨幣流通のあり方を貨幣体系、と設定して区別している。より実体経済に即した後者の変容に注目し、法制度の枠外で流通する貨幣と、それを可能にした背景もあわせて検討したい。

第二節　持続的成長

幕末期とは異なる貨幣体系が維新期に生まれていたのだとしたら、それは実体経済にどのような影響を与えたのだろうか。本節では、持続的成長の可否について考えてみたい。

1　維新期経済停滞論

これまでの維新期経済を全体的に見渡す有力な視座は、近世との断絶と維新期経済の停滞にあった。その論拠は、大坂両替商の金融活動が幕末には低落傾向を見せ[20]、さらに銀目廃止に伴って銀目手形の空位性が表面化したため、多くの両替商が没落したという想定にある[21]。宮本又次氏もこの説を採り、「すでに幕末より不穏な状態にあった大阪の金融市場は、維新の兵火にさいしていっそう混乱状態におちいった。すなわち、両替商は無頼の徒におそわれて一時店舗を閉鎖せざるをえなくなり、大阪の金融機能はまったく停止した」と述べている。[22] 大坂の市場的地位低下論の代表的論者である脇田修氏も、文化―天保年間（一八〇四―一八四四）の過大な御用金賦課を原因とする大坂の金融力低下と、それに起因する都市の全般的衰退を描写している。[23]

また、藩札が経済活動を阻害した面を強調する研究も存在する。特に戦前期には、藩札増刷を「濫発」と見做し、同時に藩札の不流通性を前提としながら、それが経済活動を阻害して民衆の生活を圧迫したとする見解が支配的であった。[24] 明治維新期は、藩札や旧幕府鋳貨が増発されたのみでなく、官省札・新貨幣・新紙幣が発行され、さらに旧貨幣回収も概ね不徹底であったため、日本史上最も貨幣の種類が多い時期、まさに「宝貨錯乱」と称される状況にあった。[25] これは、激しい物価上昇をもたらすものであった（前掲表序-2）。こうした近世から近代への過渡的特性とも言うべき貨幣制度が、経済活動を阻害した側面は一部で認められる。

以上の二点から導ける結論は、近世期における物流と金融の中心地である大坂の経済が維新期に停滞状態に陥ったことと、その他地域における藩札の不流通であり、これらが維新期経済停滞論を構成していた。この視座は、近世期の蓄積ではなく、近代に入ってから導入された新しい資本や技術が、その後の経済発展を推進したという研究とも親和性が高い。

しかし、在来産業が産業革命期に果たした役割を評価する研究潮流や、[26] 幕末までの在来的発展が欧米技術を移植してくる際の受け皿として重要であることを発見した諸研究が出てくると、[27] 必然的に維新期経済の見直しが迫られることになる。維新期経済の停滞性を強調する従来の研究に依拠する限り、近世以来の商人の系譜論[28]や彼らの資本蓄積を認める立場を否定することになり、その後の産業革命が果たされた諸条件を十分に説明しえないからである。かといって、維新期経済停滞論を覆すほどの実証的研究は長らく生まれてこなかった。

2　近世両替商の資本蓄積と近代的資本家への転化

このジレンマを解決する糸口を提示したのが、石井寛治『経済発展と両替商金融』である。[29] 石井氏は、大坂とその周辺の諸商人の振り出す大量の手形や、大坂と京・江戸間を結ぶ為替手形を決済する活発なネットワークの存在を明らかにし、実証水準を格段に押し上げた。夙に、近世期における三都を中心とした両替商仲間による信用関係の整備、そして信用体系の確立については指摘されてきたことではあるが、[30] 両替商仲間の階層構造、すなわち「縦断的」な親子関係と「横断的」な同格両替商同士の関係にまで踏み込んで、具体的実例を挙げながら検討した点に、研究史上の意義が認められる。そして、維新期においても為替手形のネットワークが存続したことを論拠としつつ、近世両替商の蓄積基盤を重視して、彼らの近代的銀行資本への転化と幕末維新期の持続的発展を強調したのである。これにより、日本が外資をそれほど導入せずに産業革命を実現した理由を、近世以来の蓄積に基づく商人の産業投資から説明できる展望が見えてきた。

とはいえ、維新期経済の持続的発展を主張するには、まだ解決すべき問題は残されている。石井氏の研究から見えてくる新たな問題は次の二点である。

まず一点目は、三都の信用取引の検討のみで、維新期の経済発展が語れるだろうか、という疑問である。石井氏は、これまで明治ゼロ年代には「麻痺状態」が続いていたとされる大坂金融市場について、維新期に入ってからも信用取引は継続していたと結論付けた。[31] そこに含意されているものは、幕末開港を契機とする「外圧」に対して「商人的対応」が成功を収め、商人の資本蓄積が進んだという石井氏の想定であるのだが、実物貨幣に関する検討はほとんどなされていないため、実証レヴェルで疑問が残る。また、幕末期以来の地域市場の成長を鑑みると、三都のみの分析では不十分であろう。三都のみならず全国の、貨幣流通と経済的営みを踏まえて、維新期の時代像を構築する必要がある。

二点目は、銀目廃止への商人の対応についてである。石井氏は、維新期に京坂両替商が閉店・休店をした理由として、銀目廃止よりも戊辰戦争に伴う暴力的な奪略（＝「分捕」）を重視した。銀目廃止令が出されたのは明治元年五月のことであったが、その四ヶ月前の一月に多くの両替商が倒産していた。そのことから、銀目廃止はあくまで両替商倒産の「最後」の契機と考えたのである。(32)そのような銀目廃止の打撃を下方修正しようとする意図を反映してか、銀目廃止そのものの分析には及んでいない。したがって、「明治初年に大阪の手形取引を存続させたのは、戊辰戦争や銀目廃止などの打撃を潜り抜けた両替商たちであり、彼らは国立銀行が多数設立されるまでの十数年の間、大阪とその周辺地域の金融活動を担っていた」と述べながらも、(33)どのようにして両替商が「打撃を潜り抜け」ることができたのか、その点が明らかになっていない。商人が銀目廃止を乗り越えることができたことと、銀目廃止の影響力が小さかったことは必ずしも同義ではない。銀目廃止は維新期貨幣制度の変容をもたらした主要な要因であり、それが経済活動に及ぼした影響は甚大だったはずである。(34)その影響の中身と商人の対応を明らかにしない限り、石井氏の議論は成立しない。

3　藩札有用論

藩札史研究の側からも、藩札が地域経済を支えた側面を見出そうとする研究動向が生まれている。一九八〇年代に作道洋太郎氏が、今後の藩札史研究では、「幕府貨幣の代用貨幣の役割を果たした藩札が、どのような意味において代用貨幣たり得たのか明らかにされなければならない」等と問題提起しつつ、藩札＝不換紙幣と直線的に捉えることは適当でないという見方を示したが、(35)現実にそうした方向に研究は進展していった。たとえば丸山真人氏は、藩札が地域通貨として機能し、地域の「自律的な経済発展」を促した側面を認めており、(36)同様の立場から、鹿野嘉昭氏も藩札濫発論を否定した。(37)

藩札の有用性を殊更に強調するなら、藩札発行が有効需要の創出を通じて経済成長を刺激した側面を認めることも可能であろう。新保博氏は、物価に関する統計データを整理し、文政期以降は幕府の貨幣改鋳と藩札増発に支えられてインフレ傾向が持続、それが一人当たり所得の増大と貯蓄形成をもたらしたと分析した[38]。ただし、この「インフレ的成長」論には批判もある[39]。幕末維新期経済の持続的発展を実証面から検討するためには、藩札の流通量や流通の状況を他の貨幣と比較した上で、地域の経済活動に即した評価を行わなければならない。

こうした研究潮流の中で貴重な実証成果として挙げられるのが、岩橋勝氏の一連の研究である。氏の論証は多岐にわたるが、筆者は次の四点を軸として理解している。①「東は金遣い、西は銀遣い」という通説を批判し、「銭遣い経済圏」という新しい経済圏を提唱した点[40]、②銭匁《せんめ》建て取引の内実を明らかにした点[41]、③近世後期には小額貨幣の比率が次第に増大していき、遂には高額貨幣の補助貨幣的機能の枠を超えて主流通貨幣となったという主張[42]、④以上の検討を基に藩札が経済活動に果たした役割を積極的に評価した点、である。「経済発展による民間での貨幣需要の高まり、にもかかわらず小額貨幣の過小供給、それに乗じた藩札過剰供給と流通行き詰まり、より信用度の高い民間独自の自然発生的な銭預り発券・流通、それに乗じた藩府〔熊本…引用者注〕の銭預りとの融合化、そしてより厳しい銭預り供給額抑制政策……。これら一連の動向が一八世紀後半以降の貨幣経済を安定化させえた大きな要因」という岩橋氏の解釈は[43]、単に藩札の有用性を論じるのみでなく、近世期の藩札が貨幣体系の安定にとって必要な構成要素であったという視点を提供してくれる。

維新期とその前後を通じた貨幣経済の持続的成長を探ることを目的とした本書において、岩橋氏を始めとするこれら戦後の藩札史研究の成果に負うところは大きい。とりわけ、幕府が正貨鋳造権を独占していたにもかかわらず、全国的な金融政策を十分に展開しえなかったため、地域においては藩札が弾力的な貨幣供給を果たし経済発展を支えたという評価については、本書も共有している。しかしながら、明治維新期における貨幣体系の変容を前提とするなら、藩札の流通のあり方も当然変化するはずであり、近世中後期の議論をそのまま維新期に援用することはできない。したがって藩札の有用性も所与のものとすることはできず、維新期の貨幣経済に照らして検討しなければならないが、管見の限り、近世期に比して維新期の藩札史研究はそれほど進展していない。

以上から、大坂両替商と藩札に関わる議論を整序した上で、改めて幕末維新期の持続的経済発展を展望する、という本書における二つ目の課題を導くことができる。

なお、開港から松方デフレ終了までの時期（一八五八―一八八五年）は、数量経済史の分野で「空白の四半世紀」と呼ばれることがあるほど、統計資料が少ない。[44] したがって、経済成長を統計資料からではなく、地域のそれぞれの実情から推量する方法を取らざるをえない。そこで、地域の需要が拡大する特殊具体的な要因を実証的に明らかにし、地域に対して貨幣が十分に供給され、生産的投資分野[45]に対して貨幣が適切に配分されるならば、実体経済も成長するものと見做すこととする。

第三節　実体経済の質的変容

では、貨幣体系が変容しつつある維新期において、人々はどのような形で以前と同じように経済活動を継続したと考えることができるだろうか。経済活動の持続性の背後にある、実体経済の質的変容という点について考えてみたい。

1　貨幣論からの知見

かつて、ハイエクは現金保有と投資との競合という観点から貨幣が流通する原因を解明しようとした。[46] 特定の貨幣を保有していることは、投資活動を選ばずに貨幣の保有を選んだことを意味する。そして、貨幣を保有し続けることによって、現在の投資機会を犠牲にする代わりに、将来現れる有利な投資機会に備えることができる。貨幣保有の方が投資に比べて収益性の予測が困難ではあるものの、より大きくなると予想された場合、貨幣保有を選択することになる、というのがハイエクの結論である。

そして、財を保有している者が収益を得るために取る行動は、貨幣保有と投資活動との競合に限定されない。ハイエクの議論を、貨幣Aと貨幣Bが同時に同一地域に存在する経済にも敷衍させて考えると、投資ではなく貨幣保有を選択した場合でも、さらに貨幣Aと貨幣Bのどちらを保有するかで競合するはずである。その立場に立つなら、貨幣の選好もまた、期待収益を最大限にするための人々の営みと言える(47)。

ハイエクの議論は、市場の存在と貨幣を用いた決済の確実性を所与のものとし、収益を最大化しようとする人々の経済合理的な活動の所産として貨幣選好を説明しようとしている。したがって、貨幣が収益を生み出すかどうかは、将来現れることが期待される有利な投資機会まで貨幣価値を貯蔵しておく機能の如何に収斂されることになる。

しかし、ここで二つの疑問を提示したい。一つは、果たして貨幣を選ぶ判断基準は、貨幣の価値貯蔵機能のみなのだろうか、という点である。いま一つは、複数貨幣が流通する経済で人々が絶えず合理的な選択を行う結果、貨幣Aと貨幣Bが「競合」してどちらかが必ず流通過程から排除されることになるのだろうのか、という点である。

たとえば、維新期には次のような貨幣も存在した。既述の通り、明治元年に発行された太政官札は、五両札ならびに一〇両札という高額な紙幣を多く含んでいた。戊辰戦争の最中に発行されたという事情もあり、政府に対する信認も低く、日用取引に用いるのは不便で、研究史上ではあまり流通しなかったと言われてきた。実際、大坂両替商が把握していた太政官札の市中相場は、明治二年前半に大きく下落し（第三章、表3-1）、価値貯蔵手段、交換手段としての機能を一部喪失した状態にあった。しかしながら、どれだけ相場が下落しても、太政官札の価値がゼロになることはなく、太政官札は貨幣として認知されていた。そして、相場下落下でも、太政官札を利用する者は存在した（第三章）。価値貯蔵とはあくまで将来の収益を得るための一つの手段であって、より大きな収益が見込まれるなら、価値貯蔵の点で不利な貨幣を選好することもありえることを、この太政官札流通の事例は示しているのではないだろうか。

現実には、あらゆる社会において、集権的市場が成立し決済の確実性が担保されているとは限らない。様々な財・サービスの需要と供給がすべて均等化する形で価格体系と取引数量が同時決定されるという、ワルラス一般均衡理論の枠組みにおいて説明できるような集権的な市場もあれば、取引相手を見つけるのに時間や費用が掛かり、財・サービスの価格が局所的・分権的な性格を有するという、サーチ理論が想定するような市場もあるだろう[48]。商品流通市場・金融市場の全国的統一が果たされていない幕末維新期においては、後者の市場がより支配的だったのではないだろうか。しかも、取引相手によっては、特定の貨幣を受け取ったり受け取らなかったりするのである。

集権的市場の存在も、決済の確実性も、そして当然のことながら貨幣価値の不変性も前提とせず、歴史学的に実証可能な範囲で独自の貨幣論を立論したのが黒田明伸氏である。黒田氏は「地域間決済通貨」や「支払協同体」などの概念を創出し、貨幣の特性と貨幣流通を維持する経済圏を説明した。黒田氏はそれらの概念を、

ある限られた空間における取引の媒介機能の総体を可測だとみなしうる場合、その総体を「地域流動性」と呼ぶ。……その地域流動性を体現する手交貨幣を「現地通貨」と称する。そのうち手交貨幣が、その空間独自に創造されていたり、あるいは外来のものであっても独自の読み替えによって機能している場合、その機能している範囲を「支払協同体 currency circuit」と呼ぶ。……いっぽう、地域流動性の対となるのは「地域間兌換性」で、それを体現する手交貨幣を「地域間決済通貨」と呼んでいる。……

と定義している[49]。「地域間決済通貨」と「現地通貨」（本書では地域通貨と呼ぶ）という概念のみで貨幣の諸特性をすべて説明しうるわけではないが、それらが重要な貨幣の特性であることは疑いえない。黒田氏の議論は、貨幣が持つ決

済の確実性は限定的であり、それぞれの貨幣の特性に応じた取引が結ばれるはずであるという着想を内包しており、局所的・分権的な市場によって構成される当該期日本の実体経済の分析にも有用であると考える。

近年では地域通貨に関する研究も活発化しており[50]、固有の文化を共有し行政的にも経済的にも分断された地域に流通する地域通貨と、そうした地域を横断して流通するような地域間決済通貨との関係性を検討する必要がある。

ここで二つ目の疑問を思い起こすと、貨幣Aと貨幣Bの「競合」的側面とは違った面が見えてくる。すなわち、両者の貨幣特性が異なる場合、理論上は個別の貨幣選好は競合しても、地域全体で見るとそれぞれが相互補完的に経済活動を支える状況が生じうる。先の太政官札のように、相場が下落傾向にあり、価値貯蔵の点で疑問が持たれるような貨幣が流通する場合、受領者は何らかの方法で収益が得られると予測したのかもしれない[51]。貨幣特性によって貨幣の機能が分化し、それぞれの貨幣を用いることで異なる収益性が期待できるなら、人々は取引に応じて貨幣を使い分けることになるだろう。あるいは、政治的強制力に従い、しぶしぶ太政官札を受け取らされた人や、太政官札の相場が下落傾向にあるという情報を手に入れることができなかった人もいたかもしれない。いずれにせよ、貨幣特性に注目することで、個別の貨幣選好に関してそれらの因果関係を腑分けすることも、地域全体にとって特定の貨幣が果たした役割を言及することも可能となる。

さらに、貨幣Bが貨幣Cに置き換わったときでも、両者の貨幣特性が近似していれば、その交替は円滑に進むはずである。この仮説に基づけば、近世三貨制度と近代的統一貨幣制度の過渡期である明治維新期において、貨幣の交替に見る円滑さと非円滑さというものは、貨幣特性に由来することとなる。ここで言うところの交替の非円滑さとは、回収が決定した貨幣が市場に残り続ける事例（第八章）などを想定している。これは、藩札の回収不徹底の原因を政策的なものに還元せず、貨幣特性から帰納しようという試みにつながる。

さて、近世期における貨幣特性に応じた取引の代表例としては、「領主的商品流通」が挙げられる。そこで、貨幣体系が変容してもそうした取引は継続する可能性があったか、という疑問から出発しつつ、「領主的商品流通」の展開と維新政府の流通政策を一瞥した上で、より具体的に三つ目の課題を示しておきたい。

２「領主的商品流通」と商法司・通商司政策

本書では、①年貢米の廻送と②狭義の「国産会所」方式に基づく特産物移出の二つを「領主的商品流通」として捉えている。両者は近世期における商品流通の特色として位置付けられるが、その消長は同期しない。

まず前者について説明しよう。石高制＝米納年貢制に起因する貨幣流通の季節偏向は、領主が年貢米によって入手する貨幣と、諸種の支払いに用いる貨幣との間に、時間的ズレをもたらした。一方、近世初期に蔵入地率の低下に起因する負債が発生すると[52]、両者の間に量的ズレが生じた。諸藩は、この二つのズレを埋めるための措置を求め、一七世紀後半には、大坂廻米を担保とする形で大坂にて借財を展開するようになる。こうして、大坂への米穀廻送が領主財政を成り立たせる主要な手段となる構造ができ上がった[53]。

近世中期には貨幣経済がいまだ十分に浸透せず、年貢収納の大部分が米穀で済まされていたから、諸藩の決済手段は主として米穀であった。ここで黒田明伸氏の定義に倣って、地域性と零細な計数性を帯びた媒介物としての機能（＝地域通貨の要件）と、普遍的で長期的な価値を保証する機能（＝地域間決済通貨の要件）の両者を、何らかの形で統合したものを本位貨幣と定義するなら[54]、当該期には本位貨幣と呼べるものが存在しない。代わりに米が両者の機能を統合したという意味で、米本位の経済であったと言える。米本位経済は、領主による大坂への米穀廻送が果たされ、米価が安定している限りにおいて、米切手を担保とする大名貸の返済が確実性を持つ、安定的な経済構造であった。

ところが、米価下落がこの構造を根底から覆した。享保期（一七一六―一七三六）、新田開発が進み各地の産米量は増大した。すると、大坂廻米量も増加して、中央市場での需給関係が変化し、米価は実質的・相対的に下落した[55]。さらに、宝暦一一年（一七六一）を画期として展開される、幕府経済政策の主題であるところの年貢増徴策は、より一層の米価下落を導いた。[56] 米本位経済下における米価下落は、藩財政の窮乏化をもたらすことになる。財政難に陥った領主は、大名貸の返済を滞らせ、年賦返済への切り替えや、これ以上返済しないことを告げる「御断り」を断行した。米価下落は、藩債の利払いと元金返済に決定的な障害を与え、[57] 諸藩と大坂「銀主」[58] との関係を悪化させたのである。

より本格的には、天保期（一八三〇—一八四四）以後、貨幣経済の浸透とともに進展していった大坂の米市場としての地位低下が、大名貸の構造を変質せしめた。いくつかの因果関係が想定できるが、貨幣経済の浸透が、(a)大坂／大坂以外の市場への商品作物移出、(b)大坂以外の市場への米穀移出、(c)石代金納の進展ないしは貢租米の国売（領内販売）、などを促し、領主は米穀を大坂に廻送しなくとも幕府鋳貨を入手することが可能になったため、大坂の米市場としての地位は低下したと考えられる。[59] ここにおいて、領主米の流通・市場関係を基軸とする形で編成される「領主的商品市場」が動揺し、大坂廻米と結びついた形で展開していた大名貸の形態も変容を余儀なくされた。

藤村聡氏が東北・北陸諸藩を検討したところによると、大坂に廻米し大坂で借財するという「廻米・借財一体型」に代わって、幕末期には「廻米・借財分離型」の藩が多く登場したという。[60] 領主が幕府鋳貨を入手する方法が多様化したことで、大坂で借財をするために大坂廻米が必須となるような状況ではなくなったと言える。また、地域金融市場の成長に基づき、大坂で借財をしなくとも、地域の豪農商から借財をすれば藩財政が賄えるという現象も、一部見られた。

ただし、大坂の市場的地位低下論を全面的に支持するわけではない。文化九年（一八一二）および翌一〇年の幕府の廻米削減令を直接的な契機として、諸藩による大坂への廻米が減少し、大坂の米（領主米・納屋米）集散市場としての機能が幕末期に衰退していることは明らかであるが、[61] 金融市場、あるいは米以外の商品流通市場としては、なおも一定程度の求心力を有したと評しているためである。[62] しかしながら、領主米集散市場としての大坂の地位低下が、とりもなおさず米本位経済の終焉を表していたことは疑いえない。

米を基軸とした「領主的商品流通」が動揺した幕末期には、代わりに「国産会所」方式が優位となって、それに適合するような形で市場環境は再編された。「国産会所」方式とは、藩が領内に国産会所・産物会所などと呼ばれる部局を設置し、特産物の購入と領外移出によって利益獲得を目指す方法である。藩府権力による強制的な流通独占につながった場合、それは藩専売と定義すべきだが、一部の雄藩を除いて特産物の流通独占は困難であり、藩は既成の流通過程に寄生し、そこから運上・冥加を徴収する場合がほとんどであったから[63]、本書では「国産会所」方式を軸として「領主的商品流通」を理解することとする。

「国産会所」方式の利点は、流通過程に吸着して利潤を得ることにある。その利潤は領主財政にとってのみでなく、地域内の貨幣体系の安定化にとって重要な意味を持った。幕末には全藩的な傾向として、海防のための軍役、藩主上洛などの外交、そして長州戦争等に伴う軍備力拡充、といった支出が嵩み、それらの支出を地域間決済通貨（藩際通貨）で支払う必要があった[64]。「国産会所」方式を展開すると、その収益は藩外から正貨（主に正金）という形でもたらされる。藩域を超えた決済に用いることができる正貨を獲得できるという点が、地域の貨幣供給にとって重要であった。また、「国産会所」方式は往々にして藩札発行を伴っていた。その場合、自藩の藩札を用いて領内の産物を買い、国産会所を通じて領外に移出、売上代金として正貨を獲得することになる。正貨を藩札の準備金にすれば、藩札の価格は維持されるとともに、余剰利益を生む。こうした領内と領外での貨幣の使い分けは、近世期における貨幣特性に応じた商品取引の典型であり、藩札を発行しても貨幣価値が安定する仕法として機能した。

明治維新後も「国産会所」方式は継続可能であった。これを政府の施策との関連で説明しよう。維新政府は明治元年閏四月二五日、会計官内に商法司を設立し、翌明治二年三月一五日に廃止するまで一年弱の間、商法司を通じて国内産業の掌握に努めた。商法司は、本司として京都商法司を、司署として東京商法司と大阪商法司を置き、東京商法司はさらに横浜出張商法司を、大阪商法司は堺県・兵庫県商法司をそれぞれ設置している。これらの商法司の下で、近世期の国産会所を引き継ぐ形で全国に商法会所が設置され、地域の有力商人がその運営に関与した。維新政府は、会計官貨幣司が発行した太政官札を商法司に貸し付け（＝勧業貸付金）、さらに商法司・商法会所を通じて地域の商人に行き渡らせた（第三章）。

次いで、明治二年二月二二日に設置された通商司が、商法司の事業を引き継いだ。[65] 通商司は流通・金融に関する広範な権限を与えられ、各地に通商会社・為替会社を設立して、外国貿易の独占を軸とした国内流通・金融政策を展開した。[66] 政府は三井・小野・島田などの大手両替商、横浜有力売込商を両会社に加入させ、身元金を拠出させた。為替会社はさらに兌換紙幣である為替札を発行し、通商会社に融資するとともに、通商会社は地方商社の設立を督促してその指導・監督と流通の統制を行った。

ある一定の領域を治める行政主体が、領内およびその近隣での流通を保証する通貨を発行、それを用いて領内の生産物を集荷し、領外に移出する。移出の対価として地域間決済通貨を獲得し、地域通貨の信用性を担保するとともに、さらなる生産拡大を促す。この一連の政策を広義の「国産会所」方式と呼ぶことができるなら、近世期の〈藩際交易―藩札発行―国産会所設置〉と相似形を成す、商法司・通商司による〈外国貿易―太政官札・為替札発行―商法会所・通商会社設置〉は、「国産会所」方式の範疇であった。

一方で、宮本又次氏は、明治二年に全国に作られた通商会社下の商社は、任意的・自由主義的・功利的結合を持ち、株仲間との人的連続性があっても性質の相違は明らかだと述べ、「商売自由」に通商会社の本旨を求めた。[67] 氏は、そこに株仲間の解放を見出し、通商会社による流通再編を展望しており、通商会社を「国産会所」方式の純粋な継承と見る諸説を否定している。これは株仲間と商社との相違を通じて近世近代の断絶性を見たものと言える。

明治維新後に取られた商法司・通商司政策は広義の「国産会所」方式に含まれるが、単純な連続面でのみ捉えきれるものでもない。また、近世期にも五品江戸廻送令のように、幕府の流通統制が地域商人の利害と鋭く対立する局面はあったが[68]、この商法司・通商司による一連の政策は藩や地域商人の利得を制限しなかったのだろうか。明治維新期に生じた、①貨幣体系の変容、②政府と領主権力による二元的な流通統制の試み、という新たな状況が、どのように地域経済の再編を要請したか、それを「国産会所」方式を材料として検討する余地が残されている。

3　廃藩置県と実体経済の質的変容

明治二年七月に太政官制国家機構が形成され、各藩の知藩事以下大少参事までの人事権が維新政府によって掌握された[69]。とはいえ、明治四年七月に廃藩置県が実行される以前には、かろうじて領主権力が残り、藩札の流通と領内特産物の買い占めに領主権力が介在しえた。ところが、廃藩置県によってそのような機能を持った領主権力は消失する。同時に、版籍奉還から廃藩置県に帰結する一連の領有制廃止の動きと呼応して藩札回収も本格化した。幣制統一政策の推進者であり、当時大蔵省紙幣頭であった渋沢栄一は次のように回想している[70]。

偖て此の布告〔廃藩置県〕の発する場合に際して、尤も注意を要する一事は、其頃諸藩に行はれて居た藩札の引換法に関する布達である、今此の廃藩の布告が既に発した後に於て、仮に其引換を拒むと見られよ、其極、終に竹槍席旗の騒動を見るに至るは必然でありませう、若又前以て朝廷に於て引換るといふ時には、忽ち其価が騰貴して、其間に於て僥倖の利を射るものが多く出来て、是亦一の弊竇《へいとう》を造るの虞れがあるから、何分にも此の藩札引換の布達は、廃藩の布告と、其間髪を容れざるものである、

すなわち、廃藩後に藩札の引換法に関する布達が迅速に出されず、人々から藩札引換を拒否するものと誤解された場合、必ず騒擾を惹起し、かといって廃藩前に藩札引換の布達を出せば、藩札価格が高騰し相場の差益を不当に得る者が出ると推量している。そのため、藩札引換の布達は、廃藩と同時期に行うべきであるという主張となる。藩札回

収の際に参考にされたのが、廃藩置県時の「七月一四日相場」であることからも政府の意図は明らかである。
そして、廃藩置県と同じ明治四年七月に、通商司も廃止されている。明治維新政府による通商司政策の放棄と廃藩置県の断行が同期して起こったことは、相互の政策的連関を意味している。しかしながら、実態面では〈廃藩置県→通商会社・為替会社の解社〉という単線的な図式では説明できない事象が進展していた。横浜為替会社や本書で分析の対象に据えた名古屋通商会社のように（第六章）、廃藩置県後も存続し、藩の存在を必ずしも前提としない通商・為替会社も存在したのである。領主権力が消失した後にも、「国産会所」方式は展開していた[71]。

では、なぜ領主権力による流通統制の試みが廃藩置県によって解消されてもなお、「国産会所」方式は存続したのであろうか。地域内の流通を一定程度統制する動きは、領主の政治的強制力以外のどのような力によって保たれたのであろうか。そもそも、領主権力が不在となって政府による藩札回収が開始された時期に、「国産会所」方式は有効に機能したのであろうか。これらの問題を、貨幣体系の構造的変容に伴う実体経済の質的変容という枠組みの中で考察したい。

本節では貨幣論の知見から、幕末維新期の分権的・局所的市場においては、貨幣の特性に応じた取引が結ばれていたはずであるという見通しをまず立てた。そうした市場に様々な貨幣が入退場を繰り返す場合、それに応じて取引の結ばれ方も変容すると考えられる。したがって、近世的貨幣体系の時期には「領主的商品流通」に基づく近世的実体経済が、維新期貨幣体系の下では維新期特有の実体経済が、そして近代的統一貨幣体系が成立したのちには近代的実体経済が展開することとなる。これは演繹的に導かれた単純な理論的仮説に過ぎないが、その歴史学的考証として、①明治維新期の貨幣体系下で、商法司・通商司政策はどのように展開したか、②廃藩置県に伴う領主権力の消失と藩札回収によって、地域経済はどのように再編されたか、を解明するというのが本書の掲げる三つ目の課題である。実体経済の質的変容は必ずしも持続的経済発展を否定するものではない。「国産会所」といういわば生産的投資分野における成長を問うことは二つ目の課題にも寄与するところがあろう。

小　括

課題が明らかになったところで、本書が取り上げる具体的な分析対象と、課題との関わりについて説明し、序章を終えたい。

まず、第一章においては、大坂の中規模両替商・銭屋佐兵衛家（以下、銭佐）を事例として、大名貸が両替商の蓄積基盤にどの程度資したのか、という問題を考察する。幕末期に生じた諸藩の財政難に基づく借金の返済不能という事態は、両替商の近代的資本家への転化を妨げた、と研究史上は評価されている。藩債処分によって両替商が近世期の蓄積を近代に持ち越すことができなかったという理解も、この評価と整合的である。幕末維新期の持続的発展を展望するにあたって、まずは大名貸に関する研究史上の評価を再考したい。

第二章では、同じく銭屋佐兵衛家（銭佐）の史料を用いて、銀目廃止の問題と、高知藩における銀券発行の問題について考察する。銀目廃止の布令を受けて、具体的にどのような危機が一両替商である銭佐に及んだのか、そして銭佐はどのようにその危機を乗り越えようとしたのか、という疑問に答える。また、高知藩は幕末維新期に銭佐の貸付対象として最も優遇された藩の一つであったが、高知藩が発行した銀券と銭佐との関わり、そして「領主的商品市場」がどのように再編されたかという論点について検討する。

第三章は、太政官札の流通経路について考察する。維新政府発足間もない時期に発行された太政官札は、発行主体である政府の信用力も低く、素材価値もゼロに等しい紙幣である。しかも、高額であったため、日用取引で使用するには不便があった。研究史上は太政官札の不流通性が強調されてきたが、第三章では逆に、太政官札を受領した人々に注目し、彼らがそれでも太政官札を用いた論理を、貨幣の特性に帰納させて説明する。

第四章は、豊後国日田地域における地域通貨の流通のあり方を検討する。近世後期、幕府直轄地であった日田は九州の金融的中心地であり、近隣諸領から様々な藩札が流入していた。多様な貨幣が存在する中で人々がどのような貨幣を選好したか、という課題に答えるのに好適な土地である。掛屋・千原幸右衛門家の文書を用いて貨幣流通の実態と貨幣相場を検討しつつ、維新期特有の経済構造を描出する。

第五章は、信濃国上田藩における贋金と地域通貨の流通に触れる。維新期信濃国の特徴として、贋金流入が全国的に見ても著しかったことと、騒擾が頻発したことが挙げられる。加えて、上田藩は蚕種の製造地としても有名であるが、これら三つの事象は密接に関係し合うものと考えられる。それぞれの因果関係を説明するとともに、贋金流入によって生じた正金の信用危機と維新後新たに発行された上田藩札などの地域通貨が、地域経済をどのように再編したか考察する。

第六章では、名古屋における通商政策の近世から近代への接続性について考えたい。通商司政策は失敗であったと研究史上位置付けられることが多いが、その理由については諸々見解が分かれている。第六章ではその理由を考える一つの礎石として、名古屋通商会社を挙げる。主に使用する史料は、名古屋通商会社の設立主体ともなった商人・伊藤次郎左衛門家の文書である。また、名古屋において発行された金札小切手は、これまでの近世的藩札とは異なる新しい性格を有する地域通貨であった。他章の事例ともあわせて、維新期貨幣体系の特質について触れる。

第七章では、西播地域における他領藩札流入と、諸藩の対応について検討する。播州西部は、小さな所領や飛地が散在し、また近隣諸領からの藩札が流入してくるという点で、第四章の日田の事例と共通する特徴を有する。西播地域の諸藩連合は、維新期に一時的ではあるが、自領・他領問わず諸藩札を額面通り自由に通用させる政策を採用した。

この事例をもとに、他領藩札流入を地域への弾力的貨幣供給の一形態として評価するとともに、諸藩の藩札価格が公権力によって一律に保証されたことの意味を考えたい。

第八章では、群馬・埼玉の藩札買上政策を検討し、それが藩札の価値に与えた影響を考察する。本来藩札買上は藩札回収と同義であり、したがって新貨条例に基づく近代的統一貨幣制度を構築する目的を持っていた。しかしながら、藩札の価値を下落させて、市場を混乱させることは地域行政にとって得策ではない。こうした状況下で、廃藩置県後の群馬県と埼玉県が取った対応を観察し、明治七年頃までの藩札買上の主たる目的は改正相場と市場価格との差益を獲得する点にあったこと、そして藩札買上に対応する形で市場では藩札価格が上昇したこと、を明らかにする。

以上の実証と分析を果たすことで、課題への答えを準備する。

(1) ほかにも、銀一匁を銭〇〇匁と等価に設定した銭匁《せんめ》建ても存在する。銀一匁が銭七六文に相当するとき、「七六銭札」と呼ばれる。実際の銀貨と銭貨の交換比率とは乖離したものであっても、発行主体の設定により通用した。

(2) 大蔵省紙幣寮編『貨政考要法令編』(大内兵衛・土屋喬雄編『明治前期財政経済史料集成』第一四巻、改造社、一九三四年、原書房による復刻版を利用、所収)四〇—四一頁。

(3) 澤田章『明治財政の基礎的研究』(柏書房、一九六六年、初版は一九三四年)二七七—二八五頁。なお、貨幣司の地金調達方法を検討したものに、安国良一「大坂貨幣司の研究」(『松山大学論集』第二四巻第四-二号〈岩橋勝教授退職記念論文集〉、二〇一二年一〇月)がある。

(4) 前掲澤田『明治財政の基礎的研究』一七頁。

(5) 厳密に言うと、太政官札は額面一両以上の高額紙幣を多く含む貨幣であって、太政官札全てが高額紙幣ではない。太政官札のうち一両札以上と一両札未満とで貨幣の特性は違っているはずであるが、それらを区別せず一括して高額紙幣と見做した点は本書の持つ技術的な限界である。

(6) 小額貨幣の規定については、岩橋氏の議論を参考とした。岩橋氏は小額貨幣を「庶民が日常の消費生活を営むうえで欠かすことのできない程度の額面」とし、金建てで一分未満（事実上は二朱以下）の金貨や計数銀貨、五匁以下の銀札や銀匁札を小額貨幣として設定している（岩橋勝「小額貨幣と経済発展――問題提起」『社会経済史学』第五七巻第二号、一九九一年七月、四―六頁）。また、別稿では「「小額貨幣」を安政期には一分以下、明治初年には二分以下と、物価高騰にあわせてスライドさせる」方法を採用しているが（同「近世の貨幣・信用」桜井英治・中西聡編『流通経済史』〈新体系日本史12〉山川出版社、二〇〇二年、四五一頁）、本書では小額貨幣の拡大解釈を避けるため、幕末維新期においても一分未満の額面を小額と見做した。

（7）高垣寅次郎『明治初期日本金融制度史研究』〈清明会叢書八〉（清明会、一九七二年）八八―八九頁。

（8）本書では、慶応三年一二月九日の王政復古の大号令から、明治四年七月一四日の廃藩置県までの期間を明治維新期、当該期の政権を維新政府と呼び、以後を新政府もしくは明治政府と呼ぶ。勝田政治『廃藩置県――「明治国家」が生まれた日』（講談社、二〇〇〇年）一二頁、参照。

（9）前掲『貨政考要法令編』一九二―一九三、一九五頁。

（10）「新貨条例」（『法規分類大全』第一編、政体門、制度雑款三、貨幣紙幣附、貨幣一）一二七―一二八頁。この「新貨幣」「新紙幣」は固有名詞である。

（11）山本有造『両から円へ――幕末・明治前期貨幣問題研究』（ミネルヴァ書房、一九九四年）二一八頁。

（12）大蔵省編『大蔵省沿革志（下巻）』（大内兵衛・土屋喬雄編『明治前期財政経済史料集成』第三巻、改造社、一九三四年）六五・七五頁。

（13）「貨幣出入帳」（三井文庫所蔵史料、別九六六）、「新土蔵楮幣出納帳」（同、続六六四〇）等参照。

（14）前掲山本『両から円へ』二七六頁。

（15）これは、①幕府による貨幣発行の統制が諸藩に及んでいなかったという議論と、②国立銀行券が政府による貨幣高権一元化の一階梯であるという議論、を前提としている。①については、藩札発行が幕府への届出制であったことから、紙幣の発行権限を幕府が掌握していたとする見解もあるが、届出を行わない藩も多く、特に幕末期、九州地方に対しては幕府の藩札統制が無力化していたという説が有力である（作道洋太郎『日本貨幣金融史の研究――封建社会の信用通貨に関する基礎的研究』未來社、一九六一年、一四一頁）。また、②に関しては、アメリカのナショナル・バンク制度のように、貨幣発行主体を一元化せず発券銀行間の競争を通じて貨幣発行を行った方が、健全な経済が実現するという経済思想がある。日本でもこの思想に基づいて、明治五年に国立銀行条例が制定されたが、本書は、国立銀行券の発行権は厳密に政府によって管理されていたとする立場から、国立銀行制度を近代的統一貨幣制度に移行する過渡的な制度として理解している。終章参照。

(16) 前掲山本『両から円へ』一〇、三一四、三一五、三二三頁。

(17) 三上隆三『円の誕生――近代貨幣制度の成立〔増補版〕』（東洋経済新報社、一九八九年、初版は一九七五年）二二七、二五五頁。

(18) 前掲山本『両から円へ』六五頁。もちろん、「基軸性」という語の含意は、単に流通高に占める割合が高いというにとどまらず、価値標準として高い機能を発揮した点に求められよう。

(19) 長野暹『明治国家初期財政政策と地域社会』（九州大学出版会、一九九二年）は佐賀県域の藩札回収の実証的な分析を行い、膨大な藩札回収量から「旧佐賀藩では基軸通貨が藩札であったことが窺える」（二五七頁）と述べている。

(20) 新保博「徳川時代の信用制度についての一試論――両替商金融を中心として」（『経済学研究年報』〈神戸大〉三、一九五六年）。

(21) 前掲作道『日本貨幣金融史の研究』三〇一頁。

(22) 宮本又次「近世後期の商業と金融」（同編『大阪の商業と金融』〈毎日放送文化双書5〉毎日放送、一九七三年）三六二頁。

(23) 脇田修「近世都市大坂の衰退」（梅渓昇教授退官記念論文集『日本近代の成立と展開』思文閣出版、一九八四年）三三一―三三六頁。

(24) 黒正巌『封建社会の統制と闘争』（改造社、一九二八年）、同『百姓一揆の研究』（岩波書店、一九二八年）、土屋喬雄『封建社会崩壊過程の研究――江戸時代における諸侯の財政』（弘文堂書房、一九二七年）、戦後でも、前掲高垣『明治初期日本金融制度史研究』一九七二年、三一頁。なお、これらの議論が前提とする藩財政窮乏論も、伊藤昭弘『藩財政再考――藩財政・領外銀主・地域経済』（清文堂出版、二〇一四年）などによって見直しが迫られつつある。

(25) 前掲山本『両から円へ』六一頁。

(26) 中村隆英『戦前期日本経済成長の分析』（岩波書店、一九七一年）以後の、在来産業論の隆盛を念頭に置いている。

(27) 機械工業の分野では、鈴木淳『明治の機械工業――その生成と展開』（ミネルヴァ書房、一九九六年）。また、講座・日本経営史の一冊として編まれた宮本又郎・粕谷誠編『経営史・江戸の経験――一六〇〇～一八八二』（ミネルヴァ書房、二〇〇九年）は、技術史的・経営史的な連続面と断絶面の双方を意識した構成になっている。

(28) 宮本又郎氏は、江戸末期から明治中期までの長者番付の変遷を追い、「幕末期新長者」や「維新期新長者」のなかには江戸前中期に起源をもつ伝統的商家が多く含まれるとしつつも、「江戸期商人にせよ、幕末新興商人にせよ、あるいは明治期に勃興した企業家たちにせよ、松方デフレ、企業勃興、工業化という激動のなかで淘汰の試練を受けたのであり、それを乗り切れたか否かの条件を「系譜」だけで論じるのは困難」と結論付けている（同『日本企業経営史研究——人と制度と戦略と』有斐閣、二〇一〇年、三一八—三二〇頁）。本書も宮本氏同様、両替商の系譜を引くかどうかでその後の経営が左右されると考える単純な系譜論を支持するものではないが、近世における経営資産の蓄積が近代に入りどう活用されるかという意味では「系譜」に注目している。

(29) 石井寛治『経済発展と両替商金融』（有斐閣、二〇〇七年）。

(30) 作道洋太郎「幕藩制の再編成と大坂市場の動向」（同『阪神地域経済史の研究』御茶の水書房、一九九八年）一五三—一六五頁。

(31) 前掲石井『経済発展と両替商金融』一六、一三二—一三三頁。

(32) 同前八七頁。近年では、鹿野嘉昭「いわゆる銀目廃止について」（『松山大学論集』第二四巻第四-二号〈岩橋勝教授退職記念論文集〉、二〇一二年一〇月）が銀目廃止を検討しており、石井氏の視角を継承しながら、銀目廃止の影響を「比較的軽微なものにとどまった」（二四五頁）としている。

(33) 前掲石井『経済発展と両替商金融』一三二—一三三頁。

(34) 銀目廃止については、前掲澤田『明治財政の基礎的研究』が白眉である。澤田氏は、太政官札を流通させるために銀目廃止が出されたという通説（吉岡源七『両替商沿革史』私製、一九〇三年）を批判し、銀目廃止令の中に貨幣制度を統一しようとする政府の意図を汲み取った。そして、銀目廃止は結果として「財界の混亂動揺を招き、殆んど収拾すべからざる状態に至らしめた」と分析した（一七〇、一八一頁）。銀目廃止を制度的変容の主たる要素として捉える視角は澤田氏と共有するが、銀目廃止の影響に商人が無力であったとする視角は本書では採用しない。

(35) 作道洋太郎「近世経済発展と藩札の発行——田谷博吉氏の見解に対する私見」（『社会経済史学』第四八巻第二号、一九八二年）一六—一七頁。

(36) 丸山真人「藩札の地域通貨としての意義——岡山藩の藩札を事例として」（『社会科学紀要』〈東大・総合文化〉一九九六年度）一一二頁。

（37）鹿野嘉昭「幕末期、藩札は濫発されたのか——藩札発行高推計に基づき、濫発論を再検討する」（『経済学論叢』〈同志社大学〉第五九巻第二号、二〇〇七年九月、のち同『藩札の経済学』東洋経済新報社、二〇一一年、所収）。

（38）新保博『近世の物価と経済発展』（東洋経済新報社、一九七八年）三一九—三二三頁。

（39）斎藤修「徳川後期「インフレ的成長」論の再検討——実物的アプローチとマネタリ・アプローチ」（『三田学会雑誌』七三巻三号、一九八〇年六月）。

（40）地域内決済において、日常消費生活に必要な少額取引や端数処理のレヴェルを超えるような高額の取引でも銭貨を価値尺度として用いる経済圏を「銭遣い経済圏（銭遣い圏）」と言う。岩橋勝「徳川後期の「銭遣い」について」（『三田学会雑誌』七三巻三号、一九八〇年六月）、同「南部地方の銭貨流通——近世「銭遣い経済圏論」をめぐって」（『社会経済史学』第四八巻第六号、一九八三年三月）、同「近世後期金融取引の基準貨幣——豊後日田千原家史料を中心として」（『松山大学論集』第一一巻第一号、一九九九年四月）参照。

（41）銭匁一匁＝銭〇〇文という設定を行う価値尺度。帳簿での表記は匁建てでありながら、実際の取引には銭貨・銭札が用いられる。野口喜久雄・藤本隆士両氏によって指摘された、九州および中四国地方における銭匁勘定の広範な広がりを議論の前提としている。野口喜久雄「江戸時代の日田商業と経営」（『大分工業高等専門学校研究報告』第一号、一九六四年）、藤本隆士「近世西南地域における銀銭勘定」（『福岡大学商学論叢』第一七巻第一号、一九七二年七月、のち同『近世匁銭の研究』吉川弘文館、二〇一四年、所収）、岩橋勝「伊予における銭匁遣い」（地方史研究協議会編『瀬戸内社会の形成と展開——海と生活』雄山閣、一九八三年）、同「播州における銭匁札流通」（『商経学叢』〈近畿大学〉第三〇巻第三号、一九八四年三月）、同「播州における銭匁遣い」（『松山商科大学創立六〇周年記念論文集』、一九八四年一二月）、同「近世後期南紀における貨幣流通」（『松山大学論集』第一二巻第四号、二〇〇〇年一〇月）、同「近世貨幣経済のダイナミズム——熊本藩領を事例として」（『社会経済史学』第七七巻第四号、二〇一二年二月）。

（42）前掲岩橋「小額貨幣と経済発展」。

（43）前掲岩橋「近世貨幣経済のダイナミズム」二五頁。

（44）尾高煌之助「空白の四半世紀へ」（同・山本有造編『幕末・明治の日本経済』〈数量経済史論集4〉日本経済新聞社、一九八八年）など。

（45）本書では、生産的投資分野として移出・輸出産業を主に念頭に置いている。反対に、非生産的な投資としては、各種貨幣の相場差を利用して投機的に貨幣の買い占め・売却を行う「姦商」的行為を想定している（第八章など参照）。
(46) F・A・ハイエク著、一谷藤一郎訳『資本の純粋理論　改訳版Ⅱ』（実業之日本社、一九五二年）三七四頁。
(47) ここでは同時に、ケインズの議論を前提としている。ケインズは、将来の消費に対する支配権をいかなる形態で保有するかを問題とし、貨幣あるいはその同等物を保有する意思決定を「流動性選好」という用語で説明した。したがって、利子率は流動性を一定程度手放すことに対する報酬と言うことができる（ケインズ著、間宮陽介訳『雇用、利子および貨幣の一般理論（上）』岩波書店、二〇〇八年、第一三章）。これらの議論を踏まえ、本書では、貨幣の特性に応じた使用によって得られる損益（投資・消費）と、貨幣価値の高下によって得られる損益の期待値（貯蓄・貨幣保蔵）との差額を期待収益と考えている。
(48) 今井亮一・工藤教考・佐々木勝・清水崇『サーチ理論――分権的取引の経済学』（東京大学出版会、二〇〇七年）参照。
(49) 黒田明伸『貨幣システムの世界史――〈非対称性〉をよむ』（岩波書店、二〇〇三年、増補新版二〇一四年）一五、一六頁。
(50) たとえば、西部忠編『地域通貨』（ミネルヴァ書房、二〇一三年）には、計三四名の著者が地域通貨に関わる論稿を寄せている。なお、地域通貨は、経済的領域だけでなく社会的・文化的領域でも機能を果たすコミュニケーション・メディアとして捉えられることが多いが（春日淳一『貨幣論のルーマン――〈社会の経済〉講義』勁草書房、二〇〇三年）、本書では経済的領域に限定した分析を行う。
(51) 貨幣を保蔵するコストのことを「デマレージ（滞船料）」と呼ぶが、デマレージが発生する方が、貨幣を受領した人（A）はその貨幣を速やかに使用するため、全体として円滑な流通が促されるという理論的仮説もある（西部忠「地域通貨とはなにか」前掲同編『地域通貨』一六頁）。ここでは、その仮説の成否というよりは、Aがなぜ他の貨幣ではなくデマレージがより発生する貨幣を受領したのかという点を問題にしている。
(52) 城島正祥「慶長元和期の佐賀藩財政」（『史林』第四六巻第一号、一九六三年一月）。蔵入地率とは、蔵入地／石高の比率である。家臣への知行地が多いと蔵入地率は低下し、石高に応じた諸役の割に年貢が少なくなる。
(53) 森泰博『大名金融史論』（大原新生社、一九七〇年）一一―一四頁。
(54) 黒田明伸『中華帝国の構造と世界経済』（名古屋大学出版会、一九九四年）一一頁。
(55) 山崎隆三「元禄・享保期の米価変動について」（『経済学雑誌』〈大阪市立大〉第四八巻第四号、一九六三年四月）一一四頁。ここで「相対的」と述べたのは、一般物価水準や賃金水準に比して米価が特殊的に下落したことを表すためである（一一一頁)。

(56) 中井信彦『転換期幕藩制の研究――宝暦・天明期の経済政策と商品流通』(塙書房、一九七一年)三三七頁。

(57) 前掲森『大名金融史論』一三八頁。

(58) 高槻泰郎氏は、領主が大坂で資金調達を行う手段として、①蔵米を落札した米仲買に対して米切手を発行する方法、②蔵元・掛屋・館入・米仲買などと相対で契約を結ぶ方法、の二類型を想定しており、前者を「浜方を通じた資金調達」、後者を「銀主を通じた資金調達」と呼んでいる(同「幕藩領主と大坂金融市場」『歴史学研究』第八九八号、二〇一二年一〇月)。両者は資金調達方法の差異であり、貸付元の職業の差異ではない。「銀主」の中には「浜方」も含まれるため、両者を二項対立的に扱うのであればさらなる用語の精査が必要であるが、当面本書では、大坂で大名貸を展開した者が必ずしも両替商(本両替)に限らないという点を強調する意味で、大名貸の貸付主体を両替商ではなく「銀主」と総称する。「金主」と呼んでも差し支えはない。

(59) 畿内近郊では、天保期以降の段階に至って、兵庫・堺、それに摂泉浦々を加えた形での入津納屋米集散市場が発達し、幕末期には諸藩貢租米の国売(領内販売)・道売(下関など大坂へ運ぶ途中で販売)による納屋米化が増大したため、入津米集散市場としての大坂の相対的地位低下が見られた。瀬戸内でも大坂を経由しない新興納屋米集散市場が形成され、農民的商品経済発展とそれに基づく在方飯米需要を包摂したとされる(本城正徳『幕藩制社会の展開と米穀市場』(大阪大学出版会、一九九四年)三〇八、三二一、三二六、三二七頁)。

(60) 藤村聡『近世中央市場の解体――大坂米市場と諸藩の動向』(清文堂出版、二〇〇〇年)。日本海側に面する東北・北陸諸藩の中で、幕末期まで「廻米・借財一体型」だったのは加賀藩のみであった(二二頁)。

(61) 同前二七三―二七五頁。

(62) 本城正徳氏は、天保期以降顕在化する中央市場=大坂の地位低下について、領主米集散市場としての、また元相場形成市場としての大坂の中央市場的地位・機能が低下することを認めながらも、それは貢租米商品化市場と領主金融市場の分化を前提とした市場側(利貸資本)の新たな主体的対応であると積極的に評価した。そして、「幕末期大坂の市場的地位の低下は全面的なものではなく、中央市場側(利貸資本)の主体的対応を媒介とした形での、中央市場諸機能(領主米中央市場として大坂が本来果たしてきた諸機能)の内容変化ないしその比重の変化の問題として捉えなおされる必要がある」と問題提起しており(前掲本城『幕藩制社会の展開と米穀市場』三九四頁)、この点は、本書も同じ問題意識に立っている。また、一部の商品の大坂入津量は、幕末期に逆に増加していることが西向氏によって指摘されている（西向宏介「幕末期藩専売制の変容過程と市場的条件――姫路藩木綿専売制の考察をもとに」『日本史研究』三九七号、一九九五年九月）。これらは前掲した脇田修氏の議論に対する有力な反証となっている。

(63) 吉永昭『近世の専売制度』（吉川弘文館、一九七三年）二二六―二二七頁。

(64) 山本有造「明治維新期の財政と通貨」（梅村又次・山本有造編『開港と維新』〈日本経済史3〉岩波書店、一九八九年）一二四頁。

(65) 通商司は明治二年二月二二日外国官中に設置、同年五月一六日会計官に転属、同年七月八日会計官廃止・大蔵省設立に伴い同省に移管、さらに同年八月一一日民部省に転属、翌明治三年七月二二日再び大蔵省に復帰、明治四年七月五日廃止、という軌跡を辿る。本司を東京、支署を大阪・京都・堺および各開港場に置いた。

(66) 明治二年六月二四日太政官令達。前掲『大蔵省沿革志（下巻）』二六〇頁。

(67) 宮本又次『日本ギルドの解放――明治維新と株仲間』〈大阪大学経済学部社会経済研究室研究叢書〉（有斐閣、一九五七年）一一二―一一三頁。

(68) たとえば、西川武臣「横浜開港と国際市場――生糸貿易と売込商の軌跡」（明治維新史学会編『明治維新の経済過程』〈講座明治維新8〉有志舎、二〇一三年）六二―六四頁。

(69) 宮地正人『幕末維新変革史　下』（岩波書店、二〇一二年）二三八頁。

(70) 「雨夜譚」巻之五、二一―二二頁（渋沢青淵記念財団竜門社編『渋沢栄一伝記資料』第三巻、渋沢栄一伝記資料刊行会、一九五五年、所収、一九七頁）。

(71) 通商・為替会社以外では、斎藤修「地方レベルの殖産興業政策――山梨県の事例を中心として」（梅村又次・中村隆英編『松方財政と殖産興業政策』東京大学出版会、一九八三年）が、廃藩置県以後の伝統的勧業方式の残存を指摘し（二六九頁）、木山実「明治九年設立「広業商会」の国産会所的性格」（『経済論集』〈愛知大〉第一五八号、二〇〇二年二月、のち同『近代日本と三井物産――総合商社の起源』ミネルヴァ書房、二〇〇九年、所収）は、明治九年に開業した広業商会に「国産会所」方式の手法を見出している（三八頁）。

第一章　大坂両替商の大名貸と藩債処分

はじめに

維新期における大坂経済の停滞性を論じる場合、その論拠として大坂両替商の資本蓄積の脆弱性が挙げられることが多い。とりわけ、大名貸に進出した両替商が、①大名貸そのものに内在する経営リスクと、②藩債処分に伴う損失、によって資本蓄積を果たせなかったという論じ方がある。

まず前者についてであるが、これは「領主的商品市場」の動揺と大名貸の形態の変容に関わる。初期大名貸は、諸藩の大坂廻米を担保としていたが、享保期（一七一六―一七三六）以後の米価下落により、一変した。財政難に陥った領主が、大名貸の返済を滞らせ、年賦返済への切り替えや「御断り」（返済中止の通告）を断行したためである。これは大名貸経営の相対的な困難化を意味し、大名貸が資本蓄積に結びつかなかったという理解を補強している。

たとえば、大坂の大手両替商である鴻池善右衛門家（以下、鴻善）の場合、享保七年（一七二二）の時点で、九州では福岡・秋月・久留米・柳河・唐津・大村・熊本・杵築・岡・延岡・鹿児島・対馬、四国では徳島・高知・丸亀・宇和島・大洲・今治・吉田、といった諸藩への貸付が見られたが、天明以後（一七八一―）の貸付先は、九州・四国地方に限ると鹿児島・徳島・高知の三藩のみとなっている。森泰博氏によれば、元利棚上げや踏み倒しを実行する領主と大坂両替商の間で取引断絶が起こり、鴻善は大坂への安定的廻米が可能な優良領主を選別して貸し付ける方針を取るようになったという。(1) しかしながら、それでも鴻善は貸付利率の逓減と元利返済の停滞を解消できなかった。一八世紀以降大名貸に特化した鴻善にとって、大名貸の利息収入こそ資本蓄積の基幹的な要素であったが、その利息収入が減少したため、寛政七年（一七九五）以降は危機的な経営状況に陥ったのである。(2)

また、家法「宗竺《そうちく》遺書」で紀州藩と笠間藩牧野家以外に大名貸をしないと定めていた三井家も、実際には京都両替店・大坂両替店を通じて直接・間接の大名貸を行ったものの、「三井にとっては大名金融は富の蓄積の手段とはならなかった」と言われている。(3)

相対の大名貸は、幕府の債権保護の対象外であり、(4) 債務者が突然の元利払い停止措置を取りうるという近世的状況が、大名貸経営のリスクを高めていたと言える。

さらに、大名貸が資本蓄積に結びついたか否かという議論は、藩債処分の評価とも密接に関わっている。一般に藩債処分と言った場合、そこには①藩債取捨政策により旧藩債が切り捨てられた側面と、②交付された新旧公債の市価が下落した側面、の二つが含意されている。廃藩置県以後、旧藩の債務を継承した新政府は、負債の発生時期に基づいて旧藩債を古債・旧債・新債と分類し、古債を切り捨てた。千田稔氏は「藩債総高の二一％余にあたる二〇七藩の古債・古債滞利一、五七七万円余が棄捐された」とし、「藩債取捨は少なからざる債権者商人を貧民化の途上に向わしめた」と藩債切捨の側面を強調している。(5) 新旧公債の価格下落に関しては、三井ら政商が債権者から積極的に公債を低廉価格で取得した事実が指摘されており、(6) この公債時価の額面に対する減価率が、事実上の債務切捨額と見做されている。(7)

以上の藩債処分の評価として、山本有造氏は「旧藩債の八割は切り捨てられたという評価もあながち過激とはいい切れない。維新期における三都豪商の没落を大名貸しの切捨てのみに求めることは単純にすぎる。しかし封建制を買い取る費用の多くが旧来の富商に課せられ、彼らの資本家への転換をさまたげたこともまた事実であった」と述べている。[8] このように藩債処分の過酷さを強調する場合、維新政府による藩債処分が両替商による近代的資本家への転身を妨げた、すなわち大名貸は蓄積基盤とならなかった、という評価になるのである。

しかしこうした理解は、近世両替商の蓄積基盤を重視して幕末維新期の持続的発展を展望するような石井寛治氏の視角[9]と大きな隔絶がある。この差を埋めるためにも、両替商の大名貸経営が貨幣本位の経済の中でどのように展開したか、今一度検討する必要があるだろう。

そもそも大名貸は、元金が返済されなくとも利息収入だけで利益が出る安全な貸付方法であるという説もあり[10]、これは大名貸経営のリスクという議論と矛盾するように見える。大名貸経営がどの程度利益を上げえたのかという問題は、構造的要因から説明するのではなく、まずは個別経営に即して説明すべきであろう。そこで本章では、大坂両替商で近代に入ってから逸身銀行を創設した銭屋（逸身）佐兵衛家を例に、大名貸経営と藩債処分について検討したい。[11]

第一節　銭屋佐兵衛家の大名貸

銭屋佐兵衛家（銭佐）は近世期に両替商を生業とし、近代に入って逸身銀行を設立した商家である。同家は、延享元年（一七四四）に本両替店を開き、宝暦一二年（一七六二）には大坂石灰町（のちに南綿屋町、現在の大阪市中央区島之内）の持屋敷を購入、同所を本店とした。天保四年（一八三三）、四代佐兵衛（一八〇八—九一）が家督相続をし、その四年後には、三代佐兵衛の息子（四代佐兵衛の弟）・佐一郎が分家して備後町四丁目に両替店を開店している。四代目佐兵衛は、明治四年（一八七一）に五代目佐兵衛（一八三八—一九〇三、卯一郎、佐九郎）に家督相続しており、幕末維新期にはこの両者が銭佐本店の「旦那」および「若旦那」として采配を振るっていた。[12] 安政四年（一八五七）の両替商番付では、佐一郎の名が前頭三枚目に見えるが、佐兵衛の名は見えない。この点に注目して、銭屋佐兵衛家が幕末段階で商人金融を行わなくなり、大名貸に特化するような上昇転化を果たしたとする見解もある。[13] しかし、本店（佐兵衛店）と備後店（佐一郎店）には共通の手代（丈助）が出勤し、毎月一日と一五日に大名屋敷を訪問する「式日廻礼」には、佐兵衛・佐一郎が行動を共にしている。[14] また、明治に入ると協同して逸身銀行の設立に出資している事実を併せて鑑みるならば、両店舗の経営は佐兵衛・佐一郎両名によって一元的に管理されながら、本店―大名貸、備後店―商人金融という緩やかな分業化が進展していったと見るのが妥当であろう。

さて、大名貸を行った本店の大名貸帳簿が残されているので、以下ではそれらを元に銭佐の大名貸経営を検討する。まず、「諸家徳」であるが、[15] これは貸付先からの利息と費用を書き上げた帳簿である。基本的に、

文政弐卯年

（印）「徳」　一　廿九貫三百八十五匁七分九厘　高鍋徳

……

（印）「徳」　一　四百七匁三分　五條入用

……

引残　六拾貫四百七十三匁壱分弐厘　徳也

合　弐百四貫八拾弐匁五分五厘

というように、年度毎に諸家が支払った利息が銀建てで計上されている（「〇〇徳」）。帳簿上一段下げの一つ書きで始まるのが費用勘定である。利息と費用の差引として年度純利益（「引残」）を計上しているほか、累積純利益（「合」）も算出している。

費用勘定は「〇〇入用」と記されて用途が不明であることが多いものの、中には具体的に記されているものもある。

「〇〇入用」とのみある項目を仮に①一般管理費とするなら、ほかに②利戻し（「〇〇利戻」とあるもの）、③証文売却損（「一　七拾目　柳生證文売損」文政一〇年）、④上納金（「一　六貫四百四拾目　妙法院献納金百両代」天保元年）、⑤貸倒金（「一　弐拾貫七百八十四匁八分壱厘　金谷損」天保一〇年）、⑥利払い（両替店勘定への利払い）、⑦店の運営費補塡（「家格ロ々」慶応三年）、⑧貸倒引当金（「納銀」）、⑨道具代（「一　三貫目　為道具代除置」天保五年―）が見られる。

手代や家人に対する給料や営業費・普請費用等は、原則として大名貸勘定からは支出されておらず（⑦は例外）、本店両替店勘定および備店両替店勘定にて支出されている。[16]

⑧貸倒引当金は、天保一三年から慶応二年まで（一八四二―一八六六）の二五年間、毎年費用勘定として計上されている。総計で七五〇貫目という巨額の積立金になるが、明治五年に「一　七百五拾貫目　天保十三寅年ゟ慶應二寅年迠納銀多年店口かり〔借り〕ニ相成候分」という説明とともに七五〇貫目が利息収入に付け替えられている。銭佐本店の中では、両替店勘定（「店口」勘定）と大名貸勘定が別口で存在し、毎年貸倒引当金として三〇貫目ずつ両替店勘定に納めていた。もし明治五年に「納銀」の付け替えがなかった場合、年度利息は一六貫五七二匁に過ぎず、これは前年度の一〇〇分の一以下、文政元年（一八一八）以来最低の数値となる。利息収入が危機的に減少した明治五年において、両替店勘定から大名貸勘定に「納銀」を戻したものと理解できる。明治五年に利息収入が激減した理由は、藩債処分に際して、債権者との示談の中断を大蔵省が各府県に指示したことによる。[17]

「諸家徳」に見られる各年度利息と費用を記したものを表1-1とした。利息支払いの継続性や時期から、貸付先であった大名・旗本・寺社の諸家を任意にA～E群として分類してある。

A群は文政期より幕末期まで一貫して取引関係が継続した諸家で、鳥取藩、高鍋藩、伯太藩、庭瀬藩、蒔田氏、[18] 岸和田藩、小田原藩、妙法院が含まれる。文政期は高鍋藩からの利息収入が多く、特に文政四年は全利息の五二・四％を占めている。妙法院への貸付は名目金貸付で、[19] たとえば銭佐から妙法院御貸付役所を通じて対馬藩へ渡るという事

（単位：匁）

B群										西暦	和暦
肥前佐賀	島原	島原貸出	飫肥	尼崎	金谷	近江小室	加賀	根来	五條代官		
	16,504.50							5,712.27	264.61	1818	文政元
	8,279.51						3,342.90		(407.30)	1819	文政2
30,676.70	17,001.00		(2.30)				1,037.19		(362.70)	1820	文政3
28,118.25	1,418.50		12.97	1,254.73	682.29	3,240.00	961.20	960.00	(333.37)	1821	文政4
35,301.62	11,112.50		158.41	3,366.50	3,019.10	3,510.00	972.44	3,947.66	(595.73)	1822	文政5
770.44	6,134.60		107.10	4,200.42	5,407.37	3,240.00	1,037.19		3,848.90	1823	文政6
1,051.63	5,068.42	(9,000.00)	124.20	7,159.40	12,070.44	3,550.00	967.60	(343.20)	4,207.64	1824	文政7
563.60	7,519.36		254.46	281.40	873.81	3,375.00	1,041.90		4,217.27	1825	文政8
(89.50)	912.00		218.79	1,090.50	653.80	270.00	961.80	3,008.00	(282.24)	1826	文政9
719.90	5,031.16		310.79	481.84	17,652.84		961.80	(1,289.10)	(312.56)	1827	文政10
(62.80)	9,324.39		170.44	(18.70)	10,470.86				(284.47)	1828	文政11
25.30	1,922.00		234.50	10,588.30	(11.10)		621.41		(238.41)	1829	文政12
40.44	600.00		(28.71)	1,749.70			299.40		(222.50)	1830	天保元
4,810.40	3,680.80			1,232.10			322.37		(245.70)	1831	天保2
1,305.32				1,120.99			299.40		(777.69)	1832	天保3
1,177.20	1,204.50			(8.20)			322.37			1833	天保4
1,177.40	1,950.00		6,880.20				219.40			1834	天保5
1,204.00			(67.66)				246.72			1835	天保6
1,205.00	2,400.00		(76.86)	4,233.40			338.33			1836	天保7
1,187.14			988.32	15.40						1837	天保8
5,695.60			3,198.90	1,007.70						1838	天保9
1,073.81	6,900.00		2,677.14	162.00	(25,784.81)					1839	天保10
1,050.86			2,984.96	108.00						1840	天保11
1,013.93			2,407.99	58.50						1841	天保12
1,159.61	4,200.00		4,402.87							1842	天保13
951.96			5,814.00							1843	天保14
(40.00)			5,477.60							1844	弘化元
(4,904.19)			2,491.60							1845	弘化2
(243.30)			32.00							1846	弘化3
(147.50)			5,744.60							1847	弘化4
(98.30)			1,134.00							1848	嘉永元
(94.30)			1,750.00							1849	嘉永2
(74.58)									(105.88)	1850	嘉永3
(70.95)										1851	嘉永4
(86.56)										1852	嘉永5
(65.30)										1853	嘉永6
(39.08)										1854	安政元
(12.05)										1855	安政2
(12.13)										1856	安政3
(10.18)										1857	安政4
(12.16)										1858	安政5
(12.25)										1859	安政6
(16.11)										1860	万延元
(16.10)										1861	文久元
(16.38)										1862	文久2
(16.78)										1863	文久3
(16.80)										1864	元治元
(16.70)										1865	慶応元
(16.92)										1866	慶応2
(17.37)										1867	慶応3
(6.90)										1868	明治元
(16.90)										1869	明治2
(26.95)										1870	明治3
(13.75)										1871	明治4
										1872	明治5
										1873	明治6
										1874	明治7
										1875	明治8
114,007.32	111,163.24	(9,000.00)	47,400.31	38,083.98	25,034.60	17,185.00	13,953.42	11,995.63	8,369.87	小計	

ことができないため，諸家毎に利息と費用の差額を計上している．利息を費用が上回る場合，マイナス表示（括弧）となる．

表 1-1（1）　銭佐の大名貸経営における各年度利息と費用

西暦	和暦	A群									
		因州鳥取	因州徳別口	日州高鍋	泉州伯太	備中庭瀬	蒔田	泉州岸和田	相州小田原	妙法院	妙法院別口
1818	文政元			58,418.19	(179.70)	19,428.21	7,290.26	16,149.79	6,329.24		
1819	文政 2			29,385.79	(51.70)	6,820.93	5,691.00	3,173.59	4,238.40		
1820	文政 3			33,931.50	(51.00)	10,509.77	6,307.68	2,552.93	4,169.80	(4,111.70)	
1821	文政 4	(43.50)		28,964.43	1,088.00	(7,527.24)	372.40	1,347.72	5,681.52	(2,500.19)	
1822	文政 5	(20.00)		23,811.10	(50.00)	(2,371.62)	7,456.08	3,694.05	4,134.40	(562.83)	
1823	文政 6	2,895.33		20,115.46	(28.50)	(745.81)	2,469.44	5,479.90	3,578.71	(122.13)	
1824	文政 7	3,741.76		15,085.60	206.24	162.08	4,975.60	4,648.29	2,872.50	1,549.04	(6,000.00)
1825	文政 8	3,172.19		12,549.67	(59.00)	465.50	4,349.08	4,976.11	5,801.23	2,487.52	
1826	文政 9	2,063.22		7,520.12	1,029.91	412.29	4,091.57	4,801.62	6,085.80	4,033.33	
1827	文政 10	6,304.10		32,455.99	3,126.90	112.20	3,926.52	4,684.83	7,253.99	4,626.70	
1828	文政 11	9,272.66		36,455.66	4,841.97	(2.90)	7,230.52	2,898.67	4,948.30	5,061.36	
1829	文政 12	8,455.97		31,470.22	5,579.30	(2.20)	6,539.93	1,690.34	3,084.81	4,322.50	
1830	天保元	15,153.92		29,040.52	7,875.30	85.76	8,730.41	2,129.94	2,950.40	4,093.70	(6,440.00)
1831	天保 2	28,040.40		40,894.71	5,642.77		6,715.60	3,188.70	1,741.41	4,805.43	6,440.00
1832	天保 3	24,131.70		18,959.10	1,720.50		4,907.10	2,334.85	917.50	4,720.41	
1833	天保 4	17,924.53	27,820.00	32,611.30	5,076.44		3,236.60	2,797.51	438.33	3,999.72	
1834	天保 5	11,124.59		41,239.70	5,336.30		2,845.60	2,216.54	969.30	2,074.46	
1835	天保 6	7,291.20		49,273.37	5,825.50	1,446.94	3,288.42	2,353.34	1,134.16	2,825.79	
1836	天保 7	3,100.27		50,809.43	5,642.60	8,867.08	3,756.66	2,965.30	2,574.30	1,106.67	
1837	天保 8	11,691.56		42,930.03	8,832.70	1,426.40	4,983.29	1,810.39	4,583.31	3,289.60	
1838	天保 9	11,918.66		43,914.82	9,142.79	(6.00)	4,409.50	2,225.10	1,097.60	14,304.99	
1839	天保 10	13,352.29		36,535.46	10,414.33		3,372.50	1,375.54	6.29	1,647.20	3,960.00
1840	天保 11	5,985.29		39,804.04	7,987.11	359,260.60	2,865.77	1,009.52	350.13	3,149.44	16,336.64
1841	天保 12	17,009.03		35,218.70	7,005.79	5,610.41	2,467.91	1,265.50	5,052.81	2,646.20	
1842	天保 13	21,308.44		38,249.66	6,433.34	6,714.72	4,723.00	981.00	4,400.67	2,940.15	
1843	天保 14	26,438.07		39,454.94	287.60	7,599.20	5,760.60	1,266.00	236.62	2,884.05	
1844	弘化元	14,673.50		46,165.09	(443.01)	8,814.41	6,106.24	1,123.70	436.50	3,410.22	
1845	弘化 2	26,586.76		26,268.19	348.13	12,006.57	4,773.57	1,252.50	668.80	1,981.71	
1846	弘化 3	17,314.97		30,534.60	479.19	11,165.41	5,676.44	1,156.00	902.80	2,661.70	
1847	弘化 4	22,061.64		25,164.50	(334.27)	10,118.48	4,069.13	1,110.20	1,118.80	1,545.28	
1848	嘉永元	27,643.53		26,982.93	602.67	10,170.99	4,518.90	1,193.40	3,386.80	1,839.58	
1849	嘉永 2	29,691.54		26,274.96	107,622.01	13,041.92	4,832.06	1,532.40	3,971.80	2,175.16	
1850	嘉永 3	29,869.63		22,922.99	12,367.70	12,721.28	5,265.08	1,964.00	2,771.80	2,478.15	
1851	嘉永 4	66,017.39		26,974.07	16,371.19	7,939.41	3,917.92	1,156.00	4,606.65	1,532.84	
1852	嘉永 5	48,123.01		29,571.41	36,151.14	12,646.50	2,963.58	1,359.00	4,147.92	1,921.23	
1853	嘉永 6	38,085.88		26,917.72	(712.46)	17,589.76	6,262.82	1,532.08	3,408.00	2,295.57	
1854	安政元	25,802.98		30,282.86	4,543.89	1,047.03	8,251.45	1,331.57	3,226.26	2,108.91	
1855	安政 2	36,556.31		30,060.17	109,488.08	15,732.68	7,643.18	2,332.00	2,557.34	1,812.54	
1856	安政 3	30,345.35		36,926.63	87,500.42	(41.37)	8,111.57	3,631.25	4,709.45	1,690.20	
1857	安政 4	25,770.12		27,442.61	8,979.99	2,408.65	8,587.40	2,214.18	4,159.51	(67.53)	
1858	安政 5	19,445.68		29,074.80	114,598.41	1,639.26	7,328.38	5,012.13	3,367.90	91.43	
1859	安政 6	24,614.44		34,054.35	5,493.75	13,268.08	7,278.12	5,619.77	1,230.26	58.79	
1860	万延元	30,839.39		30,280.09	77,434.06	7,240.26	5,851.47	10,645.62	9,068.56	70.34	
1861	文久元	27,242.56		22,990.55	79,253.52	6,847.24	5,916.41	6,665.66	6,029.86	27.73	
1862	文久 2	34,284.96		19,054.38	69,975.22	8,524.64	7,279.70	13,765.98	11,446.92	38.64	
1863	文久 3	45,653.50		30,106.21	98,942.01	8,103.05	4,602.95	28,991.42	11,521.87	(100.40)	
1864	元治元	40,898.80		21,463.47	8,740.46	5,049.90	9,605.11	20,050.86	11,653.01	40.37	
1865	慶応元	79,048.29		32,585.13	177,565.42	18,249.51	8,886.08	17,721.57	12,460.49	(126.04)	
1866	慶応 2	48,249.04		19,483.39	64,591.99	26,094.33	27,926.08	26,746.63	17,554.66	(42.34)	
1867	慶応 3	40,725.22		45,689.53	62,401.51	22,943.53	20,852.20	10,510.55	12,938.31	(445.72)	
1868	明治元	58,194.54		98,536.59	(2,004.95)	23,253.01	75,451.32	10,216.93	1,061.61	(100.00)	
1869	明治 2	149,379.22		71,538.61	56,915.51	54,392.70	24,182.04	12,701.44	573.97	1,170.00	
1870	明治 3	81,866.40		117,175.46	(1,906.02)	16,781.99	48,707.74	61,896.18	1,360.08		
1871	明治 4	542,866.78		80,027.16	68,645.48	(69.11)	3,031.72	(1,377.75)			
1872	明治 5	(10.67)		12,290.85	(10.63)	(32.63)	(706.75)	(10.63)			
1873	明治 6	48,221.14					6,292.00				
1874	明治 7	109,917.37		5,132.60	53,689.61						
1875	明治 8										
小計		2,070,290.95	27,820.00	1,951,071.41	1,419,965.51	765,913.80	466,226.95	336,061.71	224,971.46	97,339.77	14,296.64

出所：「諸家徳」（『逸身家文書』7-36）．
注：明治6年以降は円表示のため，1円＝220匁で匁に換算し直した．史料上の制約から，厳密に利息と費用の書き上げを分ける

（単位：匁）

E群										西暦	和暦
平戸	美濃郡代	府内	久留米	宮津	柳生	信楽	戸塚	延岡	秋月		
4,285.90	7,533.54	1,872.63								1818	文政元
										1819	文政２
(170.67)										1820	文政３
			1,578.53							1821	文政４
										1822	文政５
										1823	文政６
										1824	文政７
										1825	文政８
										1826	文政９
				40.43	(70.00)					1827	文政10
				276.00						1828	文政11
				189.00						1829	文政12
				420.00		(22.10)				1830	天保元
										1831	天保２
										1832	天保３
							421.92			1833	天保４
							253.70			1834	天保５
								(78.39)		1835	天保６
								(44.33)		1836	天保７
								(51.70)		1837	天保８
								163.08		1838	天保９
								(47.06)		1839	天保10
								47.06		1840	天保11
									2,000.00	1841	天保12
										1842	天保13
										1843	天保14
									1,787.51	1844	弘化元
									(4.86)	1845	弘化２
										1846	弘化３
										1847	弘化４
										1848	嘉永元
										1849	嘉永２
										1850	嘉永３
										1851	嘉永４
										1852	嘉永５
										1853	嘉永６
										1854	安政元
										1855	安政２
										1856	安政３
										1857	安政４
										1858	安政５
										1859	安政６
										1860	万延元
										1861	文久元
										1862	文久２
										1863	文久３
										1864	元治元
										1865	慶応元
										1866	慶応２
										1867	慶応３
										1868	明治元
										1869	明治２
										1870	明治３
										1871	明治４
										1872	明治５
										1873	明治６
										1874	明治７
										1875	明治８
4,115.23	7,533.54	1,872.63	1,578.53	925.43	(70.00)	(22.10)	675.62	(11.34)	3,782.65	小計	

表1-1（2）　銭佐の大名貸経営における各年度利息と費用

西暦	和暦	C群			D群					
		五島	常州土浦	防州徳山	高知 高知藩	高知 宿毛	肥後熊本	阿波徳島	勢州津	予州吉田
1818	文政元									
1819	文政2									
1820	文政3									
1821	文政4									
1822	文政5									
1823	文政6									
1824	文政7									
1825	文政8									
1826	文政9									
1827	文政10									
1828	文政11									
1829	文政12									
1830	天保元									
1831	天保2									
1832	天保3									
1833	天保4									
1834	天保5									
1835	天保6									
1836	天保7	(35.80)								
1837	天保8	(3.80)								
1838	天保9									
1839	天保10									
1840	天保11	(63.34)	(23.10)							
1841	天保12	2,442.39	3,572.29							
1842	天保13	9,839.50	7,692.33							
1843	天保14	4,952.50	8,218.54	(114.20)						
1844	弘化元	461.20	9,754.40	4,009.64						
1845	弘化2	27,690.00	11,877.66	5,900.21						
1846	弘化3	25,706.27	13,041.63	5,715.82						
1847	弘化4	2,163.48	2,018.49	2,916.74						
1848	嘉永元	486.70	7,477.49	2,143.64						
1849	嘉永2	502.70	7,226.55	5,191.73						
1850	嘉永3	(60.85)	8,317.23	5,820.20						
1851	嘉永4	1,022.55	7,442.17	4,720.05						
1852	嘉永5	539.04	10,817.94	3,347.30						
1853	嘉永6	(42.40)	7,127.94	8,921.91						
1854	安政元	(44.36)	7,997.01	12,177.07						
1855	安政2	(33.88)	1,465.94	12,254.72						
1856	安政3	(26.58)	6,079.22	11,961.66						
1857	安政4	175,221.44	930.78	10,640.33						
1858	安政5	336.54	620.59	12,588.50			(10.98)	2,920.66		
1859	安政6	480.55	3,221.43	14,575.67	11,694.00		2,143.13	19,291.71		
1860	万延元	463.57	3,711.68	23,645.95	8,637.00		31,066.04	19,639.20		
1861	文久元	509.20	1,229.58	16,127.79	9,338.20		58,707.50	17,995.49	301.28	
1862	文久2	26.20	572.32	13,844.38	9,349.03		58,710.22	18,580.93	5,362.03	
1863	文久3	(47.25)	627.79	7,199.15	12,044.47		57,730.29	17,611.39	8,538.09	
1864	元治元	505.39	586.91	23,984.07	74,320.68		89,884.94	18,483.98	9,067.49	
1865	慶応元	396.83	51,818.41	(28.17)	65,668.65		84,979.71	21,360.32	11,840.03	
1866	慶応2	317.33	17,323.11		202,539.14	960.00	66,530.10	30,766.31	31,196.52	
1867	慶応3	993.41	24,597.90		139,211.01	27,571.97	103,133.58	34,447.00	40,755.76	
1868	明治元	151,438.99	45,800.19	4,800.75	410,640.07	44,221.95	94,967.60	27,310.67	41,016.39	
1869	明治2	9,950.60	58,342.66	96,737.88	161,942.18	26,772.21	86,217.06	14,495.67	49,074.63	(704.02)
1870	明治3	3,306.87	15,793.48	26,846.70	1,607,631.44	75,581.81	180,514.06	31,500.69		(11,785.46)
1871	明治4	(157.27)	(2,030.53)	11,826.06	1,118,524.62	(98.94)	18,601.33	(368.83)	5,815.40	(1,847.54)
1872	明治5	(44.79)	2,200.00	(2,576.07)	2,978.98					2,495.03
1873	明治6	7,186.65								0.00
1874	明治7		6,966.59		15,415.62		6,349.20		25,226.74	
1875	明治8				56,349.35					
小計		426,379.58	352,416.62	345,179.48	3,906,284.44	175,009.00	939,523.78	274,035.19	228,194.36	(5,975.38)

出所：「諸家徳」（『逸身家文書』7-36）.
注：明治6年以降は円表示のため，1円＝220匁で匁に換算し直した.

表1-1（3）　銭佐の大名貸経営における各年度純利益と費用　（単位：匁）

西暦	和暦	その他			年度純利益（利息一費用）	累積純利益
		新公債	両替店勘定付け替え	道具代		
1818	文政元				143,609.43	143,609.43
1819	文政2				60,473.12	204,082.55
1820	文政3		(10,000.00)		91,488.20	295,570.75
1821	文政4		(10,000.00)		55,276.87	350,847.62
1822	文政5				96,883.73	447,731.35
1823	文政6				58,388.57	506,119.92
1824	文政7				52,097.24	558,217.16
1825	文政8				51,869.15	610,086.31
1826	文政9				36,781.14	646,867.45
1827	文政10				86,019.06	732,886.51
1828	文政11				90,581.96	823,468.47
1829	文政12				74,470.87	897,939.34
1830	天保元				66,455.69	964,395.03
1831	天保2				107,268.50	1,071,663.53
1832	天保3				59,639.20	1,131,302.73
1833	天保4				97,022.82	1,228,325.55
1834	天保5			(3,000.00)	73,286.30	1,301,611.85
1835	天保6			(3,000.00)	71,743.39	1,373,355.24
1836	天保7			(3,000.00)	83,842.10	1,457,197.34
1837	天保8				81,682.44	1,538,879.78
1838	天保9			(6,000.00)	91,072.79	1,629,952.57
1839	天保10			(3,000.00)	52,644.69	1,682,597.26
1840	天保11				440,852.98	2,123,450.24
1841	天保12			(6,000.00)	81,771.50	2,205,221.74
1842	天保13		(30,000.00)	(3,000.00)	80,045.29	2,285,267.03
1843	天保14		(30,000.00)	(3,000.00)	70,750.09	2,356,017.12
1844	弘化元		(30,000.00)	(3,000.00)	68,737.23	2,424,754.35
1845	弘化2		(30,000.00)	(3,000.00)	83,936.65	2,508,691.00
1846	弘化3		(30,000.00)	(3,000.00)	81,143.53	2,589,834.53
1847	弘化4		(30,000.00)	(3,000.00)	44,549.57	2,634,384.10
1848	嘉永元		(30,000.00)	(3,000.00)	54,482.38	2,688,866.48
1849	嘉永2		(30,000.00)	(3,000.00)	170,718.53	2,859,585.01
1850	嘉永3		(30,000.00)	(3,000.00)	71,256.75	2,930,841.76
1851	嘉永4		(30,000.00)	(3,000.00)	108,629.29	3,039,471.05
1852	嘉永5		(30,000.00)	(3,000.00)	118,501.51	3,157,972.56
1853	嘉永6		(30,000.00)	(3,000.00)	78,321.52	3,236,294.08
1854	安政元		(30,000.00)	(3,000.00)	63,685.59	3,299,979.67
1855	安政2		(30,000.00)	(3,000.00)	186,857.03	3,486,836.70
1856	安政3		(30,000.00)	(3,000.00)	157,875.67	3,644,712.37
1857	安政4		(30,000.00)	(3,000.00)	233,277.30	3,877,989.67
1858	安政5		(30,000.00)	(3,000.00)	164,001.14	4,041,990.81
1859	安政6		(30,000.00)	(3,000.00)	110,011.80	4,152,002.61
1860	万延元		(30,000.00)	(3,000.00)	225,577.12	4,377,579.73
1861	文久元		(30,000.00)	(3,000.00)	226,166.47	4,603,746.20
1862	文久2		(30,000.00)	(3,000.00)	237,799.17	4,841,545.37
1863	文久3		(30,000.00)	(3,000.00)	298,507.76	5,140,053.13
1864	元治元		(30,000.00)	(3,000.00)	301,318.64	5,441,371.77
1865	慶応元		(30,000.00)	(3,000.00)	549,409.53	5,990,781.30
1866	慶応2		(30,000.00)	(3,000.00)	547,219.37	6,538,000.67
1867	慶応3		(30,000.00)	(3,000.00)	553,308.39	7,091,309.06
1868	明治元			(3,000.00)	1,081,798.76	8,173,107.82
1869	明治2			(3,000.00)	870,665.46	9,043,773.28
1870	明治3			(3,000.00)	2,254,613.56	11,298,386.84
1871	明治4			(3,000.00)	1,840,374.83	13,138,761.67
1872	明治5		750,000.00		766,572.69	13,905,334.36
1873	明治6	74,360.00			141,926.40	14,047,260.76
1874	明治7	623,260.00			845,957.73	14,893,218.49
1875	明治8	270,600.00			326,949.35	15,220,167.84
小計		968,220.00	(50,000.00)	(114,000.00)	15,220,167.84	

出所：「諸家徳」（『逸身家文書』7-36）.
注：明治6年以降は円表示のため，1円＝220匁で匁に換算し直した.

例が確認できる。[20] この場合、対馬藩の支払う利息は妙法院御貸付所と銭佐で折半される。妙法院を介さずに直接対馬藩へ融資する方が、銭佐の受け取る利息は多かったはずであるが、返済の確実性を考慮したとき、あるいは関係を未だ構築していない諸侯への貸付を新たに開始するとき、門跡寺院として格式の高い妙法院を通じた名目金貸付というのも一つの手段として選択された。

B群は天保期頃に取引関係が断絶した諸家で、佐賀藩、島原藩、飫肥藩、尼崎藩、金谷宿、近江小室藩、加賀藩、根来寺、五條代官（辻氏）が含まれる。佐賀以外の諸家に対する貸付残高は、少なくとも嘉永期以後はゼロとなっている。(21)これは諸家が皆済したか、天保期において銭佐が不良債権として内部的に処理したか、そのいずれかであろう。佐賀藩との関係では、天保期以後も費用勘定を計上しており、利息が支払われないながらも関係を継続しようとする銭佐側の意図が見られる。佐賀藩は天保期に藩政改革を進め、のちに雄藩化していく藩である。「負債の踏み倒しに類する財政整理の強引さに象徴される封建権力の強固さが、依然藩政改革を成功に導く根柢の力であった」と言われるように、(22)佐賀藩との関係では、銭佐側の不良債権整理という論理ではなく、佐賀藩側の負債踏み倒しという論理が働いた可能性が高い。貸付残高を銭佐は不良債権として処理しなかったという意味では、佐賀藩のみはA群に近い位置に立っている。

C群は逆に天保期頃に銭佐との取引関係が発生した諸家で、五島藩（福江藩）、土浦藩、徳山藩が含まれる。天保期の不良債権整理は必ずしも大名貸事業の縮小を意味せず、利息を毎年継続的に支払う優良な藩と銭佐が期待したなら、新規に関係を築くこともあった。

D群は開港後に取引関係が発生した諸家で、C群とは時期的な違いが見られる。高知藩、宿毛領（高知支藩）、熊本藩、徳島藩、津藩、吉田藩（伊予）が当群に属する。幕末維新期の利息急増という全体の傾向には、このD群が一番大きな影響を与えている。特に高知藩の利息支払額が著しく、明治八年までに約四〇〇〇貫目弱を支払っている。高知藩の支払った利息の総額（厳密には利息―費用）は、銭佐と関係の古いA群のどの藩よりも多い。また、鴻善から借り入れできなくなった熊本藩・吉田藩が銭佐から借り入れを行っていることも注目に値しよう。

最後にＥ群は、銭佐と単発的な取引を行った諸家で、平戸藩、美濃郡代（三河口太忠）、府内藩、久留米藩、宮津藩、柳生藩、多羅尾代官所（信楽）、戸塚宿、延岡藩、秋月藩が該当する。これらの諸家が銭佐に支払った利息は、単年度か多くても四年間までで、利息支払総額も一〇貫目に満たない。天保期以降は、こうした諸家との単発的な取引は見られず、新規貸付に慎重な姿勢であったことがうかがえる。

天保期に不良債権整理を行ったというのは、大名貸に進出した時期が遅い後発銀主である銭佐の特徴かもしれない。本章の冒頭で触れたように、鴻池屋善右衛門家は享保期から天明期にかけて（一七一六—一七八九）、大名貸件数の減少・新規貸付の停止といった措置を取り、経営縮小を伴う形で不良債権整理を断行していった(23)。同家の分家にあたる鴻池屋栄三郎家も、四代善兵衛の代において（正徳三—延享二年、一七一三—一七四五）、度々の債権切り捨てや付け替えという妥協を強いられながら、特定藩を相手とする大名貸に純化していったことが指摘されている(24)。これら先発銀主と比べると、銭佐の不良債権整理は五〇—一〇〇年の時差が存在する。先発銀主による大規模な不良債権整理は後発銀主の登場する素地となり、銭佐によるそれも当然さらなる後発銀主を登場させる結果を導いたであろう。この積み重ねが銀主の多様化を推し進めた。

たとえば、Ｂ群の佐賀・島原・飫肥、Ｅ群の平戸・府内・久留米・延岡・秋月、など九州諸藩と銭佐の関係は一時的で、特定の藩を除いて鴻善の場合もそうであった。ここに地元資本である日田掛屋の参入余地が存する。日田掛屋・広瀬家が府内藩の用達となったのは明和六年（一七六九）であるが、天保三年（一八三二）には藩政改革に際して多額の出銀を引き受け、以後府内藩との関係を深めていく。ほか久留米・延岡・秋月は、いずれも広瀬家から借り入れを受けている藩であった(25)。九州諸藩の大坂商人離れと日田商人の経済的成長が同期していた事実は、単なる時期的一致ではなく、明白な因果関係が認められるのである(26)。

このように「諸家徳」の帳簿は、諸家毎の利息および費用を記入し、それらの総計値を年度毎に算出しているわけだが、銭佐の場合、さらに大名貸累積純利益額を算出している点が経営史上重要である。「納銀」は例外であるが、基本的に帳簿上は大名貸利息収入を両替店勘定に付け替えたりせず、各年度の利息収入を積み立てて計上している。天保期以後、利息収入が不安定な諸家への貸付を整理する一方で、優良な諸家への貸付を拡大したため、大名貸利息は幕末期に加速度的に増大し、文政期から明治五年までの累積純利益は一万三九〇五貫目にのぼった。

次いで「諸家貸」の検討に移りたい。同帳簿は、貸付先毎に貸付を行った年月日・額および返済年月日を記載した帳簿である。そのうち各年度貸付高を表1-2にまとめた。嘉永元年（一八四八）に帳簿を書き始めたため、それ以前の貸付を「付出」すところから帳簿が始まっている。「付出」は、元金未返済分の証文の内容を帳簿に書き出す、という程度の意味かと思われる。

「諸家貸」では借金の貸し換え（更新）についても再度表記がなされているため、この帳簿から現金の移動を読み取ることは難しい。たとえば、高知藩への貸付の中で、

①〔明治三年〕五月廿日

一　銀弐千弐百貫目

金壱万両代　　未五月廿八日〔すべて墨消し〕

②〔明治四年〕五月廿八日

一　銀弐千弐百貫目

金壱万両代　　亥三月三十日〔すべて墨消し〕

とあるのは、明治三年五月に金一万両相当の銀を貸し付けたものの、翌年五月に貸し換えを行ったことを示している。①の但書にある「未五月廿八日」が返済期日を指すものと解すれば、②は期日満了に伴う貸し換えと見做すことができよう。したがって、②の貸付は、実際には現金の移動ではなく返済の猶予を意味することになる。証文の書き換え

（単位：匁）

C群			D群					総計	西暦	和暦
肥前五島	常州土浦	防州徳山	土州高知	肥後熊本	阿波徳島	勢州津	豫州吉田			
								1,500.00	1814	文化 11
								360.00	1815	文化 12
								204.31	1816	文化 13
								1,755.75	1819	文政 2
								102,160.00	1822	文政 5
								44,000.00	1823	文政 6
								25,000.00	1824	文政 7
								767.11	1825	文政 8
								1,916.70	1826	文政 9
								23,640.00	1830	文政 13
								81,100.00	1837	天保 8
								16,336.64	1840	天保 11
								480,196.71	1841	天保 12
								179,900.00	1842	天保 13
								30,326.50	1843	天保 14
		100,000.00						391,924.50	1844	弘化元
	30,000.00							44,100.00	1845	弘化 2
	12,500.00							42,540.00	1846	弘化 3
	33,840.00							826,454.46	1847	弘化 4
	3,700.00							456,397.88	1848	嘉永元
	7,490.73	120,000.00						1,590,654.68	1849	嘉永 2
	8,114.55							927,057.90	1850	嘉永 3
	7,490.73	50,000.00						761,463.83	1851	嘉永 4
	178,457.46							1,377,827.45	1852	嘉永 5
	52,500.00	110,000.00						1,076,295.98	1853	嘉永 6
	78,900.00	80,000.00						951,902.05	1854	安政元
	60,000.00							1,153,588.95	1855	安政 2
	36,000.00	50,000.00						1,247,603.40	1856	安政 3
358,178.67	0.00	130,000.00						1,339,824.62	1857	安政 4
	13,000.00	60,000.00	150,000.00	55,338.50	320,000.00			2,276,656.58	1858	安政 5
	13,715.00	300,000.00		751,399.80	220,000.00			2,292,957.60	1859	安政 6
			120,000.00	463,484.00	120,000.00			3,106,598.20	1860	万延元
				34,979.75	170,000.00			1,418,038.72	1861	文久元
		280,000.00		405,835.90		150,000.00		2,718,223.99	1862	文久 2
			800,000.00	555,131.75	290,000.00	30,000.00		3,812,514.31	1863	文久 3
		100,000.00	900,000.00	254,932.60		30,000.00		1,987,176.60	1864	元治元
	118,375.10		1,320,000.00	178,312.70		165,000.00		2,622,535.81	1865	慶応元
15,000.00	181,500.00		2,670,000.00	443,841.40	200,000.00	285,000.00		4,563,709.85	1866	慶応 2
			3,320,000.00	530,483.50		470,000.00		4,819,928.65	1867	慶応 3
715,000.00	33,000.00		3,791,565.00	116,846.50				6,447,293.50	1868	明治元
154,000.00	220,000.00	660,000.00	3,255,205.00					6,417,053.09	1869	明治 2
	110,000.00	220,000.00	3,850,000.00	220,000.00				6,366,562.05	1870	明治 3
			10,120,000.00				440,000.00	14,043,913.45	1871	明治 4
									1872	明治 5
490,830.67								490,830.67	1873	明治 6
								709,342.89	1874	明治 7
1,733,009.34	1,198,583.57	2,260,000.00	30,296,770.00	4,010,586.40	1,320,000.00	1,130,000.00	440,000.00	77,270,135.38	総計	

貸付とは別に，「御家中」「家老」名義で項目が立てられていることがあるが，両者含めて藩への貸付と見做した．

表 1-2 銭佐各年度貸付高

西暦	和暦	A 群								B 群
		因州鳥取	日州高鍋	泉州伯太	備中庭瀬	蒔田	泉州岸和田	相州小田原	妙法院	肥前佐賀
1814	文化 11		1,500.00							
1815	文化 12		360.00							
1816	文化 13		204.31							
1819	文政 2		1,755.75							
1822	文政 5		2,160.00							100,000.00
1823	文政 6						12,000.00			32,000.00
1824	文政 7						25,000.00			
1825	文政 8		767.11							
1826	文政 9		1,916.70							
1830	文政 13									23,640.00
1837	天保 8						20,000.00			61,100.00
1840	天保 11								16,336.64	
1841	天保 12		925.00		479,271.71					
1842	天保 13			115,000.00		34,900.00		30,000.00		
1843	天保 14		326.50	30,000.00						
1844	弘化元									291,924.50
1845	弘化 2					4,100.00			10,000.00	
1846	弘化 3	25,840.00				4,200.00				
1847	弘化 4	244,935.23	414,308.98		98,370.25	5,000.00			30,000.00	
1848	嘉永元	242,618.43	23,928.25	10,000.00	136,055.00	10,096.20			30,000.00	
1849	嘉永 2	145,950.00	364,746.23	350,242.00	108,150.00	23,092.00			33,000.00	437,983.72
1850	嘉永 3	389,600.00		403,512.35	73,572.00	22,259.00		60,000.00	30,000.00	
1851	嘉永 4	82,500.00	18,520.00	456,546.10	93,587.00	22,820.00			30,000.00	
1852	嘉永 5	282,300.00	329,779.44	441,280.55	86,884.00	23,126.00			36,000.00	
1853	嘉永 6	156,300.00	440,481.36		183,871.62	73,143.00				
1854	安政元	258,410.00	290,071.35		160,892.50	30,928.20	20,000.00		32,700.00	
1855	安政 2	260,900.00	338,464.26	438,000.00		26,224.69		30,000.00		
1856	安政 3	243,908.99	309,873.21	522,096.00		54,725.20	30,000.00		1,000.00	
1857	安政 4	272,900.00	500,784.55	3,580.00		24,381.40	50,000.00			
1858	安政 5	327,300.00	730,501.00	574,073.98		46,443.10				
1859	安政 6	284,600.00	528,671.60			24,571.20	70,000.00	100,000.00		
1860	万延元	314,700.00	414,293.70	1,356,467.80	173,676.50	43,976.20	30,000.00	70,000.00		
1861	文久元	284,700.00	43,573.00	735,579.47	24,709.50	24,497.00	100,000.00			
1862	文久 2	608,000.00	115,648.99	806,195.10	25,137.00	27,407.00	200,000.00	100,000.00		
1863	文久 3	437,500.00	48,041.83	943,044.23	28,551.50	29,845.00	550,400.00	100,000.00		
1864	元治元	543,700.00	51,990.00		28,709.00	77,845.00				
1865	慶応元	126,500.00		472,878.41	33,830.00	36,758.00	120,881.60	50,000.00		
1866	慶応 2	391,600.00			39,567.50	203,618.72	133,582.23			
1867	慶応 3	296,500.00			41,981.50	110,963.65		50,000.00		
1868	明治元	849,087.00	590,930.00		37,400.00	313,465.00				
1869	明治 2	1,320,770.00	344,630.00		115,448.09	308,000.00			39,000.00	
1870	明治 3	605,000.00			821,700.00	11,000.00	308,254.96	220,607.09		
1871	明治 4	2,200,000.00	110,000.00	990,000.00			183,913.45			
1872	明治 5									
1873	明治 6									
1874	明治 7		16,230.45	245,412.44	447,700.00					
総計		11,196,119.65	6,035,383.57	8,893,908.43	3,239,064.67	1,617,385.56	1,854,032.24	810,607.09	288,036.64	946,648.22

出所：「諸家貸」(『逸身家文書』7-1).

注：基本的に銀匁勘定であるが，金両換算の但書がある事例から銀相場を算出した．小数点第二位未満四捨五入．藩主への

（単位：匁）

	C群			D群						
肥前年済分	肥前五島 五島左衛門尉	常州土浦 土屋采女正	防州徳山 毛利淡路守	土佐高知 松平土佐守	肥後熊本 細川越中守	阿波徳島 松平阿波守	勢州津 藤堂泉守	予州吉田 伊達従五位	総計	年度純利益／前年度貸付残高(%)
344,429.93		78,028.39	20,000.00						2,361,016.08	
343,455.68		85,568.39	0.00						2,309,696.05	2.31
473,438.53		93,059.12	80,000.00						2,293,294.55	7.39
471,421.38		101,174.07	70,000.00						2,625,095.31	3.11
469,738.48		97,978.15	40,000.00						2,391,081.01	4.14
467,387.80		127,271.20	70,000.00						2,696,496.64	4.96
465,369.93		128,750.72	140,000.00						2,711,688.38	2.90
465,358.24		128,750.72	158,000.00						2,772,687.54	2.35
465,346.55		155,375.31	146,000.00						2,847,404.38	6.74
465,334.26		155,375.31	124,000.00						2,902,899.28	5.54
465,323.17	358,178.67	123,375.31	162,000.00						3,352,099.73	8.04
465,311.48	358,178.67	131,375.31	150,000.00	150,000.00	43,706.74	305,720.00			4,151,747.17	4.89
465,299.79	358,178.67	126,590.31	260,000.00	120,000.00	479,640.64	270,020.00			4,617,612.11	2.65
465,188.38	358,178.67	125,220.96	200,000.00	120,000.00	879,893.27	275,750.00			4,935,863.11	4.89
465,076.97	358,178.67	120,220.96	140,000.00	120,000.00	741,714.28	282,910.00			4,731,843.61	4.58
464,965.56	358,178.67	120,220.96	80,000.00	120,000.00	933,958.95	281,500.00	120,000.00		5,549,557.94	5.03
464,854.15	358,178.67	120,220.96	240,000.00	600,000.00	1,097,520.55	271,520.00	120,000.00		6,179,545.33	5.38
464,742.74	358,178.67	120,220.96	260,000.00	1,020,000.00	1,106,163.40	282,930.00	114,000.00		6,677,203.12	4.88
464,631.33	358,178.67	106,542.33	260,000.00	1,400,000.00	995,080.10	295,750.00	237,000.00		6,293,332.03	8.23
464,519.92	373,178.67	256,497.50	260,000.00	1,908,000.00	1,102,431.91	398,620.00	366,000.00		7,103,975.93	8.70
464,408.51	373,178.67	255,622.50	260,000.00	2,914,000.00	1,307,501.10	310,060.00	303,000.00		8,203,688.42	7.79
464,408.51	735,000.00	243,413.18	260,000.00	3,450,590.00	1,271,509.00	230,070.00	328,000.00		9,822,341.11	13.19
464,297.10	757,000.00	337,685.51	220,000.00	3,864,000.00	1,249,211.00	158,650.00	353,000.00		10,905,718.54	8.86
464,185.69	757,000.00	337,685.51	0.00	2,749,000.00	293,631.35	0.00	353,000.00		8,590,792.90	20.67
464,074.28	757,000.00	337,685.51	110,000.00	7,994,000.00	293,631.35		353,000.00	440,000.00	14,829,531.34	21.42
	757,000.00	337,685.51	0.00	7,994,000.00	293,631.35		353,000.00	440,000.00	14,255,457.06	5.17
	510,830.67	70,185.51		7,994,000.00	293,631.35		353,000.00	0.00	12,470,197.73	1.00
	490,830.67	0.00		2,210,000.00	147,111.35		0.00		3,773,225.11	6.78
				0					247,199.19	8.66

は他の両替商でも一般に見られるが、銭佐も頻繁に行っていたものと理解したい。帳簿上では、但書がすべて省略されずに記入されているわけではない。また、返済が終了したものについては墨で消されるが、貸し換えの場合も元の貸付分については墨で消される。したがって、実際の現金の移動を伴う単年度毎の新規貸付額を算出することはできず、こうした二重記帳が数値に含まれてしまう。「諸家貸」が銭佐から諸侯への純然たる資金の移動を表したものではないという前提を踏まえた上で、大まかな貸付の動向を検討したみたい。なお、家老・家中名義の貸付も大名家への貸付と見做し、合算した。

表1-2によると、貸付高は、安政五年（一八五八）—万延元年（一八六〇）、および慶応元年（一八六五）—明治四年（一八七一）までの伸びが著しい。

これと表1-1を合わせて見ると、銭佐から貸付を引き出すためには利息支払いが必要であった

表1-3　銭佐大名貸勘定における各年度貸付残高

西暦	和暦	A群 因州鳥取 松平因播守	日州高鍋 秋月佐渡守	泉州伯太 渡邉備中守	備中庭瀬 板倉摂津守	蒔田氏 旗本→浅尾藩	泉州岸和田 岡部美濃守	相州小田原 大久保加賀守	妙法院 妙法院宮	妙法院貸付	肥前佐賀 松平肥前守
1847	弘化4	384,659.48	413,988.98	103,500.00	525,641.96	46,900.00	40,000.00	15,000.00	53,336.64	185,579.78	149,950.92
1848	嘉永元	344,634.20	418,155.43	95,500.00	542,156.71	44,750.00	39,800.00	7,500.00	53,336.64	185,579.78	149,259.22
1849	嘉永2	311,440.23	373,289.32	100,000.00	522,541.71	42,000.00	39,600.00	0.00	56,336.64	184,977.78	16,611.22
1850	嘉永3	599,856.59	352,150.92	96,309.00	546,078.71	34,400.00	39,400.00	60,000.00	53,363.64	184,977.78	15,963.22
1851	嘉永4	423,195.55	337,338.90	136,678.70	516,221.59	23,100.00	39,200.00	54,000.00	53,336.64	184,977.78	15,315.22
1852	嘉永5	485,158.25	305,777.42	332,805.10	542,625.23	19,500.00	39,000.00	48,000.00	59,326.64	184,977.78	14,667.22
1853	嘉永6	346,636.19	351,004.47	332,805.10	545,638.33	66,050.00	38,800.00	42,000.00	55,636.64	184,977.78	14,019.22
1854	安政元	410,405.13	321,289.72	332,805.10	560,164.21	61,700.00	58,600.00	36,000.00	54,636.64	184,977.78	
1855	安政2	370,080.82	326,789.78	438,000.00	560,164.21	52,333.29	38,400.00	60,000.00	49,936.64	184,977.78	
1856	安政3	360,850.66	321,064.42	522,096.00	560,164.21	71,200.00	38,200.00	54,000.00	45,636.64	184,977.78	
1857	安政4	267,796.66	492,591.30	511,356.00	560,164.21	56,200.00	78,000.00	48,000.00	44,136.64	184,977.78	
1858	安政5	445,072.32	571,598.05	615,481.08	560,164.21	59,824.90	57,800.00	12,000.00	40,536.64	184,977.78	
1859	安政6	433,492.49	457,177.14	615,481.08	559,434.21	37,000.00	107,120.00	106,000.00	37,200.00	184,977.78	
1860	万延元	437,556.64	412,410.67	698,072.50	546,774.24	41,200.00	66,440.00	90,000.00	34,200.00	184,977.78	
1861	文久元	377,153.20	388,740.27	737,366.22	540,145.26	28,400.00	135,760.00	80,000.00	31,200.00	184,977.78	
1862	文久2	680,556.25	442,209.25	783,936.25	532,554.27	23,000.00	235,800.00	160,000.00	27,700.00	184,977.78	
1863	文久3	500,522.22	424,434.64	836,439.34	525,127.02	16,400.00	254,400.00	140,000.00	24,950.00	184,977.78	
1864	元治元	845,982.92	386,590.29	647,669.34	525,127.02	54,200.00	144,220.00	140,000.00	22,200.00	184,977.78	
1865	慶応元	420,086.21	384,647.68	291,786.75	506,829.59	44,000.00	155,121.60	170,000.00	18,700.00	184,977.78	
1866	慶応2	381,528.81	250,850.00	261,786.75	494,942.36	76,200.00	166,242.23	143,000.00	15,200.00	184,977.78	
1867	慶応3	436,771.66	237,400.00	231,786.75	478,261.22	※2 103,358.00	165,662.23	166,000.00	11,700.00	184,977.78	
1868	明治元	1,126,434.64	421,120.00	201,786.75	463,562.52	98,686.50	165,082.23	166,000.00	11,700.00	184,977.78	
1869	明治2	1,482,339.12	555,220.00	201,786.75	502,600.61	240,000.00	164,502.23	158,646.44	11,700.00	185,079.78	
1870	明治3	1,479,506.55	453,680.00	201,786.75	794,310.00	155,200.00	331,199.96	220,607.09			
1871	明治4	1,476,860.00	440,230.00	899,386.75	794,310.00	155,200.00	314,153.45				
1872	明治5	1,476,860.00	※1 440,230.00	899,386.75	794,310.00	155,200.00	314,153.45				
1873	明治6	1,057,100.00	※1 183,600.00	899,386.75	794,310.00	0.00	314,153.45				
1874	明治7		16,230.45	247,199.19	447,700.00		214,153.45				
1875	明治8			247,199.19							

出所：「諸家貸」（『逸身家文書』7-1）.
備考：貸付残高は主に採録年の12月時点だが，前年の1月時点を記載したものも一部存在する.
※1　明治5・6年は未記入のため，明治5年は前年度と同じ数字を代入したが，明治7年の残高と一致しないため明治6年で調整した.
※2　慶応3年より蒔田氏は浅尾藩主.

ことがわかる。たとえば、五島藩は嘉永六年（一八五三）から安政三年（一八五六）までまともに利息支払いをしていなかったにもかかわらず、安政四年に突然一七五貫目余りの利息支払いを行い、代わりに同年三五八貫目余りの新規借入を行っている。土浦藩も慶応元年に五二貫目近くの利息支払いを行い、一一八貫目余りの新規借入を行っている。いずれも、利息支払いが停滞する中で新規借入を求める諸藩に対し、新規借入額の半額を利息支払いに組み込む形で貸付を行っていると理解することができる。一種の借り換えであるが、銭佐にとって実質的な出金は新規貸付額の半分であり、新規貸付額の利息はそのまま請求することができた。このように利息の計上方法は銭佐にとって有利であったものの、五島藩の場合、明治五年まで一切の元金返済はなされていない（表1-3）。利息支払いは継続しているので、不良債権化したとまでは言えないが、こうした藩に対する追い貸し的な融資が貸付高増加を支えていた側面もある。

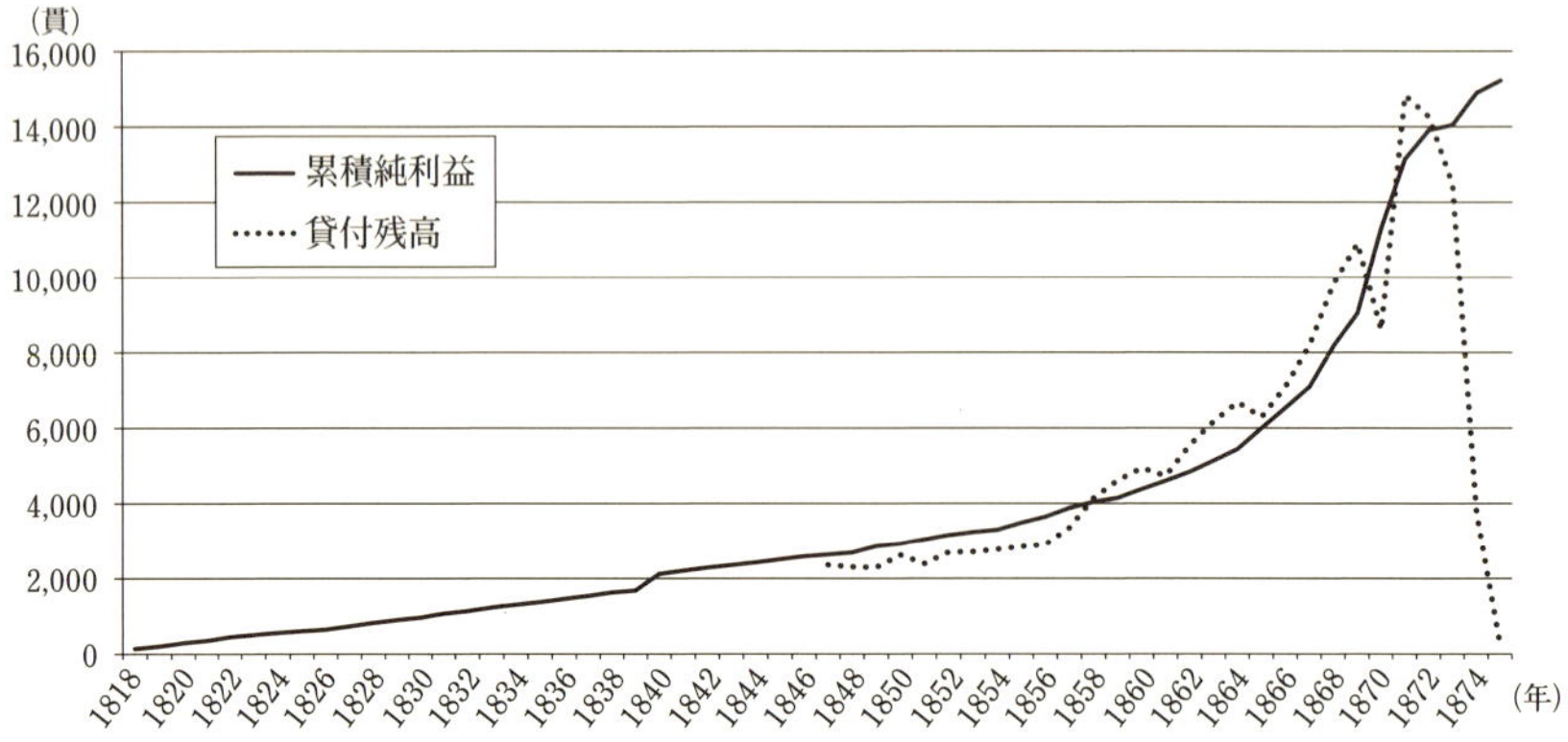

図 1-1　銭佐大名貸の累積純利益と貸付残高

藩側の事情としては、財政難の深刻化が大名貸に依存する構造を助長したと考えられる。開港以後、諸藩は海防、藩主上洛、長州戦争、戊辰戦争、等に関わる支出を余儀なくされたが、銭佐と鳥取藩との関係においても、戊辰戦争に伴う軍事費増加に応じて銭佐の貸付高が増加したことが指摘されている[27]。

表1-3は同じく「諸家貸」に記帳された貸付残高である。全体の貸付残高は安政六年（一八五九）の開港まで低位に推移し、以後緩やかに上昇、そして幕末維新期に激増している。明治五年末の貸付残高は一万四二五五貫目となっている。この激増に最も大きな影響を与えたのはD群への貸付拡大であった。なぜD群に属する諸侯は、このように銭佐から多額の貸付を引き出すことができたのだろうか。この点については、財政難のみでは説明することができないため、次章で高知藩と銭佐との関係を詳細に検討する。

また、弘化元年（一八四四）以降に利払いを中断した佐賀藩との関係であるが、嘉永二年（一八四九）に年賦返済へ切り替えたものの、貸付残高は一向に減少せず、利払いのみでなく元金支払いも停滞していたことが確認できる。

この貸付残高の動向と表1-1の累積純利益の動向を比較すると、波形および額がほぼ一致することがわかる（図1-1）。銭佐の大名貸勘定は閉じた会計であり、「納銀」を除いて両替店勘定との出入りはごく初期にわずかに見られるのみである。「納銀」も最終的には大名貸勘定に戻されている。大名貸で得られた利息は、収益として両替店勘定に付け替えられることはなく、新しい大名貸に再投資される構造と理解することができる。大名貸の原資としては、両替店で得た蓄積が用いられた。しかし、その利払いを済ませた後は[28]、大名貸の収益のみで貸付を拡大したのである。貸倒損などの損失を両替店収益から補塡することもなかった。

ただし、「名目」貸付残高の増加を、単純な貸付拡大と理解することはできない。なぜなら、①物価上昇を加味するとそこまで「実質」貸付残高は伸びていない、②銀相場下落下で金建ての債権を持っていた場合、債権の銀建て評価額が上昇する可能性がある、ためである。安政元―三年（一八五四―五六）の金建て物価指数を一〇〇として、明治二年（一八六九）には六二六にまで上昇するという推計もあり[29]、物価上昇に比例した貸付残高の伸びとも見て取れる。また、嘉永期頃まで通用していたと考えられる公定銀相場一両＝六〇匁の換算比率も、明治元年には一両＝二二〇匁まで下落し、同年の銀目廃止により固定化された。帳簿上では額面価額を計上するのみで、物価上昇や銀相場下落の影響を織り込んでおらず、厳密な分析は難しい。ひとまずここでは、「実質」貸付残高の増大というよりも、D群への「名目」貸付高増大と、貸付残高と累積純利益が同期している状態を強調したい。

表1-3の最右列は、年度純利益（表1-1）を前年度貸付残高で除し一〇〇を乗した値である。鴻善を検討した安岡氏は、大名貸の収益性分析にあたって、①前年元銀（＝前年純資産）に対する利息の割合を求める、②前年貸有銀（貸付残高＋遊休資産）に対する利息の割合を求める、という二つの方法を有効と考えた[30]。銭佐の遊休資産額は不明で[31]、鴻善で抽出できる数値と時期的相違もあるが、参考までに安岡氏が算出した鴻善の収益性（②）と銭佐のそれを図1-2で示した。

鴻善は、大名貸を始めた当初には利息の実収率が高かったものの、年度が下がるにつれ低下している。利息収入が

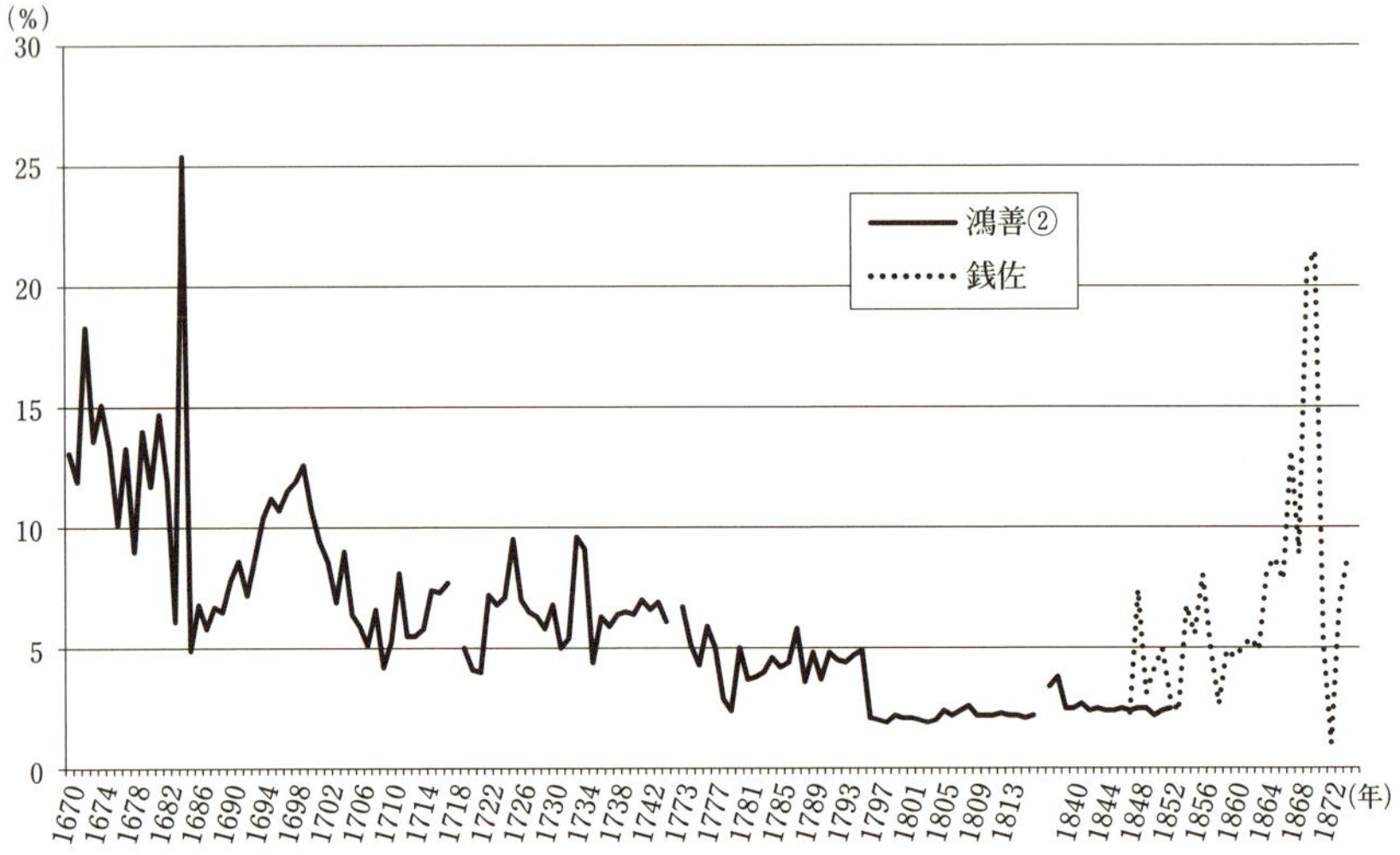

図1-2　銭佐と鴻善の大名貸収益性比較

明瞭に悪化するのは安永七年（一七七八）からであるが、寛政八年（一七九六）からは一層顕著であり、二―三％代に落ち込んでいる。契約上の利率も低下傾向にあったものの、明治二年（一八六九）でも月利〇・七三％（年利八・七六％、なお閏月がある場合、一年が一三ヶ月であるが、本書では便宜上年利を一二ヶ月計算に統一している）であったから、そこまで低利ではない。収益の低下は元利回収の遅延に基づくものである[32]。

対して、銭佐は年度毎の揺れは大きいものの、幕末にかけて収益率を改善し、明治元年および同三・四年はとりわけ高い数値となっている。D群への貸付拡大は、放漫な経営の結果ではなく、効率性の高い貸付であったことが判明する。

こうした大名貸経営は、海保青陵の『稽古談』に見られる「銀主」像と極めて高い類似性を持つ。海保青陵は次のように述べている[33]。

……銀主トイフモノハ、金ヲカシテ利息ヲトリテ、ソレデクラシテオルモノ也。銀主金ヲカ〔貸〕サズニオレバ、飢ヘ死ヌ理也。ユヘニ金ヲカシタキ也。金ヲバカシタケレド、利息ガアマリヤスウ〔安く〕テハ銀主引合ヌ也。扨、アヤウキ処ヘカセバ返ラヌ也。元金返ラヌモヨキ也。イツマデモ屋敷エ留リテオレバ、ナオヨキ也。利息ヲ法ノ通リニヨコセバヨキ也。モト金ヲカスハ利息ヲ取ロウトテカス金ノコトナレバ、利息ヲサヘヨコセバ、元金ハヤハリ納メテオキタキ也。……

……扨、金ヲ出シタル屋敷ヨリハ扶持米ヲヨコス。箸ノコロンダニモ目六ヲ送ル。…〔大坂の銀主は〕何モカモ皆元金カヘリタルト見ルユヘニ、元金ノカヘリタルヲツカフ〔使う〕ト云コトナキコト也。外カモノニアラズ、元金也。利ヲモ元金トミテ、元金ノ方ヘ積ム也。扶持米モ元金也。

……何モカモ元金ヘイレルユヘニ、皆十年ヲ待ズシテ元金ハカヘリテシマフ也。新規ニ出ス金ナドハ、〔利息が高いので〕六年ホドニ元金ヲトリテシマフ。……

扨、元金ヲトリテシモフテモ、屋敷ノ方、マダ元金ハ丸デカリテオル也。元金スミテシモフタ上ハ、アトハ外物トシテモヨサソフナルモノナレドモ、コレヲモ又ツカフコトナラヌ也。コレハ今度屋敷ヘ出ス用意ノ元金也トシテ積ムコト也。……

大名に貸付を行う「銀主」にとって、利息支払いが継続するのであれば、元金を返済してもらう必要はなく、貸付残高が減少しないことはむしろ両替商にとって望ましい状態であることを述べている。下手に元金が返済された場合、「銀主」は新しい貸付先を探さなければならず、それができない場合は遊休資産を活用できないリスクがあるためであろう。そして、扶持米など諸侯から下げ渡されるものはすべて元金返済と見做したため、利息や扶持米などで元金は一〇年に満たずに返済される計算になるのである。もちろん、これは「銀主」内部の会計上の処理になるため、借主への元利支払請求権は「銀主」に残されている。

利息収入を利益と見做さず、「利息積高」として積み立てて計上する方法は三井でも取られていた[34]。一種の経営コンサルタントとして、各地の豪農商あるいは藩士を訪ね、加殖の仕法を教示したことが知られている海保青陵が[35]、果たして銭佐を訪れたかどうかは不明であるが、銭佐は何らかの手段で「利息積高」を計上する仕法を知り、意図的に累積純利益と貸付残高が乖離しないように大名貸事業を拡大したと推測される[36]。ただし、三井の場合、純利益ではなく利息の積立高である点、一定の期間毎に「利息積高」と貸出銀高の相殺を行う点、など銭佐との相違も見られた。

以上のように、銭佐のような中規模両替商が大名貸に進出すると、貸付元の多様化という現象が創出された。その中で、のちに雄藩化していく佐賀藩は、両替商に対して元利払いの停止を断行しつつ、貸付元を乗り換えていった。貸付元の多様化によって、諸家も自身にとって有利な方法で貸付を受けられる利貸資本を選別しえた。ただし、こうした「御断り」を過大評価し、大名貸が利益を生まなかったとするのは誤りである。銭佐は利払いを行わない藩との関係を整理する一方で、利息支払いを毎年行う優良な藩への貸付を逆に増大させ、藩債処分直前の明治五年の時点まで、累積純利益と貸付残高はほぼ同額のまま推移した。個々の関係では不良債権化した貸付もあったが、大名貸総体では利益を上げたものと評価できる。この点は、藩債処分の評価を含め改めて述べるが、大名貸勘定が両替店勘定から会計上独立し、かつ累積純利益の枠内で経営拡大する限り、大名貸は安定的な資産活用方法であったと言えよう。

第二節　銭佐の新旧公債と大名貸の評価

明治三年（一八七〇）二月、外務省は各国公使に対して、府藩県名義による政府の許可がない外債・物品購入を拒絶するよう要求した。同時期に外国公使は、諸藩の外債を日本政府が払うよう要求した。次に引用するのは明治三年四月三日における民部省の主張である[37]。

……〔各国公使が〕別款ノ告知文案ヲ我省〔民部省〕ニ寄致シテ曰フ、此ノ文案ノ旨趣ヲ以テ吾カ居留商民ニ告知セハ自カラ能ク意思ヲ貫徹セシムルヲ得ン、請フ速カニ之ヲ告知セント、其ノ文案ヲ熟査スルニ、従来諸藩ノ外國人ニ資借セシ者モ亦タ政府之レカ償還ヲ擔保ストノ文字ヲ記入スルヲ以テ眼目ト爲スニ似タリ、抑モ維新以後既ニ藩侯ノ名義ヲ廢シ封土ヲ還納セシメタルニ因リ、各藩ノ外國人ニ資借セシ者ハ政府其ノ償還ニ任スルヲ適當ト爲ス、故ニ此ノ數句ノ文字ヲ記入スルモ不可ナル無シ、……〔外債の償還を政府が担保する内容の外国居留民に対する告知文案略〕

外国公使と外務省の間で、外債の償還を政府が担保するという文言を告知文案に含めるか否かが係争点となっていたが、民部省はこの措置について文言を入れるのは妥当とした。なぜなら、版籍奉還により諸侯の名義は廃止され、対外的には維新政府が一元的に責任を負うものと理解していたからである。そして同月中に、政府は府藩県に対し外債の数額・約定を報告するよう指令を下した(38)。廃藩置県以前から、外債に対して政府が肩代わりすることを政府自身が認めており、それこそが維新の「意思ヲ貫徹」することだったのである。

さらに同月九日の民部省対議には、「今回藩政ヲ改革スルヤ亦タ當サニ豫メ其ノ将来ノ處分ヲ定メ以テ償消ノ方法ヲ稟決スヘキハ固ヨリ論ヲ俟タス、故ニ政府ノ此ノ意旨ヲ推シテ以テ各藩ノ負債ノ措辨ヲ催督スルハ即チ政府ノ責任ト爲ス」とある。民部省は、明治三年九月に制定されることとなる「藩制」の原案作成を控えていた。外債償還が政府の責任であるという「意旨」を藩債一般に敷衍し、その償還を催促し監督することは政府の責任であると民部省は考えていた。原口清氏はこの民部省対議を取り上げて、「民部省の右の論理は単に外債のみにとどまらず、藩債一般にも適用される性格のものであり、また藩札などの処理にも関係してくるものである」と述べている(39)。事実、同年九月一〇日に布達された「藩制」には藩債・藩札処分規定が盛り込まれることとなった(40)。「藩制」公布の時点では、外債と同じように藩債の償還を担保することは明言していないが、少なくとも藩債の額を把握し、その償還を催促・監督する役割を負うところまで政府が責任を持ったのである。そして明治四年七月一四日に廃藩置県の詔書が出される。

廃藩置県によって、府藩県は画一的な行政能力を持つべき区域として統廃合された。明治四年一一月二八日に府県官制が敷かれ、同月二七日には県治条例が制定された。同時に府県は、新政府の創出した統治機構の末端として再定置され、藩債の処分問題は府県に引き継がれることとなった。大蔵省は、藩債取調の上で一般処分方針を提示することとし、各県の藩債支消方法の策定および債権者との示談の中断を各府県に指示した[41]。府県は負債本帳・証書写を大蔵省に提出する役割を負ったが、そのときに「銀主」側からも資料を提出させている。

同年一二月に、銭佐が今現在の貸付残高を整理し、大阪府へ提出した報告書がそれである。写しとして銭佐の手許に残された「諸藩貸上書訳」には[42]、

万延元庚申年閏三月

一　銀弐百弐拾八貫目　　日州高鍋藩

月三朱之利

内銀九拾壱貫弐百目　右申年ゟ三拾ヶ年割、當未年迠拾弐ヶ年分元入〆高

引残銀百三拾六貫八百目

平均相場百六拾壱匁替

此金八百四拾九両弐歩三朱

銭拾九文

當未四月ゟ同十一月迠八ヶ月分月三朱之利

此利金弐拾両壱歩弐朱

永拾七文五厘四〔毛〕

というように、諸藩毎に一口ずつ貸付残高がまとめられている。一般に、月払いが滞ったときに、年賦返済方式に切り替わることが多いので、右の一つ書きは、万延元年（一八六〇）閏三月に、これまで高鍋藩に貸し付けていた証文をまとめて二二八貫目の年賦証文に切り替えたものと理解したい。年賦返済のため、利率は月利〇・三％、年利にし

て約三・六％と極めて低く設定されているが、これはすでに累積純利益が相当額に及んでいることを前提とした措置と考えられる。そのうち、九一貫二〇〇目は明治四年までに元金返済済で、残高は一三六貫八〇〇目となっている。これを一両＝一六一匁で換算し直し、金建てで八四九両二分三朱余りと見做し、高鍋藩の貸付残高として報告している。

表 1-4　新旧公債取調べにつき貸付残高の報告

	金建て（円）		銀建て（匁）		計（円）
	元	利	元	利	
旧公債相当	3,691.9763	388.3971	838,514.71	65,011.27	8,187.3097
新公債相当	60,184.9246	4,609.6064	292,100.00	65,722.35	66,420.9959
小計	63,876.9009	4,998.0035	1,130,614.71	130,733.62	74,608.3059

出所：「(明治六年新旧公債取調書上写し)」(大阪商業大学商業史研究所所蔵『佐古慶三教授収集文書』F-10-30).
注：計は銀 220 匁相場で換算.

なお、金銀換算についてであるが、次章で述べるように、銀目廃止後は銀建て証文を金建てに換算し直す必要が生じた。その際、貸付を行った時日の金銀相場で証文を書き換えるのか、もしくは銀目廃止後の相場（＝仕舞相場）で書き換えるのか、債権者と債務者の間に交渉の余地が存在した。維新政府は当事者による解決（相対）に任せたのである。幕末から維新期にかけて銀相場が大きく下落したので、どの時期の相場を採用するかが債権の価値を大きく左右した。先の高鍋藩との関係では、銭佐は銀目廃止時の仕舞相場である二二〇匁相場ではなく、万延元年相場に近い「平均相場」を用いていたことがわかる。ただし、この史料のみでは、それが高鍋藩の同意の下であったかどうかは不明である。また、高鍋藩への貸付残高はこの一つ書き以外の別口もあり、利率はそれぞれ異なる。いずれにせよ、貸付残高を府県が把握する必要が「藩制」によって生じたため、大坂両替商も内部帳簿以外の方法で整理・報告しているのである。こうした銀建て証文の書き換えに伴い、帳簿上に表れる銀建ての貸付残高と、大蔵省への円建ての報告額が乖離する可能性があったことを付言しておく。

明治六年（一八七三）三月二五日には新旧公債証書発行条例が出された。これにより、弘化元年から慶応三年までの藩債は無利息五〇年賦の旧公債に、明治元年から同五年までの藩債は年利四％・二五年賦の新公債に切り替わることが定められた。そこで、明治六年五月一三日に、銭佐は旧公債と新公債の弁別をした上で、改めて大阪府に貸付残高を報告している（表1-4）。一円＝一両＝二二〇匁換算で金建てに統一して換算すると、旧公債に相当する債権は八一八七円三〇銭、新公債に相当する債権は六万六四二〇円九九銭、合計七万四六〇八円三〇銭であった。銀建てで換算し直せば、二二〇匁レートでは一万六四二九貫目余り、一六一匁レートを採用すると、一万二二一九貫目余りとなる。

明治6年5月					公債分類
貸付残高（円建て）	貸付残高（銀建て）	利息（円建て）	利息（銀建て）	利率（月利%）	
849.7065		22.9415		0.30	旧
291.2070		10.4625		0.40	旧
666.5000		39.9900		1.00	新
500.0000		45.0000		1.50	新
					古
					古
					古
					古
1,910.5157					新
100.0000					新
935.9089					新
3,610.5000					新
					古
	14,019.22				旧
	412,310.00				旧
	17,100.00		5,925.15	0.70	新
	16,700.00		5,669.65	0.70	新
	16,200.00		5,386.50	0.70	新
	17,100.00		5,566.05	0.70	新
82.0000		26.1170		0.70	新
82.0000		25.5430		0.70	新
118.0000		35.1050		0.70	新
82.0000		24.3950		0.70	新
89.0000		25.8545		0.70	新
82.0000		23.2470		0.70	新
103.0000		28.4795		0.70	新
133.2500		35.9109		0.70	新
133.2500		35.4445		0.70	新
74.5000		22.3500		0.80	新
74.5000		21.7540		0.80	新
74.5000		21.1580		0.80	新
74.5000		20.5620		0.80	新
74.5000		19.9660		0.80	新
74.5000		19.3700		0.80	新
109.0000		27.4680		0.80	新
71.5000		18.1780		0.80	新
4,000.0000		1,240.0000		1.00	新
500.0000		155.0000		1.00	新
81.0000		19.1160		0.80	新
74.5000		16.9860		0.80	新
95.2500		20.9550		0.80	新
122.2500		25.9170		0.80	新

表 1-5（1）　銭佐貸付残高報告額

貸付先	契約年月日	明治4年12月 貸付残高（金建て）	貸付残高（銀建て）	利息（金建て）	利息（銀建て）	利率（月利%）
高鍋	万延元.閏3	849.7065	136,800.00	20.3925		0.30
	万延元.閏3	291.2070	46,800.00	9.3019		0.40
	明治2.10	666.5000		33.3250		1.00
	明治4.7	500.0000		37.5000		1.50
岸和田	天保9.3		16,700.00			
	文政6.12		6,240.00			
	文政7.11		3,650.00			
	文政7.11		3,650.00			
	明治3.12	1,910.5157				
	明治4.1	100.0000				
小田原	明治2.12	935.9089				
庭瀬	明治3.12	3,610.5000				
佐賀	天保8.12		51,764.36			
	嘉永2.11		14,019.22			
	嘉永2.11		412,310.00			
鳥取	慶応4.1		17,100.00		5,805.45	0.70
	慶応4.2		16,700.00		5,552.75	0.70
	慶応4.3		16,200.00		5,273.10	0.70
	慶応4.4		17,100.00		5,446.35	0.70
	慶応4.閏4	82.0000		25.5430		0.70
	慶応4.5	82.0000		24.9690		0.70
	慶応4.7	118.0000		34.2790		0.70
	慶応4.7	82.0000		23.8210		0.70
	慶応4.8	89.0000		25.2315		0.70
	慶応4.9	82.0000		22.6730		0.70
	慶応4.10	103.0000		27.7585		0.70
	慶応4.11	133.2500		34.9781		0.70
	慶応4.12	133.2500		34.5012		0.70
	慶応4.12	74.5000		21.7540		0.80
	明治2.1	74.5000		21.1580		0.80
	明治2.2	74.5000		20.5620		0.80
	明治2.3	74.5000		19.9660		0.80
	明治2.4	74.5000		19.3700		0.80
	明治2.5	74.5000		18.7740		0.80
	明治2.6	109.0000		26.5960		0.80
	明治2.7	74.5000		17.5820		0.80
	明治2.7	4,000.0000		1,200.0000		1.00
	明治2.7	500.0000		150.0000		1.00
	明治2.8	81.0000		18.4680		0.80
	明治2.9	74.5000		16.3900		0.80
	明治2.10	95.2500		20.1930		0.80
	明治2.11	122.2500		24.9390		0.80

明治6年5月					
貸付残高（円建て）	貸付残高（銀建て）	利息（円建て）	利息（銀建て）	利率（月利%）	公債分類
139.2941				0.55	旧
31.7647				0.55	旧
152.0000				0.55	旧
130.0000				0.55	旧
184.0000		92.4931		0.55	旧
96.0000				0.55	旧
63.0000				0.55	旧
105.0000				0.55	旧
150.0000				0.55	旧
17.5000		1.5400		0.55	新
666.0000		139.8600		1.50	新
	64,185.49		3,209.27	0.20	旧
1,500.0000		262.5000		0.70	旧
	6,000.00		900.00		新
500.0000		200.0000		2.00	新
1,380.0000					新
2,700.0000					新
	20,000.00		28,800.00	0.80	旧
3,000.0000		171.0000		0.15	新
350.0000		121.8000		1.20	新
	10,000.00		1,040.00	0.80	旧
660.0000		111.5400		1.30	新
	48,000.00		1,560.00	0.65	旧
	60,000.00		2,340.00	0.65	旧
	10,000.00		720.00	0.60	旧
	66,000.00		2,574.00	0.60	旧
10,000.0000		1,200.0000		1.50	新
14,000.0000		280.0000		2.00	新
7,500.0000		150.0000		2.00	新
4,000.0000		80.0000		2.00	新
	6,000.00		936.00	0.60	旧
	8,000.00		1,248.00	0.60	旧
	14,000.00		2,184.00	0.60	旧
	100,000.00		19,500.00	0.75	旧
	125,000.00		23,375.00	0.55	新
	100,000.00		19,800.00	0.60	新
					古
					古
					古
2,000.0000		160.0000		2.00	新
※ 63,876.9009	1,130,614.71	4,998.0035	130,733.62		

明治六年新旧公債取調書上し）」．
五入，利率は小数点第３位以下四捨五入．慶応４年は明治元年であるが，史料中の表記

明治五年末の貸付残高が一万四二五五貫目であったから（表1-3）、仮に二二〇匁レートを採用した場合、内部帳簿（「諸家貸」）に見える貸付残高を上回る額を新旧公債に相当する債権として請求していることになる。これは、貸倒損として内部的に処理した証文であっても、大名諸家への返済請求権を放棄したわけではないこと[43]が原因と考えられる。「諸家貸」において幕末期に尼崎藩・平戸藩・久留米藩への貸付残高は存在しないことになっているが（表1-3）、大阪府への報告ではそれら諸藩への貸付残高を報告している。

表1-5（2）　銭佐貸付残高報告額

貸付先	契約年月日	明治4年12月 貸付残高（金建て）	貸付残高（銀建て）	利息（金建て）	利息（銀建て）	利率（月利%）
熊本	慶応2.10	139.2941				0.55
	慶応3.2	31.7647				0.55
	慶応3.3	152.0000				0.55
	慶応3.5	130.0000				0.55
	慶応3.5	184.0000		88.1561		0.55
	慶応3.5	96.0000				0.55
	慶応3.6	63.0000				0.55
	慶応3.10	105.0000				0.55
	慶応3.11	150.0000				0.55
	慶応4.3	17.5000				0.55
	明治3.5	666.0000		129.8700		1.50
土浦	慶応元.7		64,185.45		3,080.00	0.20
	慶応2.6	1,500.0000		252.0000		0.70
	慶応2.11		6,000.00		900.00	
	明治3.6	500.0000		190.0000		2.00
伯太	明治4.1	1,440.0000				
	明治4.1	2,850.0000				
福江	安政4.6		20,000.00		28,640.00	0.80
	明治元.12	3,000.0000		166.5000		0.15
	明治2.9	350.0000		117.6000		1.20
浅尾	慶応2.5		10,000.00		960.00	0.80
	明治2.12	660.0000		102.9600		1.30
高知	慶応元.8		48,000.00		1,248.00	0.65
	慶応2.7		60,000.00		1,950.00	0.65
	慶応2.12		10,000.00		660.00	0.60
	慶応3.7		66,000.00		2,145.00	0.65
	明治4.5	10,000.0000		1,050.0000		1.50
	明治4.6	14,000.0000		「利足済」		2.00
	明治4.6	7,500.0000		「利足済」		2.00
	明治4.7	4,000.0000		「利足済」		2.00
津	元治元.12		6,000.00		900.00	0.60
	元治元.12		8,000.00		1,200.00	0.60
	慶応2.6		14,000.00		2,100.00	0.60
	慶応2.11		100,000.00		18,750.00	0.75
	明治2.3		125,000.00		22,687.50	0.55
	明治2.4		100,000.00		19,200.00	0.60
尼崎	文政7.11		30,000.00		139,680.00	0.80
平戸	文化11.11		9,300.00		42,408.00	0.80
久留米	文政元.12		104,000.00		545,792.00	0.80
吉田	明治4.9	2,000.0000		120.0000		2.00
徳山	明治元.12	1,000.0000		50.0000		0.04
	明治2.9	1,000.0000		50.0000		0.04
小計		66,806.8969	1,355,919.03	4,267.1118	854,378.15	

出所：「諸藩貸上書訳」（大阪商業大学商業史博物館所蔵『佐古慶三教授収集文書』F-10-25），F-10-30「（

注：単位は金建ての列が「両」，銀建ての列が「匁」，円建ての列が「円」である．金建ては1銭未満四捨
に従った．※実際の計算では64,593.8969円となるが，史料の通り記載した．

先の明治四年一二月に提出した貸付残高報告書と、この明治六年五月段階の報告書を比較したものが、表1-5になる。貸付残高が減少している口は、元金返済（「元入」）があった分と理解できる。新政府が諸県と銀主との債権債務関係を凍結した中でも、独自に元利払いを続けた県は存在した(44)。とはいえ表1-5では、明治四年以降の元金返済は旧伯太藩・旧徳山藩など一部に見られるのみで極めて少ない。

目を引くのは、銭佐における古債率の低さである。明治四年一二月の段階では、岸和田藩・佐賀藩・尼崎藩・平戸藩・久留米藩など、古債に相当する弘化期以前の貸付を書き上げたものの、明治六年五月の報告では除外している。新旧公債発行条例により天保一四年（一八四三）以前の債権は古債として棄捐されることが決定されたため、銭佐も報告を省略したものと推察される。明治四年一二月以後にこれらの元利が返済された可能性もないわけではないが、天保一四年以前の貸付が突然返済されたとは考えにくい。明治四年に債権の全てを報告していたと仮定するなら、全体の貸付残高のうち古債が占める割合が一・四％に過ぎないことになる(45)。加えて言うなら、旧公債の割合も明治四年一二月で一一・三九％、明治六年五月で八・六六％と比較的低い。千田稔氏の検討したところによれば、全藩債の古債率は二一％であったというが(46)、ではなぜ銭佐の場合、このような低位の水準となったのであろうか。

一つの説明としては、借り換えの進行が考えられる。銭佐の貸付では、複数の古い貸付証文をまとめて一紙証文にして、利率を新しく定めた上で、年賦返済を認めることが往々にして見られる。実際に資金の移動が見られたのは天保一四年以前であっても、それ以後藩が借り換えを進めた結果、証文には弘化以後の日付が記載されるということもあったであろう。もちろん、両替商の中で銭佐のみが行ったわけではなく、すべての債権を新旧公債に切り替えることができたわけでもない。だが、先の説明が合理性を持つなら、古債率の低位性は、借り換えに伴う証文の更新が頻繁にあったことを裏付けている。天保一四年以前の貸付証文が無効となり、また慶応元年（一八六五）以前の貸付証文も無利息の旧公債へと切り替わる状況下で、この方法は証文の実質価値切り下げを防いだと言える。

また、銭佐は朝敵とされた諸藩への貸付も比較的少ないのが特徴である。一般に藩債を公債として取り立てる際に削除されたものの中には、古債以外にも幕債・私債・返上債・空債・棄債・宿債・古債滞利があった(47)。そのうち、宿債は旧朝敵藩への貸付に相当するもので、より厳密には再立・新立藩の再立・新立以前の藩債を指す(48)。戊辰戦争に負けた旧朝敵藩の多くは、藩地が維新政府の直轄地となったために他の地で新立藩するか、あるいは同地で再立藩するか、いずれかの道を辿った。

明治五年二月三〇日に正院から出された「藩債処分取捨ノ儀ニ付、条款書ヲ以テ伺定」では、「素〔もとより〕徳川慶喜朝敵ノ罪命ヲ蒙リ、其家一度ヒ及亡滅、且輪王寺宮ニ於モ賊徒ニ荷擔被致、難被捨置形状ヨリ王師ヲ勞サレ御討伐ヲモ被爲在候時勢ニ候ヘハ、一擧前ノ貸金平定後採用無之方於條理至當ノ儀ト決斷仕、遂ニ棄捐同様相心得候趣至極尤ノ次第ニ付、方今専ラ調査罷在候、舊藩々負債届帳ノ内、藩數十ニ八九多少共此貸金ニ關係セサル者ハ無之候得共、無論前顯ノ趣ニ基キ一切棄捐當然ノ儀ト存候事」とあるように(49)、旧朝敵藩の藩債は棄捐と定められた。旧朝敵藩に対する懲罰的意味合いと、大蔵省としての財政支出削減の意味合いが込められている。そして、新旧公債証書発行条例により正式に、再立・新立以前の藩債は宿債とされ、新旧公債への切り替えは拒絶された。そのため、旧朝敵藩の債務は削除率が高いのである。

非常に流動的な幕末政局の中で、どの藩が朝敵となるか、銭佐が見極めるのは不可能であったろう。しかし、元々東北諸藩に貸付を行っていなかったという事情が幸いした。唯一、維新期に債権を保有していた旧朝敵藩は小田原藩であるが、明治三年末での貸付残高は二二〇貫目（二二〇匁換算で一〇〇二両）、新公債請求額は九三五円（≒九三五両）となっている（表1-3、表1-5）。貸付残高の九割以上を新公債として請求しているのである。関係の古いA群の小田原藩債権が、宿債をあまり含まず、ほとんど維新後の債権であったというのは違和感があるかもしれないが、これも銭佐が証文の書き換えを積極的に行っていた一つの証左と理解したい。

表 1-6　新旧公債の銭屋取得分および利得など

	新公債		旧公債		計
	金額（円）	備考	金額（円）	備考	
明治 6	5,225		1,100		
	32,350				
明治 7	500	山中善五郎より譲受	1,675		
	1,000	為替会社割賦金	5,625		
	5,050				
	250	為替会社割賦金			
明治 8	10,250		50		
	800	為替会社割賦金	299	為替会社割賦金	
	325	為替会社割賦金			
明治 13			193.58	「額面千円，西京平井忠兵衛取次，同所小林万次郎殿ゟ譲り請」	
			96.50	「額面五百円」	
明治 15	1,124	「額面弐千円代」			
	550	「額面千円代」			
	275	「額面五百円代」			
明治 17	764	「額面千円代」			
明治 20	1,737	「金禄座ゟ催促」			
	50	「直違分利金之内へ上ル」			
	1,066.4	「額面千六百円代」			
明治 33	538.6	「新公債償還済引〆徳」			
小計	61,855.0		9,039.08		70,894.08

出所：「諸家貸」（『逸身家文書』7-1）.

実際に逸身家が取得した額は、表1-6の通りである。明治六年から同三三年までに新公債六万一八五五円、明治六年から同一三年までに旧公債九〇三九円、合計七万八九四円を受領している。銀建てに換算すると一万五五七二貫目となる。この中には、大名貸債権を新公債と引き換えたもの以外に、他の手段で獲得したものも含まれる。たとえば、

①〔明治七年〕四月十八日
一　金五百円　―
百円　五枚　山中善五郎殿ゟ譲受
②〔明治七年〕七月三日
一　金千円　―
百円　拾枚　為換会社割賦金之内証券
譲受

とあるのは、①新旧公債証書を他の両替商（山中善五郎）から譲り受けたこと、②為替会社の割賦金＝身元金支出に応じた毎年の返納金が新旧公債によって支払われることがあっ

たことを表している。この支払は、額面価額ではなく実勢価格で換算された。

明治六・七両年において、大蔵省紙幣寮は全体として新公債一一三五万二〇〇円、旧公債一〇一八万六七七五円を交付しており、最終的な新旧公債交付額に占める割合はそれぞれ九一・二七%、九二・七%に相当する。(50)したがって、政府の新旧公債交付は明治七年までにほぼ完了していたと見てよく、ここから類推すれば、表1-6に見える明治八年以降の取得分は、その後の新旧公債流通による結果と考えられる。貸付残高が新旧公債に転化した分は、明治七年までの取得分、すなわち五万九一五円（銀建てで約一万一二〇一貫目）ほどであろう。藩債の報告額と比較しても削除率は低く、明治維新を主導した高知藩との関係が深かったことも削除率に影響を与えたと予想されるが、この点は実証が困難である。また、明治一五年以降は、額面と実勢価格が乖離していったため、評価損を計上していることも指摘しておきたい。

新旧公債は証券であり、公債受領後には政府から利息支払いと償還がなされた。銭佐の場合、旧公債は明治六年から三二年までに五五八八円、新公債は明治一五年から同二九年までに六万一八五〇円が償還されている。新公債の利息として明治六—八年までに四四〇一円受領したが、以後は不明である。(51)新旧公債を売買した場合、その価値は大きく下落したものの、所持し続けた場合、それほど減価せずに償還された。とりわけ、利息も発生する新公債は担保価値を有したものと認められる。

その後、銭佐は明治一三年（一八八〇）三月に資本金一〇万円で私立銀行である逸身銀行を設立した。頭取が逸身佐兵衛、副頭取が逸身佐一郎で、所在は備後店の跡地（備後町二丁目）であったから、(52)佐兵衛家・佐一郎家一体の経営であったと考えられる。本店の資本も用いられたことは間違いない。明治二八年（一八九五）末の預金高は一〇〇万円を越え、大阪に本店を持つ銀行の中では百三十、十三（鴻池）、日本中立、三十四、虎屋、近江、に次ぐ中堅銀行に成長していった。(53)

このように、大名貸の資本蓄積と新旧公債発行が銭佐の近代的資本家への転身に寄与したと考えるが、商業金融の意義を否定するものではない。商業金融部門の資本蓄積については、両替店経営や掛屋敷経営、さらに銭屋佐一郎家（分家）の経営分析からその蓄積がうかがえるはずであり、この点については共同研究の成果に譲る。結論のみを簡潔に記せば、銭佐の経営的連続性を支えた資産は、新旧公債に転化した大名貸貸付残高と、備後店における商業金融部門の蓄積にあった(54)。

小　括

銭佐は意図的に貸付残高と累積純利益が乖離しないように大名貸経営を拡大させていった。その結果、貸付高の急増した幕末維新期を経て明治五年末に至っても、貸付残高は累積純利益をわずかに上回る程度となっていた。これまでの純利益でほとんど元が取れている状態であり、したがって大名貸の蓄積が新旧公債にそのまま転化したと見做すことができる。銭佐は後発銀主であるが故に、そして証文の書き換えを積極的に行ってきたために、古債率を低位に抑えることができた。旧朝敵藩への債権も少なく、他の銀主に比べても削除された藩債額は少なかったと言える。逸身佐兵衛・佐一郎が設立した逸身銀行の資本金は一〇万円であったが、新旧公債が資本基盤として果たした役割は少なくない。

また貸付を受けていた領主にとっても、銭佐のような後発の大名貸銀主が登場することは望ましいことであった。かつて森泰博氏は、「享保期の米価下落以後、元利棚上げやふみたおしを実行した藩と、大阪の利貸業者との取引断絶が少なからずあった。鴻池善右衛門家の場合は、九州・四国の諸藩が算用帳にでてこなくなる。……借手の藩との取引きについて制度的整備をおこない、違約をなくすことにつとめ、貸付先を選別し、大名貸を維持する方向がうち出されてくる」と述べ、諸侯の「御断り」による大坂利貸資本との取引断絶を強調した[55]。この理解は、化政期から天保期にかけて大坂への商品廻着量が減少し、「大坂問屋資本」が衰退したという大坂の市場的地位低下論と非常に親和性が高く[56]、なおかつ大名貸という蓄積基盤の脆弱性を説明する上で説得力を持つ。ただし、関係途絶は「御断り」や不良債権整理にのみ起因するわけではない。幕末期に「銀主」の多様性という状況が生まれる中で、利息や地理的近接性などの諸条件でより良い「銀主」が見つかるなら、領主は容易に「銀主」を乗り換えたであろう。大坂の米市場としての地位低下が、大坂の金融市場としての地位低下を意味するとは限らない[57]。鴻善と諸侯との関係途絶はあくまでも、大坂両替商の階層性や地域金融市場の成長に基づく借入先の多様化という現象の一部を切り取ったものに過ぎない。

ただし、以上の小括では、銭佐がどの程度利益を上げ、どの程度資本蓄積を果たしたかという点について説明し得ても、なぜ〈貸付残高≒累積純利益〉が拡大し続けたのかという点について十分な答えを用意できたとは言えない。いくら貸付残高と累積純利益が乖離しないよう経営したとしても、そしていくら古債率を低位に抑えたとしても、毎年の利息支払いが確保できなければ〈貸付残高≒新旧公債受領額〉は些少であったろう。本章で述べた銭佐の経営史的分析のみでは、資本蓄積を可能にした要因を論じえないのである。したがって、より本質的には、「諸家徳」に見られる利息収入の漸増が何に起因するか、これを問題とせねばならない。果たして、物価上昇と銀相場下落に伴う名目貸付残高の増大という説明のみで十分なのであろうか。幕末維新期に新規貸付を拡大した貸付先であり、安定的な利息収入源でもあったD群の諸家との関係性を重視するならば、開港後における大名貸経営の実質的な拡大を認めるべきなのではないだろうか。そこで章を改めて、高知藩との交渉過程・契約内容を取り上げたい。

（1）　森泰博『大名金融史論』（大原新生社、一九七〇年）一三八、一六七頁。

(2) 安岡重明『財閥形成史の研究〔増補版〕』(ミネルヴァ書房、一九九八年、初版は一九七〇年)四五、五四頁。
(3) 賀川隆行『近世大名金融史の研究』(吉川弘文館、一九九六年)四頁。
(4) 高槻泰郎「幕藩領主と大坂金融市場」(『歴史学研究』第八九八号、二〇一二年一〇月)七五頁。
(5) 千田稔「藩債処分と商人・農民・旧領主――藩債取捨政策に限定して」(『社会経済史学』第四五巻第六号、一九八〇年三月)五六―五七、七五頁。
(6) 千田稔「藩債処分と商人資本――新旧公債に限定して」(『一橋論叢』八三巻五号、一九八〇年五月)七〇七頁。
(7) 高橋亀吉氏は、明治八年一月までの公債時価の減価分を藩債処分に含め、旧藩債の約八割に当たる五九五六万円余りを切捨額として試算している(高橋亀吉『日本近代経済形成史』第二巻、東洋経済新報社、一九六八年、八四―八五頁)。
(8) 山本有造『両から円へ』(ミネルヴァ書房、一九九四年)三三頁。
(9) 石井寛治『経済発展と両替商金融』(有斐閣、二〇〇七年)。
(10) 松好貞夫『日本両替金融史論〈復刻〉』(柏書房、一九六五年、初版は文藝春秋社より一九三二年)二〇六頁、前掲安岡『財閥形成史の研究』四四―四五頁。
(11) 『逸身家文書』が近年発見され、逸身喜一郎・吉田伸之編『両替商　銭屋佐兵衛』(東京大学出版会、二〇一四年)などの成果を生んだ。現在は大阪歴史博物館に寄託されているが、以下の史料番号は調査グループが付したものである。拙稿「幕末維新期における銭佐の経営」(前掲『両替商　銭屋佐兵衛』第2巻〈逸身家文書 研究〉)の記述と本章の記述は多分に重複が含まれることを了承されたい。
(12) 前掲逸身・吉田編『両替商　銭屋佐兵衛』第1巻〈四代佐兵衛 評伝〉第四・五章。
(13) 前掲石井『経済発展と両替商金融』二四二頁。なおこの議論の前提には、両替商が資力を拡充するにつれ、そのまま商人金融(商人相手の両替・為替・利貸業務)を継続するコースと、大名金融に特化するコースと二つ辿る道があったという想定がある(六三―六六頁)。本書の扱う銭佐は、一見大名金融に特化した形態でありながら、実質的には商人金融部門の大部分を切り離して銭屋佐一郎に分与しただけで、経営は一体であった。
(14) 「銭佐日記」(大阪商業大学商業史博物館所蔵『佐古慶三教授収集文書』(以下、『佐古文書』)F―一〇―一四など)。なお、「銭佐日記」を所収する『銭屋Ⅰ』〈大阪商業大学商業史博物館史料叢書第八巻〉(二〇一三年)が近年刊行され、続刊も予定されている。

(15)「諸家徳」（『逸身家文書』七―三六）。
(16)「銀控帳」（『逸身家文書』八―五）、「銀控帳」（『逸身家文書』二―五四）。前者が本店勘定、後者が備店勘定である。厳密に言えば、⑦の「家格口々」も両替店勘定への付け替えであって、直接給料や営業費として支消されたわけではない。なお、大名貸経営の損益と両替店経営の損益を比較する際には、こうした共通の費用を控除する必要がある。
(17)前掲千田「藩債処分と商人・農民・旧領主」五三頁。
(18)蒔田氏は長年備中井出の旗本であったが、文久三年（一八六三）に高直しをうけ再度大名家となった（浅尾藩）。旗本・大名家時代を通じて銭佐との関係は継続している。
(19)名目金（銀）貸付とは、摂家・親王方、門跡方、堂上方、寺社方、御三家などがそれぞれ何らかの名目を冠した資金を貸し付けたものである。名目金貸付は基本的に幕府の許可を得て実施されるものであり、訴訟優先権などの特権を有し、幕府公金貸付（「御貸付」）と同様の保護が与えられていた。大名に対する融資のみでなく、庶民の金融として機能していたことも注目されている（三浦俊明『近世寺社名目金の史的研究――近世庶民金融市場の展開と世直し騒動』吉川弘文館、一九八三年）。
(20)「諸家貸」の天保一〇年利息勘定には「一　三貫九百六拾目　同（妙法院）對州徳」とある（『逸身家文書』七―一）。
(21)「諸家貸」（『逸身家文書』七―一）。
(22)遠山茂樹『明治維新』〈『遠山茂樹著作集』第一巻〉（岩波書店、一九九一年、初版は一九五一年）二〇―二一頁。遠山氏の理解を図式化するなら、〈商品生産力の高さ＋封建権力の強固さ→藩政改革の成功→軍事力強化→政治的発言力獲得（＝雄藩化）〉となる。この図式に依拠する限り、「御断り」、すなわち負債の踏み倒しを領主が断行できた理由は、「封建権力の強固さ」にあった、という極めて抽象的な議論から脱却できない。本章も佐賀藩の「封建権力の強固さ」を認める限りにおいて、この限界を乗り越えていない。しかし、それはあくまでも銭佐側が一定程度の不良債権を黙認しうる財務体制を構築していたからであり、銭佐の利益率が不十分であったときに、こうした負債踏み倒しを許容するかどうかについては疑問を呈したい。
(23)前掲森『大名金融史論』一六九頁。
(24)中川すがね『大坂両替商の金融と社会』（清文堂出版、二〇〇三年）二三〇頁（初出は、同「近世大坂の大名貸商人――鴻池屋栄三郎家の場合」『日本史研究』三二九号、一九九〇年一月）。なお、中川氏の論旨としては、これを可能とした背景としての他借金の実態を明らかにした点にある。
(25) 野口喜久雄『近世九州産業史の研究』(吉川弘文館、一九八七年)四二—四四頁。
(26) 楠本美智子『近世の地方金融と社会構造』(九州大学出版会、一九九九年)八頁。
(27) 須賀博樹「銭佐と因州鳥取藩」(前掲逸身・吉田編『両替商　銭屋佐兵衛』第2巻)三二六—三三〇頁。
(28) 両替店勘定への付け替えが利払いと納銀以外見られないことから推察するに、大名貸の資本金は両替店勘定から借り入れた扱いになってはいるものの、元金返済はなされていない。
(29) 新保博『近世の物価と経済発展——前工業時代の数量的接近』(東洋経済新報社、一九七八年)二八二頁。
(30) 前掲安岡『財閥形成史の研究』四八—四九頁。鴻善の場合、貸銀－借銀＝純資産となり、前年度の純資産が当年度の元銀と見做される。
(31) 銭佐の場合、累積純利益と貸付残高がほぼ一致して推移する以上、大名貸勘定で遊休資産はほとんどなかったものと考えられる。したがって、鴻善②との厳密な数値の比較はできないものの、そこまで乖離した数値とはなっていない。
(32) 前掲安岡『財閥形成史の研究』四九—五四頁。安岡氏が利用している鴻善『大算用』の利息には、大名貸以外に商業金融の利息も含まれるが、比率で言うなら、宝永三年(一七〇六)で一一・二%、寛政七年(一七九五)以後は〇%であった(四二頁)。鴻善は商業金融部門を捨てて大名貸に純化した典型的な銀主であり、貸付効率の悪化はそのまま大名貸収益の悪化を意味した。
(33) 海保青陵『稽古談』巻之三(蔵並省自編『海保青陵全集』八千代出版、一九七六年、所収)四九—五一頁。高槻泰郎氏・中川すがね氏のご教示による。
(34) 前掲賀川『近世大名金融史の研究』四〇頁、大橋毅顕「一八世紀における三井家の大名貸——笠間藩牧野家を事例として」(『論集きんせい』第三三号、二〇一一年五月)二五、三〇、三一頁。
(35) 源了圓「先駆的啓蒙思想家　蟠桃と青陵」(同編『山片蟠桃　海保青陵』〈日本の名著二三〉中央公論社、一九七一年)五六頁。
(36) 中川すがね氏は、「大算用」(『逸身家文書』二一—五六)を検討し、債権(貸付残高)と累積収益銀(累積純利益)の差が一〇〇〇貫目になるよう銭佐が資金を動かしていることを明らかにしたが(同「銭屋佐兵衛の本両替経営」前掲逸身・吉田編『両替商　銭屋佐兵衛』第2巻、一五七頁)、これは本書の指摘とも平仄が合う。

(37) 大蔵省記録局編『大蔵省沿革志（上）』（大内兵衛・土屋喬雄編『明治前期財政経済史料集成』第二巻、原書房、一九七八年、所収）八七―八九頁。
(38) 原口清「藩体制の解体」（『岩波講座 日本歴史15』〈近代2〉岩波書店、一九六二年）四二頁。
(39) 同前四二頁。
(40) 該当する条文は、「一 従前藩債ハ一藩ノ石高ニ關スル事ニ付、其支消ノ法ハ藩債ノ總額ニヨリ支消年限ノ目途ヲ立、知事家禄・士卒禄其他公廨入費等ヨリ分賦シテ可償却事、一 従来藩造ノ紙幣向後引替濟ノ目的ヲ可相立事、」（「藩制」『太政類典草稿』〈第一編・慶応三年―明治四年・第七五巻・地方官職制三〉）。
(41) 前掲千田「藩債処分と商人・農民・旧領主」五三頁。
(42) 「諸藩貸上書訳」（『佐古文書』F―一〇―二五）。
(43) 中川すがね氏が鴻池栄三郎家の帳簿を検討したところによると、「勘定帳」が「大福帳」より多くの古債務・古債権を書き留めていることが多い。これは日常的な帳簿である「大福帳」には回収見込みがない古債権は載らず、最終帳簿である「勘定帳」には全ての債権が載るためだという（前掲中川『大坂両替商の金融と社会』二四七頁）。銭佐の「諸家貸」は「大福帳」ほどの日常的な帳簿とは言えないが、全ての債権を記載する最終帳簿でもない。しかしだからこそ、単年度の経営状況を知るのに適していると言える。
(44) 前掲千田「藩債処分と商人・農民・旧領主」六二頁。松山県・岡県・豊津県などは、「金主の催促」により、政府に伺い出ずに専断で返済したという。
(45) 明治四年一二月の段階で債権の全てを報告しなかった可能性もあるが、この時点で弘化以前の貸付が棄捐になることは決まっておらず、偽りなく債権を報告することが当然と考えられたはずである。古債に相当する天保一四年以前の貸付で元金未済の分は、二二五貫三〇四匁三分六厘である。全体の貸付残高報告額は、銀二二〇匁換算で一万六〇五三貫目余りとなり、古債率は一・四％となる。
(46) 前掲千田「藩債処分と商人・農民・旧領主」五六頁。
(47) 幕債は、旧幕府が諸藩に対して有していた債務。私債は藩主や藩士名義の債務。返上債は、債権者が返上を申し出た債務。空債は、証文の偽造や虚偽申告に基づく債務。棄債は、①明治四年公布期限中に債権者が届け出を行わなかった債務、②証文を作らなかった債務あるいは証文を消失した債務、③永上納・冥加として処理された債務、④債権者と審議し藩債にあたらないとした債務、⑤その他「法則」に照らし公債にあたらないとした債務、を指す。

(48) 大蔵省国債局編『藩債輯録』（大内兵衛・土屋喬雄編『明治前期財政経済史料集成』第九巻、原書房、一九七九年、所収）一三八頁。

(49) 大蔵省国債局編『藩債處分録（上）』（同前所収）一一頁。

(50) 前掲千田「藩債処分と商人資本」六九八頁。

(51) 「諸家貸」（『逸身家文書』七―一）。

(52) 中西聡「逸身銀行の設立・展開とその破綻」（前掲逸身・吉田編『両替商　銭屋佐兵衛』第2巻）二一七頁。明治二〇年（一八八七）に佐兵衛が隠居した後は、佐一郎が頭取になっている。

(53) 石井寛治『近代日本金融史序説』（東京大学出版会、一九九九年）三〇二―三〇三頁。なお、逸身銀行は日清戦後の明治二九年（一八九六）と明治三四年（一九〇一）の二度にわたる反動恐慌により打撃を受け、明治三五年一月に解散を迎える。

(54) 前掲拙稿「幕末維新期における銭佐の経営」。ただし、これは共同研究全体の総意ではなく、あくまで個人的見解である。

(55) 前掲森『大名金融史論』一六九―一七〇頁。

(56) 安岡重明『日本封建経済政策史論――経済統制と幕藩体制』（有斐閣、一九五九年）一九二頁。なお、近年では大坂の入津量減少に商人側がどう対応したかという点で研究の進展が見られる（西向宏介「幕末期姫路木綿の流通と大坂問屋資本」『ヒストリア』第一三三号、一九九一年一二月）。

(57) 松本四郎「幕末・維新期における経済的集中の史的過程」（『歴史学研究』第三二九号、一九六七年一〇月）は、幕末段階での大坂への商品廻着量減少と幕藩制市場の解体を認めつつも、都市の商業高利貸資本が荷為替金融を通して「広汎に展開しつつあった市場を金融的に支配する起点たりえた」ことを展望している（一二頁）。

第二章　高知の銀券発行と銀目廃止

はじめに

明治元年（一八六八）五月九日に出された行政官第三八一号布告は、一般に銀目廃止令と呼ばれている。(1) この布告には、「丁銀・豆板銀之儀以後通用停止被仰出候間、是迄銀名ヲ以貸借有之候向ハ、其取引致シ候節之年月日之相場ニ依テ金銭仕切ニ相改可申候」とある。丁銀・豆板銀などの銀建て（銀目）の正銀のみならず、(2) 銀建てによる貸借を禁止し、取引を行った日の相場に応じて、金建て・銭建てへ換算し直すことをすべての府藩県に命じたものである。このとき、丁銀・豆板銀を「近日御改製之新金銭」と交換することが定められたのみで、代替貨幣は具体的に明示されていなかったが、その後、同年七月二五日布告での再令では、「〔新貨幣は〕未タ御改製之場合ニ不立至候間、〔正銀を〕所持之者ハ先可差出候……尤代金御下ケ有之候迄難渋ノ者ヘハ金札御下ケ被置候テモ、又ハ金札ニテ御買上相成候テモ銘々望ニ任セ可申候」とされているので、太政官札（「金札」）が代替貨幣として想定されていたことがわかる。

先行研究では、この銀目廃止令がきっかけとなり、銀目手形に対する不信が生まれ、手形の振り出し主体である両替店に取り付けが殺到したと言われている。(3) 特に京坂の両替商は打撃を受け、閉店・破産が相次いだ。

これに関して、京坂両替商が倒産をしたのは、銀目廃止よりも軍事的な「分捕」の影響が大きかったとする石井寛治氏の説がある。銀目廃止令が出された五月ではなく、その四ヶ月前の一月に京坂両替商が多く閉店を迎えていることを鑑みて、戊辰戦争に伴う暴力的な奪略が両替商の信用システムを無残に破壊した、と見ている。時系列から導いた因果関係は一定の説得性を持っている。だが、両替商の「閉店」をそのまま「破綻」と捉えている点については、(4)戦火を避けるための一時的な「閉店」であるなら必ずしも「破綻」には結び付かないのではないかという疑問が持たれる。

銭屋佐一郎が営む備後店は、維新期に一度閉店しており、(5)銭屋佐兵衛が営む本店の方も、主人不在の時期はあった。明治元年一月三日に鳥羽伏見の戦いが起こり、その五日後の一月九日に、銭屋佐兵衛家（銭佐）では「棹村江長持壱棹外ニ漬物干物味噌為持遣し」、翌日には主人である佐兵衛ほか親類・手代・人足など一〇名で和州棹村（現、奈良県天理市棹町）に移っているのである。(6)そのような状態であるから、本店も閉店同様の状態であったと推測される。しかし、その三日後の一二日に、佐兵衛は帰坂しており、同じく棹村に移っていた佐一郎も一月二九日には帰宅している。(7)「日記」の前段には「分捕」の叙述はなく、棹村へは純粋に戦火を避けるための一時的な疎開と理解すべきであろう。閉店・休店をすべて「分捕」に伴う経営破綻と解さないほうがよい。

家経営の問題として捉えた場合でも、両替店の閉店を重要視すべきでない。佐兵衛がいない間にも、手代の筆頭株である丈助は大坂に残り、因州廻状の授受や、宿毛蔵屋敷・因州屋敷への往訪を行っている。(8)丈助一人で諸大名との往復が果たせたとは思えないが、大名貸は店舗が営業していなくとも持続できる経営形態であり、その意味で従来の研究では戊辰戦争に伴う閉店・休店を過大評価しすぎるきらいがあるように見える。

しかし、なぜ銭佐は官軍による「分捕」の被害に遭わなかったのであろうか。石井氏は、旧幕府軍との関係が深い両替商が「分捕」の対象になると推測しており、大坂両替店の連続休店の発端をなした竹川彦太郎、炭屋安兵衛、加嶋屋作次郎をその例に挙げている。(9)ほかに、田安家の掛屋を務めた住友家も、薩摩の「分捕」に遭っていることが知られる。(10)前章で触れたように、銭佐は旧幕府軍（朝敵藩）との関わりが少なく、逆に高知藩・佐賀藩など官軍との関わりが深かったため、「分捕」に遭遇しなかったものと考えられる。「分捕」を受ける前に休店措置を取ったことも被害を抑えた要因の一つであろう。

したがって、銭佐の経営にとって官軍の「分捕」に遭遇しなかったことがその後の発展に結びついたと言えそうであるが、しかし銀目廃止の影響についてはこれまで未検討である。石井氏も銀目廃止の実際の効力を検討していないため、銀目廃止と「分捕」との両者の比較を行い、どちらがより強く京坂両替商の倒産を導いたのか、という自身で掲げた課題を厳密には実証できていない。石井説の骨子は、銀目廃止の影響力を下方修正し、維新期経済の持続的発展を展望する点にあるにもかかわらず、銀目廃止とは何だったのか、という根本的な問いかけが抜け落ちているのである。

本章では、維新政府の財政政策の中にどのように位置付けるかという面では盛んに戦前より議論が繰り返されながらも、いまだに実態のつかめていない銀目廃止について、銭屋佐兵衛家の事例を元に検討してみたい。銀目廃止と「分捕」の影響力の差に言及することは困難であるが、大坂両替商がいかにして銀目廃止の影響を最小限に食い止める努力を行い実現してきたか、という視角から、銭佐の経営を分析することとする。それは、石井氏が述べるような為替手形ネットワークの強固さ、以外のアプローチで大坂両替商の連続性を考えることにもつながる。

また、本章では前章で積み残した課題として、藩札発行と大坂両替商との関わりを検討する。維新期の銭佐を分析する中で見えてくるものは、大名家と大坂両替商との密接な関係性である。銭佐は、特に高知藩に対して大名貸・為替取組・藩札発行引受という三つの側面で関与しており、典型的な藩御用商人として活動していた。幕末期に大名と大坂両替商との関係性が変化したことは前章で述べたが、米本位から貨幣本位の経済に移り変わる中で、米穀ではなく特産物を担保として大名貸を受け、さらにその貸付分を準備金として藩札を発行、藩札で特産物を買い占めるというような新しい類型こそD群であったのではないだろうか。

こうした藩札発行と大坂両替商との関わりを論じたものとして、作道洋太郎「西摂尼崎藩の藩札発行と泉屋利兵衛」がある。作道氏は、藩札発行の経験を企業者活動の原型と評価しており(11)、そうした理解に示唆を受けつつ、なぜ高知藩が銭佐から多額の貸付を引き出すことができたのかという疑問に答えたい。藩札増発とその引き受けにおいて両替商が果たした役割と、藩札の処分において大名家と交わした交渉の経緯を見ることで、幕末維新期の動乱の中で両替商が受けた打撃と、それへの対応および成果を析出することが可能であろう。

本章で検討する銭屋佐兵衛家引き受けの慶応三年（一八六七）七月発行高知藩銀券については、いくつかの郷土史研究が存在するが(12)、土佐郷土史家の平尾道雄氏も、「勧業局発行、通町の土種屋小平次を引替所にして大阪町町人銭屋佐兵衛と国産砂糖代を抵当に当てて取組んだものである」と紹介するのみであるから(13)、事実発見・確定という面でも資するところがあるものと思われる。

第一節　銀目廃止の概略

銀目廃止は、秤量貨幣の通用を停止し、銀目貸借を金建て・銭建てに改めるとともに、新しい貨幣（＝太政官札）との交換を規定した点で、維新政府の幣制統一政策の第一歩であったと評されている(14)。これ以降、銀建て貨幣が完全に市場から退出するわけではなく、次節などで見るように銀目廃止以後に新しく銀建て貨幣を発行する藩も存在していたが、維新政府の発行貨幣は金建て・銭建てに統一され、〈両―永文〉勘定が基軸となった。したがって、幣制改革の一環として銀目廃止が布告されたという理解は妥当であろう。

他方、この銀目廃止は太政官札流通を促進させるものであったことも忘れてはならない。銀目廃止令が出された明治元年五月九日は、太政官札発行期日を定めた布令が出された日であり、維新政府が太政官札流通促進のために銀目廃止令を出し、太政官札の流通を阻害する銀目手形の流通を阻止せんとしたという説も一定の説得力を有している(15)。この説は、維新政府の政策意図を日時の一致という傍証でしか説明していないため、批判もあるが、銀目廃止に伴う銀建て貨幣の切り替えが太政官札流通を促した面については否定することはできない(16)。

では、なぜこの銀目廃止が京坂両替商に打撃をもたらしたと考えられてきたのであろうか。

一般に、幕末の大坂では、丁銀・豆板銀のような秤量貨幣は流通に不便であったから、流通に便利な両替商発行の銀目手形が用いられるようになり、貨幣の役割を代位していたと言われている。しかし、信用の膨張から支払準備の裏付けのない空手形が盛んになると、銀相場は急激に下落していく。そうした状況下で、銀目廃止が出され、両替商への取り付けが殺到したために、両替商は閉店や休業をせざるをえなくなったという(17)。

また、銀相場下落の中で、下落前の銀目手形・銀目証文を金建て・銭建てに両替すること自体のリスクも考えられる。たとえば、慶応三年（一八六七）五月に銀目建て一〇〇匁を貸し付けた商人がいるとしよう。仮に、そのときの銀相場が一両＝一〇〇匁だったとして、債権債務は金一両に相当する。一年後の明治元年（一八六八）五月に銀相場が二倍に下落したとすると、その貸付証文は金二分にしか相当せず、価値が半減することになる。この前提には、証文上では銀目建てで表記されていても、実際の決済は正金でなされるという事情があるためである。銀目廃止令は、取引を行った日の相場に応じて交換することを命じているが、もしその布告が徹底された場合、銀目証文の保有者（＝債権者）が相場下落損を蒙る。しかし、銀目廃止令には厳密な規約・罰則が定められておらず、現実の債権者と債務者との関係も多様である。銀目廃止の際には、相場下落損を誰が負担するかという問題が浮上したはずであり、その影響は京坂両替商だけの問題にとどまらない。

そして実際に、銭屋佐兵衛家では、後者の問題が発生していた。すなわち、幕末期に高知藩に貸し付けた一万五〇〇〇両相当の銀目証文をどう評価するかという問題が、高知藩と銭佐の間で議論されたのである。

第二節　高知藩の銀券発行

(1) 銭佐と高知藩との関係

銭佐と高知藩との関係はそれほど古いものではない。銭佐が高知藩への貸付を始めたのは安政五年（一八五八）七月一〇日のことであり、文化期にはすでに貸借関係のあった高鍋藩などと比べると、新しく関係を構築した藩の一つであった。しかし、文久三年（一八六三）二月、銭屋佐兵衛が高知藩の砂糖蔵元を引き受け一五〇石の知行を与えられてから[18]、高知藩への貸付は恒常化し、幕末期には前章で述べたように銭佐にとって最も重要な貸付先となる。銭佐は少なくともこの文久三年より「白砂糖仕入銀」として高知藩に貸付を行っている[19]。

土佐の砂糖生産は、官府御手先事業として、享保年間（一七一六―一七三六）に長岡郡仁井田村にて発祥したと伝えられている。その後、寛政期（一七八九―一八〇一）に馬詰権之助によって興隆し、明治元年の生産高見込は、黒砂糖一八万斤、白砂糖五万斤、密砂糖四万斤にのぼった。高知藩は、国産方を通じて砂糖を専買、木屋与右衛門・田村屋源右衛門の両特権問屋の手を経て大坂・江戸に移出し、両地の砂糖問屋に委託して販売していたが、天保六年（一八三五）になると大坂長堀白髭町の蔵屋敷を通じて入札販売を行うようになった。こうした事業は「土佐藩は砂糖販賣を爲すに當り、其の領内配給及領外移出の權を完全に獨占せしものであり、藩が營利行爲をなすに最も理想的なる制度であつた」と評されている[20]。

砂糖蔵元としての役務と貸付の功績が認められたのであろう、元治元年（一八六四）一一月の「館入町人」の名簿には銭屋佐兵衛の名が上がっている。(21)「館入《たちいり》」とは藩邸への出入および藩主への独礼・並居（一人あるいは複数名で藩主と謁見すること）が許された商人を意味し、実際には扶持を給され国産品の取扱や金銀の融通を担当することが多かった。そのような厚遇を与えられたのは、高知藩にとっても銭佐の資金力が必要であったためである。高知藩は、銭佐以外にも鴻池善右衛門・鴻池市兵衛・石崎喜兵衛から多額の借入を行っていた。(22)

土佐では、慶応二年（一八六六）に後藤象二郎が吉田東洋の遺策をうけて開成館を設置、自ら開成館奉行になるとともに、頭取および諸局を統括していた。開成館に置かれた諸局の一つが勧業局であり、これはかつて置かれていた国産方役所の性格を引き継ぐものであった。(23)慶応三年（一八六七）七月、高知藩勧業政策の要たる開成館勧業局が銀券を発行するのであるが、一つにはその準備金として銭佐の資金が求められた。

高知藩の銀券発行引き受けは銭佐にとってもよほど大きな事業であったようで、佐兵衛は自身の名代として独立別家の銭屋丈助を送り込んでいる。丈助は、元は銭屋佐兵衛家の手代で、嘉永六年（一八五三）には支配人（元〆）にまで登り詰め、安政六年（一八五九）に妻帯し別家となった。(24)しかし、独立したのちも、本店・備後店双方に通勤し、経営の実務を担った人物である。その丈助が、高知藩の銀券発行にあたり、高知に渡り、高知出張中の慶応三年七―九月、および明治三年四月に書き留めた日記が「土佐用日記」として『逸身家文書』中に残されている。(25)以下では「土佐用日記」等に拠りながら、高知藩の勧業政策・藩札発行、および銀相場下落と銀目廃止に関わる両替商と大名との交渉過程を検討してみたい。

(2)　砂糖為替と高知藩役人・商人との関係構築

白砂糖為替の取組を通じて、銭佐は高知藩勧業局系統の役人や高知商人との関係を強めていった。特に関係の深かったのは種屋小平次（土種屋とも。以下、種小）である。種小は「仕送屋」と呼ばれる在地商人であった。高知藩では、士格（御家老・御中老・御馬廻・御色従組・御留守居組以上）が入用の際、借用証文などを一切作らずに「仕送屋」が金穀を融通する慣例があり、非常の入用の際には、年貢収納権とも言える物成切手を仕送屋に譲り渡すことさえあった。「仕送屋」は高知藩の中上級士族と貸借関係を結びながら成長していった商家で、そのうち伊勢屋・才谷屋が家老・中老等の仕送を業として最も格が高く、種屋はそれに次ぐ格であったとされる[26]。

銀券発行以前の銭佐と種小との関係がうかがえる記事を「銭佐日記」から抜き出してみると[27]、

〔慶応二年二月四日〕　種屋小平次様使ゟ土州砂糖方手形持参之事、

〔同三年二月七日〕　土州白砂糖初入札七百挺、堀江魚寅ニおゐて有之、丈助・嘉兵衛出勤致候事、

〔同三年二月九日〕　種小殿入来、手形弐通貨殖局江入銀、……

などとある。種小は大坂にも居所を構えており、幕末維新期には高知よりも大坂に在住している期間の方が長いように見受けられる。銭佐は種小との間で砂糖（白砂糖・蜜砂糖）為替を取り組んでいた。抜き出しは入札の一件を時間毎に追ったものではないため、やや前後するが、その仕組みはおそらく次の通りであろう[28]。大坂堀江の高知藩蔵屋敷で砂糖の入札がなされ、砂糖の売却代金を銭佐が受け取り、代わりに銭佐は種小に砂糖為替手形を振り出す。そして、種小は国元に手形を送って高知藩砂糖方・貨殖局などの担当部局に渡し（「貨殖局江入銀」）、事前に銭佐から前借していた分との差額を精算する。最後に、決済が済んだ手形を種小は銭佐に持参するのである（「土州砂糖方手形」）。

こうした大坂における銭佐と高知藩役人、種小との往来を表に示したものが表2-1である。すべてが経営に直接関わる往復であったわけではない。銭屋佐兵衛や佐一郎は大坂土州屋敷での酒宴や「生花の会」に不定期に参加している[29]。

また、毎月必ずではないが一日と一五日には、主人・手代一同で「式日御礼」「式日廻礼」という名目で得意先の大名屋敷に往訪している。たとえば、「旦那様（佐兵衛）・若旦那様（佐一郎）、高鍋・津・因州・小田原・阿州、丈助、

表 2-1　銭佐―土州屋敷・種小間の往来回数

年	月	銭佐※1→土州※2	うち丈助→土州	土州→銭佐	銭佐→種小※3	うち丈助→種小	種小→銭佐	うち丈助面会	小計
慶応２	1	10	4	0	0	0	1	0	11
	2	5	3	3	1	0	7	2	16
	3	6	3	2	0	0	6	2	14
	4	12	9	3	1	0	3	1	19
	5	6	2	4	1	0	3	0	14
	6	2	0	3	0	0	9	2	14
	7	4	3	1	0	0	6	1	11
	8	5	3	0	1	1	3	0	9
	9	5	4	0	4	2	2	2	11
	10	3	2	1	1	0	2	0	7
	11	7	5	3	0	0	0	0	10
	12	11	4	0	0	0	9	4	20
慶応３	1	6	4	1	2	0	2	1	11
	2	9	3	5	1	0	10	3	25
	3	14	9	3	3	3	12	4	32
	4	14	7	4	0	0	10	3	28
	5	7	4	3	0	0	6	3	16
	6	2	2	1	1	1	9	5	13
	7	9	1	0	1	0	3	1	13
	8	6	0	2	3	0	3	0	14
	9	7	0	5	2	0	7	0	21
	10	4	3	0	1	0	10	1	15
	11	6	4	3	0	0	6	0	15
	12	7	5	1	0	0	6	2	14
明治元	1	4	3	7	1	0	2	1	14
	2	10	5	8	2	1	9	2	29
	3	11	4	7	0	0	11	1	29
	4	8	1	5	1	1	16	0	30
	閏４	7	3	7	0	0	12	0	26
	5	8	3	6	2	1	11	0	27
	6	3	2	2	0	0	9	0	14
	7	2	2	0	0	0	5	0	7
	8	6	1	3	1	1	7	1	17
	9	3	2	1	0	0	3	1	7
	10	10	4	3	0	0	3	2	16
	11	8	5	2	0	0	1	0	11
	12	6	2	0	0	0	4	0	10
明治２	1	5	4	1	0	0	2	0	8
	2	10	8	2	1	1	4	0	17
	3	8	7	6	0	0	5	0	19
	4	6	3	6	0	0	2	0	14
	5	3	2	6	3	1	4	0	16
	6	4	4	1	1	1	1	0	7

出所：「銭佐日記」各年（『佐古文書』）.

注：使いによる書状の往来のみと判断した場合はカウントしていないが，贈物や手形を伴う往来はカウントした．（※1）本家店（佐兵衛）・備後店（佐一郎）・銭丈宅を含めるが史料の性格上，備後店については記載漏れが多分に見込まれる．（※2）土州には土州屋敷・宿毛蔵屋敷に赴いた場合と，別の場所（たとえば留田屋などの料亭）で高知藩役人と面会した場合の双方を含める．同日に複数の高知藩役人と往来があった場合も１回とカウントした．（※3）種小は種屋小平次店を指し，種屋小平次の息子・弥之助や使いの者との往復も含めている．

土浦・土州・肥後・五嶋、皆助、蒔田・岸和田・肥前、専助、庭瀬・高鍋、源兵衛様、嘉兵衛〆七人、右夫々御式日御礼ニ御出被遊候事、」とあるように、(30) 藩毎に持ち回りが決まっており、高知藩は丈助が担当していた。皆助以下は銭佐の手代である。

こうした大名家との付き合いが、両者の交渉を円滑にした可能性を考慮すべきであろう。

表中の「土州」には宿毛蔵屋敷との往復も含めているが、高知藩屋敷とは別に宿毛蔵屋敷および宿毛役人との往復もかなりの頻度で見られるため、その意味について簡単に説明しておきたい。

高知藩山内家の家老で土佐国幡多《はた》郡宿毛《すくも》郷を預かっていた領主・伊賀家（領地八〇〇〇石＋足米）は、幕末期に積年の借用と軍資金調達のため財政窮乏に陥り、その下で文久二年（一八六二）に目付役を命じられた竹内綱が財政整理を執り行った。(31) その政策の一つが樟脳の製造・移出政策で、これはある程度成功を収めたようである。文久三年（一八六三）には、高知藩・宿毛領の双方において攘夷論が起こったため、その是非を検討するため竹内は高知に赴く。その際、後藤象二郎の「予ノ意見ハ第一ニ朝廷ト幕府ヲ調和シ、公議輿論ヲ以テ政權ヲ統一スルニ在リ、第二ハ國内ノ物産工業ヲ開發シテ、外國トノ貿易ヲ盛ニスルニ在リ、第三ハ南洋ノ未開地ニ國内ニ有リ餘ル人民ヲ移植シ、之ヲ開拓シテ我國勢ヲ發展セシムルニ在リ」という意見を聞き、感銘を受けたという。ここで後藤が述べる南洋の未開地とは、ボルネオ・スマトラ・セレベス島を差しており、三つ目の構想は到底実現不可能であったが、強引な攘夷論を振り回さず、特産物移出により藩の財政を強化するという点で竹内は共鳴するところがあったのであろう。武市半平太とも会談しているが、「余ハ後藤武市二氏トノ會談ニ於テ、彌々攘夷論ノ非ナルヲ確認」するに至り、そのことを領主に報告している。

その後、仕置役となった竹内は、慶応二年（一八六六）一月一八日に、仕置役小頭・立田強一郎（＝小野義真）、物産方下役・小野節吉を伴って宿毛を発し、大坂に赴いて宿毛蔵屋敷の設置に尽力する。そして、高知藩の大坂留守居役・石川石之助、開成館頭取・武藤清の紹介を受けて、炭屋彦五郎、辰見屋源助、銭屋文助〔丈助カ〕の三人の番頭と協議し、宿毛蔵屋敷設置にこぎつけた。運送船を購入して瀬戸内海の海運事業も始めるとともに、この蔵屋敷を通じて宿毛物産の売捌きを行い、銭佐など両替商三家が荷為替の取り組みを行ったのである。この事業は、家老の家柄で蔵屋敷を経営するのは僭越であると批判され、明治二年（一八六九）七月に高知藩より蔵屋敷引き上げの命令が来たため、同年一二月には引き上げを完了させているが、それまでは順調な経営を行ったとされている。

上記のことを踏まえつつ、表2-1を検討してみよう。銭佐から土州屋敷・宿毛蔵屋敷への往訪は週に一、二度はあり、多いときは二日に一回ほど往訪している月もある。丈助が訪れることが多く、式日廻礼の他、砂糖為替に関する会合を行っていた。また、大坂在住の高知藩役人の方から銭佐家を訪れることもあり、着任時や解任時にはかならず大坂在役の高知藩役人は「土産」を、銭佐は「着歓」「餞別」を送り合っている。品物は、高知藩からは鰹節・砂糖などの特産品、銭佐からは酒券・魚券・蒲鉾券、ほかに唐紗更風呂敷などがよく見受けられる。慶応三年（一八六七）七月七日から丈助は高知に出張し、九月末日頃まで滞在するため、その期間は大坂での活動は他の手代に代わることとなるが、高知藩役人との往来は継続的に行われていた。また、宿毛蔵屋敷が開設されている期間は、宿毛役人との往来もあった。

種小との関係で言えば、小平次および息子の弥之助が頻繁に銭屋佐兵衛の元を訪れている。その際、種小は砂糖手形を持参することが多かった。

このような形で銭佐は砂糖為替を取り組みながら、高知藩役人や種屋小平次との関係を深めていくのである。では、こうした構造は銀券の発行によりどのように変化するのであろうか。

(3) 開成館勧業局による銀券発行

丈助が高知に来着したのは慶応三年七月八日のことであった(32)。同年七月一〇日、丈助は開成館にて手形発行の取り決めを行い、その後、開成館頭取の中山左衛次・大脇奥之助に面会している。頭取らの前で、丈助は「大坂御館入之町人銭屋佐兵衛銘〔名〕代丈助ニ而候、今般御国元ニおゐて御用之筋御座候趣を以被為召候ニ付……」と挨拶するも、藩主のお目通りが叶わないばかりか、第一座敷の外に座らされたため早くも不満を漏らしている（「太守〔高知藩主〕御目通りと申候分ニ而ハ無之、第一敷之外江見下し、余り之法外ニ被存候」）。大坂で「御仕置衆之御盃」を受けた逸身家の名代を名乗る以上、そうした仕打ちを受けることは格が下がったような気持ちになったようである（「格之下り候様ニ被相心得(33)」）。だが、それでも業務自体は責任をもって果たす決意を新たにし（「御国ニおゐて土佐守様ゟ被仰付候請持之廉ニ對可相成丈趣向相立候様ニ祈上候儀故、決而心ニ者頓着なし〳〵と申」）、以後、種小や開成館の役人と頻繁な打ち合わせを繰り返して、大名貸・銀券発行・為替業務について詳細な取り決めを行っていく。

同年七月一一日には、嶋田玄蔵・堀内弁次両名（開成館役人）が、「手形表銭屋目印判之儀引替与有之下江銭屋佐兵衛与崩文字之判被致度」と新たに発行する藩札表面に「銭佐」の印を入れることを求めている(34)。丈助は「素々左様之御約定ニハ無之」と当初の約束になかった求めに戸惑いながら、「銭佐」印を押すことで「銀札与相成可申候」と危惧を示している。

七月一三日条では、手形発行の予定高が記されている。それによると、発行高は三六〇〇貫目（金三万両相当、一両＝一二〇匁換算）、内訳は三〇目手形六万三〇〇〇枚、二〇目手形六万枚、一〇匁手形五万一〇〇〇枚であった。当面、各額面の手形を三万枚ずつ作成することに内決している(35)。

七月一九日条に、小平次の談として、当初は「白砂糖趣向を以手形法ニ而右ニ限り貸附出来候」と、白砂糖を担保に銀券（「手形」）貸付を行う計画であったのに対し、役所から黒砂糖に対しても同様に貸付を行うことが提案された。

丈助の返答は「先断《まずことわり》置候」であった。白砂糖を担保とした銀券貸付という藩札発行の目的は、「御領地白砂糖製〔造脱カ〕之村々江御貸付試被遊候ハヽ、日数凡手形出来斗休日も在之儀ニ付六十日程者掛り可申」という部分においても確認できる。[36] すなわち、銀券の貸付は白砂糖精製を行う村に限られていたのであり、この時点で銀券が刷り上るまで残り六〇日を見込んでいた。銭佐は高知藩の白砂糖為替を担当しており、大坂両替商を請負とした藩札発行と、藩札貸付による国産品生産活発化が結び付いた形態であった。黒砂糖為替は鴻池市兵衛が担当していたため、[37] 黒砂糖を担保とすることができず、銭佐は黒砂糖生産に対する銀券貸付に消極的だったものと思われる。

いまだ全額は刷り上らない中、慶応三年八月九日に、次に見るような銀券発行の触れが出される。[38]

覚

一　銀券　引替所通町種屋小平次店

但、拾匁ゟ三拾匁迄之手形を以夘七月ゟ仕成方仕、毎月寄日ヲ限巳刻ゟ午刻迄之中金銭引替之筈、

右者東西郷浦々出来之砂糖近年役手作配ヲ以大坂表江為積登為仕、右為替金是迄平借入を以相弁来候處、時世自然之勢ニ而抜群之高利ニ相成、只今之形ニてハ聊御介補ニ不相成候故、砂糖肥代を初、楮草生育・薬種蒔付其余諸開業之御入用等入用ニ付、大坂町人銭屋佐兵衛取組手代御国許江呼下シ候上、前許之手形取扱為仕、世上通用被指明、都而御銀方納不差閊様被仰付度、左候時者但書之通金銭引替与作配可仕、其中為御登銀ニ相成候得者員数取縮、右替を以為替仕佐兵衛ゟ大坂銀方江為納出可申段、彼是勧業局頭取ゟ達出詮義之上承届候条、其心得可有之候、

八月九日　　堀部左助／中山左衛士[39]

……〔庄屋以下への町触文言略〕

従来は、砂糖生産のために必要な開業諸経費（肥料代や楮草生育・薬種蒔付）を大坂から前借りしていたが、為替利子

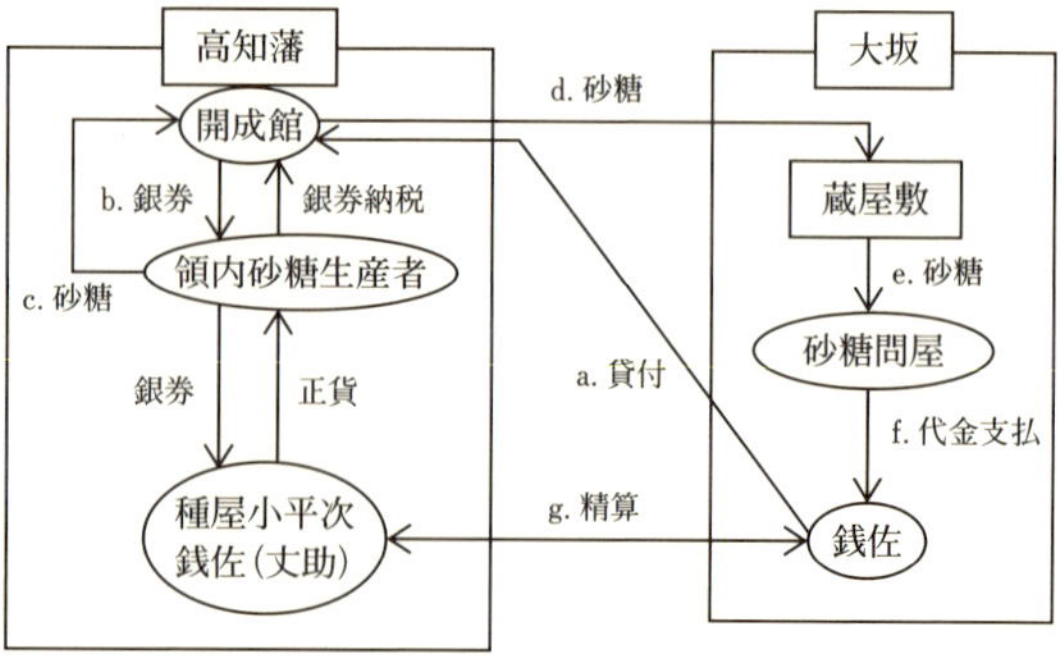

図 2-1　銀券流通と砂糖為替と関係図

が嵩むという問題があったので、新たに銀券を発行し、諸村の金融疎通を図るとともに、その取扱を銭佐に任せるという仕法へ移行した。そして、銀券の引替所としては、以前より高知藩の砂糖移出に関わり銭佐とも取引のあった城下商人の種屋小平次店が選ばれた。

この銀券の準備金として、銭佐からの借入金が用いられる。小平次の言によれば[40]、宇田周蔵（勧業証拠役）は利息（「歩分」）ばかりに執着しているが、それは後回しでもよく、手形の流通にまずは尽力しなければならない。準備金として一万五〇〇〇両の正金があれば、三万両の銀券は円滑に流通するはずで、当冬において銀券による貢納がなされた分を銭佐に回せば再び銀券は藩内に還流し、黒砂糖・白砂糖ともに代金回収（「掛込」[41]）を行うことができる、という見込みを示している。ただし、丈助は三万両の銀券では白砂糖をまかなうのが精一杯で、黒砂糖まで対象にするのであればさらに銀券が必要だと言い、消極的である。

これに対し宇田は、確かに白黒合わせて砂糖為替の見積もりは六万両ほどであるが、銭券三万両、正金準備金一万五〇〇〇両の都合四万五〇〇〇両で賄い、残余は昨年通り「楮幣」[42]を借り入れればよいという考えを示し、議論は平行線を辿った。白砂糖は銭佐、黒砂糖は鴻市（鴻池市兵衛）という取り決めがあったので、これも問題を複雑にした。結局、黒砂糖代銀については、毎月一万両ずつ大坂表の高知藩へ「国許為仕登手形」を納付するということで決着がついた。白砂糖と黒砂糖を合わせた売り上げ見込みが六万両であったから、この一万両というのはあくまでも銭佐が一月に支払える限度額と考えられ、黒砂糖代金分が別個に手形で支払われる約定となった。

以上、銀券流通と砂糖為替との関わりにおいて、開成館・種屋小平次・銭屋佐兵衛が果たした役割を図示すると、図2-1のようになる。まず銭佐は正貨を開成館に貸し付ける（a）、開成館は銭佐から借り入れた正貨を準備金として銀券を発行、その銀券を領内の砂糖生産者に前貸して（b）、領内の砂糖を取得（c）、それを大坂に移出する（d）。大坂蔵屋敷では入札がなされ（e）、砂糖を購入した砂糖問屋が銭佐に料金を支払う（f）、最後に、高知藩内での銀券引換窓口である種小と銭佐との間で、準備金貸付額と白砂糖代金の差額の精算が行われる（g）、という仕組みになる。黒砂糖についてはそれと別に手形で売上代金が高知藩に支払われた。

もちろん、こうした藩札発行と特産物移出が結び付いた形態は高知藩のみに見られた形態ではなかった。同じ四国の高松藩も天保期（一八三〇―一八四四）以来、領外積出の砂糖の統制機関としての役割を果たす砂糖問屋を設置し、銀札を貸し付けている[43]。ただし、高松藩が大坂以外の、たとえば下関・明石・尾道・兵庫といった瀬戸内海沿岸地域への砂糖移出＝「端浦積」を認めていたのに対し、高知藩は大坂・江戸での入札販売しか認めていなかった点で[44]、より強い流通統制が図られていたと言える。大坂以外の商品集散市場が成長してきているとはいえ、大坂蔵屋敷で砂糖を捌く利便性はいまだ高かった。

そして同年八月二三日に、実際に銀券の準備金として銭佐から一万五〇〇〇両相当を借り入れる取り決めがなされた[45]。

一　千八百五拾貫目　銭屋借入
　　此壱万五千両と立
一　壱万五千両　　大坂砂糖代銀之内、勧業局ゟ為替足し金
　〆　三萬両
右金子、手形三万両引替手当〆役所江積置候事、

但、十月迄参り候ハヽ大体引替之模様も相分り可申、十一月ニ相成候ハヽ黒白為替可渡節、夫迄ニ引替ニ相成候銀券貸渡可申積りニ致、自然銀券廻り戻り無御座候ハヽ、右金子を以相渡共差支無之、併左様之儀在之候共、壱万両者除不置候畢而者不相成、左仕れハ五万両貸付ニ相成事、為替渡之後引替ニ多分参り譬三万両引替ニ参り候共勧業局役手銀を以引替申候ハヽ、万事ニ行届備へ相立可申候、

尚又貢物ニ銀納在之候分ハ大坂為仕登金ニ致、正月ゟ四月迄壱万両ツヽ銭屋振を以銀方へ納被呉候様致度、

銭佐から借り入れた一八五〇貫目を一万五〇〇〇両と見做し[46]、さらに勧業局が大坂へ砂糖を移出して得た代銀一万五〇〇〇両[47]、計三万両を銭券三万両を引き換えるときに備えて役所に積み置くこととした。なお高知藩内での貢物に銀券があった場合（「銀納」）、銀券を大坂にいる銭佐に送り、翌明治元年正月から四月まで一万両ずつ銭佐が返納することを決定している。

この銭佐が貸し付けた一八五〇貫目については年利七・二％（卯五月―辰四月まで月六朱利＝月利〇・六％）の利息がつき、それを元手に発行した銀券を年利一五％の利率で勧業局は藩内の諸村に貸し付ける予定であり（月利一・二五％）、その差額から諸雑費を差し引いたものが勧業事業の利益になる。これに関連して丈助は、銀券は人気よく領分に流通し貢納として納められなかった場合、翌年は銀券が手元になく銀券の貸付ができないが、その場合利率はどうなるのかといった質問や、銀券貸し渡し期限内に引換要求がきた場合、元銀がなく、どう対処すればいいのかといった質問を勧業局側に投げかけている。

このように丈助は、高知出張後、頻繁に開成館勧業局の役人および種屋小平次と会合し、銀券発行に関わる取り決めを詳細に詰めていった。

第三節　高知藩の貨幣政策

(1) 銀目廃止と銀券書き換え

慶応三年五月の銀相場は一二四匁で、銭佐が納めた銀納高一八五〇貫目は金換算で一万四九一九両一分一朱余りに相当する。これを白砂糖生産の領村に年利一五％で貸付を行い、利分（銀券貸付利益）の四割が銭佐の分け前になる取り決めとなった[48]。

だが、冒頭で述べた明治元年五月の銀目廃止に伴い、高知藩でも銀券を金建て貨幣に書き換える必要が生じていた。銀目廃止に基づいて銀目貨幣・手形をすべて金建てに変更した後は、銀相場は必要がなくなるはずであったため、最後の銀相場という意味で、この明治元年五月時点の相場は「仕舞相場」と呼ばれる。仕舞相場は一両＝二一九匁六分であった（二二〇匁として換算されることも多い）。

維新政府は、五月九日の銀目廃止令によって銀目貨幣をその取引日時の相場に応じて引き換えることを命じたが、その後、大阪府下では同月三〇日に「是迄銀目取引之者、其年月日之相場を相改候様被仰出候處、右に而者市中之者共不便利之趣相聞候、尤借貸とも元來双方相對を以融通致居候事故、向後者御觸面に不拘相對相場を以速に金名手形と相改取引致し可申候」と、相対相場に基づく両替が令されている[49]。銀建て貨幣をめぐる取引関係は多様で、そのすべてを一律に規定することはできなかったため、換算比率については政府も当事者間の示談に任せる形となった。

高知藩は当初、「諸取引是迄之分此相場（仕舞相場）を以為相済候様御布令有之候処」として、銀目廃止令の文言とは異なり、仕舞相場に準拠してこれまでの取引を決済しようとした。しかし、銭佐が銀納したときと比べて九九匁六分もの下落幅があり、銭佐側が大きな不利益を蒙ることになる[50]。そこで丈助は、「小平次殿江頼段〔談〕いたし、先其儘銀證文ニ願置」と、種屋小平次に頼談して銀建て証文を書き換えないよう願い出た[51]。加えて、他の取引での利率も上がっているので利息を八朱（月利〇・八％、年利九・六％）にして欲しいと伝えた。後段に「利足も昨年八朱ニ御上被下候得共」とあるので、利息の引上の方は叶ったようである。

丈助からの度重なる請願を受け、高知藩側は明治元年一一月に、①慶応元年までの取引は慶応二年正月の平均相場で清算し、②慶応二年以後の貸付は、その月一ヶ月の平均相場と、仕舞相場までの九日間（明治元年五月一―九日）の平均相場で清算するよう定めた。銭佐の一八五〇貫目証文の場合、銀相場一二四匁五歩二厘七毛（慶応三年五月平均）と二一九匁四歩九厘（仕舞相場までの九日間平均）の平均である約一七二匁で換算されることとなる。

しかし、これは大まかな試算で、その後も詳細な数値が検討されることとなる。

より厳密に、銭佐が貸し付けた慶応三年五月二一日相場と、仕舞相場との平均を算出すると、一七一匁七歩八厘になるが、慶応三年五月中、その数値を元に銭佐は高知藩砂糖方に覚書を提出している。銀相場の差から、納めた銀の評価額に七一二貫二四七匁九歩八厘の差が生じることを報告している。

また、銭佐から高知藩への貸付利息は、明治元年中に八朱（月利〇・八％、年利九・六％）に上がったものの、丈助は太政官の会計御用を引合に出して、さらなる配慮を願い出ている。すなわち、太政官同様に「壱分半」（月利一・五％、年利一八％）とは言わないまでも、せめて「壱弐位」（月利一・二％、年利一四・四％）は欲しいと申し出ている。

明治三年四月三日には、元利勘定書を提出している。この勘定書によれば、貸付利息は八朱利に落ち着いたようである。元銀一八五〇貫に明治三年五月までの利息を足すと、二二五四貫四〇九匁六分になる。これに加えて、勧業局から諸村へ銀券を貸し付けた利息のうち銭佐の取り分が一九三貫二五〇匁三分四厘存在した[52]。両者を合計すると、二四四八貫五九匁九分四厘となり、これは平均相場一七一匁七分四厘替にして一万四二五四両一歩三朱と永一六文六分五であった。

同年四月一三日にも再び計算し直している。表2-2に示したように，元高を仕舞相場で勘定し，相場差損金がかかるようになっている。「元金七朱切銀券歩分」とあるのは諸村への銀券貸付利息のうち銭佐の取り分である。銭佐の高知藩銀券発行事業は，一万五〇〇〇両の支出に対し，収入は一万四三七七両余りという結果を収めた。二三〇〇両余りの相場差損金は高知藩側が負担したことになるが，それを勘案したとしても金目ベースで考えた場合，高知藩貸付は銭佐にとって最終的に損失を出すものであった。丈助が大坂で佐兵衛に報告した際，「元金ニ不足立候事ハ有まじきや」と尋ねられ，「実ニ大心痛仕」様子が見て取れる。ただし，丈助が佐兵衛から責められたといっても，必ずしも高知藩への貸付と銀券発行が失策であったと評価することはできない。

銀相場がおおいに下落した幕末維新期に，資金を固定化せず運用し，なおかつ相場差損を大名側にも負担させることで，銀相場下落の被害を最小限に食い止めた銭佐の経営戦略は認められるべきであろう。

これは一つには丈助による高知藩役人および種小との度重なる交渉によるところが大きい。幕末期より砂糖為替取り組みを通じて培った太いパイプが，銭佐と高知藩側との交渉を円滑ならしめたと考えることができる。だがそれ以外に，高知藩側が自身に不利な相場を設定することがなぜ可能であったのかを考えなければならない。次に藩側の政策を検討してみたい。

表2-2　明治3年4月，高知藩貸付清算表

名目	額		銀相場（匁）
	銀目勘定（匁）	金目勘定（両）	
元高	1,850,000	8,424.40800	219.6
元高利足（明治元 1.5〜2.5）		876.13843	
元高利足（明治 2.5〜3.5）		1,046.98542	
元金七朱切銀券歩分辰年分		766.62110	
元金七朱切銀券歩分巳年分		916.12999	
相場差損金		2,347.68935	
相場差損金利足（明治元 1.5〜2.5）		※375.63030	
相場差損金利足（明治 2.5〜3.5）		※93.87500	
小計		14,377.97229	

出所：「土佐用日記」（『逸身家文書』7-4-5）4月13日条より作成．
注：※の分については「実者出所無御座候」とあり，小計には含まれない．

(2) 維新期の藩札新規発行と金券統一

銭佐が関与した高知藩の銀券発行は慶応三年のことであったが、その翌年にあたる明治元年の四月、六月、一〇月にも、三度にわたって高知藩は藩札を発行している(53)。そのうち、一〇月二八日の布告では、「爾来之銀券同様御国内一円令通用候事」とされ、これまで発行されてきた銀券も含めすべての藩札は、土佐国一円で流通することが高知藩によって保証された。

明治二年二月一七日には、古銀券の引換を布告している(54)。

布告ニ云、世上金銭不融通ニ付詮議振ヲ以去年仕成ニ相成ル銀券磨滅ニ及候分モ有之(ママ)、通用難渋之趣、然トモタトヒ損傷ニ相成候トモ銀目相分リ候分ハ御銀方納不差閊候ニ付、無疑念可致通用、尤銀目相分不申分ハ来廿二日ヨリ向々銀券所ニ於テ引替被仰付ニ付、古券一枚ニ付為冥加銀百目ニ付三匁相添、右場所ヘ可差出、尤成丈相双替被仰付訳ニ候得共、為時相当之券有合セ無之節ハ、譬ハ壱匁券五枚ト五匁券一枚ニ引替被仰付儀モ可有之事、

額面が判別できないほど摩滅した紙幣を交換するという趣旨であり、銀目廃止以後もこうした銀建て地域通貨の流通は止むことはなかった。

さらに、高知藩の政策で急進的だったのは、藩内での官省札と正金の流通を禁止した明治二年九月一八日の布告である(55)。

布告に云、金札・正金共来ル十月朔日ヨリ向々国中私用ヲ禁シ、金札・正金所持ノ輩ハ、来ル十月廿日限会計局ヘ指出候ハヽ、新古夫々御相場替ヲ以銀券ニ御引換被仰付筈、其内正金之儀ハ当時態ニ付銘々手当トシテ持畜〔蓄〕候儀ハ勝手次第、遠在ニテ右触達着致候ハヽ、拝承日ヨリ十日ノ内引換ニ差出筈、

但、旅用或ハ他国取引ニテ金札必用ノ輩ハ、願ニ依リ正銭或ハ銀券差出候ハヽ、御相場換ヲ以金札被渡遣候筈、商業ニ付他国品註文ノ為メ金札入用ノ時ハ、開成局ヘ願出候ハヽ、銀券ヲ以両替被仰付筈、

但、時ニヨリ詮議有之取捨被仰付筈、

すなわち、官省札と正金の藩内流通を禁じた上で、銀券との交換を勧め、銀券の藩内流通を促進させる意図があったものと思われる。他方、藩外への旅行や、藩外との取引を行う際には、逆に会計局や開成館から官省札を下げ渡すことを認めており、地域間決済通貨として太政官札が期待されていた役割が読み取れる。

だが、領内の反発があったためであろう、同年一一月四日には、早くも正金の私通用禁止を解除している[56]。

明治二年五月二〇日の布告では「金札・正金・藩札ノ三物公私一般一両ニ付代銀二百五十匁」とあり、太政官札・正金・藩札（金建て）はすべて一両につき銀二五〇匁の相場が建てられていた。それが、明治二年八月一七日の布告では、金札・正金ともに三四〇匁替えと定められた。このとき、「藩札ハ追々交換ヲ期ス、故ニ前月ノ相場ニ従」と取り決められていたが、同年一〇月二二日布告では、「藩札壱両ニ付、代銀三百四拾匁（割注）「八月正金・金札ノ相場ヲ改ルトキ藩札ノ相場ヲ改メス、此月ニ至リ其相場ヲ改テ来午年（明治三年）迄交換ノ期ヲ延フ」」と、藩札（金建て）も三四〇匁替えとなった[57]。「当時高知藩札大ニ下落シ太政官札ニ比シ殆ント半價ナリシ」という回想もあるので[58]、銀相場ではなく銀券自身の価値が下落した可能性が高い。ともあれ、銀建て貨幣の価値下落は何を意味したのであろうか。

たとえば、明治元年五月頃に銀券二貫目を貸し付けられた土佐領内の砂糖生産者がいたとしよう。元々の購買力は金建てで約九両（一両＝二二〇匁相場、仕舞相場）である。肥料や種などをその銀券で購入し、高知藩内の特権問屋を通じて大坂に移出、そして大坂での売上金と前借分を対照して仕切り（差額精算）を行うことができた。しかし、もし二貫目の銀券を使わず銀目廃止以後も家で保蔵していた場合、その銀券は五両三分二朱の実質価値となる（一両＝三四〇匁相場）。これは、銀建て貨幣の価値切り下げを意味していた。

明治二年一二月二七日には両替所が設置されていたが、より本格的な回収は明治四年七月三日の両替社設置を受けてからである。(59) 新貨条例が明治四年五月一〇日に制定され、新紙幣・新貨幣が発行されており、幣制統一の機運が高まった中での藩札回収であった。

翻って考えて見ると、銀目廃止に伴う銀相場下落の損失は、大名貸に特化した経営形態を持つ銭佐にとって、債権として保有している貸付証文の価値下落を意味した。藩役人との折衝により高知藩側がその差損金の一部を補顚することになったが、藩にとっては銀券が流通する限り損失は確定しない。そして、藩は銀券を回収する段階になって、銀券の価値を切り下げたのである。すなわち、銀目廃止と銀相場下落の損失は、最終的には銀券保有者である領民に転嫁されたと言ってよい。銭佐が銀目廃止に伴う銀目手形所持のリスクを軽減できた背景に、高知藩による銀券価値切り下げがあったことは明らかであろう。

こうした銀建て証文の金目への書き換えという課題は、高知藩との関係に限定されない。銭佐は、明治六年に大蔵省大阪出張所に対して大名への貸付残高を報告している（前掲表1-5）。すでに検討済みではあるが、ここでは金建てに基づく貸付が圧倒的に多いことに注目したい。すなわち、仕舞相場で換算すると、全体の約九二％が金建てで貸し付けられたことになるのである。新公債に相当する明治以降の高知藩の貸付もすべて金建てで換算されていることから考えても、これは明治六年までにおいて、両替商と大名家との間で銀建て取引が金建てに改められる試みがなされてきた結果と見てよい。銀目廃止の大義に基づき、個別に藩との交渉を繰り返すなかで銀建て貸付証文の価値を設定していったのである。

小　括

銭佐本店・備後店双方に勤務し、高い実務能力をもって経営を主導する丈助が、自ら現地に赴いて、発行から回収までを担当したのが慶応三年の高知藩銀券であった。高知藩は銭佐から一万五〇〇〇両相当の正貨を借り受け、それを銀券の準備金にあてた。そして、白砂糖の大坂移出と正貨の獲得を目論んだのである。

これは、米本位から正貨本位への経済に移行する中で、両替商が米穀ではなく商品作物を担保として大名貸を展開した例としても注目できる。高知藩の「国産会所」方式に関与することで、銭佐は貸付額の増大を果たすことができた。銭佐はほかにも熊本藩の明礬《みょうばん》を取り扱っている(60)。前章で見た幕末期におけるD群への貸付増大は、こうした「領主的商品流通」の変容と両替商の対応を背景としていた。

明治元年一月に鳥羽伏見の戦いが起こると、官軍の「分捕」に遭った両替商は次々と閉店・休店していった。ただし、この時期に閉店・休店した両替商をすべて経営危機に陥ったものと解するのは正しくない。戦火や官軍の「分捕り」を避ける目的で一時的に休店措置を取った銭佐のような両替商もいた。閉店後まもなく再開できた両替商も同様の事情と推察される。

ただし、官軍の「分捕」を回避できても、両替商にはさらなる困難が待ち構えていた。明治元年五月に出された銀目廃止令である。これにより、秤量貨幣の使用は停止され、銀建て貨幣を金建てに交換することが定められた。銀目手形は空手形も多かったため、両替商の元に取り付けが起こり、引換不能に陥る両替商も現れた。しかし、取り付け以上に両替商にとって深刻であったのは、幕末以降の銀相場下落に基づく保蔵貨幣・債権の評価損の問題である。銀相場は銀目廃止の時点で仕舞相場が決定し、それ以上騰貴する見込みもなかった。そのため、両替商は銀相場が暴落した時点での相場で、銀建て貨幣・債権を金建て貨幣・債権に交換する必要に迫られたのである。

そのような状況下で、銭屋佐兵衛家は大名貸を両替店経営から分離しつつ、高知藩を中心に貸付を拡大していく。そして銀目廃止後に貸付額を評価する際、当初は銭佐に不利な仕舞相場に基づく金建て換算が藩側から提示されていたにもかかわらず、丈助の交渉が高知藩側の妥協を引き出していった。銭佐本家の日記や丈助の日記からは、佐兵衛・佐一郎や丈助ら別家・手代が在坂・国許の開成館勧業局・貨殖局の役人と太いパイプを培い、粘り強く折衝を繰り返していた様が読み取れる。そして銀券発行という事業単位では若干の損失を出すものの、銀相場下落の影響を最小限にとどめる形で相場を確定したのである。そして、これを可能にした高知藩側の条件は、銀相場下落に伴う銀券の評価損を銀券の価値切り下げで相殺し、最終的な損失を領民に転嫁することであった。

銭屋佐兵衛家が近代に入り銀行設立に至った要因として、前章で述べたような大名貸の蓄積と新旧公債の受領に加えて、銀相場下落と銀目廃止の被害を抑えたという事情が重要と考える。銀目廃止の影響は甚大であったが、商人にとって回避不能な事態ではなかった。

(1) 内閣官報局編『法令全書』〈明治元年〉(一八八七年)一五八頁。再令は同二三一頁。
(2) 本書では、地銀を素材の主とする貨幣を正銀と呼んでいるが、南鐐弐朱銀などの金目建ての正銀は、銀目廃止令の対象にならなかった。
(3) 澤田章『明治財政の基礎的研究』(柏書房、一九六六年、初版は一九三四年)一七一頁。
(4) 石井寛治『経済発展と両替商金融』(有斐閣、二〇〇七年)八六頁。
(5) 同前八三頁。
(6) 「銭佐日記」(大阪商業大学商業史博物館所蔵『佐古慶三教授収集文書』F―一〇―一八)。
(7) 「銭佐日記」(『佐古文書』F―一〇―一八)。佐一郎が楢村に移った日付は不明。
(8) 「銭佐日記」(『佐古文書』F―一〇―一八)慶応四年一月一一日条。
(9) 前掲石井『経済発展と両替商金融』八四頁。竹川は一橋家の掛屋、炭安は会津藩や高松藩の蔵元を務め、加作も幕末の会津藩新領地の蔵元を務めていた。
(10) 海原亮「銭佐両替店と住友中橋店の取引関係史料」(『住友史料館報』第四三号、二〇一二年七月)九六頁。
(11) 作道洋太郎「西摂尼崎藩の藩札発行と泉屋利兵衛」(同『阪神地域経済史の研究』御茶の水書房、一九九八年)。作道氏は、泉屋利兵衛が安永六年より尼崎藩から発行された新銀札の札元となり、田畑・家屋敷などを抵当として銀札を融資した方法に注目し、「こうした不動産金融の方法は、明治初年における太政官札（政府紙幣―原注）の石高割貸付の方法や、農工銀行などにおける不動産抵当融資の制度の原型をなすものであったと考えられる。その意味において、泉屋利兵衛が銀札の支配方として、尼崎藩における金融機能を掌握していたことは、……明治以後において開花した企業者活動の原型を示すものとして注意を要するところであろう。」（三八七頁）と述べている。ただし、①不動産抵当融資の定義が曖昧で、②幕末期の経験と明治以後の企業者活動がどう接続したかの説明も不十分である。

(12)　松好貞夫「土佐国藩札考（上）（下）」（『土佐史談』第二〇・二一号、一九二七年九・一二月、のち同『土佐藩経済史研究』日本評論社、一九三〇年所収）。慶応三年発行の銀券を紹介し、「国産販売に関連して銀札発行を行ふことは当時この藩の常套手段なりしかと想像せらる」と分析するも、「藩は大阪銭屋五兵衛（砂糖為換の掛屋ならん）宛の銀券手形を發行し、之を同人手代の出張所に於て正銀と交換せしめたりしなり。」（下・八四頁）と、銭屋佐兵衛と銭屋五兵衛を混同するような、基本的な事実誤認も見られる。

(13)　平尾道雄『土佐藩商業経済史』〈市民叢書14〉（高知市立市民図書館、一九六〇年）一九三頁。

(14)　藤村通『明治財政確立過程の研究』（中央大学出版部、一九六八年）四一―四二頁。

(15)　菅野和太郎「銀目廃止と太政官札」（同『続大阪経済史研究』〈大阪経済大学日本経済史研究所研究叢書第七冊〉清文堂出版、一九八二年、初版は一九三五年）一六一―一六二頁。

(16)　前掲藤村『明治財政確立過程の研究』四四―四五頁。

(17)　同前四五頁。

(18)　「土佐用日記」（『逸身家文書』七―四―三）八月二二日条参照。

(19)　「諸家貸」（『逸身家文書』七―一）。

(20)　以上、渡邉光重「土佐藩糖業史考――近世糖業の一類型」（『社会経済史学』第七巻第六号、一九三七年九月）。再掲『土佐史談』（六一号、一九三七年一二月）を利用、五六頁。

(21)　前掲平尾『土佐藩商業経済史』二五三頁。

(22)　平尾道雄『高知藩財政史』（高知市立市民図書館、一九五三年）一〇九頁。

(23)　前掲平尾『土佐藩商業経済史』二二三頁。設置された局は、軍艦局・勧業局・貨殖局・税課局・捕鯨局・山虞局・鉱山局・鋳造局（大砲）・泉貨局（銅銭私鋳）・火薬局・訳局。勧業局は旧国産方とされている。

(24) 逸身喜一郎「四代佐兵衛 評伝」(同・吉田伸之編『両替商 銭屋佐兵衛』第1巻、東京大学出版会、二〇一四年)八八、二八九—二九二頁。

(25) 「土佐用日記一」(『逸身家文書』七—四—二)が慶応三年七月、「土佐用日記二」(『逸身家文書』七—四—三)が慶応三年八月、「土佐用日記三」(『逸身家文書』七—四—四)が慶応三年九月、「土佐用日記附録」(『逸身家文書』七—四—五)が明治三年四月の記事である。本書では以上をまとめて「土佐用日記」と表記する。

(26) 平尾道雄編「高知藩経済史料九　商業篇三」(『平尾文庫』二〇七、高知市立市民図書館所蔵、二〇〇八年複製)、典拠は『寛郷集』。

(27) 「銭佐日記」(『佐古文書』F—一〇—一四・一六)。当日記は銭屋佐兵衛本店の日記であり、「土佐用日記」には見られない本店の動向、および丈助高知藩出張期間以外の時期の記述が見られるため、対照して利用可能である。

(28) 「銭佐日記」には、質仲間の廻章は写し取られているが、砂糖問屋仲間関係の廻章や記載は全く見られない。傍証に過ぎないが、銭佐に砂糖を大坂で売買する権利はなかったものと推測される。

(29) 土州在坂役人と「館入商人」らとの間では「振舞」と呼ばれる会合が毎月数回催され、その案内状が「廻章」として銭屋佐兵衛家に廻ってきていたことが日記からはうかがえる。「振舞」の幹事(「行司」)は当番制であり、それへの参加は「出勤」と記された(慶応三年七月二三日条、同九月二二日条など)。勿論、土州屋敷での酒宴も散見される。また、「生花の会」も土州屋敷で開かれ、銭屋佐兵衛・佐一郎両人が参加していた(「銭佐日記」『佐古文書』慶応二年二月三日条)。

(30) 「銭佐日記」(『佐古文書』F—一〇—一四)慶応二年四月一日条。

(31) 以下は「竹内綱自叙伝」(明治文化研究会編『明治文化全集』第二版〈第二五巻・雑史篇〉日本評論社、一九六八年、所収)四三〇—四三五頁より。なお、竹内綱はのちに大阪府出仕、大蔵省出仕、蓬萊社社長、衆議院議員を経て、京釜鉄道会社創立などに関与する。吉田茂(元首相)の実父でもある。

(32) 「土佐用日記」慶応三年七月八日条。

(33) 「土佐用日記」慶応三年七月一〇日条。ただし、丈助が冷遇された理由はのちに小平次から説明があり、丈助もそれを聞いて「少シハ思念相解申候」と記述している。

(34) 「土佐用日記」慶応三年七月一一日条。嶋田玄蔵・堀内弁次は「国産方」とされるが、元国産方で現開成館勧業局の役人と思われる。

(35)「土佐用日記」慶応三年七月一三日条。
(36)「土佐用日記」慶応三年七月条。
(37) 勧業局の税課下役となった馬場久太郎は、銀券貸付は白砂糖為替のみで黒砂糖為替は「鴻市」(鴻池市兵衛)の儀であったが、それでは「片手打」であると主張している(「土佐用日記」慶応三年八月一九日条)。慶応三年八月九日の触れに見る文面では、「砂糖」とあるのみなので、白砂糖だけなのか、黒砂糖も含むのか、といった点で勧業局側と銭佐とで議論の余地があった。
(38)「土佐用日記」慶応三年八月二〇日条。
(39) 両名とも仕置役。高知藩の行政機関は主に近習《きんじゅ》(内政官)と外輪《とがわ》(外政官)に分かれ、仕置役は外輪の奉行職(家老)の下に置かれた。仕置役は町・郡奉行以下各奉行を管轄し、寺社も管理下に置いた(平尾道雄『土佐藩』〈日本歴史叢書一二〉吉川弘文館、一九六五年、二一一―二一二頁)。
(40)「土佐用日記」慶応三年八月二一日条。
(41)「掛込」とは、荷主・船頭が積荷を問屋に販売したのち、積荷代金の一部を両替商に納め、代わりに銀札を受け取ることを言った。木原溥幸『近世讃岐の藩財政と国産統制』(溪水社、二〇〇九年)二四頁参照。しかし、本章の事例では、荷主・船頭が問屋に直接販売するのではなく、蔵屋敷が入札にかけているので、「掛込」を問屋による積荷代金の支払いという意味に限定して用いている。
(42) 高知藩は慶応三年七月の銀券発行以前にも、何度も藩札を発行している(前掲平尾『土佐藩』五六―六三頁)。
(43) 前掲木原『近世讃岐の藩財政と国産統制』第Ⅰ部。
(44) 前掲渡邉「土佐藩糖業史考」。
(45)「土佐用日記」慶応三年八月二三日。
(46) 金一両につき銀約一二三匁換算。同時期の銀相場は一三一匁前後であったので(「諸家貸」『逸身家文書』七―一)、金銀換算はやや銀高に設定されている。
(47) 砂糖代銀は大坂から為替手形で送金される。「足し」というのは、銭佐からの借入金に加えて、という意味に解している。
(48)「土佐用日記」慶応三年九月七日条。
(49) 前掲澤田『明治財政の基礎的研究』一七六頁。典拠は「御触帳」(三井文庫所蔵史料、本三一一二)。

(50) 補足して説明すると、慶応三年の時点では一万五〇〇〇両に相当する額面銀目一八五〇貫の借用証文が、一年後には約八四〇〇両に減価する。銀目廃止令のために銀目での借用証文は金目に書き換える必要があったが、この証文を明治元年五月の相場を基準に書き換えた場合、銭佐は七〇〇〇両弱の損金を出すことになる。
(51) 「土佐用日記四附録」(『逸身家文書』七―四―五)。以下、本節は特に断りのないかぎり、同史料に基づく。
(52) 銀券発行高は三五七八貫七一〇匁。領地貸付利息一・二五%から銭佐利息〇・八%を引いた〇・四五%が勧業局としての純利益になる。この純利益のうち、銭佐の取り分は四割であった。明治元―三年までの三年間で算出すると、3578.71×0.045×3×0.4＝193.25034となる。
(53) 前掲平尾『土佐藩』。なお、いずれの藩札発行にも銭屋佐兵衛家が関与した形跡は見られない。
(54) 『高知県史料二十六』。本章で利用したのは、マイクロフィルム版の『府県史料』(雄松堂フィルム出版)三三三巻、所収。
(55) 『高知県史料二十六』。
(56) 『高知県史料二十六』。
(57) 『高知県史料二十六』。
(58) 前掲「竹内綱自叙伝」四三四頁。
(59) 『高知県史料二十六』。
(60) 銭佐は、熊本藩から国産明礬蔵元を引き受けてもらえるよう二度にわたって懇請されており(「〔書状〕」『逸身家文書』七―三四―一四、〔慶応二年カ〕五月八日)、その後明礬の廻着に対し為替銀の振出しも依頼されているから(「〔書状〕」『逸身家文書』七―三四―一四、〔慶応二年カ〕九月二六日)、幕末期に熊本藩の蔵元となったものと推測される。八木滋「熊本藩国産明礬と銭佐」(前掲逸身・吉田編『両替商　銭屋佐兵衛』第2巻)参照。

第三章　太政官札の流通経路と地域間決済通貨

はじめに

銀目廃止などの影響を重視して明治維新期の経済を「停滞状態」であったとする従来の理解に対し、石井寛治氏は、大坂とその周辺の諸商人の振り出す大量の手形や大坂と京・江戸間を結ぶ「為替手形を決済する活発なネットワーク」の存在を指摘して批判した(1)。

銀目廃止が大坂の両替商にとって必ずしも回避不能の打撃ではなかったことについては前章で触れたが、すべての両替商が銭佐のように近代的資本家へ転化できたわけではない。維新期に一部の両替商が倒産したのは事実である。石井氏が自身で指摘しているように、「高度に発達した信用のネットワークの頂点部分を官軍が暴力的に破壊した結果として」手形の流通市場は大きく縮小・変容したのであり(2)、のちに再生・復活したとはいえ、維新期における「為替手形を決済する活発なネットワーク」の限定性を考慮する必要があろう。

では、手形市場の縮小はこれまでの通説のように、維新期経済の停滞を導いたのであろうか。手形市場が縮小しても、代わりとなるような貨幣が市場に投入され安定的に流通したなら、経済活動は継続可能のはずである。一例であるが、貝塚（現、大阪府貝塚市）の肥料商・廣海家から大坂両替商への送金形式を見ると、万延元年（一八六〇）には現金比率二三・四％、手形比率六七・一％だったものが、明治二年（一八六九）には現金比率七三・一％、手形比率九・四％へと変化したことが判明している。(3) 慶応二年（一八六六）時と比べると送金量は半減しているが、それでも万延元年時の水準は保っていた。これは、手形市場の一時的な縮小によって廣海家の経済活動がそこまで破局的には萎縮しなかったこと、そして手形の代わりに現金取引の重要性が増したことを示唆している。そこで本章では、維新期に新しく発行された貨幣である太政官札に注目する。

明治元年（一八六八）閏四月から翌年五月までに四八〇〇万両が発行された太政官札については、(4) 政府の社会的信用が十分でないことや高額紙幣であったことから、一般に流通せず、三都に滞留するのみという議論が展開されてきた。(5) この議論の論拠の一つは、大坂市中における太政官札相場が、明治二年前半に大きく下落している事実である（表3-1）。明治維新政府は、太政官札が額面通りに通用しないことが判明すると、時価通用を認め（明治元年一二月四日）、租税上納に際しては正金一〇〇両＝太政官札一二〇両の公定相場を定めた（同月二四日）ものの、市中相場はそれ以上に下落していた。明治二年五月には太政官札相場を廃止する布告を出すが、(6) それは市中相場を反映した政策ではなかった。ところが、この表をいま少し見てみると、明治三年以後に太政官札相場が回復し、一時期には正金と価値が逆転していることがわかる。これは、明治二年六月の金札正金引換政策が功を収めたためであるとする小岩信竹氏の指摘がある。(7) 明治四年になると、太政官札の贋札が出回るようになり、再び相場は下落するが、最も下落したときでも太政官札一〇〇両＝正金一一九両で、下落幅は大きくない。明治二年初頭に太政官札相場は大きく下落したが、同年末から三年にかけて正金並に回復し、ようやく円滑に流通し始めた、というのがこれまでの研究成果である。

また、太政官札の不流通性を論じるもう一つの論拠が、『大隈文書』中に存在する明治二年五・六月の「金札流通状況探索書」である。(8) 東海道筋・甲州街道筋・中山道筋などの街道沿いの諸村・宿における太政官札（「金札」）の流通状況を探索したものであるが、当史料に基づいたこれまでの研究は、太政官札はあまり流通せず、「維新政府の金

表 3-1　大坂市中における太政官札相場

（単位：両）

明治	月	日	正金 100 両につき太政官札	明治	月	日	正金 100 両につき太政官札	明治	月	日	正金 100 両につき太政官札
2	1	4	125.5	2	12	15	110.25	3	3	12	116.5
		20	131.625			20	110.			16	116.
	2	5	136.5			27	107.75			20	117.
		17	141.							23～25	118.
		21	153.25	3	5	10	99.4375			27	117.
	3	4	153.25			25	99.6875			28	118.
		8	156.625		6	9	99.6875		4	23	117.
		14	154.5			18	99.3125			67	117.
		21	166.625			28	99.3125			12	116.
	4	5	160.5		7	7	98.8125			13	116.5
		15	154.25			20	98.6875			15～21	116.5
		29	136.5		8	13	99.8125			23	116.
	5	12	148.875		9	1	99.75			26	116.5
		20	170.75			8	99.3125		5	1	116.75
		27	181.125			20	99.25			8	117.
	6	5	185.		10	1	99.625			12	118.
		9	176.25		閏 10	15	98.875			16	118.5
		15	165.75		11	1	98.			19	119.
		22	146.5			8	98.			22～23	118.
	7	5	138.5			20	98.25			25	118.5
		13	133.		12	9	97.			28	118.
		21	131.125			26	96.625		6	2～15	118.
		25	137.25	4	1	4	110.			18	117.5
	8	3	143.75			17	109.			22	118.
		12	137.625			19	110.			26	116.
		27	130.			21	111.			28	117.
	9	1	128.75			25	112.		7	6	116.
		6	131.		2	10～13	112.			9	116.
		10	123.75			14～22	114.5			25	116.
		13	115.25			23～25	114.5		8	2	116.
		18	111.			28	113.			5	114.
	10	1	108.5			29	114.5		10	4	113.
		20	112.		3	4	115.			7	112.
	11	7	111.5			5～10	115.2			15	111.5

出所：澤田章『明治財政の基礎的研究』（寶文館，1934 年）255-263 頁．

注：典拠は大坂両替商・岩本栄蔵家の控帳簿のようであるが，所在不明．明治 3 年 1 月─4 月まで記帳なし．また，出所では「二歩判」とあるが，表中では「正金」とした．

札流通強行策が通貨供給政策として経済発展に対して十分な効果をもち得なかった」と結論付けた。[9]

しかしながら、これらの結論は三都および主要街道の相場状況から立論されたもので、太政官札の全国的な流通実態を表したものではない。また、相場下落下にあっても太政官札を利用した人々は存在していたはずであるが、彼らの意図も見えてこない。彼らは太政官札を仕方なく受領しただけであろうか。もちろんそのような事例もある。ただし、利用者として、高額紙幣を必要とする隔地間商人を想定するとき、彼らが「地域間決済通貨」[10]として使用できる、持ち運びに便利な高額紙幣の太政官札を積極的に利用した、という仮説を立てることも可能であろう。その仮説が正しいと認められるならば、太政官札は、民間経済の潜在的な貨幣需要という状況下で、正貨や為替手形に代わって経済活動を媒介していったと考えられる。[11]これは、維新期経済停滞説に対する有力な反証ともなろう。

以下では、太政官札の非流通性という点が強調されてきた明治元―二年、および相場回復を果たしたとはいっても地方の実情が明らかでない同三年を対象に、従来解明されなかった太政官札の流通形態を検討することによって、明治初期の流通経済の一側面を素描する。

第一節　政府内部の配給経路

太政官札発行は由利公正（三岡八郎）の起案による。由利は福井藩において藩札を発行し成功を収めた経験があり、それを応用した形で紙幣発行を計画した。この計画は岩倉具視や大坂両替商らの支持を得、内決したのは明治元年一月二三日、鳥羽伏見の戦いが起こった直後のことである。[12]同年閏四月一九日の太政官布告によって、太政官札発行の仕法書が公布され、太政官札の発行目的が「富国之基礎」を建てることにあること、太政官札を各藩の石高に応じて一万石につき一万両の割合で拝借させること（＝石高割貸付金）、畿内近国の商人で太政官札を拝借したい者がいれば

「金札役所」を通じて貸し出すこと、などが定められた[13]。

そうして明治元年と明治二年の両年に、約四八〇〇万両の太政官札が発行された。太政官札は金建て（両建て）の紙幣であり、そのことから「金札」とも呼ばれた。日本史上初の、中央政権が「全国」[14]通用を保証する紙幣であった。

太政官札の発行主体である明治維新政府は、発足直後のまだ財政基盤の確立していない中で旧幕府軍との戦争を遂行

表3-2　第1期（慶応3年12月—明治元年12月）歳入出決算表

（単位：円）

通常歳入		通常歳出	
地税	2,009,013	太政官以下各官省経費	1,675,373
海関税	720,866	陸海軍費	1,008,120
開市港場諸税	101,733	神奈川港兵営費	21,677
運上冥加等諸雑税	324,776	軍艦買入代	30,000
川々国役金	918	三都裁判所	381,854
通常貸金返納	124,521	開港場府県	398,077
場所売払代	23,399	諸府県経費	22,289
不要物品売払代	26,671	山稜造営費	2,207
家屋貸下料	122	祭典費	133,794
計出米	5,326	諸向扶助	339,676
諸藩課賦軍資金	73,376	官省に属する営繕	298,969
大宮御所造営国役金	131,201	堤防，道路，橋梁修築費	488,079
諸過料	39,005	恩賞，養老，賑恤金	206,660
雑収入	83,844	通常貸金	286,301
		回米諸費	64,921
		沈没および欠減米	42,592
		雑支出	5,096
計	3,664,771	計	5,405,685
例外歳入		例外歳出	
太政官札発行	24,037,389	征東費	3,384,822
調達借入	3,837,107	箱館追討費	125,446
外国商社より借入	894,375	大坂行在所および御東幸費	828,322
貸金利子	10,636	鎮台府，鎮守府	12,480
旧幕残金	362,542	民政局	66,000
献納	154,249	臨時賞典	130,800
諸藩課料金	127,232	石高割貸付金	9,145,761
		勧業貸付金	9,011,518
		調達金返済	263,293
		借入金利子	197,636
		その他	1,933,322
計	29,423,530	計	25,099,400
歳入総計	33,088,301	歳出総計	30,505,085

出所：『歳入出決算報告書（上巻）』48-55頁より作成.

注：1円未満切り捨て.

せねばならず、太政官札発行により財政窮乏を補塡しようとしたのである[15]。表3-2に見るように、慶応三年（一八六七）一二月から明治元年一二月までの期間に、通常歳入の約六・六倍の太政官札が発行されており[16]、通常歳入だけでは膨大な戦費を含む例外歳出を賄えない財政構造がそこには存在した。

他方、澤田章氏の主張以来、建議者の由利自身は「殖産興業」を主観的目的としていたことも、今日では通説となっている。由利は、紙幣発行による生産増殖や貿易による正金蓄積という重商主義政策を掲げた横井小楠の下で学び、越前福井藩において物産総会所を設立して藩札を流通せしめ、その功を評価されて明治政府に抜擢されたという経歴をもっている。そのため、由利の発行した太政官札には「殖産興業」的意味合いが含まれるものと考えられている[17]。

つまり、軍事支出増大に伴う財政窮乏の補顚と、殖産興業費の捻出という二つの財政的理由から太政官札は政府にとって必要とされたと言える。

その太政官札の狭義の発行主体は会計官貨幣司であった[18]。貨幣司が太政官札を政府内部や府藩県へ下げ渡すことによって太政官札の流通が始まる。貨幣司からは、会計官出納司へ二九八七万八〇〇〇両、「商法会所」へ六五六万両、府県（藩預所、旗本含む）へ一七二万四五〇〇両、諸藩へ九六〇万九七〇〇両下げ渡された[19]。

そのうち出納司が受領した太政官札は、用度司や営繕司といった会計官内の各部局、ならびに諸藩に諸藩兵凱陣費として渡り、新たな流通経路を形成していった。明治二年一〇月中の「出納取調帳」によれば[20]、太政官札による歳出総額七一万五六五四両に対し、正金による歳出総額が一万六〇五一両にとどまることからも、明治二年一〇月の時点では会計官出納司においてはすでに太政官札が正金に代替する役割を果たしていたと言える。明治元年九月二三日には「皇國一圓金札通用被仰出候上者、當辰年租税金納之分並諸上納都テ金札ニテ上納可致候事」との布告が出され、太政官札で租税を上納することが命じられた[21]。

六五六万両を受領した「商法会所」を管轄したのは、明治元年閏四月二五日に設置された会計官商法司である。序章で述べたように、同所は「国産会所」方式の全国的展開を試みた部局である。福井藩士・岡田準介が商法司知事に任命され、その後、同年五月一〇日に岡田は租税司知事に転任し、代わりに同じく福井藩士・団野真之助が商法司知事に任命された。このとき団野とともに商法司知事に任命されたのが、西村勘六（当時は小野組手代、のちの小野善右衛門）、吹田四郎兵衛（三井組大坂両替店番頭）らであり、大手両替商が政府機関に包摂される様を見て取れる。明治二年三月の人事では、この傾向はより強くなる。西村・吹田が知司事として依然商法司の中で重きをなしていたのみでなく、その下の判司事には長田作兵衛、斉柏新助（広岡久右衛門手代）、末野与兵衛（殿村平右衛門手代）らが就任した。[22]

これらの人的構成を背景にした太政官札の流通経路が問題となろう。まずは、大阪商法司を中心とした太政官札の流通経路の検討に入る。表3-3は大阪商法司における明治元年中の太政官札の出入を示したものである。歳入の「京都より操込」は主に京都商法司からの受領を指していると思われる。[23] その三七〇万五〇〇〇両が大阪商法司の主な活動資金となっている。歳出のうち各県の商法司に渡ったものは五五万両で、兵庫県商法司と堺県商法司にそれぞれ三五万両と二〇万両ずつ渡っている。小前引立所関連では、大阪商法司が貧民救済施設建設・運営のために一一万九六九五両の太政官札を用いたことがわかり、内九万二八一二両は「御用地御普請御入用之内江営繕司渡」などと営繕司に建設を委託している様子がうかがえる。[24] 民間への経路として注目できるのは、会計基立金証文担保付貸付とその他の貸付である。ここでは、

表3-3　明治元年，大阪商法司太政官札出入

歳入	両	分	朱
京都より操込	3,705,000		
営繕司より請取	950		
会計基立金証文担保付貸付返済及び利足額	40,091	3	1
その他貸付返済及び利足額	26,891	2	2
計	3,772,933	1	3
歳出	**両**	**分**	**朱**
辰年割上納高	107,524		2
兵庫・堺縣商法司渡高	550,000		
箱館方へ操廻	64,400		
小前引立方諸費	119,695	3	
（内　営繕司へ）	(92,812)		
銭買入代	255,000		
会計基立金証文担保付貸付	1,250,728	1	2
その他貸付	1,092,406	2	
雑費	4,242	2	2
計	3,444,997	1	2
差引残	327,936		1
内　出納司へ操廻	50,000		

出所：「明治元年大坂商法司出納勘定帳」（『大隈文書』A3279）．

表 3-4　明治2年正月，大阪商法司太政官札出入

歳入	両	分	朱
去辰12月差引残	277,936		1
京都より操込	100,000		
箱館会所より元入金	10,500		
会計基立金証文担保付貸付利足	3,109	2	
その他貸付返納	234,319		
その他貸付利足	6,542	2	2
計	632,407		3
歳出	**両**	**分**	**朱**
上納高	5,095	3	3
小前引立方渡	2,000		
銭買入代	30,000		
御手当貸付および御質物貸下げ	128,800		
雑費	595	2	
計	166,491	1	3
差引残	465,915	3	

出所：「明治二巳年當正月中勘定帳」（『大隈文書』A3284）.

会計基立金の利息として太政官札が会計基立金証文所持者に渡ったというだけでなく、会計基立金証文を担保に彼らが太政官札を受領したことを意味しており、会計基立金として正金を醵出《きょしゅつ》した京坂の商人層等は、経済活動を維持するために太政官札を使用せざるをえなかった。

その他の貸付の多くは商品担保付貸付が大部分を占めたが、中には太政官札四万両を「蒸気艦献上願立之趣意ニ付脇坂淡路守〔播磨国龍野藩主脇坂安斐〕江當座拝借貸渡シ」ているように、商法司から藩へ渡る経路も存在した。また、太政官札一万九九四六両一分二朱が「銀目御廃止ニ付両替仲間中江御手當貸下ケ之内三拾八万二百両元入内納分此之利足高」とあり、銀目廃止により痛手を受けた京坂両替商救済のために、太政官札が貸し付けられていたことがわかる。

同じく明治二年における大阪商法司の太政官札出入を示したものが表3-4であるが、会計基立金証文を担保とした貸付がなくなっていることがわかる。そして、「御手當貸付」による商法司から京坂両替商への経路と、「貸付返納」による京坂両替商から商法司に戻る経路を確認することができよう。

つまり、大阪商法司からの太政官札経路としては、一部では兵庫・堺商法司や営繕司などの政府内部での移動を含むが、多くは大手両替商を始めとする会計基立金証文所持者[25]、銀目廃止の打撃を受けた京坂両替商、そして藩への経路を想定することができる。会計基立金の証文には月一歩（月利一%、年利一二%）の利息が発生していたので[26]、政府にとって、証文を担保として差し出させて金札を貸し付けることは、会計基立金証文の回収と利子払いの節約を意味

した。

対して、東京商法司の下に置かれた横浜出張商法司に関しては、これと異なる傾向が見て取れる。横浜出張商法司には明治元年一二月二六・二七日と同二年正月八日の三回に各々一〇万両ずつ、合計三〇万両の太政官札が東京商法司から廻付されており、これが横浜出張商法司の運営資金源となっている(27)。そのうち「金札下ヶ渡員数名前書」によれば、総計で二五万八七〇〇両の貸付が記録されており、目的別に分類すると、洋銀買入資金が九万五〇〇〇両、洋銀による返済を条件とする貸付が六万両、商業振興資金が四万八〇〇〇両、生糸担保貸付が四万一二〇〇両、生糸以外の商品を担保とした貸付が五〇〇〇両、金札流通拡大資金が五〇〇〇両、会計基立金証文担保貸付が四五〇〇両であった(28)。会計元基立金醵出者が多く存在した大坂と比較すると、横浜出張商法司による会計基立金証文担保貸付の割合は低く、開港地横浜の特質を反映して、売込商に対する生糸担保貸付と対外決済手段である洋銀獲得に太政官札が多く用いられた。

最後に政府直轄の府県に渡った例として、新潟県を見てみたい。明治五年（一八七二）になって新潟県令・楠本正隆が、大蔵大輔井上馨に明治二年四―九月までの新潟港出納決算表に関する報告を行っている(29)。諸入費総計二万七一四両二分永二三五文八分の内、太政官札は一万三八〇九両、正金が六九〇五両二分、正銭が二三五文八分であった。「新潟港開港御創業」として新潟県に太政官札を「配給」したのは会計官ではなく外国官であったが、それは通商を司る外国官が新潟港を管轄したことによるのだろう。

以上本節では、貨幣司を起点に出納司・商法司・府県に渡った太政官札が、どのような流通経路を辿るかを分析した。商法司に渡った太政官札は、会計基立金証文所持者、京坂両替商、横浜生糸売込商などに渡る経路を形成していった。そうした民間との経路を有していたが故に、すでに明治二年一〇月の時点で政府における財政部門の中枢を占める出納司において、太政官札は正金との代替を進行させていたのであり、太政官札は正金に代わる流通貨幣となることを求められていたのであった。さらに新潟県の例に見るように、漸次政府直轄の府県のレヴェルにも波及していったと推測される。

府藩県が貨幣司から受領した太政官札は主に石高割貸付金であり、正金での返納を義務付けられたものであった。したがって、政府内部で「配給」された太政官札と、府藩県が受領した太政官札とでは、おのずから性格を異にする。府県と藩とは政府直轄か否かという行政上の区別はなされてしかるべきであり、事実右記のように「外国官→新潟県」の「配給」経路が確認できるのであるが、本章では石高割貸付金の返納義務を有する性格に重きを置いて、府県と藩を同列に扱い、節を改めて述べることとしたい。また、貨幣司から出納司・商法司を経て太政官札を受領した大手両替商についても次節以下で詳しく触れる。

第二節　府藩県の受領経路

明治元年四月一九日布告によれば、太政官札は諸藩の石高一万石につき一万両ずつ貸し付けた上で（「列藩石高ニ應シ萬石ニ付一萬両ツヽ拝借被仰付」）、その返納は毎年一割ずつ太政官札で行うこととなっていた（「返納方之儀ハ必其金札ヲ以テ毎年暮其金高ヨリ一割宛差出」）。ところが、明治二年六月六日に、「一時都会ニ集ル処ノ金札ヲ府藩県石高ニ配当シ正金ニ換ヘ」るという太政官達が出され、正金と太政官札の交換という形式で太政官札が貸し付けられることとなった。太政官札での返納義務から正金での返納義務へという明治元年から同二年の変化の経緯は、小岩信竹氏が詳述している通り、政府が太政官札の三都への「還流」を察知し、三都以外での流通を意図して金札正金引換政策を実行したからにほかならない(30)。結果として、府藩県は、明治二年だけで三五八万八五〇〇円の太政官札を石高割貸付金として受領することとなる。この政策によって明治二年六月六日の太政官達を請けた府藩県は、政府に上納するための正金を確保しなくてはならなくなった。

そこで府藩県は、正金獲得の手段として領内の諸村・諸浦に同様の政策を展開する。福井藩と金沢藩の事例を見てみよう。

明治元年九月に出された福井藩惣会所の「御趣意書」に見られるように、同藩は太政官札を財源として蓄えた上で、当時融通の滞っていた藩札（「御国札」）と太政官札を分け隔てなく一緒に（「取交《とりまぜ》」）流通させ、藩下の農民・商人には直接太政官札を貸し下げる政策を取っていた(31)。福井藩惣会所は、旧幕時代の福井藩物産総会所（国産会所）を引き継いだ福井藩直轄の殖産部局である。藩札融通政策として捉えることも可能だが、ここでは、太政官札の貸し下げが必ずしも正金との引換でなされたわけではないことに注目したい。

その後明治二年六月三〇日に、福井藩惣会所は、藩下の湯谷村、八田村、赤萩村、具谷村、河内村、河野浦、今泉浦、太良浦、甲楽城浦、糖浦から総計六六四両の正金を上納させ、六月二六日と七月一九日の二回に分けて、それぞれ二七八両三歩二朱と三八五両二朱の太政官札を下げ渡している(32)。政府の金札正金引換政策を受けて、福井藩も正金を領内から回収し、太政官札を貸し下げる政策を採用したのである。

福井藩同様、金沢藩（旧加賀藩）でもこのような方法での諸村への下げ渡しが確認できる(33)。

覚

一　町地壱軒当　正金壱両弐歩宛

一　御郡方壱軒当リ　正金壱両宛

右今度軒別正金上納被仰、代リ金札追々御渡可被成旨被仰渡候、……且、成限リ正金ニ而可指出、能々無拠向銭札ニ而壱両代拾七貫文之図リを以上納可致旨ニ御座候、右者来月五日切御役所江上納可致候間、来月三日迄ニ御身分当御用所江御指出可被成候、上納之義都而昨年御借上金之振合ニ御心得可被成候、以上、

巳〔明治二年〕六月廿六日　　　　　　能瀬村　弥右衛門

大衆免村　伊兵衛殿(34)

町方では一軒につき正金一両二分、郡方では一軒につき正金一両ずつ差し出すことが命ぜられ、やむをえない場合には金沢藩札（「銭札」）で上納することも認められた。触れが出された明治二年六月二六日という時期から考えると、先ほどの同年六月六日太政官達への金沢藩の対応と思われる。金沢藩（「御役所」）に能瀬村を始めとする村々が正金ないし藩札の上納を行い、村々は太政官札の配布を待つことになる。

以上の二例から確認できるのは、まず第一に、政府が金札正金引換政策を展開した結果、諸村が正金上納を負担することになったことである。政府は府藩県に正金を上納することを要求し、府藩県は諸村・諸浦に正金を上納することを要求した。これは政治的強制力によって実現したと認めざるをえない。第二に、明治二年六月六日太政官達を契機として、貨幣司から府藩県に渡った太政官札の一部が諸村に渡っていったことである。また、藩による太政官札を利用した藩札の回収という意図がうかがえることも第三の点として指摘しておきたい。

また、府藩県の太政官札受領という点では、商法司による会計基立金を担保とした太政官札貸付も重要であろう。

乍恐以書付奉願上候

一　此度私共取扱仕候調達方一条ニ付、正金為操出、金札三千両前拝借被仰付度、左候得者至極弁利相成周旋方行届候間、何卒両人之者江別段御下ヶ渡被成下度、尤返納方之儀者追而調達金上納之上、拝借之金札を以御立用奉願上度、出格之思召を以御仁恵御聞済被成下度奉願上候、以上

明治元年辰十一月　　　　勢州津／御用掛　川喜田久太夫／代小兵衛㊞

同　田中治郎左衛門／代重兵衛㊞

会計御役所

右に掲げたのは、津藩御用商人が太政官札の拝借を三井組の京両替店（「会計御役所」）に願い出ている史料である。[35]史料中に出てくる「調達金」とは会計基立金のことと思われるが、[36]会計基立金調達には正金上納が必要であるのに、ここで正金ではなく太政官札を借りようとしている論理はこうである。まず、太政官札を三井から借り、その後政府に対して会計基立金を正金で納めたのち、会計基立金証文を担保に政府（商法司）から太政官札の貸付を受け、その太政官札で三井から借りた太政官札の返済を行う（「拝借の金札を以御立用」）、という構図がうかがえる。結果的には津藩が政府に正金を払い、政府から太政官札を受け取っただけなのであるが、政府から太政官札を受け取るまでの間、大手両替商から借り入れた太政官札を使用して経常的な支出に用いるはずだった正金に代替することが可能になる。

こうした会計基立金募債や石高割貸付金貸付に伴い、府藩県の正金上納・太政官札受領が展開し、領内諸村が太政官札を受領する素地が作られていった。

しかし、諸村に渡った太政官札も、使われることなく死蔵されたり、再び三都に「還流」するなどして、結果地域の市場において太政官札が見られなくなるようでは太政官札の流通性を述べたことにはならない。確かに、太政官札は高額紙幣という特性を持っていた。高額紙幣であるが故に日常生活で用いられることは少なかったと考えられよう。そこから導かれる太政官札の三都への「還流」という議論も、太政官札の高額紙幣特性と同時に発足間もない明治維新政府自体の低い信用性を説明しているのであって、その意味では筆者が否定するところではない。だが一方で、高額紙幣という特性故に流通する経路が存在することも事実である。

前章でも掲げた明治二年九月一八日高知藩布告は、[37]藩内で太政官札と正金を「私通用」することを禁じ、正金については「持蓄」ることは認めたものの、「私通用」する上ではそれらを藩札（「銀券」）と交換させることを定めたものである。[38]藩札通用に尽力した藩政の一つの具体例として興味深いが、ここでは但し書き以下に注目したい。「旅用或ハ他国取引ニテ金札必用ノ輩ハ、願ニ依リ正銭或ハ銀券指出候ハヽ、御相場換ヲ以金札被渡遣候筈」とあるのは、藩域を越えて活動する者にとっては、正銭や藩札ではなく太政官札が「必用」であったことを示しており、特に「商業ニ付他国品註文ノ為メ」太政官札が利用されることが多かったことを説明していると言える。太政官札は、正金よりも持ち運びに便利で高額であったために、地域間決済通貨として有用だったのである。

また高知藩では、明治二年一一月になって正金のみ「私通用ノ禁ヲ解」かれているが、これは正金が貯蓄の手段としてだけでなく、藩内融通の手段として用いられており、「私通用」を禁じたことによりかえって融通の道を塞ぐ形になっていたためであった。ただし、正金の藩内使用が解禁されてからも、贋金の流通は夥しく真贋の見極めが困難であった（第五章）。先に正金の「私通用」を禁じたのは、単なる藩札流通促進政策ではなく、贋金流通下での正金不信への対応であった可能性もある。逆に、太政官札の禁が解かれなかったということは、藩内での融通手段として用いられることは少なく、専ら藩外との交易を媒介するものとして、つまり、地域間決済通貨として用いられていたことを示すものと考えることができる。

以上、本節では明治二年六月の金札正金引換政策により、府藩県が下げ渡された太政官札と同額の正金を上納しなければならなくなった状況下で、福井藩・金沢藩などでは諸村・諸浦にその正金を負担させる政策を実施したことを指摘した。同年一〇月の太政官達で、太政官札による返納が再び認められたため[39]、金札正金引換政策により諸村・諸浦で蓄えられていた正金が全面的に府藩県を通じて政府に吸収されたとは言いがたい。とはいえ、太政官札が政治的強制力に負いながらも諸村・諸浦に渡ったことが、三都以外の地域における太政官札流通の素地になったことは間違いないであろう。明治二年六月六日太政官達の意義は、〈政府―府藩県〉の関係にとどまるものではなく、そこから波及的に〈府藩県―諸村〉において太政官札の経路を形成したことにあった。そして、高知藩の布告に見たように、太政官札は明治二年末までに地域間決済通貨として地域経済を媒介するようになることを展望した。

第三節　大手両替商の受領経路

先述の商法司の人事を見てわかる通り、大手両替商は草創期から明治維新政府と密接不可分の関係を築いていった。それは慶応三年（一八六七）一二月二六日に三井三郎助が為替方御用を命ぜられたことに始まる。為替方三家（三井・小野・島田）は同月中に三〇〇〇両の献納を果たしており、翌明治元年一月二一日に会計基立金三〇〇万両の募債が建議された際も、三井三郎助並手代は金穀出納所（会計官の前身）に出頭し、その後京都・大坂・近江などの富豪の名前書を提出するとともに、会計基立金を納めている(40)。さらに同年八月一三日には、三井八郎右衛門、三井三郎助、三井次郎右衛門、島田八郎右衛門、小野善助の五名に「東幸に関する金穀出納取締」が命ぜられ、その四日後の一七日には鴻池屋（山中）善右衛門、加嶋屋（広岡）久右衛門、加嶋屋（長田）作兵衛、米屋（殿村）平右衛門の四名が加わった(41)。これは政治的・軍事的意味を持つ天皇の「御東幸」に際して、彼らが直接政府財政を運営していたことを意味している。

結果、彼ら大手両替商は非発行主体の中で最も多く太政官札を政府から受領していくこととなる。そのうち、商法司の経路については若干触れたが、商法司から大手両替商が受領した太政官札は会計基立金証文担保付貸付、商品担保付貸付、御手当貸付のいずれかと考えられる。これらの勧業貸付金は一過性のものではなく、貸付と返納が繰り返されることによって一つの流通経路を形成していった。まずは左に為替方三家が会計基立金証文を担保に太政官札を受領した例を挙げよう(42)。

奉拝借御金之事

此ノ手形巳十月十四日帰ル

一　金札五万六千四百両
右者商用為元手金憔奉拝借候、返上納之儀者来六月晦日限、壱ヶ年六朱之割合を以利足相添元利可奉上納候、右
引當左ニ、
一　金四万七千両　会計官御用ニ付上納金御證文弐通
右之通奉差上候間、万一相滞候節者御都合次第御算用被成候共、一言之申分無御座候、為後日仍而如件、
明治二巳年五月　小野善助名代／行岡庄兵衛「㊞」〔墨消し〕
島田八郎左衛門名代／伊達忠三郎「㊞」〔墨消し〕
三井八郎右衛門名代／宇田川林兵衛「㊞」〔墨消し〕
三井元之助名代／脇田久三郎「㊞」〔墨消し〕
三井次郎衛門名代／辻銀蔵「㊞」〔墨消し〕
三井三郎助名代／永田甚七「㊞」〔墨消し〕
商法司御役所

（貼紙）「正月
一調達正金四万七千両　年一割　三家
利金三千五百弐十五両　正月ゟ九月迠
右請取候もの
一金札五万六千四百両　年六歩　三家
利金弐千百十五両　正月ゟ九月迠
右納候もの

表 3-5　明治元年，三井組西京両替店太政官札出入

取引対象	出			入			計			取引件数（件）
	両	分	朱	両	分	朱	両	分	朱	
商法司	131,428	3		131,063		3	262,491	3	3	36
軍務局	106,176	1	2	80,898	1	1	187,074	2	3	46
御東幸方	7,112	1	2	29,108	1	3	36,220	3	1	10
加州	16,521	1	2	16,521	1	2	33,042	3		4
若州	5,000			300			5,300			3
薩州	1,303	1	1				1,303	1	1	3
牧野	9,048	3					9,048	3		3
越州	60						60			1
総計	276,650	3	3	257,891	1	1	534,542	1		106

出所：「楮幣出納帳」（三井文庫所蔵史料，別967）より，取引対象として政府内部局，府藩県と思われるもののみを抜き出し，作成．
注：表中で「牧野」とあるのは，常陸国笠間藩主牧野貞明を指す．表中の「出入」とは西京両替店を基準とした太政官札の出入である．

差引　千四百十両
右之内　四百七十一両　三井
　　　　四百七十一両　小野
　　　　四百六十八両　嶋田」

ここでは為替方三家が太政官札五万六四〇〇両を商売の元手金として拝借し、抵当として額面四万七〇〇〇両の会計基立金証文二通（「会計官御用ニ付上納金御證文弐通」）を提出している。印は墨で消されており、貼紙に正月から九月までの利息が計上されているので、おそらく明治二年六月に返納する予定だったものが、九月まで延び、その分の会計基立金と太政官札双方の利息を差引した上で三家に配分されたと考えられる。

太政官札を拝借した為替方三家の側が結果的に一四一〇両の利益を得ているというのは、担保として会計基立金証文を商法司に提出していても利息は為替方に入ってくるからであり、このことは会計基立金証文をただ所持するだけでなく、それを担保に太政官札を借りる方が、証文のより積極的な運用ができることを示している。

三井文庫には明治元年以降の三井組西京（京都）両替店における太政官札の出入を記した「楮幣出納留」が存在する[43]。表3-5は、明治元年中に利用された〈政府―大手両替商〉〈府藩県―大手両替商〉の経路と思われるものを抜き出し、整理したものである。

商法司との取引額は二六万二四九一両、軍務官との取引額は一八万七〇八四両、御東幸方（御東幸出納司）との取引額は三万六二二一両にのぼる。この史料から取引の内容についてまで言及することは困難であるが、商法司については前述の通り主に勧業貸付金による太政官札の入金とそれに対する返納と捉えるのが適当であろう。また、軍務官との取引例を挙げると、九月二九日の項に「一　三千四百両　軍務官へ小札斗」とある。小額紙幣の民部省札が製造されるのは明治二年一〇月からなので、このとき政府紙幣として存在したのは太政官札だけである。太政官札の中でも大札（十両札、五両札）を小札（二分札、二朱札）に両替する機能を三井組西京両替店は果たしていたと考えられる。そして、これら四ケ月弱の間に九二件四八万五七八七両の取引を行った〈政府―三井（西京両替店）〉の経路が、取引額においても取引件数においても一四件四万八七五四両にしか満たない〈府藩県―三井〉の経路に比べて圧倒的に勝っているのである。

このように表3-5に見るごとく、政府との間に形成された経路は頻繁に利用される一方、府藩県の名が登場するのは一〇月一日の鹿児島藩への出金が初出である。しかも、府藩県との経路は活発であるとは言いがたい。これは、〈政府―大手両替商〉の経路が一次的に形成されるのに対して、〈府藩県―大手両替商〉の経路は二次的に形成されるためである。

このことは、明治二年の三井組西京両替店における太政官札の出入を見ることによって、より明らかになる。それが、表3-6である。

ここでは明治元年中では利用の少なかった〈府藩県―三井〉の経路が、頻繁に利用されている様が見て取れる。特に、加賀（金沢藩）との取引が顕著であり、ついで京都府、越後（長岡藩カ）、若狭（小浜藩）との取引も活発であったことがわかる。金沢藩の産物会所は、制度的には商法司の下部機構という性質を持つとともに、幕末以来の産物会所の系譜を引くものでもある。太政官札の受領が頻繁となる時期は府藩県のそれと重なるため、ここでは〈府藩県―三

表3-6　明治2年，三井組西京両替店官省札出入

取引対象	出			入			計			取引件数（件）
	両	分	朱	両	分	朱	両	分	朱	
加・産	44,459		2	27,277		2	71,736	1		38
加州	29,550	3	3	37,884	3	2	67,435	3	1	22
通商司	20,300			46,700			67,000			8
京都府	52,160						52,160			11
越州	9,028	2	1	9,103		1	18,131	2	2	17
若州	2,570			5,355			7,925			7
薩州	2,500			3,080			5,580			6
牧野	3,012	2		800			3,812	2		8
治河方	504	3		399	1	2	904		2	12
紀州				391			391			3
土州				56			56			1
勢州	5	2	3				5	2	3	1
総計	164,091	2	1	131,046	1	3	295,138			134

出所：「楮幣出納帳」（三井文庫所蔵史料，別967），「楮幣出納留」（三井文庫所蔵史料別963）．

注：表記に関しては表3-5に準じる．なお史料中に見られる「治河方」「治川方」などは「治河方（治河掛）」に表記を統一し，「加州産物会所」「加州産物方」などは「加・産」と記した．

井〉の経路で捉えた。

明治元年においては支配的だった〈政府―三井〉の経路について言及すれば、三井は商法司の事業を引き継いだ通商司に対して太政官札を通じた取引を行っており、治川掛（治川方）などとの取引も行っていた。だがその後、明治二年に入ってからは、商法司・軍務官・御東幸出納司の相次ぐ廃止に伴い、政府との太政官札を伴う取引は縮小していった。

明治元年九月二二日の会津藩降伏、翌二年五月一八日の五稜郭落城を経て、日本の中央政権としての明治維新政府は政治的強制力を発揮していく。したがって、明治元年よりも明治二年において、維新政府による強制的流通が看取されるべきであるが、三井組西京両替店では明治二年の方が政府との取引額は少ない。維新政府から三井に渡るまでの太政官札の流通経路が多様化したため、二者間の直接的な流通は重要度を減じたと言えよう。

明治二年には、そうした〈政府―三井〉経路をはるかに凌ぐ形で、〈府藩県―三井〉の経路が形成・利用されていた。これは一つには、石高割貸付金の返納時期が迫ったためと考えられる。金札正金引換政策への対応として諸村に太政官札を配るにせよ、一〇月以降に太政官札で政府に返納するにせよ、府藩県は太政官札を必要とした。その借入

先として三井が求められたのではないだろうか。

またこの時期、大手両替商間の太政官札流通も活発化した。そのことを示す史料が、「御金札貸附控帳」である。[44]「御金札貸附控帳」は、三井組大坂両替店における太政官札貸付の額と貸付対象を記した史料として貴重であるが、残念ながら明治元年六月二日から同年七月一一日までというごくわずかな期間しか残されていない。しかし、その総額は四八万四一六二両にものぼり、太政官札の貸付が短期間に相当量行われたことがうかがえる。また、貸付対象に注目すれば、鴻池屋（山中）善右衛門の一万四六五〇両、加嶋屋（広岡）久右衛門の一万四六五〇両、加嶋屋（長田）作兵衛の一万四六五〇両、米屋（殿村）平右衛門の一万二二五〇両をはじめとして、大手両替商同士の太政官札の経路が確認できる。六月一三日には「十人両替屋」に五万両を貸し付け、「右代リ古金銀取集メ次第上納」させている。さらにこの史料からは、六月五日に「堺縣商法判事広瀬友之丞」に対し二万両の貸付が行われていることが判明し、大坂両替店による太政官札貸付が両替商だけでなく、商法司にまで及んでいることが言える。〈府藩県―三井〉との経路に比べ、比較的早い時期から〈大手両替商―三井〉の経路が利用されていたのは、それだけ両替商が銀目廃止に伴う業務再編の危機の中で、新たな両替・利貸業務をもたらす太政官札の登場に敏感であったためであろう。

澤田章氏は「銀目廢止令の影響が意想外の混亂動搖を來し、すべての商取引機關は殆んど解體同様の慘状に陥つた際であつたから、金札の如きは何人も歡迎する筈はなく、皆これを嫌忌する狀態であつた」と述べ、銀目廃止令が「この際發行通用を見るに至つた金札の圓滿なる流通をも阻害する一面の原因を齎らしたのでなからうか」と考えているが、[45]逆にそのような経済混乱こそが太政官札の受領を促す事例もありうることは、銀目廃止の中での太政官札流通を考える上で必要な前提である。そこで補足的に、小野・島田を含む大坂両替仲間を統括した十人両替の論理を見てみたい。

乍恐口上

……

一大坂表之儀者、文政度丁銀已来追々御引上ケ相成、御吹増無数ニて大融通之土地柄、追々正銀者払底ニ相成、幕府御買上金万端通用手形を以融通仕来候而者、弥以正銀払底ニ相成、此節ニ至り忘賢無之、旁以手形通用専らニ相成、御諸家様始諸産物・米代等ニ至迄〔ママ・・原註〕仕来り市中通用銀名を以売買無滞仕来り候処、今日至り金銭相庭立会相止り、手形銀融通差支候ニ付而者、前顕申上候銀取引ヲノツト〔自ずと〕差支、如何様仕様無之、当惑寝喰ヲ忘レ仕次第御座候、殊ニ両替屋渡世之儀者、是迄諸侯様始諸商人より預り金銭を以、諸方江貸付、利合融通仕来り旧〔ママ〕幣ニ相成来り候処、前段金相庭相止り候ニ付而者、融通之道相閉、貸付之分只今ニ間ニ合不申、多分銀手形之差略手段無之、則手支当惑仕候、……何卒此上御仁慈之御取計ニ而、大坂中を被為救候御思召を以、右銀手形差略相付候程御金札拝借被仰付被成下候ハヽ、此処平穏ニ差移り、無滞融通可仕哉、左候ハヽ、右金札御返納手形出来方全市中一体之大幸無此上奉存候、無左而者此処融通差支候ニ付、素々金相庭立会御免不被仰付候而者、不容易人気ニ可相成と愚案仕候、此段御憐察之上御聞済之程伏而奉願上候

辰〔明治元年〕五月十一日

十人両替共

「金札拝借につき嘆願書」と題された右の史料は、宛名は不明であるが、十人両替が金札拝借を願い出ているものである[46]。大坂表においては、従来正銀が「大融通之土地柄」であったが、次第に銀目手形によって商取引を行うようになっていく。しかし、明治元年（一八六八）五月九日の銀目廃止に伴って「金銭相庭〔相場〕」が凍結され、融通が差し塞がった。銀目手形は用いられなくなるため、何らかの貨幣と引き換える必要がある。にもかかわらず、銀目手形を引き換える〔「差略」〕手だてがない。そこで、滞りなく商取引ができるよう太政官札の拝借を申し出ているのである。十人両替が受け取ったであろう太政官札が、大手両替商の間で流通したことはこれまでの議論からも疑いのないことであるが、それ以上に、ここでは銀目廃止ならびに手形不融通を克服するための太政官札という論理が展開さ

れている。これはあくまで両替商が太政官札を拝借する論理を示したに過ぎないが、それでも銀目廃止による手形決済の不安定化と、それを補う形での太政官札の投入という理解は、当時の両替商の太政官札に対する認識と整合的なように思われる。加えて述べるなら、十人両替は金建ての「手形」を発行し、太政官札を返納することを企図していた。銀目手形の一部をまずは太政官札と交換し(47)、金融逼塞が収まってから、その分を金目手形に切り替えようとしていたのである。

以上のように、本節では主に三井組の例を用いて〈政府―大手両替商〉〈大手両替商―府藩県〉〈大手両替商―大手両替商〉間で、明治元年から二年にかけて太政官札の貸与・返済を通じた流通経路が維持ないし強化されていく過程を見た。その中で〈政府―大手両替商〉の経路は、両者の密接不可分の関係に依拠しながら形成され、〈大手両替商―府藩県〉〈大手両替商―大手両替商〉間の経路が成立する前提となっていった。そして、銀目廃止に伴い銀建て貨幣を切り替える必要に迫られた大手両替商は、会計基立金証文を担保として太政官札を借り入れて、太政官札の一次的な受領者となった。同時に、府藩県ならびに他の両替商へ太政官札を貸し付け、積極的な資産運用を行っていった。

第四節　地方商人の受領経路

繰り返しになるが、太政官札の「還流」という議論は太政官札の高額紙幣特性と同時に、一面では発足間もない明治維新政府自体の低い信用性を説明しているのであって、その意味では本書が否定するところではない。問題は「還流」に注目するあまり太政官札の流通を見落としてしまうことであり、政府の信用性と政府発行貨幣の信用性を同一視することである。三都に還流せずとも流通する経路が存在することを否定することはできない。そこで、第二節において高額で持ち運びに便利な地域間決済通貨という概念を導入し、太政官札の流通を展望したのであるが、本節では具体的に地域間決済通貨としての太政官札を需要した例として、北前船船主（北前船主）などの隔地間取引を行う地方商人を挙げたい。

北前船とは牧野隆信氏の定義に倣えば、「北国の船で瀬戸内や大阪と北海道との間の買積を主とした頑丈な一枚帆の大和船」を指すものであり、主に加賀、能登、越前、越中を根拠地としていた[48]。注目すべきは、運賃積ではなく基本的に買積であった点で、船の購入・維持の他に、買積のための資金が必要であった。北前船主に限らず、買積の隔地間取引という商法は、地域間決済通貨を必要とするものであり、太政官札の受領者として適合的だったはずである。

次に掲げたのは、金沢藩鹿嶋郡鵜浦村の太郎五郎と卯三郎が太政官札を受領したことを示す史料である[49]。

覚

一　千四百七拾両　金札

右私共在所神力組当社中、荷代銭借用金前段之通御渡被下奉請取候、就而ハ壱歩五朱之利足来年午七月返上、同十月元利返上定之通上納可仕候、若相滞候ハヽ、私共両人持高・持山・船、暨〔及び〕家・土蔵トモ指上可申候、以上

明治二年十二月十五日　鵜浦村組合頭　太郎五郎
商社同村　卯三郎

真館与四助殿

宛名に記された真館（舘）与四助は、真舘家九代で、安政四年から明治三年まで（一八五七―一八七〇）十村役を務めた人物である[50]。その後、郷長・区長を務め、同五年に「与四郎」と改称し、養蚕事業に力を入れた[51]。差出人の両名については不明で、「商社」が通商会社とどのような関係があるのかわからない。両名が船を所持していることを鑑みた上で、「荷代銭」を荷物を買い入れる資金と解すれば、彼らが他地域の商品を買い集める資金として太政官札を借

表3-7　明治2年，野村家官省札出入

月	日	出入	両	分
9	7	入	35	1
	29	入	10	
10	24	出	20	
		入	20	
11	9	出	25	
	20	入	10	
12	1	入	47	2
	5	出	15	
		出	5	
	9	入	3	
	11	出	30	
	13	出	分札 10	
	23	出	小札 40	
	30	入	20	
総計			290	3

出所：「金銭出入帳」（『野村家文書』3，『近世の廻漕史料』東北編，所収）より作成．
注：表中の分札は太政官札一分札と民部省札二分札を，小札は太政官札一朱札と民部省札二朱札・一朱札を指すと思われる．

用したと推測できる。

北前船が停泊した廻船問屋が太政官札を用いて取引を行ったことは、庄内藩加茂湊を代表する廻船問屋・長澤家の史料によって確認できる。(52)「金入払帳」によれば、(53)明治二年八月二日に初めて「札」の文字が見え、

〃〔八月二日〕

入　札三両　㊢村源〔村岡源右衛門か〕

と、「札」の経路が確認できる。他にも明治二年中では同日に「入　札弐両」、九月八日に「入　札五両」、同月一〇日に「出　札三両一分弐朱」、一〇月二〇日に「入　札拾一両三分」、同日「出　札三両」、同日「出　札弐両弐分」、同日「出　札壱両一分」、同日「出　札五両」が記されているのであるが、庄内藩は藩札を発行していないので、(54)ここでの「札」は太政官札と考えることができる。

また、南部藩野辺地湊の廻船問屋・野村家も太政官札を用いた取引を行っていたことがうかがえる。(55)「金銭出入帳」から明治二年において官省札による取引と思われるものを抜き出し、表3-7とした。明治元年には太政官札による取引は見られず、明治二年九月七日の入札三五両一分が初出であり、一二月になるとだいぶ官省札による取引が頻繁になるようである。野村家は持船に神通丸（一五〇〇石）、大神丸（一三〇〇石）、天神丸（一〇〇〇石）などの大型船を擁し、全国の商人を相手に商売をしていたので、(56)当然日本海側との交易もあったはずであるが、このような廻船問屋が官省札を用いて取引を行っていたことによって、官省札、とりわけ太政官札が地域間決済通貨として用いられていたことが推測されるのである。そして、これらのことからは廻船問屋と北前船船主が共に、太政官札を用いた取引を

行う条件を満たしていたことが言えるのである。

また、出羽国久保田藩の用命で箱館からの積荷を受け取った青森湊の廻船問屋が、官省札を「船中賃銭」として取り決めているのが、次の史料である[57]。

追啓申上候、金札壱両之内壱分船中賃銭ニ取極メ仕候間、御地表之故御渡可被成下、尤賃銭帳へ御印被下継立ニ相成候様ニ奉願上候

則日

明治三年三月六日、箱館の備前屋吉郎兵衛が青森湊の瀧屋伊東善五郎に「金札壱両入」の状箱を含む積荷を送った際に、送状と共に右の史料を付した。これは青森の廻船問屋において、官省札がごく一般に流通していたことを示している。

奉預リ金子之事

一　金札千両也　印

右者、因州米御買入ニ付、代金宛ニ慥ニ御預り奉申上候処実正ニ御座候、仍而如件、

明治二己巳年七月　　野田宗之輔

代野田宗兵衛

町御役所様

右の史料は、若狭国小浜町人の筆頭に位置した豪商であるとともに、明治二年当時町年寄を務めていた組屋六郎左衛門から、野田宗之輔という者が因幡（鳥取藩）の米を買入れるように命ぜられ、その資金として「金札」を受け取ったことを示すものである[58]。小浜藩・鳥取藩ともに金札は発行していないので[59]、史料中の「金札」は太政官札と捉えて間違いない。因州米を買入れるために正金ではなく太政官札が用いられたことは、「地域間決済通貨」として太政

官札が用いられたことを意味しており、同時に鳥取藩から小浜藩へ一〇〇〇両分の米を運ぶのであれば、西廻り航路を利用したことが十分想像できる。野田宗之輔の素性は不明であるが、明治二年は全国的に凶作の年であり、小浜藩においても「何地モ食物皆無之為遠敷郡名田庄ニテ一揆暴徒起リ小浜町西ノ入口迄押寄来」るほどであったから[60]、町役所による領民飢渇対策であった可能性は高い。

これら日本海側および野辺地の隔地間商人や廻船問屋が地域間決済通貨として太政官札を需要したという事実から、先ほどの表3-5・表3-6において三井組西京両替店が加州、越州、若州という北陸諸国と最も多くの太政官札による取引を行った理由を追加的に説明しうる。北陸諸藩においては政府からの直接的な太政官札受領に加え、大手両替商との経路形成・利用が頻繁に行われ、それが明治二年六月六日布告後の諸村・諸浦への太政官札下げ渡しにつながり、太政官札は地域間決済通貨として流通可能な貨幣となった。諸村への下げ渡し以降の経路は政府の法的・政治的強制力がさらに一層弱まる分、太政官札の貨幣としての特質、つまり地域間決済通貨として需要されるという側面が強く表れるのであり、隔地間商人の地域間決済通貨需要によって太政官札の流通経路が維持されたと考えることができる。

さらに北陸だけでなく、東海でもこのような証文が見られる[61]。

奉拝借金之事

合金三百両也

右者、今般石炭鉱山紙漉其外国意ニ相成候品々開業仕度候、金札拝借之義奉願上候所、早速御聞済被下置前書之通御下ヶ渡被成下、難有奉拝借候、返上納之義者十二月限御利足相添無相違右奉上納候、尤此引當義ハ別段相備置申候間、万一何様之違変有之候共、聊御願筋等不奉申上無遅滞返上納可仕候、為念拝借証文奉差上候所、仍而如件、

明治元辰年十一月

乗本村

拝借人　正兵衛

證人　古橋源六郎

三河縣御役所

拝借人の菅沼正兵衛家は、正保元年（一六四四）に当時吉田（現、豊橋市）から土合（現、新城市内）までであった豊川の船運を乗本村まで遡行開発し、回漕業を営んだ菅沼定正（菅沼八左衛門家）の別家で、乗本村の名主役を務めていた。ここでは、太政官札三〇〇両を三河県から借りて、石炭採鉱や紙漉きなどの特産物（「国意ニ相成候品々」）移出事業を「開業」しようとしている。その菅沼正兵衛は、功績が認められてか明治二年には三河県から商法掛に任ぜられることとなる。[62] これは県が勧業のために太政官札を貸し出していたことを示す一つの事例である。

さらに次の横浜出張商法司の史料では、

（明治二年）三月中下ヶ渡四月晦日限

一　金札八千両

信州更科郡羽尾村

置主　大黒屋幸蔵渡

横浜

弁天通三丁目

証人　亀屋善三郎

引當品堤生糸弐拾八箇、利足月壱分

とあり、大黒屋幸蔵なる者が横浜商人を保証人として、横浜出張商法司から生糸を抵当に太政官札八〇〇〇両を借りていることがうかがえる。先行研究の指摘のごとく、大黒屋（大谷）幸蔵は信州松代藩において生糸・蚕種等を集めて横浜貿易にあたり、天保以降幕末にかけて急成長した領内新興商人である。直接自分で買い集めた製品を江戸へ持参するという商法に成功し勢力を増していた幸蔵は、横浜生糸売込問屋である亀屋（原）善三郎、野澤屋（茂木）惣兵衛と関係し、その資金援助のもとに羽尾商法会社頭取として領内特産物の買占めに奔走する。(63) このような生糸買取商の投機的な商法は、多量の現金を必要とする隔地間取引であり、そのため太政官札を積極的に受領していったと考えられる。

小括

明治維新期に、為替手形のネットワークは一時的に停滞し、現金取引の需要が高まった。同時に古金銀回収政策や贋金流通によって正金の供給・流通が不安定となり、「万延二分金」本位制が動揺した時期でもあった。銀目廃止令も出されたため、市場は正金や為替手形・銀建て貨幣に代わる貨幣を需要していた。その中で発行された紙幣が太政官札である。高額紙幣故に、また戊辰戦争の最中ということもあり、政府の信用も低く、日常生活で用いるには不便であった。だが、幕末以来の経済活動を継続・発展させるためには、もしくは経済の混乱を商機と捉える者にとっては、旧貨幣に代わりうる太政官札が有用であった。

府藩県には石高割貸付金として明治元年から太政官札が割り当てられていたが、明治二年六月の金札正金引換政策により、政治的強制力に負いながらも太政官札は諸村・諸浦に渡った。また、大手両替商も両替商業務の存立危機の中で、会計基立金証文の積極的運用の傍ら、太政官札の受領・貸付を行う。主に北陸諸国を中心とする諸藩への太政官札貸付と返却が積み重ねられ、大手両替商と府藩県との間に流通経路が形成されていった。

そして、藩域に縛られず持ち運びに便利で高額な太政官札は、次第に隔地間交易を行う商人にも受領されるようになった。政府と直接の交渉を行わない商人に対しては、政府の法的・政治的強制力は及びにくいと考えられるが、彼らの貨幣需要、とりわけ地域間決済通貨需要によって太政官札の流通経路は維持された。明治二年の末にはすでに、政府の手から、そして三都から離れた地域にあっても太政官札の受領層は存在した。

明治初年の民間経済を「停滞状態」としてではなく「動的」なものとして考えるとき、太政官札はその発展に少なからず資するところがあったと言えよう。

(1) 石井寛治『経済発展と両替商金融』(有斐閣、二〇〇七年)第一章。なお、初出は同「維新期大坂の手形市場――三井家と廣海家」(『三井文庫論叢』第三六号、二〇〇二年)。
(2) 前掲石井『経済発展と両替商金融』二七九、一三二頁。
(3) 同前一二五頁。ただし、送金先の大坂両替商は米屋三十郎と鴻池重太郎の二家のみで、かつ二家の動向も一致しない。
(4) 大蔵省編『歳入出決算報告書(上巻)』(大内兵衛・土屋喬雄編『明治前期財政経済史料集成』第四巻、改造社、一九三二年、所収)四八―五一、五五―五八頁。
(5) 太政官札の財政史的側面からの研究は、戦前の澤田章『明治財政の基礎的研究――維新当初の財政』(寶文館、一九三四年、柏書房より一九六六年に復刻)に始まり、藤村通『明治財政確立過程の研究』(中央大学出版部、一九六八年)など蓄積が厚いが、中でも太政官札の流通が地域的に限定されることになった原因について詳しく触れているのは岡田俊平「明治初期の通貨供給政策」(同編『明治初期の財政金融政策』清明会、一九六四年)である。岡田氏はこの議論で、クナップの貨幣法制説を否定し、政府の金札流通強行策にもかかわらず、「太政官札として高額紙幣を多く発行した」(一二八頁)ために、そして「政府紙幣に対する社会的信認を確保することがきわめて困難であった」(一三五頁)ために、太政官札が通貨供給政策として経済発展に対して十分な効果をもちえなかったことを論じている。また、新保博氏も「維新期の商業・金融政策――通商会社・為替会社をめぐって」(『社会経済史学』第二七巻第五号、一九六二年六月)の中で静岡県商法会所の例を挙げ、「地方に撒布された太政官札は広く流通することなく、直ちに三都へ還流してきている」(九頁)と述べている。本書は太政官札の流通が限定されたことを否定するものではないが、その限定は地域によってではなく、受領者の性質によって限定されるものであると考える。岡田氏の議論に典型的に表れているように、これまでの研究史上における太政官札の地域的限定性を重視する立場からは、太政官札を受領した人々の性質は浮かび上がってこない。

(6) 大蔵省紙幣寮編『貨政考要法令編』(大内兵衛・土屋喬雄編『明治前期財政経済史料集成』第一四巻、改造社、一九三四年、所収)一八五、一八九頁。

(7) 小岩信竹氏は、「金札正金引換政策は、諸外国の批判を浴びた2年4月の金札時価廃止措置及び5月の一連の補強措置の惹き起した混乱を解消し、金札時価回復を円滑に行う手段として、函館戦争の終結により各藩の中央政府への軍事的抵抗が不可能化した事態を背景に、6月に立案、実施されたものであり、金札不流通の一因でもあり結果でもある金札の三都滞留の打開策として、諸藩の負担を前提にして、滞留金札の府藩県への貸付けと同額の正金の取り立てを行い、金札提供者への返還を図ったものであったが、諸藩の藩情を無視して強行され、3年前半、ほぼ立案時の意図を達成して終了した。この結果、金札は流通性を得つつ時価を回復し、主として三都及びその近辺の為替会社に正金が集中した」と述べ、金札時価の回復が貨幣発行権の中央統轄および諸藩領主権の弱体化に帰結すると展望した(同「明治初年に於ける金札時価回復政策と諸藩領主権の中央統轄過程——金札正金引換政策を中心に」『土地制度史学』第五四号、一九七二年一月、五三頁)。なお、太政官札に関する先行研究整理も小岩論文に詳しい。

(8) 「板橋ヨリ川越・八王子・新宿地方金札流通状況探索書」(『大隈文書』A三三〇五)、「板橋・熊谷・妻沼・忍・行田・岩槻・川口地方金札流通状況探索書」(『大隈文書』A三三〇六)、「大山道ヨリ鎌倉道浦賀辺金札流通状況探索書」(『大隈文書』A三三〇七)、「大森・横浜間神奈川地方金札流通状況探索書」(『大隈文書』A三三一三)、「中山道筋各地方金札流通状況探索書」(『大隈文書』A三三一六)、がある。

(9) 前掲岡田「明治初期の通貨供給政策」一四〇頁。

(10) 黒田明伸『貨幣システムの世界史——〈非対称性〉をよむ』(岩波書店、二〇〇三年)一六頁。黒田氏の定義に従い、「地域間兌換性」を体現する手交貨幣を「地域間決済通貨」と呼ぶことにする。本書における「地域間兌換性」は、一つの藩ないし近隣の諸藩に使用が限定された藩札などとは異なり、全国での使用が中央政府によって保証された太政官札の性質を表現するもので、太政官札は地域間における決済通貨として使用される資格を持つものと考える。ただし、中央政府の保証がなくとも「地域間決済通貨」たりえる貨幣が存在することもあわせて付言しておく。以下、括弧を省略する。

(11) ここで為替手形のみでなく「正貨」の代替として太政官札が使用されたとしているのは、本書第五章で述べるような贋金流通に伴う正金一般に対する不信を想定しているためである。

(12) 前掲藤村『明治財政確立過程の研究』二六―三九頁。鳥羽伏見の戦いは一月三日に起こる。

(13) 同前三六―三七頁。

(14) 本書で「全国」と呼ぶとき、基本的には日本列島全土という意味で用いている。以下、括弧を省略する。ただし、第五章の「信濃全国札」などのように、旧国名で「全国」が用いられる同時代の固有名詞も存在する。

(15) 明治財政史編纂会編『明治財政史』第一一巻(丸善、一九〇五年)二―三頁。

(16) 前掲『歳入出決算報告書(上巻)』四八―五五頁。

(17) 岡田俊平『幕末維新の貨幣政策』(森山書店、一九五五年)二五―三〇頁、島恭彦「明治財政と殖産興業政策」(同『財政政策論』河出書房、一九四三年、のち尚友倶楽部調査室編『尚友ブックレット』第一一号、尚友倶楽部、一九九九年に所収)、など参照。

(18) 厳密に言えば「金札製造方」の作成と思われる。金札製造方の頭取吉田文蔵は貨幣司判司事も兼任しており、金札製造方を貨幣司の管轄と見做して以下議論を進める。前掲澤田『明治財政の基礎的研究』一四一頁、「会計局関係史料」(三井文庫所蔵史料、W二―二一)ならびに「金札請払勘定帳」(同、W二―五八)参照。三井文庫の分類「W」は特別収集資料(大蔵省文庫旧蔵文書・井上侯爵伝記編纂第一期編成資料・井上馨侯伝記編纂会引継書類の筆写)である。

(19) 前掲澤田『明治財政の基礎的研究』一二〇―一二一頁。

(20) 「出納取調帳」(『大隈文書』A三三三五)ただしこのときの出納司は大蔵省の部局。

(21) 前掲『貨政考要法令編』一八四頁。以下布告・達の類は『貨政考要法令編』による。

(22) 間宮国夫「商法司の組織と機能――横浜出張商法司を中心として」(『社会経済史学』第二九巻第二号、一九六三年五月)三二―三六頁。

(23) 岡田氏はこれを「京都商法司より廻付」の金札としているが、それは京都が本司であり、大阪が支署であることから推測しているものと思われる(前掲岡田「明治初期の通貨供給政策」五六頁)。京都商法司と断定する史料的根拠には乏しく、貨幣司から出納司(京都)を経て一〇万両が大阪商法司に渡る事例も見られるものの(「巳正月金札請払御勘定帳」『大隈文書』A三二七八)、ここでは岡田氏に倣った。

(24) 「明治元年大阪商法司出納勘定帳」(『大隈文書』A三二七九)。

(25) 京都・大阪の両府内で会計元立金の過半数が醵出された。その中心となったのは両替商である（前掲澤田『明治財政の基礎的研究』九二―九三頁）。
(26) 厳密には、会計基立金の種類によって利率や支払手段が異なっていた。たとえば、関東大監察使東下費に関わる調達金には月一歩半の利息（年利一八%、至急の調達を要したため高利）が付され、東京府下における御東幸費調達に際しては、金一万両につき年利米二〇〇俵、償還後も五人扶持が永世下賜された。前掲澤田『明治財政の基礎的研究』一〇二―一〇三頁参照。
(27) 前掲岡田「明治初期の通貨供給政策」四二頁。典拠は「横浜出張出納司・商法司勘定帳」（『大隈文書』A三二八六）。岡田氏と同じく『大隈文書』中にある商法司勘定帳を用いた研究に、前掲間宮「商法司の組織と機能」、同「明治初年における商法司政策の展開」（『社会科学討究』第一一巻第三号、一九六六年一月）がある。
(28) 「横浜出張出納司・商法司勘定帳」（『大隈文書』A三二八六）、「金札下ヶ渡員数名前書」（『大隈文書』A三二九九）。両史料は前掲岡田「明治初期の通貨供給政策」四六―五二頁において活字化されている。また、間宮氏もこの史料を用いて横浜商法司の勧業的側面を指摘している（前掲間宮「商法司の組織と機能」）。
(29) 「新潟県九」『府県史料』第九九巻。
(30) 前掲小岩「明治初年に於ける金札時価回復政策と諸藩領主権の中央統轄過程」。
(31) 「金札を農商へ貸出につき惣会所趣意書」（『福井県史』〈資料編一〇・近現代一〉五七九頁）。
(32) 組下村々の正金上納ならびに金札下渡割方留（「三郡御用留写」『福井県史』〈資料編一〇・近現代一〉五九六―五九七頁）。
(33) 「明治二年六月正金を金札と交換し上納」（『金沢市史』〈資料編一〇・近世八〉三四三頁、典拠は『本岡家文書』）。
(34) 能瀬村弥右衛門は十村役、大衆免《だいじゅめ》村伊兵衛は山廻役（十村分役）である（前掲『金沢市史』〈資料編一〇・近世八〉索引一三―一七頁）。十村はいわゆる大庄屋で、山廻役は山野を跋渉する職掌であるとともに、十村の諜報機関も兼ねたと言われている（若林喜三郎「加賀藩十村制度確立についての覚書」『日本歴史』第二三六号、一九六八年一月）。長山直治氏のご教示によると、伊兵衛は肝煎でも組頭でもないため、伊兵衛を通じて村への一般的な布達が行われたとは考えにくい。十村から伊兵衛に宛てた文書が『本岡家文書』に含まれる点から推察するに、伊兵衛から大衆免村肝煎・三郎右衛門（本岡家）に当史料が渡され、肝煎を通して布達するという手続きが踏まれたものと考えられる。
(35) 「金札拝借願」（三井文庫所蔵史料、続二三三九―四）。田中・川喜久の両名が「津御用掛」の名義で出している願書であることから、ここでは商人ではなく津藩が主体であると見做した。

(36)「調達金之者名前」（「会計要鑑」『大隈文書』A一四六三）には「川喜多久太夫」と「田中次郎右衛門」の名が見え、それぞれ金三〇〇〇両ずつ政府に調達金を納めている。「川喜多久太夫」と「川喜田久太夫」、「田中次郎右衛門」と「田中治郎左衛門」は同一人物であろう。川喜田家は伊勢の津を本拠とし、古くは寛永一二年（一六三五）に江戸店を開き、幕末には大坂店を設けていた木綿問屋の老舗であり、のちの明治三二年（一八九九）における営業税額は、東京で八位、大阪で二六位となっている（高村直助「綿関係品の流通」古島敏雄・安藤良雄編『流通史Ⅱ』〈体系日本史叢書14〉山川出版社、一九七五年、一四一頁）。田中も「伊勢商人」とされる（前掲間宮「商法司の組織と機能」三八頁）。

(37)「九月十八日金札正金私通用ヲ禁藩札ヲ以交換」（「高知県二三」『府県史料』三三三巻）。

(38) 高知藩銀札（銀券）については本書第二章第三節参照。「開成局」とは慶応二年（一八六六）二月五日に後藤象二郎によって高知城下九反田に開設され、「開物成務」の意によって軍艦・貨殖・勧業・税課などを担った開成館のことである。

(39)「正金々札交換ノ期日延引並該期日迄ニ上納シ難キ向ハ金札返納」（前掲『貨政考要法令編』一九二頁）。

(40) 前掲澤田『明治財政の基礎的研究』一二一―一二三、三〇、五七頁。会計基立金の額は、為替方三家で四万両であった。

(41)「元年三井八郎右衛門外数名ニ東幸ニ関スル金穀出納取締ヲ命ス」（『太政類典』第一編、第三〇巻）。

(42)「為替方三家金札五万六千四百両拝借証文」（三井文庫所蔵史料、追五七四―三）。

(43) ここで参照したのは、明治元年八月一九日から翌明治二年五月二〇日までを収めた「楮幣出納帳」（三井文庫所蔵史料、別九六七）と明治二年五月二〇日から翌明治三年三月三〇日までを収めた「楮幣出納留」（三井文庫所蔵史料、別九六三）である。後者の薄冊に記帳されている「楮幣」（紙幣）の中には為替会社札も含まれるが、ここでは無視できる額と判断した。

(44)「御金札貸附控帳」（三井文庫所蔵史料、本一四二〇）。

(45) 前掲澤田『明治財政の基礎的研究』一八三、一八一頁。

(46) 日本海事史学会編『続海事史料叢書』第六巻（成山堂書店、一九八一年）九六―九七頁。

(47) 銀目廃止後、ただちにすべての銀目手形が金建て貨幣や金目手形に交換されたわけではない。銀目手形の所持者が希望した場合のみ交換されたという含意で、「一部」という表現を用いている。

(48) 牧野隆信「近世における海運業の経営（北前船の場合）」（『社会経済史学』第二九巻第一号、一九六三年九月）五二―五三頁。また、柚木学「北前船主考」(福井県立図書館・福井県郷土誌懇談会共編『日本海海運史の研究』福井県郷土誌懇談会、一九六七年）は北前船を「北陸地方の船」に限定しない立場にあり、幕末から明治期にかけての但馬・丹後海運業においても、「大阪から下関を経由して松前を往復した買積船」である点と、「一枚帆の大和型から西洋型帆船に至るまでの船型」である点を満たす北前船が存在したとする。

(49) 「明治二年神力組借金証文」(『亀淵了映家文書』『七尾市史』〈資料編・第三巻〉一九七三年、三二一―三二二頁)。

(50) 『十村役真舘家文書目録・加賀藩士小幡家文書目録』三三三頁。真舘家については長山直治氏にご教示を得た。

(51) 「(明治）十年鹿島郡武部村の眞舘與四郎・ト部治作等が、金澤より金子桑の苗木を輸入して栽培し、十一年に群馬縣より養蠶教師を聘して技術を傳習せしことあり。」(『石川県史』第四編、一九三一年、八三九頁)。

(52) 『マイクロフィルム版　近世の廻漕史料東北編――収録文書目録（第一分冊）』(雄松堂フィルム出版、一九七八年）四三頁参照。

(53) 「金入払帳」(『長澤家文書』二五、『近世の廻漕史料』東北編、所収)。

(54) 山口和雄「藩札史の地域別考察」(『社会経済史学』第四九巻第二号、一九八三年六月）二頁。

(55) 「金銭出入帳」(『野村家文書』三、『近世の廻漕史料』東北編、所収)。

(56) 前掲『近世の廻漕史料東北編――収録文書目録（第一分冊）』一―二頁参照。

(57) 「御用状」(『滝屋文書』二〇、『近世の回漕史料』東北編、所収)。

(58) 「野田宗之輔米買入代金預り状」(『小浜市史』〈諸家文書編一〉二〇五頁、典拠は『組屋文書』)。『組屋文書』については同『小浜市史』二二七―二二九頁参照。

(59) 山口和雄「明治初年の藩札調査」(『三井文庫論叢』第二五号、一九九一年一二月）九六、九九頁。

(60) 「凶年につき小浜藩より竹札手形上納の達」(『福井県史』〈資料編一〇・近現代一〉六〇六―六〇七頁、典拠は『酒井家文書』)。

(61) 「金札拝借証文」(国文学研究資料館所蔵『菅沼家文書』三二E―三〇五)。

(62) 『三河国八名郡乗本村菅沼家文書目録』(国立史料館、一九八四年）八五頁。

(63) 大谷幸蔵の経歴については、吉永昭「松代商法會社の研究」(『社会経済史学』第二三巻第三号、一九五七年九月）に詳しい。吉永氏の研究によると、大谷幸蔵は明治元・二年を通じて総計八万六六〇〇両の太政官札を政府から借り入れている（七五頁)。

第四章　日田の紙幣流通と掛屋

はじめに

藩札の発行高は幕末維新期に顕著に増大し、特に明治二年（一八六九）以降に急増したことが知られている[1]。序章で述べたように、戦前期には、この藩札増刷を「濫発」と見做し、同時に藩札の不流通性を前提としながら、それが経済活動を阻害して民衆の生活を圧迫したとする見解が支配的であった。藩札＝不換紙幣・悪貨というイメージが定着していたのである。この見解を採用するなら、幕末維新期における一揆頻発の理由を容易に説明することができる。また、当該期の経済活動が停滞していたことを傍証することにもなる。

しかしながら、その後の研究の進展によって、現在では藩札が地域の経済活動を媒介する貨幣として一定程度の有用性を持ち、近世期の経済発展の一端を担ったものとして評価されるようになってきている[2]。

そこで本章では、豊後国日田地域（現、大分県日田市）を対象として、藩札の流通のあり方と、いかにして藩札が経済活動を支えたのかという点について検討したい。日田は近世後期に九州金融の中心地となり、大規模商人資本としての掛屋の成長が見られた土地である。維新期に日田県令を務めた松方正義が「四境隣藩ノ私札ノ流入シ來レルモノ實ニ十六藩二十七種ノ多キニ及ヒテ煩雜極リナク」と述べたように[3]、多種多様な地域通貨が集まる地でもあった。同地域の貨幣流通については岩橋勝氏も検討しており、「有田札や久留米札などの銭匁札も出現し、減価することなく流通した」と述べているが、(4)これは松方が「煩雑極リナク」と呼び、研究史上でも「宝貨錯乱」と称される維新期像とは若干異なる。(5)この両者が互いに矛盾しない事象なのであれば、「非領国」地域である日田においてなぜ一部の他領藩札が減価せずに流通したのか、減価しない藩札（自領・他領問わず）には何か理由があるのか、そしてそれは明治期に入っても変わらなかったのか、という疑問が解決されるべきであろう。実証面で主に用いる史料は、九州大学附属図書館付設記録資料館・九州文化史資料部門（旧九州文化史研究所）所蔵の『千原家文書』である。

第一節　維新期の貨幣経済と日田の地域的特性

(1) 日田の政治・社会環境

一般に、豊後国日田郡刃連《ゆきい》郷隈町と同郡夜開《やけ》郷豆田町を中核として周辺の村をも含んだ地域が日田と呼ばれている。当地は、江戸中期に幕府直轄地となり、享保期（一七一六―一七三六）以降定着する日田代官所（所在は豆田町）の支配下に置かれた。日田代官所直轄支配の地は、下毛・玖珠・日田の三郡六万四一一石余りであったが、(6)その後、周辺の幕府領を加え、明和四年（一七六七）に西国筋郡代に格上げとなり、幕末の支配地は一六万石まで膨れ上がった。そのまま幕領として維新期を迎えるが、維新期の動乱により、旧幕領および日田周辺の支配関係は大きく変化していく（表4-1）。その発端となるのが、明治元年（一八六八）閏四月の日田県設置である。(7)

維新政府が日田を県＝直轄地としたのは、単に郡代支配地を引き継いだというのみでなく、日田を政策的に重視していたためである。その理由は「日田金」と呼ばれる日田商人の資金にあった。(8)

旧幕時代、日田の郡代は全九州の諸大名に対して政治的優位を持ち、なおかつ日田商人は大名貸の返済が遅滞した

表4-1　維新期日田関連年表

年	月　日	出来事
慶応4年	1月3-4日	鳥羽・伏見の戦い
(明治元年)	1月 10日	維新政府は旧幕領を直轄とする
	1月 17日	西国筋郡代・窪田治部右衛門の逃亡，森藩兵の侵入
	2月 7日	日田郡・玖珠郡の天領は岡藩・森藩に，下毛郡は中津藩に取り締まりの命（岡・森藩の日田警衛が実施されたのは3月9日から）
	閏4月 13日	長崎裁判所（総督は沢宣嘉，九州鎮撫総督兼任）の管轄下に入る
	閏4月 25日	日田県成立　県知事には松方正義（〜明治3.閏10.4）
	8月 17日	富高県（日向国五郡）が廃され，日田県に合併
	8月 28日	長崎府管轄の筑前国怡土郡が日田県に帰属
	10月 23日	久留米藩預りとなっていた宇佐郡の村請取
	10月 24日	熊本藩預りとなっていた直入・国東・大分・速見四郡の村請取
	11月 1日	生産会所開設
明治2年	7月	宇佐神宮領が日田県帰属
明治3年	11月 17日	日田県一揆（竹槍騒動）

出所：『大分県史』〈近代篇1〉44-50，60，91頁．

場合、郡代に訴え出るのを常としていたため、郡代ひいては幕府の後楯を有する掛屋の大名貸は「他商人に比して遥かに容易であり安心」であったとされる(9)。日田掛屋・森家における大名貸の不良債権化を示した事例や、直接的な郡代による保護はなかったとする研究もあるので(10)、郡代効果には限定を付すべきであるが、日田が大名貸の展開によって九州地方における金融の中心地となっていったことは事実であろう。

こうした日田商人による大名貸の展開は、大坂両替商の不良債権整理、すなわち返済の確実性が低い中小大名への貸付金減少と表裏一体の関係にあった。享保期の米価下落以後、財政難から返済不能に陥った諸大名は、元利払いの停止を断行した。旧来から大名貸を行ってきた先発銀主は債務者の選別に慎重になったが、その姿勢が銭屋佐兵衛らの後発銀主の台頭を許した（第一章）。同様に、九州諸大名に対して、先発銀主が大名貸から手を引く状況が生まれると、その間隙を縫うような形で日田商人も大名貸に参入していったのである。日田商人の九州諸侯への貸付は日田郡代を除いて一九諸大名に及び、総額一〇〇万両を超えたと言われている(11)。大名貸の展開と後述する公金の取り扱いによって、日田には掛屋を中心とする利貸資本の著しい成長が見られた。

そして維新期を迎えると、財政難に悩む維新政府は日田に目を付け、松方正義を送り込んで資金の調達にあたらせた[12]。このときの調達金（会計基立金）は正金一〇万両にものぼったが、七月一三日には全額京都に箱詰めで発送されており[13]、維新政府の期待に日田商人が見事応えたものと言える。会計基立金醵出は、日田商人による富の蓄積を表すと同時に、政府による正金の吸い上げを意味していた。

これに関し、「彼等日田商人の資産は幕末維新期において支配権力によつて吸取られ、而も維新後は彼等の権益は全く棄てて顧みられなかつた」という評価もあるが[14]、後段の指摘は妥当ではない。松方は旧掛屋四名を呼び出して資金調達を命じた明治元年六月一三日の同日に、彼らを正式に日田県の掛屋として任命し、引き続き旧掛屋の権益（＝公金取扱）を擁護している[15]。これは、特権的地位を継続させたい掛屋連と、会計基立金の醵出を日田商人に求めた新政府の利害が合致した結果であった。

(2)　掛屋による公金取扱

日田の代表的な商人である掛屋・千原家の経営状況については、楠本美智子氏が詳細に分析を加えている[16]。千原家の資産形成は酒を中心とした醸造業を基としており、安永期から寛政期（一七七二―一八〇一）にかけて隔地間商業を活発に行って資本を増加させた。化政期（一八〇四―一八三〇）に隔地間交易が不振になると、主に博多屋（広瀬）久兵衛を仲介者として大名貸・他領貸を始めたという。そして日田でも有数の豪商に成長した。

表4-2に示した明治二・三年の店卸によると、期末資産は貸付金残高が圧倒的比重を占め、資産形成に占める貸付業の割合が高かったことがわかる。明治三年八月の時点で一二一〇石の酒造米高を有し[17]、酒造業も継続していた。そして、現金で資産を保有する割合は少なく、中でも藩札での蓄財はほとんど見られなかった。これは藩札の貨幣特性——素材価値のなさと小額性——に起因するものと思われる。では、千原家はどのように貸付原資としての公金を

引き受けたのだろうか。

元来、日田郡周辺は山林に囲まれた辺鄙な土地が多く、米作に向かなかった。そのため、石代納が浸透し、年貢をすべて銀納する村も存在していた[18]。年貢高の三分の一を銀納に指定する三分一銀納制が敷かれた時代もあり[19]、天保九年（一八三八）においては西国筋郡代支配地内高（実高）一一万七五三四石のうち、米納は三万七四六六石（三一・九%）に過ぎず、残りは銀納一三二一貫五三三匁二分であった[20]。幕末期には相当程度貨幣経済が進展していたことが見てとれる。

幕末期における日田掛屋の年貢銀取立方法は、概ね図4-1の通りである[21]。日田役所直轄の六郡のうち直入《なおいり》・怡土《いと》両郡では、庄屋が金子を集めて掛屋に持参していたが、日田・玖珠・下毛郡では異なる方法が取られていた。すなわち、庄屋が割り付けた年貢銀を、百姓は藩札（「諸国銀札銭切手」）などで掛屋に支払い、掛屋はそれに対して「預リ切手」を渡す。百姓は、その「預リ切手」を庄屋に納め、年貢銀上納日になると今度は庄屋が掛屋に赴き、「御上納高差出書」に掛屋の改印を押してもらう。庄屋はその書類を日田役所に提出して年貢皆済の証にするというのである[22]。日田では、近世期から藩札石代納が進展していた。

いずれの方法にせよ、年貢銀は西国筋郡代支配地の他郡出張所より送られてくる年貢銀と合わせて掛屋に預けられた。初納（一〇月一四・一五日）・二納（一一月一四・一五

表4-2　千原家店卸帳

		明治2年			明治3年		
		貫	匁	分	貫	匁	分
資産	正金	667	255	7	325	200	
	金札	675	18	3	599	437	5
	正銭	210	600		118	667	3
	藩札	58	587	1	63	186	7
	貸付	27,367	714	3	35,375	335	9
	田地	25			25		
	穀類・醸造類・塩その他	2,710	467	1	7,004	101	1
	小計（A）	31,714	643	5	43,510	928	5
可払分（B）		31,546	941	1	42,928	234	4
店卸差引（A—B）		167	702	4	582	694	2
純益		−696	31	9	414	991	7

出所：「店卸」各年（『千原家文書』7959，7947）.
注：明治2年換算：1両＝銭300匁（19文銭建てなので丁銭5貫700文相当）＝銀60匁.

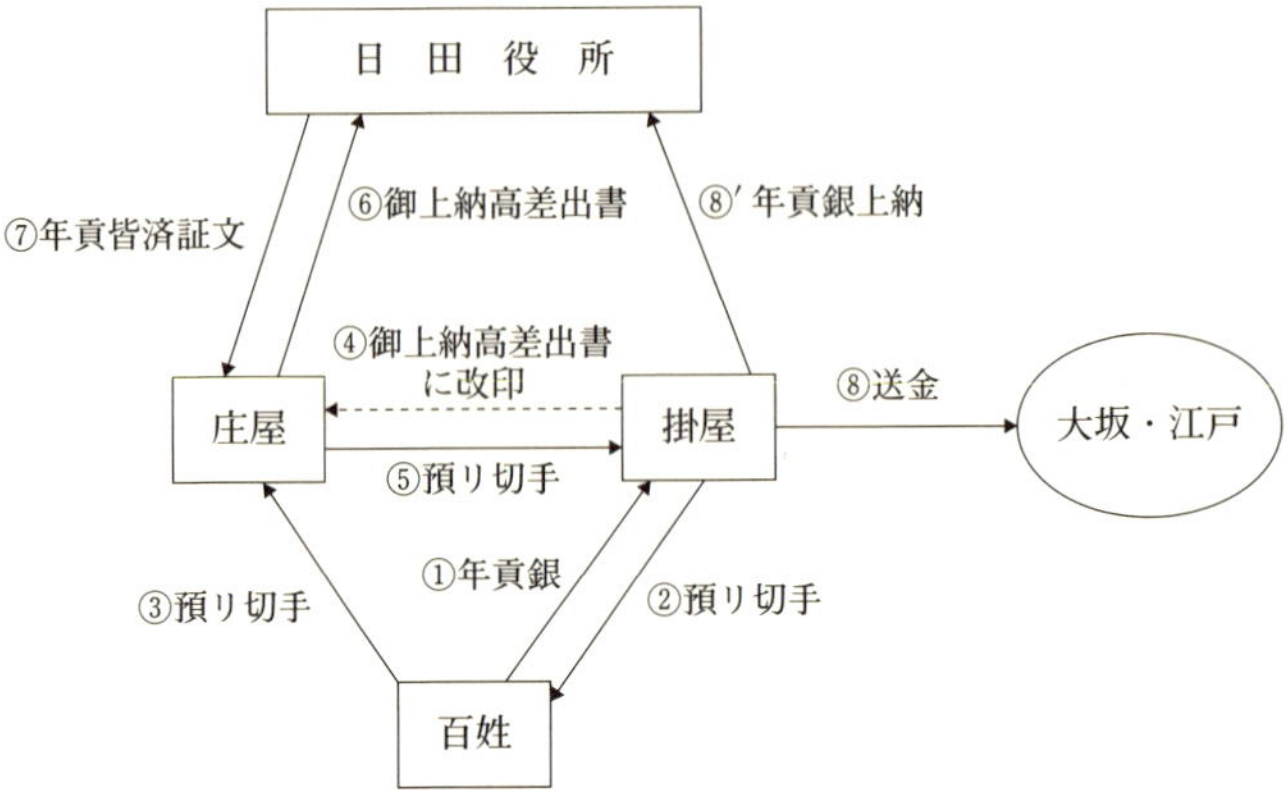

図4-1　幕末期，日田・玖珠・下毛郡の年貢銀取立方法

注：実線は現金・証文の移動を表す．なお，百姓が①の支払いを滞らせた場合，掛屋が年貢銀を立て替え，代わりに百姓に対して年貢銀立替分の債権と利息の請求権を有することになる．

日）・三納（一二月一四・一五日）の三回に分けて取り立てられた年貢銀は、大抵の場合は広瀬・千原両掛屋に預けられ、一一月に大坂へ年貢銀を送金する際、上納することとされた。こうした掛屋による年貢銀預りは維新期に入ってからも継続する。

表4-3は、千原家が日田県から預った公金の預金額、その内訳、そして上納額を示したものである。掛屋は租税金を主とする公金を日田県から預り、日田県の要請に応じて随時上納した。表中の「差引残金」を見ると、概ね千原家が借り越しており、期末の時点で千原家が自由に扱える資金が豊富にあったことが知られる。また、日田県の公金は官省札（「金札」、太政官札と民部省札の総称）が圧倒的部分を占め、正金は預金総額のわずか七・九%に過ぎなかった。ただし、ここでの預金額内訳は、正金と官省札で上納する必要があったという意味なので、実際に正金と官省札によって預金がなされたわけではない。掛屋が公金の預りを受けた場合、掛屋は役所に預り証を差し出し、上納が済むと預り証は返却された(23)。

明治元年には、旧幕府（郡代）からの預金も継続して保有していることが確認できる。この旧幕府御預け金は掛屋四家連名で八万一五〇〇両存在し、千原家は振り分けられた三万七一〇〇両に利子を加えた三万八八三〇両を預かっていた（表4-2とは別勘定）(24)。

千原家の担当する年貢銀預りにおける実際の貨幣内訳を示したものが、表4-4である。全体の七一%余りが紙幣

表4-3　千原家による日田県の公金預金額と上納額

期間	預金額 正金 両	永文	官省札 両	永文	計（A） 両	永文	上納額（B） 両	永文	差引残金（A-B） 両	永文	備考
① 明治元年7月～2年3月	16,694	607	25,657	770	42,352	377	35,031	423	7,320	953	
② 明治元年9月～2年3月			135,616	687	135,616	687	135,562	84	54	603	※1
③ 明治2年4月～同年5月	3,533	357	19,860	447	23,413	804	17,322	638	6,091	166	※2
④ 明治2年6月～同年10月	677		38,834	429	39,511	429	22,262	671	17,248	758	
⑤ 明治2年10月～同年11月	1150		16,874	580	18,024	580	28,120	81	－10,095	501	
⑥ 明治2年11月～3年1月					21,467	12	10,387	808	11,079	204	
小計	22,054	964	236,843	913	280,385	889	248,686	705	31,699	184	

出所：『千原家文書』中の「御預ヶ金勘定仕上帳」560,「御預金勘定仕上帳」1206,「別段御預ヶ金札御勘定仕上帳」1210,「御預ヶ金勘定仕上帳」1212,「御預ヶ金勘定仕上帳」1213,「旧幕御預ヶ金勘定仕上帳」1214より作成.

注：永文未満は切り捨て．預金内訳の「正金」「金札」は史料表記に基づく．※1は「別段御預ヶ金札御勘定仕上帳」 ※2の預金額の一部に「大橋備金」として明治元年11月に預った分を含む．

で納められ、中でも三郡札・有田札の二種が全体の五四%弱を占めていた。年貢銀における紙幣割合が非常に高く、しかしながら官省札での納税率は低い。兵頭徹氏が作成した広瀬家の明治二年租税初納金内訳を見ても千原家と同様の傾向が見てとれる(25)。

また年貢銀のほかに、百姓助合石金（助合穀金(26)）、郡中入用(27)、御払米代金(28)、なども租税金として掛屋に預けられ、公金預金を構成していた。

これら公金預りに際して日田役所から課せられた利子は、無利子の場合と利子付の場合があった。その利子は弘化三年（一八四六）を境に引き下げが行われ、月八朱—一分（月利〇・八—一%、年利九・六—一二%）のものが、五—七朱（月利〇・五—〇・七%、年利六—八・四%）になったとされている(29)。

公金預金は郡代による低利な貸付と同義で、上納期限まで掛屋の裁量によって運用することが可能であったため、日田掛屋が資本蓄積を果たす源泉となったが、次の問題点も存在した。それは、①村方からの上納が滞った場合でも、千原家が公金上納の責を負わなければならなかったという

表 4-4　明治 2 年 12 月，日田郡・下毛郡年貢銀預り額

	紙幣					正銭	計
	官省札 両.永文	三郡札 貫.匁	有田札 貫.匁	その他 両	小計 両	貫.文	両
初納　日田・下毛	81.437	216.32	62.316			5,058.673	
（両.永文換算）	(81.437)	(597.569)	(688.574)	(317.42)	(1,685)	(739.572)	(2,424.572)
二納　日田	47.125	253.57	62.089			4,747.087	
（両.永文換算）	(47.125)	(700.469)	(686.066)	(419.34)	(1,853)	(694.018)	(2,547.018)
初納・二納計	128.562	1,298.038	1,374.64	736.76	3,538	1,433.59	4,971.590
割合（%）	2.59	26.10	27.65	14.82	71.16	28.83	100

出所：「日記」（『千原家文書』1150）明治 2 年 12 月 19 日の条.
注：紙幣と正銭の区別は，史料的には「金札」と「銅銭」となっているが，「金札」は「是者諸札類ヲ金札ニ置候分」とあるので，紙幣全般を指すと考えられる．なお，正銭の両建て換算額は原史料の数値をそのまま引用し（この場合 1 両＝銭 6 貫 8,400 文），ほかは三郡札 362 匁＝1 両，有田札（森藩札）90 匁 5 分＝1 両で換算した．割合は小数点第二位未満切捨て.

点、さらに②藩札で租税を収納した場合、日田役所への上納に際して掛屋が正金・官省札に両替しなければならなかったという点である。

村方からの相談に応じて掛屋が年貢銀を立替上納した場合、その返済が円滑に進むことは稀であった。明治三年一一月の農民騒擾「日田一揆」に見られるように、維新期には日田周辺の政情は不安定となり、農民も混乱していたため、村方では往々にして返済不能に陥る事態が生じた。掛屋による立替上納は、掛屋から村方への実質的な貸付を意味し、その利子は月一分二厘五毛（月利一・二五％、年利一五％）と決して低利ではなかったが、村方からの強請により無利子で立て替えることもあったという(30)。

また、年貢銀が藩札等の地域通貨で納められた分については、日田役所（県庁）に官省札を上納する際、必然的に藩札から官省札への両替業務を掛屋に伴わせることとなった。この収税業務に携わる掛屋の負担も大きかったように思われる。次の史料(31)は、この問題点を端的に表している。

以書付申上候

日田玖珠両郡去未租税皆済金来ル十四日十五日御取立相成候処、諸旧藩之銭札旧冬已来速ニ両替出来兼、租税金上納被仰出候節必至与差支恐入候仕合ニ付、右諸旧藩之銭札ハ前以村方ニ而振替、御上納

ハ全金札を以相納候様御沙汰被下度、於村方ニも定而御心配之義与相察候得共、於私共ニも銭札ニ而ハ甚差支候間、無拠此段申上候、已上

壬申〔明治五年〕二月三日　山田守四郎／廣瀬久右衛門／森甚左衛門／千原幸右衛門

市郷御会所

ここでは、村方からの租税金上納を全て官省札で行う旨の指令を出してもらえるよう、掛屋四家が市郷会所（県の内務部局カ）に願い出ている。村方からの租税収納は多様な貨幣で行われるにもかかわらず、そこに含まれる藩札は官省札（「金札」）に両替して県庁に上納する必要があり、両替の負担を掛屋・庄屋のどちらが負担するかが問題となっていた。これは、掛屋が藩札を官省札に換える手段を持たなければ掛屋による収税業務が機能不全に陥ること、そして明治五年には既に限界を迎えていたことを示している。この願いが聞き入れられたかどうかは不明であるが、県庁への上納の際には官省札での上納が求められていた以上、地域通貨との両替は掛屋が担わねばならず、結果的に多様な地域通貨が掛屋に集積していたものと推測されるのである。

ところで、日田県への上納には、日田役所に直接上納するものと、日田役所を介さず大坂および東京に送金するものとがあったが、後者に関しても官省札での上納が求められていたことが知られる。明治四年一二月二四日掛屋四家から日田役所へ出された再願によれば[32]、日田から東京への租税金送付は掛屋の仕事であり、その方法は、大坂掛屋（「大坂為替方」）に現金貨幣である官省札（「正金札」）を送り、大坂掛屋を通じて東京に為替送金を行うというものであった[33]。当然のことながら大坂では九州の地域通貨は受領されないので、地域通貨で納められた年貢銀その他の租税金は、掛屋の手によって官省札に両替されることとなる。

(3) 掛屋による生産会所経営と地域通貨発行

幕末における公金の運用としては、大名貸を含む貸付業のほか、特産物移出が注目される。掛屋は、預った年貢銀で郡代管轄領域の櫨実《はぜ》・紙などの産物を買い集め、大坂に登せ、産物売上代金を大坂掛屋に預ける。そして、年貢銀の上納日になると大坂の掛屋から産物代金が日田役所（大坂金蔵）に納められる。日田掛屋としては、領内で年貢銀を用いて産物を購入し、大坂に産物を廻送することで、直接日田役所に送金せずとも上納の義務を果たし、なおかつ地域通貨を多く含む年貢銀を効率的に運用することができたのである。日田役所には正金（維新後は官省札）を納めることになっていたから、そうした貨幣を大坂で手に入れられる点でも隔地間交易は重要であった。

日田郡代から公金を預っていた掛屋・千原家は、年貢銀の立替によって村方から利子収入を得る傍ら、実際に収納した年貢銀やその他預金を元手に大名貸や領内産物買取・大坂廻送を行い、資本蓄積を果たしていった。そして維新期に入ると、年貢銀による特産物買取を継続しつつも、掛屋は生産会所の設立に関与し、会所を通じた特産物移出を積極的に行っていく。

会所の設立は、由利財政の根幹をなす政策であった。明治元年五月、維新政府は太政官札を発行して石高割貸付金の名目で府藩県に下げ渡し、正金を上納させるとともに、同年閏四月より設置を進めていた会計官内の商法司、ならびに全国の商法会所を通じて、勧業貸付金の名目で貸付を行わせた。

維新政府直轄の日田県も、その政府の命を受け、各地に生産会所を設置し、「歩入品」（＝抵当品）を取って太政官札貸付を行う機関とした(34)。設置場所は、豊後日田郡隈町・豆田町、下毛郡跡田村・戸原村字ロノ林、豊前国宇佐郡四日市村・中須賀村、速見郡別府村である。隈町の生産会所は明治元年一一月一日に開設され、その後豆田町生産会所も広瀬三右衛門外三人が中心となって業務を開始した。明治二年になって広瀬源兵衛・千原幸右衛門両名に豆田町生産会所取纏め方の依頼がなされた(35)。

当初、豆田町に設置された生産会所（生産所、産物方とも）は、「諸産物歩入」品を取り、政府から払い下げられた太政官札を管内の商人に貸し渡す役割を持つ機関であった。日田県に貸し下げられた太政官札は一八万両、そのうち、豆田町生産会所には二万九〇〇〇両、隈町生産会所には三万七〇〇〇両が渡った(36)。

その太政官札を準備金として生産会所が発行したのが日田三郡通用札（日田・玖珠・下毛の三郡通用）である。慶応三年（一八六七）、郡代役所の許可を得て千原幸右衛門を含む日田商人一〇人の出資で製造、一時使用は見合わせられたものの、その後明治二年になって生産会所引き受けで三郡札通用が許可された。明治三年一一月までの引揚命令が出されたが、幾度かの引揚命令と通用期間延長を経て、最終的には明治五年二月まで流通したとされる(37)。三郡札は一九文銭立てで五〇匁札（白）・二〇匁札（青）・一〇匁札（赤）の三種類が発行され、その発行高は計一万九八四貫八〇〇匁（約三万両）であった(38)。維新政府が日田県に貸し付けた太政官札石高割貸付金一八万両の一部が、日田にある生産会所に貸し付けられて、その太政官札が三郡札発行の準備金に充てられたことで三郡札発行のきっかけが生まれた(39)。こうした太政官札を準備金として小額地域通貨を発行する手続きは、維新政府の意図とは異なる地域本位のものであり、名古屋・西播などの他地域でも類例が見られる（第六章、第七章）。

三郡札発行以降の生産会所の役割を図示すると図4-2のようになる。太政官札のみでなく三郡札貸付も生産会所は行い、豆田町生産会所における明治二年一月から翌三年二月にかけての貸付は、総計二万九四二七両にのぼった。そのうち、生臘とその原料となる櫨実を歩入品とした貸付が全体の五八％余りを占める(40)。太政官札・三郡札を貸し付けて、生臘・櫨実の集荷と生産奨励を目指していたことがわかる。抵当（歩入）とした生臘・櫨実は大坂に出荷し、代金として官省札を得ることで、地域経済全体の収支均衡化に寄与した。

以上のように、掛屋は地域通貨流通と地域間決済通貨流通の結節点として両者の両替業務を行うことが求められ、そこに掛屋の意義が存在したと言える。一方で、この構造は掛屋が地域間決済通貨を補充できなくなると破綻に瀕す

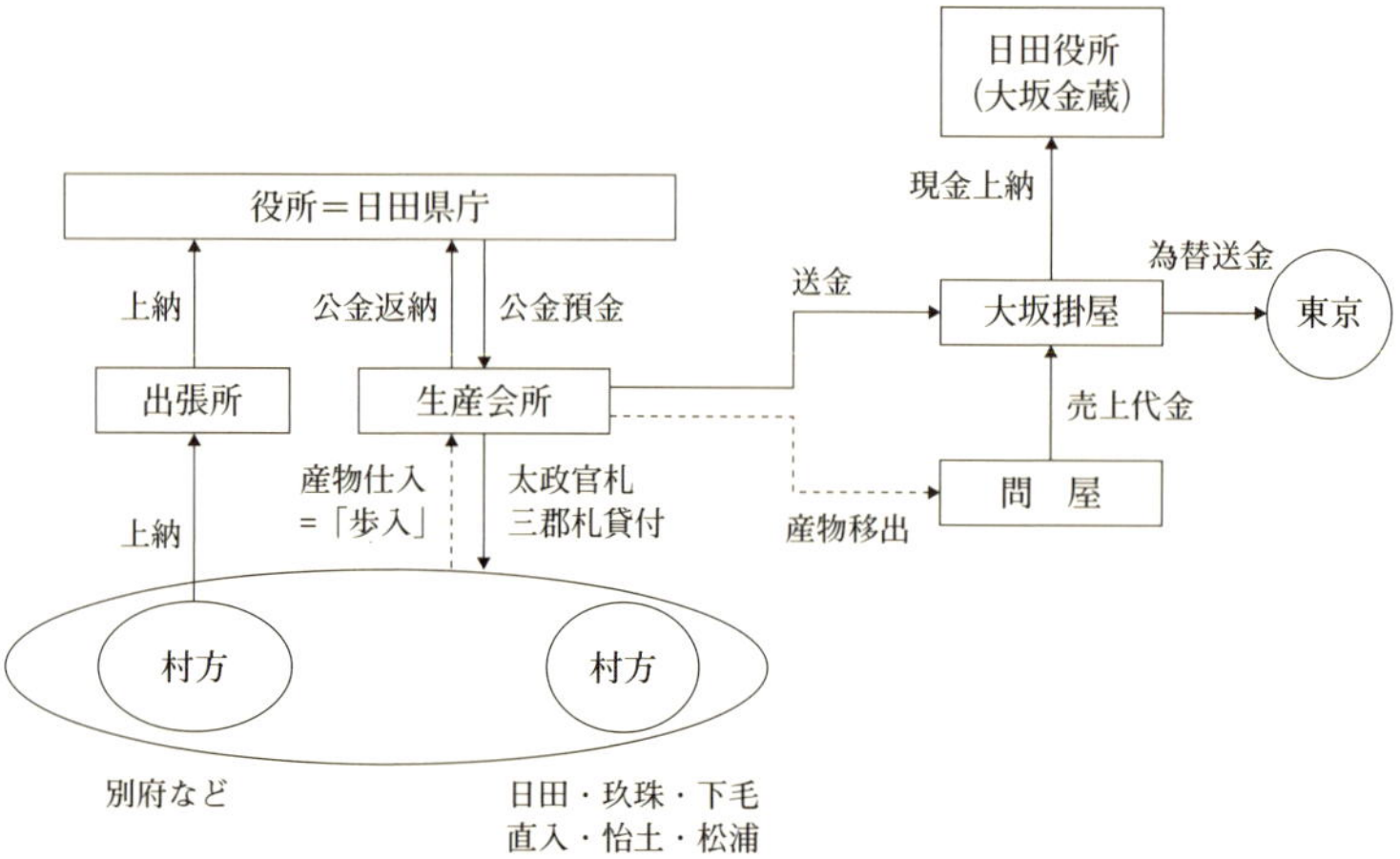

図4-2　豆田町生産会所の産物移出と大坂送金

注：豆田町生産会所を担う広瀬家・千原家は掛屋業務を兼務していたため，公金授受と産物移出が組み合わさる形となっている．産物は生臘・櫨実が中心．

るという脆弱性を有していた。そして、一回性の太政官札貸付（石高割貸付金）を受けた後に、掛屋が地域間決済通貨を受領する方法はほとんど生産会所経営に限られていた。領内産物の買い上げと領外移出に基づく地域間決済通貨獲得によって、掛屋の両替業務が保証されていたわけであり、一見安定的に見える構造も隔地間交易が行き詰まると途端に立ち行かなくなる可能性があった。

　実際、明治三年頃より、大阪市場における物価下落の影響を受けて歩入品の販売価格が下落すると、生産会所は大きな損失を出した。物価下落に伴う損失は、「引請品之内安外下落仕凡三千両も損失相立」とあるように[41]、約三〇〇〇両にのぼったようである。そのため、特産物生産者に太政官札・三郡札を貸し付け、物産を振興し、歩入品として集荷、それを大阪に売り込んで地域間決済通貨を得る、という方法は見直しを迫られることになった。明治四年になると不動産や酒・米などを歩入品として引き受ける比率が高まり、逆に生蠟・櫨実はほとんど見られなくなっている[42]。物価下落に起因する歩入品の転換は、地域間決済通貨獲得の余地を喪失させていった。

　日田では、太政官札および日田三郡札の発行の下で、幕末とは異なる形で「国産会所」方式が継続し、そして明治四年頃に限界を迎えた。この「国産会所」方式の展開と終焉がどのような貨幣流通を規定することになったのか、再び掛屋・千原幸右衛門家の史料を用いながら次節で解明する。

第二節　掛屋・千原家周辺の貨幣流通

(1) 貨幣供給量の増大と小額貨幣不足

日田が位置する豊後国は、小藩・天領と各藩の飛地が入り混じる非常に複雑な領域区分を有し、貨幣体系も多様な領主権力に規定されて複雑化していた。近接する六ケ国二六藩（県・旗本・飛地含む）の藩札分布を分析すると（表4-5）、金札発行三藩、銀札発行一三藩、銭札発行一五藩、米札発行一藩であり、銀札・銭札発行藩が圧倒的に多い。そして、銭札もそのほとんどが銭匁《せんめ》建て紙幣であったため、全体として匁建て紙幣が主流をなしていた。銭匁札とは、匁建てでありながら、一匁が銭いくらと定められ、正銀ではなく正銭と兌換関係にある藩札を言う。

これらの藩札のすべてが日田に流入したわけではないが、複雑な領域区分が、それによって温存された地域毎の銭相場の相違とあいまって、貨幣体系までも複雑化せしめていたことは明らかであろう。そして、維新期には日田県でも三郡札・別府札が発行された。

ここで重要なのは、維新期になぜ多種多量の地域通貨が発行されたのか、という問題にある。斎藤修氏は藩札発行を促す契機として、①輸入インフレに伴う貨幣需要増大、②藩財政赤字、③輸出産業育成、④輸出増加・金銀貨獲得、を挙げている[43]。これらに加えて本書では、小額貨幣不足という現象に注目したい。幕末の小額貨幣不足が藩札発行の急増につながったという議論は既に諸研究で指摘されているところであるが[44]、それらが述べる農村部等への貨幣経済の浸透のみでなく、太政官札の発行によって維新期には小額貨幣不足が加速したものと推察される。

表 4-5　日田周辺諸藩発行藩札表

国名	藩名	種類	額面	発行高 貫　匁	新貨価	届相場（金1両に付）	備考
豊前	小倉藩（豊津藩）	銀札	1匁，3分，2分	15,014　860	1匁札＝7厘	銭13貫233文	1匁＝100文
		銭札	10貫文，5貫文，3貫文，2貫文，1貫文，500文，100文	1695,000貫文	100文札＝7厘		
	中津藩	銀札	1貫目，500匁，100匁，50匁，10匁，5匁，1匁，5分，3分，2分，1分	23,370	1匁札＝7厘	銀114匁，銭10貫文	
	千束藩	米札	5升，1升，5合，3合，2合	80,000貫文	1升札＝7厘		
		銭札	5貫文，3貫文，2貫文，1貫文，500文，100文，50文，30文，20文		100文札＝7厘	銭13貫700文	
豊後	杵築藩	銀札	10匁，5匁，1匁，5分，3分，2分（2分5厘），1分	6,842　606	1匁札＝6厘	銀札6割9分増，銭7貫98文	
	日出藩	七銭札	10匁，5匁，1匁，5分，3分，2分5厘，（1分）	8,430　42	1匁札＝6厘	銭札150匁（銭10貫500文）	1匁＝正銭70文
	府内藩	銀札	10匁，5匁，1匁，5分，3分，（2分），1分	12,621　856	1匁札＝4厘	銀200匁，銭10貫文	
	森藩	七六銭札	5匁，2匁5分，1匁，2分5厘，1分	3,167　500	1匁札＝6厘	90匁5分（銭6貫878文）	1匁＝正銭76文（有田札）
		八銭札	5分，3分，1分				1匁＝正銭80文
		七銭札	10匁，5匁，1匁，5分，3分，1分		1匁札＝6厘	126匁8分（銭8貫876文）	1匁＝正銭70文
	日田県	三郡札	50匁，20匁，10匁	10,984　300			1匁＝正銭19文
		別府札	10匁，5匁，1匁				1匁＝正銭50文
	臼杵藩	銭札	100匁，50匁，20匁，10匁，5匁，1匁，5分，3分，（2分）	30,005　496	1匁札＝4厘	銭札156匁（銭7貫800文）	1匁＝正銭50文
	佐伯藩	銀札	10匁，5匁，1匁，3分，2分5厘	6,158　398	1匁札＝8厘	銭札64匁（銭6貫400文）	1匁＝正銭100文
	岡藩	銭札	10貫文，1貫文，100文，（1分）	1,500,000貫文	100文札＝8厘	銭10貫文	維新期に，それ以前の銀札改造（1匁＝正銭70文）
	旗本木下	銭札	10匁，5匁，1匁，5分，3分，1分	850	1匁札＝6厘		
筑前	福岡藩	銀札	50匁，30匁，10匁，5匁，3匁，1匁，5分，3分，1分	89,720　571	1匁札＝6厘	銀144匁	
		銭札	100文，60文，30文			銭11貫361文	
	秋月藩	銀札	10匁，5匁，3匁，1匁，5分，3分	6,640	1匁札＝8厘	銀100匁，銭10貫文	
筑後	柳河藩	銀札	5匁，3匁，1匁，5分，3分，1分	13,365　400	1匁札＝1銭2厘	銀65匁，銭10貫文	
	久留米藩	銀札	10匁，5匁，3匁，1匁，5分，3分，1分	34,911　927	1匁札＝1銭4厘	銀64匁5分7厘，銭11貫361文	
	三池藩	銭札	1貫文，500文，300文，100文，50文，30文，10文	170,000貫文	100文札＝8厘	銭8貫文	
肥前	唐津藩	銭札	20匁，10匁，8匁，6匁，4匁，2匁，1匁5分，2分5厘	19,200	1匁札＝8厘	96匁（銭9貫600文）	1匁＝正銭100文
	佐賀藩	金札	2分，1分，2朱，1朱	553,694両	1朱札＝6銭2厘	金札1両	
		銀札	20匁，15匁，10匁，8匁，5匁，3匁，2匁，1匁，8分，5分，3分，2分	43,595　522	1匁札＝1銭3厘	銀68匁，銭11貫361文	
	島原藩	銭札	（100匁），50匁，30匁，5匁，1匁，3分，2分	39,200	1匁札＝5厘	166匁6分（銭10貫文）	1匁＝正銭60文
	福江藩	銭札	10匁，5匁，1匁，5分，3分，2分5厘，2分，1分5厘，1分	3,037　297	1匁札＝8厘	95匁7分（銭9貫570文）	1匁＝正銭100文
	平戸藩	金札	1分，1朱	43,914両	1朱札＝6銭2厘	金札1両	
		銀札	4分	96	4分札＝3厘	銀96匁	
		銭札	5貫文，1貫500文，1貫文，300文，200文，100文	549,356貫文	100文札＝8厘	銭9貫600文	
	小城藩	金札	2分，1分，2朱，1朱，半朱	4,830両	1朱札＝6銭2厘	金札1両	
	対馬藩田代領	銀札	2匁，1匁，5分，2分，1分5厘				対馬藩飛地
肥後	熊本藩	銭札	1貫目，150匁，100匁，10匁，2匁5分，1匁，5分，2分	1,940,000両	1匁札＝5厘	銭札200匁	1匁＝正銭70文
		銭札			1匁札＝8厘	銭札105匁	1匁＝正銭100文 鶴崎御銀所預札
	人吉藩	銀札		66,125両	1匁札＝4厘	銀200匁，銭11貫文	

出所：『大日本貨幣史』〈藩札部〉，『藩史大事典』〈第7巻，九州編〉，山口和雄『藩札史研究序説』（日本銀行調査局，1966年），同「明治初年の藩札調査」，『大分県史』〈近世篇4〉266頁，『臼杵市史』上，『宇佐市史』中巻，『別府市誌』，『新熊本市史』〈通史編第3巻・近世1〉，東京大学経済学部古貨幣・古札データベースより作成．

注：「新貨価」は明治4年発行の新貨幣との交換比価（公定）．なお，発行高は山口論文と『大日本貨幣史』で相違が見られるが，その場合，明治初期の発行残高（流通高）という点で基本的に山口論文の数値を引用した．

たとえば、明治三年一二月二一日に日田県庁から掛屋四家に出された達が端的に表ている。(45)

熊本藩兵隊今日別府表ニ操出しニ付、是拾両札ニてハ差支候間、五百両丈両替之儀申出候得共、當節小札拂底之折柄ニ付、三百両丈小札、百両丈ハ森札別府札ニ引替、百五拾両者豆田町ニて心配いたし、二百五拾両者隈町ニて心配致、今昼頃迄持参可致候也

明治三年一一月に発生した農民騒擾を鎮圧するため熊本藩兵が別府に赴いたが、(太政官札の)一〇両札では差し支えが出るため、別府途上の日田で五〇〇両だけ両替を行おうとしたのである。日田県庁は小札払底の折柄のため五〇〇両すべては無理だが、四〇〇両の両替を了承し、三〇〇両を小額紙幣に、一〇〇両を森藩札・別府札に両替するよう豆田・隈両町の掛屋に命じている。明治三年には太政官札などの政府貨幣は通用力を十分に持っていたはずであるが、それでも小額貨幣の代替にはなりえなかった。

万延二分金の発行以後に生じた幕末の通貨インフレは、太政官札の登場で益々加速する。だが、貨幣供給量が増大していったにもかかわらず、末端の市場では小額貨幣が不足したため、そうした小額貨幣需要を含む地域の弾力的な貨幣需要に応じる目的で藩札が維新期に増発された。日田への他領藩札の流入も、掛屋が多様な地域通貨と地域間決済通貨の結節点として機能したとするなら、説明が果たされよう。

(2) 貨幣流通の実態

では具体的に千原家における貨幣流通の実態から、維新期に現出した新たな貨幣状況を析出したい。

貨幣流通の実態を帳簿から再現する試みは、すでに加藤慶一郎・鎮目雅人「幕末維新期の商品流通と貨幣の使用実態について」によって端緒が開かれている。両氏は、帳簿上で「匁建ての金額のみが記載されており、匁建てでは分未満の端数は生じず、1両＝60匁の相場で両建てに換算すると1朱（1/16両）未満の端数が生じる」取引を、「匁建

ての藩札で端数が生じていない一方、両建ての金銀貨では端数が生じていることから、藩札で決済が行われた可能性が高い」と見ている。そして、その取引がすべて匁建ての藩札で行われたものとして、「明治4年の佐野家では、取引の大半が匁建ての藩札によって行われていた」ことを論じた。[46] しかしながら、一つの取引の内でも複数種類の貨幣が用いられることはあり、[47] 取引額面のみから地域通貨の使用率を推計する方法は厳密さに欠ける。そもそも匁建てで端数が生じない取引だからといって、正銭で支払われた可能性を否定できない。これは、両氏の依拠している「金銀出入帳」(『八木家文書』)が、貨幣の種類を記載していないことからくる史料的限界であろう。

一方で、本章が用いる「金銀出入帳」「銭出入日記」「札出入日記」(『千原家文書』)はこうした限界を克服している。地域通貨の収入・支出を記載した「札出入帳」と、正貨と官省札の収入・支出を記載した「金銀出入帳」は、各種貨幣毎に項目が分けられており、どの貨幣がどの程度出入りしたのかが判明する。

両帳簿は、貢租収納を含む千原家の貨幣の出入全てを記載した元帳であり、[48] 日田地域一般の貨幣流通を立論することはできない。また、「奥備帳」への出入など帳簿上の操作があり、必ずしも貨幣の移動を伴わない出入も数値に含む。この点留意は必要であるが、「奥備帳」への出入りは頻繁でなく、両帳簿は概ね取引関係を表していると考えてよいだろう。

表4-6は、この「札出入帳」記載の各種地域通貨毎に取引額(支出額+収入額)を算出したものである。千原家の受領した地域通貨は全て「貫―匁」建てであるが、有田札は七六文銭建て、日田三郡札は一九文銭建てというように、額面価額が同じ一匁でも異なる価値を表していた。いわゆる銭匁建てである。この場合、額面価額で言うところの有田札一匁=三郡札四匁となる。[49] また、こうした銭匁建ての相違のみならず、相場の高下が存在したため、すべての地域通貨を丁銭建てで換算し直して、取引額の比較を可能にした。丁銭(調銭)とは正銭勘定を行う際、一〇〇文をそのまま一〇〇文として受け取ることを言い(調陌法)、「九六銭」などの九六文一緡を一〇〇文として扱う慣例(省陌

表 4-6　千原家における各年度地域通貨取引額比較

	有田札	日田三郡札	別府札	中津札	豊津札	肥後・岡札	その他銀札	計
	貫　匁　分	貫　匁	貫　匁	貫　匁　分	貫　匁　分	貫　匁　分	貫　匁　分	丁文
安政6年	1,360　197　4	未発行	未発行	1　33　4	※	1　876　3	137　811　8	
	(103,375,002)			(58,881)		(106,949)	(13,781,180)	(117,322,012)
	88.11%			0.05%		0.09%	11.75%	100%
明治元年	3,164　621　3	未発行	未発行	13　992　8	※	9　969　5	71　217　2	
	(237,346,597)			(769,604)		(299,085)	(6,765,634)	(245,180,920)
	96.80%			0.31%		0.12%	2.76%	100%
明治3年	3,379　922　9	4,734　250	648　122	111　924　3	※	2　484　4	323　177　5	
	(253,494,217)	(89,950,750)	(12,314,318)	(5,596,215)		(74,532)	(32,317,750)	(393,747,782)
	64.38%	22.84%	3.13%	1.42%		0.02%	8.21%	100%
明治4年	2,112　504　6	4,426　570	3,658　66	78　201　9	1,821　197　2	16　234　3	42　622　7	
	(158,437,845)	(84,104,830)	(69,503,254)	(3,128,076)	(81,953,874)	(487,029)	(4,262,270)	(401,877,178)
	39.42%	20.93%	17.29%	0.78%	20.39%	0.12%	1.06%	100%
明治5年	2,781　177　4	1,015　400	948　789	6　431　4	247　972　8		39　260　3	
	(208,588,305)	(19,292,600)	(18,026,991)	(257,256)	(11,158,776)	—	(3,926,030)	(261,249,958)
	79.84%	7.38%	6.90%	0.10%	4.27%		1.50%	100%
明治6年	1,460　848　5	回収済	回収済	1　999　6	11　933　3	673　7	7　501　3	
	(109,563,637)			(799,840)	(536,998)	(20,211)	(750,130)	(111,670,816)
	98.11%			0.72%	0.48%	0.02%	0.67%	100%
明治7年	38　583　5	回収済	回収済	3　600　2	944　1	1　22　1	5　882	
	(2,893,762)			(144,008)	(42,484)	(30,663)	(588,200)	(3,699,117)
	78.23%			3.89%	1.15%	0.83%	15.90%	100%

出所：「札出入帳」各年（『千原家文書』301，302，303，304，305，306，307）．明治2年度分欠．
注：取引額は出・入の総計．数値は帳簿記載価額＝額面価額を示し，括弧内は後掲表4-7を元に丁銭価額で揃えた（単位は文）．「その他銀札」は便宜上久留米札の数値で算出した．明治元年中津札相場は55文として，明治3年中津札相場は50文として，明治元年肥後・岡札は30文として算出した．※豊津札は明治3年まで帳簿上「その他銀札」の項目に入れられ，取り出して集計することが不可能．小数点第2位未満切捨て．

法）と対置される。

まず、安政六年（一八五九）を見ると、有田札が地域通貨全体の約八八％を占める一〇万貫文余りの取引額であったことが注目される。次いで取引量の多いのが「その他銀札」であるが、期末残高から推測すれば、福岡札と森銀札の取引が多かったものと思われる（表4-7）。他に、中津札、肥後札（熊本藩）、岡札、久留米札、柳川札、田代札の流入が見られたものの、いずれも少額で日常的に用いられていたとは考えにくい。

この傾向は明治元年になってからも変わらなかった。有田札の取引額は地域通貨取引額の約九七％を占め、この時点で千原家の地域通貨利用は森藩発行の有田札にほぼ一本化していたと言ってもよい。

表4-7 「その他銀札」有高内訳　（単位：匁）

	久銀	肥前	福岡（筑前）	森銀	豊津（小倉）	柳川	田代
安政 6. 1. 2	154.5		2,768.6	2,768.6		280.5	715.6
慶応 4. 1. 2	2,598.9	134.9	616.4	161.9			
明治 2. 1. 2	198.9	9.0	215.0	2,636.3			
明治 3. 1. 2	236.4	10.8	476.0	2,773.8	75.0		
明治 4. 1. 2	1,356.8	1,686.2	587.8	3,347.4	32,095.5		
明治 5. 1. 2	231.7	3,724.9	135.8	346.5			
明治 6. 1. 2	135.8	15.7	96.8	360.3		13.3	
明治 7. 2. 8	927.9	21.5	555.2	223.3			

出所：「札出入日記」各年（『千原家文書』301，302，303，304，305）．
注：単位は千の位が貫，小数点第1位が分に相当する．

ただし、変化は明治三年より始まる。明治二年に日田県生産会所が発行した三郡札・別府札が流通し出すとともに、中津札および「その他銀札」の取引額が急増するのである。表4-7から察するに、「その他銀札」の取引額急増は豊津札に起因するものと思われる。有田札は依然として明治元年並みの取引額を示していたが、その比重は約六四%にまで低下し、地域通貨の多様化が進展したと言える。同時に、地域通貨取引額は五〇万貫文を示し、安政六年に比べて約五倍に膨れ上がっていた。

さらに、明治四年には有田札の比重は四〇%弱まで低下し、代わりに別府札・豊津札での取引量が急増した。地域通貨の多様化がさらなる進展を見せたことが確認できよう。前掲表4-4で示したように、租税金収納に占める地域通貨の割合は非常に高く、このことが千原家の地域通貨受領を促したと言える。明治五年以降は地域通貨の回収期に入り、明治七年までに急速に収束していく。

ところで、地域通貨取引額の増加については物価を考慮しなければならない。米価を元にインフレの程度を推し量ってみると、安政七年（一八六〇）二月に一石あたり一三一匁八歩（＝一・七三両）だったものが、明治六年（一八七三）の石代納値段は米一石につき金三円三九銭一厘三毛（＝三・三九両）となっている。[50] 二倍弱の物価上昇と見て取れるが、そうした物価上昇を差し引いても維新期における地域通貨取引高の急増は明らかであった。

こうした地域通貨の取引額が他の貨幣と比べてどの程度の位置を示すかを分析するために、各種帳簿の揃っている

表4-8　明治3年，千原家の諸通貨取引額比較

種類		入			出			取引額計			（丁銭建て）	
正金		両	分	朱	両	分	朱	両	分	朱	貫	文
		44,150		2	40,456		2	84,606	1		619,234	973
官省札		両	分	朱	両	分	朱	両	分	朱	貫	文
		118,657		1	115,225	3	1	233,882	3	3	1,426,487	128
正銭		貫	匁	分	貫	匁	分	貫	匁	分	貫	文
		4,620	723	3	4,570	954	6	9,191	686	9	174,642	051
藩札	有田札	貫	匁	分	貫	匁	分	貫	匁	分	貫	文
		1,698	788	8	1,681	132	1	3,379	920	9	253,494	217
	日田三郡札	貫	匁	分	貫	匁	分	貫	匁	分	貫	文
		2,587	580		2,146	670		4,734	250		89,950	750
	別府札	貫	匁	分	貫	匁	分	貫	匁	分	貫	文
		332	882		315	240		648	122		32,406	100
	中津札	貫	匁	分	貫	匁	分	貫	匁	分	貫	文
		63	161	3	48	763		111	924	3	5,596	215
	肥後・岡札	貫	匁	分	貫	匁	分	貫	匁	分	貫	文
		1	972			526	4	2	484	4	487	29
	その他銀札	貫	匁	分	貫	匁	分	貫	匁	分	貫	文
		181	125	6	142	51	9	323	177	5	32,317	750
	小計										貫	文
											413,869	364
	総計										貫	文
											2,634,233	516

出所：「金銀出入日記」（『千原家文書』334），「銭出入日記」（『千原家文書』7），「札出入日記」（『千原家文書』305）．

注：取引額は入額と出額の総計とし，「取引額計」の列で金建てに換算する際には，後掲表4-9の相場を参照した．金銭両替の換算率は豊後国内届相場の平均換算率（1両＝銭7貫319文）を元に求めた．正銭は19文建てで，官省札120両＝正金100両として算出した．

明治三年に関し表4-8を作成した。銭札が必ずしも小額であるとは限らず、「銭遣い経済圏」では一貫文以上の「高額銭札」が流通することを指摘した岩橋勝氏の研究もあるが[51]、千原家が日常的に受領した各種地域通貨はいずれも金一分相当未満の小額紙幣である[52]。

正金にも一朱金・二朱金といった小額貨幣は用いられるが、千原家の正金出入を示した図4-3を見る限り、有高が収入・支出額を共に上回る期間が多く（一・二・八・一〇・閏一〇月）、蓄財の手段としての意味合いが強い。六月の出入増加は豊津藩・久留米藩の「御用預」および上納の関係であり、日田役所を含め藩・県との関係で用いられることが多かった貨幣と言える。さらに、既

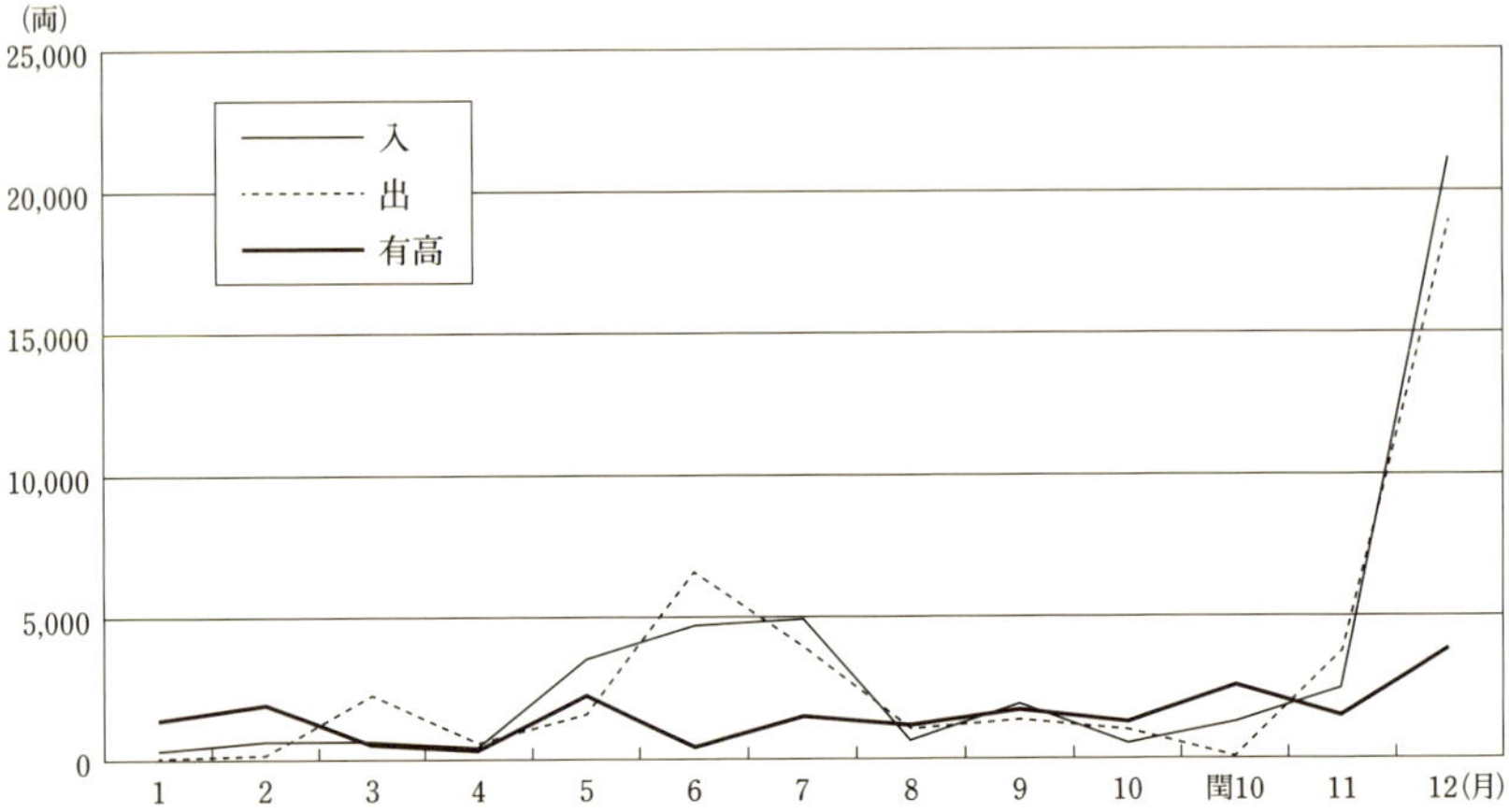

図4-3　明治3年，千原家の正金出入

述の通り年貢銀に占める正金の割合が少なかったことは、蓄財の手段としての正金の貨幣特性を裏付けている。

小額貨幣部門においては、地域通貨の取引額が正銭の取引額の二倍以上にのぼっていたことが判明する。先述した通り、当史料は掛屋・千原家の貨幣出入を記したものであり、貢租収納も含んでいる。租税として地域通貨を受領した側面は多分にある（前掲表4-4）。しかしながら、日田県役所には正金か官省札で租税を上納する取り決めがあったこと、そして地域通貨を収納するのみでなくほぼ同額支出していること、両者を合わせて鑑みるなら、地域通貨は千原家の日用取引にも用いられていたと言える。中でも、有田札での取引額は正銭の取引額を上回り、ここから明治三年における地域通貨流通力の高さがうかがえるのである。

なお、旧幕時代には正銀の出入が若干見られ、「金銀出入帳」中に「正銀」の項目も存在したが、明治期になると正銀の出入はほとんど見られなくなった。代わりに、明治元年一〇月から官省札の出入が始まり、「金銀出入帳」中に「金札出入覚」の項目が立っている。明治元年は正金取引額一一万二八八九両余りに対し、官省札（「金札」）取引額は八万一三四五両であったが、[53]明治三年になると逆転し、官省札の取引額は正金の二倍を超えている（前掲表4-8）。租税金としてほとんど千原家に流れてこなかったにもかかわらず、日田県庁役所から大量の官省札を受領した千原家では、高額取引に占める太政官札利用の割合が高かった。会計基立金の醸出や明治二年六月の金札正金引換政策で正金が都市部に吸い上げられたことも要因の一つである（第三章）。

以上見てきたように、史料的には明治三年から、そしておそらく三郡札・別府札の発行された明治二年頃から進行したと思われる取引貨幣の多様化は明治四年にその極に達した。取引貨幣の中心は正金（万延二分金など）・官省札（太政官札・民部省札）・正銭（天保銭・文久銭など）のほかに、有田札・三郡札・別府札・豊津札であり、これらの地域通貨は日常的に用いられていたと考えられる。地域通貨の取引額は正銭のそれを上回り、高額取引・少額取引ともに紙幣利用が支配的になるという、新たな貨幣状況が現出していた。

(3)　個別貨幣の考察

日用取引に用いられた貨幣で最も流通高が多く、日田において安定的に流通した地域通貨が、有田札であった。これは森藩が文政八年（一八二五）四月に発行した藩札で[54]、森藩の飛地・有田郷で流通させることを目的とした一匁＝七六文の銭匁札である[55]。有田郷（在田郷とも。現、日田市大字有田周辺）は日田盆地内にあり日田の北東に隣接していたので、日田商人との関係は密接であったと言われている[56]。森藩は七六銭札（有田札）を都合二三三万九三四五枚、銭価にして五一九〇貫六七六匁二分五厘、七銭札を四三万九〇二枚、銭価にして八五四貫九八三匁三分発行した[57]。

有田札の取引額推移を月毎に示したものが図4-4である。正金の推移を示した図4-3と比較してもわかるように、収入額・支出額に比べ有高の比率が低く、貯蔵の手段に向かない地域通貨の典型であった。言い換えれば、日用取引に用いられる類の、市場における流通速度の速い貨幣であったと考えられる。毎年、一〇月―二月にかけて受領額が急増しているのは租税取立で多くの有田札を受領したためである。収入と支出の波形を見ると、収入の波の方が若干

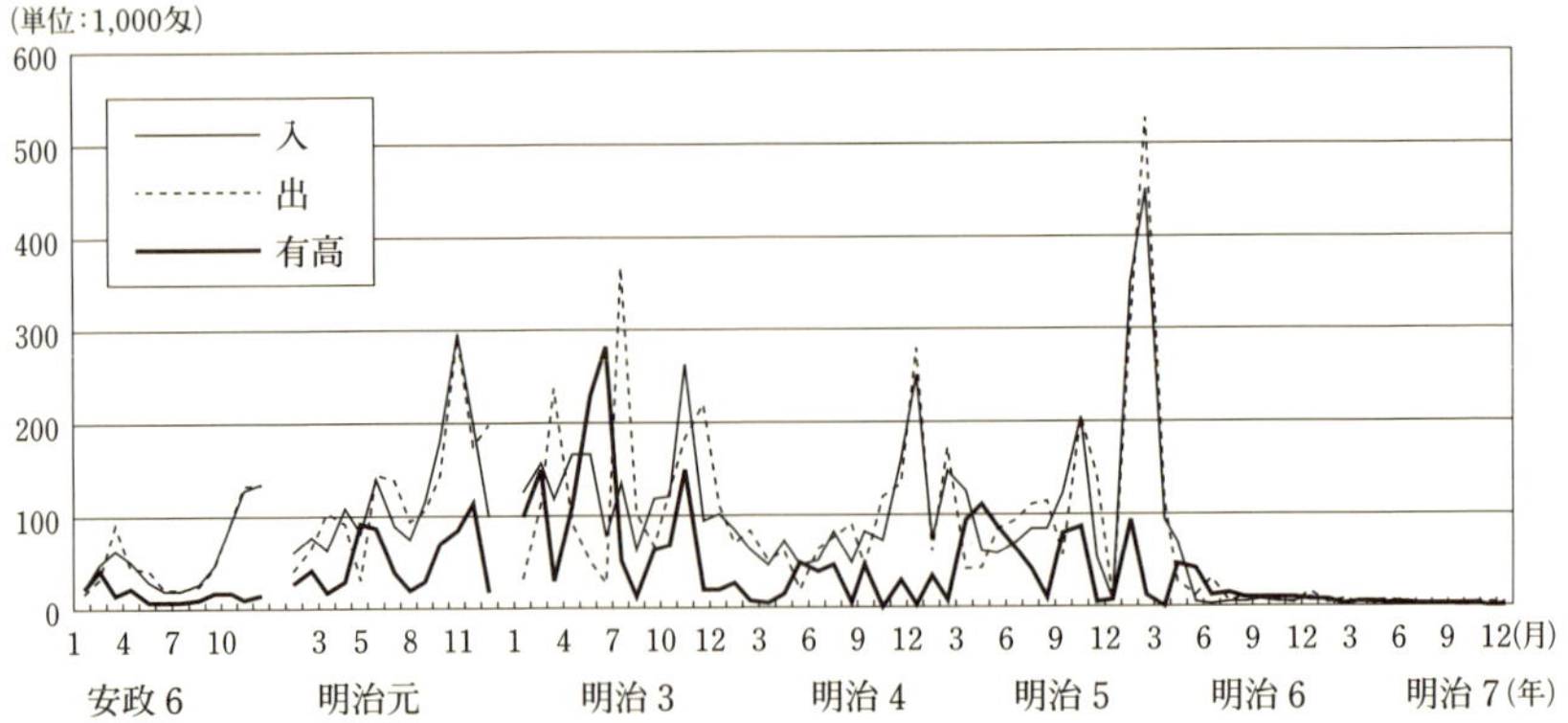

図4-4　有田札出入（安政6—明治7年）

先行しており、租税金預りによって有田札を受領し、それを支出に回すという構造が定着していたようである。明治六年三月の取引高は月ベースでは最高額を示すが、これは藩札回収と上納にあたったためで、同年六月以降有田札はほぼ流通しなくなった。

出銭の内訳としては、「会所」「有田櫨会所」「櫨代」が圧倒的に多く、入銭は「郡中入用」「租税取立」が多く見受けられた。有田櫨会所を通じて、有田札による櫨買取と領外移出がなされたようである[58]。また、他藩札との両替も確認できる。たとえば、明治元年の「札出入日記」中には[59]、四月三日の項目に「岡札両かへ〔両替〕」として二貫六九〇匁五分の入があるのを始め、閏四月一六日には「久銀札ニ両かい〔買い〕」として三八二匁五分の入、五月一日には「森銀札」を出して有田札二五匁の入、六月八日には「肥前久銀札両替」として五〇〇匁の入、などが見られる。岡藩札、久留米藩札、森銀札[60]はいずれも恒常的に出入の見られる貨幣ではなかったが、そうした貨幣が千原家に渡った場合、有田札との両替が可能であったことがうかがえる。

三郡札は、「札出入帳」の内訳でいうと、明治五年にはほとんど受領するのみで、差出のうち四四八貫目が「拝借返納」、六貫四〇〇匁が上納であったことがうかがえる。明治五年は三郡札の回収過程として見ることができ、その過程は六月二一日に終わっている。この三郡札が有田札に次ぐ流通高を示し、地域の小額貨幣需要に応えていた。

別府札は、明治元年、日田とともに生産会所が設けられた別府にて発行された。別府札は「大分・速水・直入・国東郡村々通用」とされたので、同一県内であっても日田郡にある千原家での流通は域外通用と言える。地理的にも日田と別府はやや離れており、間には森藩領がある。この別府札も太政官札を準備金として発行されており、三郡札同様に地方への太政官札散布に誘発された地域通貨発行の形であった。千原家で出入が見られるのは明治三年から五年までのごく短い期間だが、特に明治三年の流通高は三郡札に次いで多く、日常的な取引に用いられる貨幣であった。

豊津札の流通については、千原家と豊津藩（小倉藩）との密接な関係を想起する必要がある。千原家は嘉永七年（一八五四）より小倉藩の御用達を務め、以後「小倉役場」や産物会所、そして小倉藩内の有力商人（万屋・柏木・堤）に対して大口融資を行っていた[61]。「札出入帳」では、明治三年まで「久銀札出入」の項目に含まれており、他の貨幣と混合して記帳されているが、明治四年以後その「久銀札出入」項目から独立しており、日常的な取引に用いられていることがうかがえる。千原家が営む酒店でも、日々の豊津札受領は確認できる[62]。その一方で商業上の豊津札支出はほとんどなかった。また、明治五年以後は豊津札の回収過程に入り、明治五年二月二一日における七〇貫余りの支出には「正金両かへ〔両替〕」とあるように、日常的取引とはいっても一定の限定を付す必要がある。すなわち、千原家のような藩と直接に交渉して藩札と正金の交換を行える商人に対して豊津札は支払い手段として有効に機能するものの、そうでない多数の人々にとっては豊津札が支払い手段としてほとんど機能しなかったことを示しており、その意味で日田における豊津札の流通は一方向的な経路であった。しかし、だからこそ他の貨幣との両替を可能とする日田掛屋のもとに地域通貨が集中したと言えよう。

以上掲げた地域通貨のほかにも多くの地域通貨が流通しているが、それらは日常的な取引に用いられることは稀であった。それらを列記すると、千原家の「札出入帳」において確認できるのは、中津札、肥後札（熊本藩）、岡札、久留米札、福岡札、森銀札、肥前札（佐賀藩）、柳川札、田代札（対馬藩田代領）である。いずれも流通高は少額で、市場の混乱を惹起するものではなかった。

また、高額取引における太政官札利用の割合が正金より多かったことは既述の通りだが、その要因と影響は次のように考えられる。日田地域として見た場合、明治元年五月の石高割貸付金と、同年七月の会計基立金醵出、そして翌明治二年六月六日の金札正金引換政策により、日田からは正金が吸い上げられ、日田には太政官札が流入した。千原家は、生産会所を通じて太政官札の貸下げを受け、隔地間交易の決済手段として太政官札を主に用いたために、太政官札の出入が正金を上回ったものと思われる。また、次章で述べる信州ほどでないにせよ、日田にも贋金が流入し[63]、正金の信用力が低下した可能性がある。その結果、明治二年に発行された三郡札や別府札は、近世期に一般的であった正貨を兌換準備とした地域通貨発行という形態ではなく、紙幣＝太政官札を準備金とした地域通貨発行という形態をとった。正金の都市部への吸い上げに伴う供給不安定化と、贋金流通に伴う正金不信、そして小額貨幣不足という状況の中、高額紙幣である太政官札を準備金として地域通貨を発行し、地域の小額貨幣需要に応じたものと言える。同時に、これまで正金が担っていた地域通貨の準備金としての機能を紙幣が代替したものと評価できる。日田三郡札および別府札は、紙幣を準備金とする紙幣であり、正貨との兌換性から切り離された信用貨幣であった。

(4) 諸貨幣の相場比較

千原家は租税金を収納する都合上、どの貨幣を銭何文相当で受領するか把握する必要があった。掛屋がその決定に関与することもあり、年貢銀収納期になると「午租税初納札類取立直段」や「去未皆済金諸札取直段」などとして各種貨幣の正銭換算価額を「日記」に記帳している。覚書程度のもので完全ではないが、それをまとめたものが表4-9である。

中津札は、享保の入国以来流通しており、札価も化政期（一八〇四—一八三〇）を除けば安定していたと言われてい

表4-9　日田周辺藩札相場表

（額面1匁に付）

	安政5年10月	明治元年10月	明治3年2月	明治3年閏10月	明治4年6月	明治4年10月
有田札（76文銭）	76文	75文	75文	75文		75文
中津札（銀札）	57文		52文	48文		40文
福岡札（銀札）	92文	60文	38文	30文		40文
久留米札（銀札）	100文	95文	100文	100文		100文
肥前（銀札）		95文	100文	90文		95文
肥後（銀札）	57文			30文		30文
豊津札					45文	

出所：「日記」各年（『千原家文書』）安政5年10月14日，明治元年10月16日，明治3年2月24日，閏10月4日，明治4年6月20日，10月8日各条.

るが[64]、維新期には下落傾向にあった。より詳細に見ると、「日記」中の明治三年一〇月一一日条によれば、「昨日」までは中津札一匁＝銭五七文であったものが、「今日より五十文ニ而受取」とあり、さらに翌月の閏一〇月四日には四八文まで下落している[65]。安政五年には五七文だったので、明治三年一〇月以降急激に下落したことが知られる。また、福岡札も大きく乱高下している。

一方で、安定的に推移した地域通貨も存在した。有田札は額面一匁＝七六文相当の銭匁札であったが、現実の貨幣価値も一匁＝正銭七五―七六文であり、安政五年から明治四年までほぼ価値を貶めなかった。これは正金比価でいうと金一両＝有田札九〇・五匁に相当し、藩札回収期の明治七年一二月に至っても、「九拾匁五歩替」相場を守っていたことがわかる[66]。

久留米札も、幕末までほとんど減価せずに流通したことが知られており[67]、維新期も減価しないで通用した。

また、表中には示していないが、三郡札も額面通り一匁＝一九文として実際に受け取られている[68]。三郡札のように日常的取引に用いられる貨幣でありながら、相場が記されていないというのは、額面通り受け取られたためであると解して差し支えないだろう。

これらの藩札価格は一部正金との比価が併記される貨幣もあるものの、すべて正銭換算で表記されている。正銀の流通は皆無と言ってよい状態で、なおかつ多様な貨幣が存在しそれぞれに相場建てされるため、尺度の小さい銭建てを採用することが合理的であったと考えられる。また、次に述べるように銭価は日田周辺において安定的に推移し、銭建てがある種の基軸性を見せていた。

正銭の相場に関しては、安政六年一〇月の時点で、「初納直段金壱両ニ付銀六拾八匁、銀壱匁ニ付調銭百四文、諸札類目引なし」とある。(69)藩札類は額面通り（「目引なし」）受け取り、金一両＝銀六八匁、銀一匁＝丁銭一〇四文、すなわち一両あたりの正銭は七〇七二文であった。翌月掛屋連名で役所に提出した願書が聞き入れられると、一両＝六八四〇文通用に復した。(70)その後も銭相場は六八四〇文を前後し、安定的に推移している。両円切り替えの済んだ明治七年一二月には、丁銭九五貫二二〇文＝一三円九二銭一厘四毛（一円＝六八三九・八二文）の相場を示しており、(71)若干の銭高を孕みつつも正銭の価格は長期間にわたって安定していた。

こうした銭相場の安定を踏まえて改めて地域通貨相場を見ると、一部の藩札は幕末維新期に大きくその価値を落としたが、有田札・三郡札といった日常的に用いられる地域通貨は額面通り受領されていたのであり、その意味で安定的な貨幣流通が果されていたと言える。

そうした安定的な貨幣流通を保証していたものは一体何だったのであろうか。

明治四年七月一四日に維新政府が、「今般廢藩ニ付テハ總テ今七月十四日ノ相場ヲ以追テ御引換相成候條此旨兼テ可相心得事」と布告するまで、(72)藩札価格の決定は各府藩県の政策に任されていた。日田においては明治二年四月四日に、豆田町年寄が申し合わせを行っている。(73)すなわち、他国銭札は太政官札（「金札」）同様通用のはずで、打歩（「割合」）をつけて通用する向きがあるのはよろしくない。銭札を官省札と引き換える藩もあるが、本来正金と引き換える決まりであるから、銭札は官省札と打歩をつけずに通用すべきとしたのである。

翌五日には、札物（藩札・官省札）相場に「不同」がないよう命ずる日田県達が出ている。(74)明治元年一二月四日以降、維新政府の意向で太政官札の時価通用が認められ、(75)当該期の太政官札相場は大きく高下していた。それに乗じた

「姦商」は、相場下落の時に太政官札を元手に藩札を買い、相場上昇の際には藩札を売って太政官札を手に入れる等の市場操作を行ったのであろう。農民の難儀を聞き入れた日田県が太政官札と各種藩札との間に打歩をつけることを禁じた。結果的に、従来正金価格と連動していた藩札は、ここで太政官札と連動することとなった。太政官札時価通用の布告が出た際、「御一新以来ノ大御失策」と嘆き、「金札ノ弊ヲ至急補セラレ候御良策」を立てるよう建議した県知事の松方正義は[76]、明治二年四月五日の達において、太政官札と藩札の価値安定を図ったのである。

明治四年九月令達の後も、役所（日田県・大分県）は相次いで藩札価格維持の布達を出している。たとえば、明治五年四月二六日に大分県日田出張所が口達したものには次のようにある[77]。森藩札に「目足」（打歩の意ヵ）を添えて官省札と両替を行う姦商が多く、貨幣価値が安定しないので小前百姓は日用取引に難渋していた。そこで、今後の引換を約束し、これまで通りの取引を促している。

これら法制的背景に加えて、掛屋の機能が貨幣の安定的流通を保証していた。

明治五年一一月、第八大区権区長・箕浦又生が大分県庁に提出した上申書は、掛屋の機能に依存した形で貨幣流通を保証する方法を提言している[78]。

當御管内旧諸藩楮幣價格比較間際金小野善助ヨリ相償ヒ候段御達之處、右者諸縣江差響キ不都合相醸候ニ付御取消相成、右ニ付厚キ御布告面之趣逐一奉承服郡中江茂精々及説諭候心得ニ御座候處、旧森藩楮弊之儀未タ比較被仰出無之、先ニ間際之目途難相立候ニ付、小前ニおゐてハ却ニ狐疑狼狽仕候、……戸長共ニおゐてハ別而右筆之儀配意申上、千原幸右衛門・廣瀬源兵衛両人江及談判候処、両人共郡中之為厚ク推恕殊之外奮発致シ、當壬申〔明治四年〕二納金迠是迠之相場ヲ以請取可申旨確然ト承諾致呉、左候得者右掛屋ニ而無故障受納致候事故、郡中無疑念通用可致、……右申上候通掛屋共ニテ是迠之相場ヲ以請取御庁江ハ金札ニ而相納候得者御庁ニ於テ茂御差支不被為在候次第ト愚考仕候、付而者郡中通用者此後被仰出之比較ニ不拘依然ト是迠之通通用為仕度、……

「間際金」とは、藩札引換の基準価格となる明治四年七月一四付の藩札価格と、実際の市場での取引価格との差額を指し、藩札回収の際にはその差額を誰が負担するのかが問題となっていた（第八章）。当初小野組がその「間際金」を負担することとなっていたが、その案が立ち消えとなってしまったので、掛屋に負担が転嫁されたようである。そこで千原・広瀬の両掛屋は、明治四年の二納まではこれまでの相場で収納することを決め、県庁への上納は官省札で行った。千原家の受領価格は必ずしも市場の相場と同じではなく、だからこそ「間際金」が発生すると想定されていたわけであるが、収税価格が一定であった以上、掛屋による藩札価格維持の役割は重視すべきであろう。

また、これは例外的であるが、明治元年三月、郡代が逃亡した跡の日田が岡・森藩の管轄に置かれたとき、掛屋一同で「岡札通用直段之義相談」し、岡札一匁を四六文通用とすることを決定している[79]。収税時の藩札価格は通常役所が決定していたが、この場合は日田における行政権力が空洞化していたため、掛屋が一時的に価格決定権を有したわけである。

ただし、藩札価格が下落しなかったというのは、掛屋である千原家が額面通りに藩札を受領したという意味に過ぎず、ここでは両替業務と収税業務を行う千原家が藩札の価格維持に努めたことをもって、地域全体の藩札が安定的に流通したことを類推するにとどめる。

小　括

旧貨幣増鋳と太政官札発行によって飛躍的に貨幣供給量の増加した維新期であったが、会計基立金の募集や金札正金引換政策の影響もあり、正金は都市部に吸い上げられ、代わりに太政官札が地方に散布された。また、小額貨幣の発行は遅れたため、地方では小額貨幣不足に悩まされた。この維新期には、高額紙幣の太政官札を死蔵させず、小額貨幣需要にいかに対応するかが地方的課題であった。

日田を代表する商人である掛屋・千原家は、豆田町生産会所を経営し、三郡札の引き受け主体となり、太政官札を準備金として小額の地域通貨を発行した。同時に、領外からも多種多量の地域通貨が流入していた。掛屋は、それら諸貨幣を収税する一方で、役所には官省札で上納したため、両者の両替を自身で負担する必要があったが、日田県からの太政官札貸下げのみによらず、特産物移出を通じて地域間決済通貨を得ることで、地域通貨と太政官札の両替を果たした。

この千原家の貨幣出入によると、少額取引では地域通貨の取引額が正銭を上回っていた。そのうち、主要な貨幣であった有田札・三郡札はほとんど減価せずに通用しており、両替と収税を行う掛屋が藩札の安定的流通を支えていたと言える。この安定的な構造の帰結として、一時的にではあるが、高額取引・少額取引ともに紙幣流通が支配的な貨幣状況が維新期に現出した。

このように貨幣取引が「銭匁」勘定で行われる日田では、藩札と官省札が数量的に優位を占めており、万延二分金の基軸性は貫徹していなかった。加えて、一部の藩札は安定的に流通し、地域経済を支えた。これらの指摘に普遍性を付与するためには、地域通貨の域外通用が活発であった播州などの他地域との比較が必要であり、第七章を踏まえて終章で関説していることを付言しておく。

しかし、そうした安定的な構造にも限界は存在した。日田は、黒田明伸氏が想定する「現地通貨と地域間決済通貨の兌換性を保証した結果、個々の債権債務が地域経済全体の収支の一部として制約を受けるようになる地域経済」に相当すると思われるが、そうした経済圏で地域内の貨幣需給変動の自律性を保つためには、地域内への入超に伴う債務過多という事態を避けなければならず、域内産業連関を傾斜させて移出産業を開発するというような動機が生じる。(80)

日田では、年貢銀に占める太政官札の割合が少なく、そして石高割貸付金が一回性のものである以上、地域間決済通貨である太政官札を日田地域に継続的に補充するには、隔地間取引によって対外収支を健全化させる必要があった。豊富な資金力があったうちは、年貢銀で生臘・櫨といった領内産物を買い集める傍ら、豆田町生産会所を運営し、歩入（抵当）品としてそれらを手に入れ、大坂などの隔地に移出、そうして太政官札を得ることができた。別府生産会所や有田櫨会所も同様の活動を行っていたものと推測される。だが、領内産物の専売（専買）は日田では見られず、掛屋・会所を通さない商品流通が活発化すると、産物の集荷に支障をきたし、やがて会所運営も赤字化していく(81)。また、物価下落の影響もあり、生蠟・櫨実を歩入品に取らなくなった生産会所は、本来の地域間決済通貨獲得機能を損なうようになった。それは、単に会所運営に関わる掛屋商人の損失のみならず、地域への太政官札の補充が十全になされないことを意味した。地域有力商人による流通過程の掌握も成立しなくなり、掛屋商人の没落と、延いては貨幣体系の不安定化がもたらされたのである。

折しも、明治四年一一月日田の大分県編入によって県政の中心が府内へ移行してからは、日田掛屋の公金取扱に占める役割は低下し、さらに明治六年度以降の租税上納は小区毎に取り纏めて戸長・保長のうちから大分県庁へ直接納付する制度となっていたので(82)、旧掛屋は以前のような資金力をもはや有していなかった。

こうした構造の揺らぎは、全国的貨幣制度の整備にうまく照応していた。幣制統一を標榜する維新政府は、明治四年五月一〇日に新貨条例を公布、新貨幣を発行するとともに、次いで同年一二月二七日には新紙幣の発行とこれによる官省札・旧藩札との兌換を公布した(83)。新紙幣については新貨幣との兌換を認めていなかったから、高額紙幣も小額紙幣もともに新紙幣に統一されることとなった(84)。そして、藩札価値の切捨てを伴う幣制統一は、井上財政期（明治四年七月—同六年五月）に全国的な通貨収縮を引き起こした(85)。明治八年一月の「旧紙幣通用停止令」が出された頃にはほとんど旧貨幣は市場から退場していた。明治七年前後という時期は、「新貨条例」体制そのものが崩壊し、新貨幣（＝「金円」「銀円」）の貨幣市場からの退出と、新紙幣（「紙円」）の専一的流通が見られた時期であった(86)。

ここにおいて、旧掛屋は異なる貨幣体系の結節点として両替業務を行うという機能を喪失し、没落への道を歩み出すのである[87]。とはいえ、日田三郡札・別府札などのように、中央政府発行紙幣を準備金とする紙幣、すなわち正貨や米との兌換性から切り離された信用貨幣が、維新期に発行され額面通り流通したことは、藩札から新紙幣への接続と全国的な幣制統一を促したものと評価できよう[88]。

（1）山本有造「明治維新期の財政と通貨」（同・梅村又次編『開港と維新』〈日本経済史3〉岩波書店、一九八九年）一三四頁。

（2）一揆研究の分野でも、佐々木潤之介氏が「世直し状況」論を展開して以来（同「維新変革の現代的視点」『歴史学研究』第三二二号、一九六七年三月）、研究は急激に進展した。佐々木氏は、幕末維新期を封建制の危機の重要な画期、そしてその内実たる農民戦争の到来期と設定し、変革の原動力を「半プロ層」に求めた。事実として当該期の一揆は、運動主体や形態、打ちこわしの対象がこれまでの一揆と異なっており、一揆発生のメカニズムを単純な経済的困窮から説明できないことは明らかである。豪農と「世直し層」（小農＋半プロ）の対立から一揆を描く佐々木説は、その後も様々な形で批判・継承されたが、ここでは、藩札の不流通性を説かずとも一揆発生のメカニズムを説明しうる、という点をおさえるにとどめる。

（3）『侯爵松方正義卿實記』（『松方正義関係文書』第一巻、大東文化大学東洋研究所、一九七九年、所収）一六九頁。

（4）岩橋勝「近世後期金融取引の基準貨幣――豊後日田千原家史料を中心として」（『松山大学論集』第一一巻第一号、一九九九年四月）二三頁。

（5）山本有造『両から円へ』（ミネルヴァ書房、一九九四年）六一頁。

（6）『大分県史』〈近世篇Ⅲ〉四五四頁。

（7）日田県発足時の領域は日田・玖珠・下毛の三郡一三二ヶ村・高六万一七二四石余りに過ぎなかったが、その後富高県・諸藩預り地・旗本領等を併合し、明治元年末には一四万石に戻していった。大久保利謙「明治新政権下の九州」（同監修・福岡ユネスコ協会編『明治維新と九州』〈九州文化論集三〉平凡社、一九七三年）三九八―四一一頁、高木俊輔「北九州草莽隊花山院隊の研究」（『静岡大学教養部研究報告』〈人文科学篇〉第八号、一九七三年三月）、『大分県史』〈近代篇Ⅰ〉四九―五四頁。

（8）厳密に「日田金」を定義すると、「代官（郡代）の権威をかりて公金であることを立て前としながらも、実際には公金自己資本、ならびに畿内社寺・公卿の名目金、九州各地の富豪の資金の合体である、とする」竹越与三郎説が通説のようである（『大分県史』〈近世篇Ⅲ〉四一三、四一六頁）。

（9）遠藤正男『日本近世商業資本発達史論』（日本評論社、一九三六年）一四三―一四四頁。

（10）野口喜久雄「日田商人森家の経営」（藤野保編『九州と天領』〈九州近世史研究叢書第四巻〉国書刊行会、一九八四年）三四八頁、安藤保「日田金の基礎的研究――研究史の整理を中心として」（同前）二一四―二一五頁。

（11）前掲遠藤『日本近世商業資本発達史論』一五七、三四四頁。大名貸については森泰博『大名金融史論』（大原新生社、一九七〇年）。

（12）前掲『侯爵松方正義卿實記』一五九頁。

（13）前掲『侯爵松方正義卿實記』一六四―一六五頁。

（14）原田敏丸「豊後日田における商人資本の性格」（宮本又次編『九州経済史論集』第二巻、福岡商工会議所、一九五六年）九〇頁。

（15）兵頭徹『明治維新期日田掛屋商人資本の研究』（大東文化大学東洋研究所、一九九九年）六四頁。なお、政府資金調達額は最終的に掛屋四家で三万両と確定した（七七頁）。

（16）楠本美智子『近世の地方金融と社会構造』（九州大学出版会、一九九九年）一九―五五頁。

（17）「日記」（『千原家文書』一二七九）、明治三年八月一五日条。

（18）たとえば、日田郡内津江筋の八ケ村（野田・川原・栃野・梅野・中西・赤石・大野・柚木）。『大分県史』〈近世篇Ⅲ〉四六一頁。

（19）正徳四年（一七一四）に入部した南条代官時代。享保七年（一七二二）以後米納制に切り替えられたが、一部の山間部農村には残ったとされる。藤野保「幕藩制転換期における九州天領――田沼期幕政との関連を通じて」（『九州文化史研究所紀要』第一八号、一九七三年三月）六〇頁。

（20）藤野保「幕藩制下における天領と藩との関係史的考察――天領日田の商業資本と九州諸藩」（『九州文化史研究所紀要』第一九号、一九七四年三月）三七頁。

（21）楠本美智子「日田・千原家の経営とその推移」（『九州文化史研究所紀要』第二五号、一九八〇年三月）三〇九―三一三頁。

(22) 掛屋が庄屋を兼任することもあり、また庄屋が掛屋の親類であったことも間々あった。
(23) 「覚」(『千原家文書』一四七〇―七五)によれば、明治元年一一月四日、千原幸右衛門は日田県役所に金札一万七九〇〇両(内訳六七〇〇両壱分札、一万四〇〇両壱両札、九五〇両壱朱札、一五〇両拾両札)の預り手形を発出している。印があり、原本であることがわかるので、千原家に所蔵されていたということは、返済が済んで戻ってきたものと思われる。なお、こうした預り手形は適宜、「日記」に筆写される。
(24) 「旧幕御預ケ金勘定仕上帳」(『千原家文書』一二一四)。前掲兵頭『明治維新期日田掛屋商人資本の研究』三四―三五頁。
(25) 前掲兵頭『明治維新期日田掛屋商人資本の研究』一三五頁。
(26) 小物成・御蔵前入用・口銀などの正規の上納銀に加算された新規の上納銀。延享二年(一七四五)より、百姓助合石金の徴収が始まり、掛屋に預けられた。この掛屋の公金預りは百姓助合石金が最初で、掛屋商人の活動展開とともに、年貢金・御用金も預けられるようになったという(前掲藤野「幕藩制転換期における九州天領」)。
(27) 各村から徴収された廻米の津出入ほかの諸入用(＝郡中入用)は、千原家に預けられた(『大分県史』〈近世篇Ⅲ〉四七〇頁)。
(28) 年貢米を売却して得た代金。
(29) 安藤保「日田金の基礎的研究(中)」(『東海大学紀要』〈文学部〉二五輯、一九七六年)三二頁。
(30) 前掲楠本「日田・千原家の経営とその推移」三〇九―三一三頁。
(31) 「日記」(『千原家文書』一一五三)、明治五年二月三日条。
(32) 「日記」(『千原家文書』一一五三)、明治五年一月一二日条。
(33) 大坂への年貢銀送金という経路は近世来より形成されていた。前掲楠本『近世の地方金融と社会構造』四七頁。なお、大坂掛屋はかつては銭屋宗兵衛が勤めていたが、天保一三年(一八四二)を境に大坂屋定次郎・平野屋彦兵衛が加わり、後に大坂屋定次郎のみになった(前掲楠本「日田・千原家の経営とその推移」三一三頁)。
(34) 「歩入」の用例としては、①貨幣の銀位が変化した際、歩増で両替を行うこと(「ぶいれ」)、ならびに②田租を数ケ月に分けて分納すること(「ぶいり」)として使われることが多いが、そのほか九州地方の特殊的な用例として③「全価格の一部を入金し商品を確保して残余金額の歩札を操作したもの」として使われることがある(森田誠一「歩入・歩質について――附銭札・銭預」『熊本史学』第四五号、一九七五年、二三頁)。森田氏が具体的に想定しているのは熊本藩の櫨方役所(櫨会所）の例だが、日田でも「歩質貸」と唱えて、「歩入人」に借用証文を渡さず、「歩札」のみを渡す慣例がある（前掲楠本『近世の地方金融と社会構造』、一一七頁）。すなわち、③の意味に近い用例であり、この場合、歩入人による抵当品の差し出しに対し、抵当品預り証文のみを渡したことになる。歩入品価格＝入金＋歩札であるから、価格の全部を入金（＝貸付）した場合は歩札が発生しないこともある。本章の扱う生産会所では後者の例が多いため、「歩入」を引当・抵当の意として捉えている。ただし、歩入に対する貸付が、商品の買取という意味を強く帯びている点に留意したい。

(35) 前掲楠本『近世の地方金融と社会構造』一一六頁。なお、楠本氏は玖珠郡内にも生産会所が設置された可能性を示唆している。

(36)「日記」(『千原家文書』一二七八）明治四年一一月八日条。

(37) 前掲楠本『近世の地方金融と社会構造』一一九頁。

(38)「三郡通用札書類」(『千原家文書』七八七三)。

(39)『大分県史』〈近代篇Ⅰ〉六一―六二頁、前掲兵頭『明治維新期日田掛屋商人資本の研究』九〇頁。

(40)「生産所貸附金仕上書」(『千原家文書』一三八一)。

(41)「乍恐以口書奉願候」(『千原家文書』一二二四―四)。

(42)「産物歩入御貸附金仕出帳」(『千原家文書』一三二三―三)。土地・家屋・酒・米で全体の八九・三七％を占める。

(43) 斎藤修「徳川後期「インフレ的成長」論の再検討――実物的アプローチとマネタリ・アプローチ」(『三田学会雑誌』第七三巻三号、一九八〇年六月）七一頁。

(44) 新保博「地方通貨としての藩札――19世紀の尼崎藩札を中心として」(『経済情報学論集』〈姫路獨協大〉創刊号、一九九一年三月）、鹿野嘉昭「幕末期、藩札は濫発されたのか――藩札発行高推計に基づき、濫発論を再検討する」(『経済学論叢』〈同志社大〉第五九巻第二号、二〇〇七年九月）四四頁、岩橋勝「近世貨幣経済のダイナミズム――熊本藩領を事例として」(『社会経済史学』第七七巻第四号、二〇一二年二月）二五頁。

(45)「日記」(『千原家文書』一二七九)、明治三年一二月二一日条。

(46) 加藤慶一郎・鎮目雅人「幕末維新期の商品流通と貨幣の使用実態について――東讃岐地方の事例から」(『社会経済史学』第七九巻第四号、二〇一四年二月）九〇―九二頁。

(47) たとえば、上田藩下の尾崎家は一四両の取引を一〇両の官省札と四両の上田藩札で行っている（「大福金銀貸借日記帳」

上田市立博物館所蔵『尾崎正弘家文書』五七二、明治三年五月一六日条）。この事例では、銭建ての上田藩札を金建てで換算し直して帳簿に記載している。

（48）千原家が受け取った貢租額については、「初納帳」「二納帳」「三納帳」へ転記した形跡が見られ、「寅三納御銀両替帳」（『千原家文書』二九）など一部が現存する。貢租として村々から収納する貨幣の種類と、日田県役所へ上納する貨幣の種類が異なるため、「両替帳」と称したものと考えられる。また、「札出入帳」「金銀出入帳」には、助合穀など他の公金収納も含まれているので、貨幣の出入全てを記載した元帳と判断した。

（49）有田札一匁と三郡札一匁は、「一両―一分」の関係と同じで、四進法に慣れ親しんだ日田商人にとっては計算の便宜にも適っていた。

（50）「日記」（『千原家文書』一二五三九、一二一七〇）安政七年三月一六日、明治七年三月一五日各条。なお安政七年は筑前米値段を参照し、金一両＝銀七六匁換算とした。

（51）岩橋勝「徳川後期の「銭遣い」について」（『三田学会雑誌』第七三巻三号、一九八〇年六月）、前掲同「近世後期金融取引の基準貨幣」。一両以上を高額貨幣、一分未満を小額貨幣とする分類に基づけば（序章）、一貫文は金建てで二朱―一分相当であり、決して高額貨幣ではない。銭札としては比較的高額な「高額銭札」であるという意味で括弧を用いている。

（52）各地域通貨の額面最高価額は、有田札五匁（＝三八〇文）、三郡札五〇匁（＝九五〇文）、別府札一〇匁（＝五〇〇文）、豊津札一匁（＝一〇〇文）であった。なお当時の銭相場は一両＝六八〇〇―七〇〇〇文程度。

（53）「金銀出入帳」（『千原家文書』一〇）、明治元年。

（54）『藩史大事典』〈第七巻・九州編〉四二六頁。

（55）前掲岩橋「近世後期金融取引の基準貨幣」二二頁。

（56）野口喜久雄「豊後国森藩の借財について」（『大分県地方史』第六九号、一九七三年三月）七頁。

（57）『玖珠郡史』（大分県玖珠郡玖珠町役場・九重町役場、一九六五年）三八三頁。

（58）有田櫨会所については、野口喜久雄氏が「同文書（大分県立図書館蔵『望月文書』）慶応二（一八六六）年五月三日の日記には、「有田櫨会処」の名が見え、藩が櫨実の買占めを行っていたらしいことが推測されるのであるが、今のところ詳しいことはわからない」（「豊後森藩の生産と流通の統制」『大分県地方史』第七〇号、一九七三年八月、三頁）と述べているが、本書でも有田櫨会所の活動内容を明らかにすることは叶わなかった。

(59)「札出入日記」(『千原家文書』三〇二)慶応四年。
(60)森藩発行の銀札で、有田札との関連は不明。ただし、有田爐会所への支出に森銀札が用いられた形跡は見られない。
(61)前掲楠本『近世の地方金融と社会構造』七二、八九頁。
(62)たとえば、豊津札の項における明治四年正月二日条に、「入　九百七匁　(印)「㊉引合」　酒店」などとある(「(札出入日記)」『千原家文書』三〇七)。「引合」というのは、帳簿上の出入と、現金残高との照合が済んだ証拠として押したものであろう。
(63)明治四年一二月までに日田県が大蔵省本省に納めた贋金は三八四二両(澤田章『明治財政の基礎的研究』柏書房、一九六六年、三五五―三六七頁)。
(64)西川俊作・天野雅敏「諸藩の産業と経済政策」(新保博・斎藤修編『近代成長の胎動』〈日本経済史2〉岩波書店、一九八九年)一八四頁。
(65)「日記」(『千原家文書』一二七九)明治三年各条。
(66)「日記」(『千原家文書』一二七〇)明治七年一二月二四日条。
(67)前掲岩橋「近世後期金融取引の基準貨幣」一二二頁。
(68)「午四月御金両替帳」(『千原家文書』二三)。
(69)「日記」(『千原家文書』一二五四〇)安政六年一〇月一五日条。
(70)「日記」(『千原家文書』一二五四〇)安政六年一一月一四日、一一月一九日各条。
(71)「日記」(『千原家文書』一二七〇)明治七年一二月二四日条。
(72)大蔵省紙幣寮編『貨政考要法令編』(大内兵衛・土屋喬雄編『明治前期財政経済史料集成』第一四巻、改造社、一九三四年、所収)一九五頁。
(73)「日記」(『千原家文書』一一五〇)明治二年四月四日条。
(74)「日記」(『千原家文書』一一五〇)明治二年四月六日条。
(75)藤村通『明治財政確立過程の研究』(中央大学出版部、一九六八年)五六頁。
(76)前掲『侯爵松方正義卿實記』一八六頁。
(77)同月二九日に市郷会所を通じて正式に口達。「日記」(『千原家文書』一一五三)、明治五年四月二六日、二九日各条。

(78)「楮弊比較間際金無之御達之義ニ付申上」(「日記」『千原家文書』一一五三、明治五年一一月二五日条)。
(79)「日記」(『千原家文書』一二五三二)、慶応四年三月一二日条。
(80)黒田明伸『中華帝国の構造と世界経済』(名古屋大学出版会、一九九四年)一三―一四、一〇六頁。
(81)前掲兵頭『明治維新期日田掛屋商人資本の研究』一一五頁。兵頭氏は会所経営の行き詰まりを官省札の相場下落と滞貨に求めている。
(82)同前一八五―一八七、二五八頁。
(83)ただし、実地において旧藩札は必ずしも新紙幣とのみ交換されたわけではなかった。明治六年四月、実町では森藩札一八貫目(金一一三両永八一〇文相当)を差し出し、藩札回収を担当していた会所から官省札(「金札」)を受け取っていることがわかる(「記」『千原家文書』七七四六)。
(84)前掲山本『両から円へ』三二―三七頁。
(85)中村隆英「明治維新期財政金融政策展望――松方デフレーション前史」(梅村又次・中村隆英編『松方財政と殖産興業政策』東京大学出版会、一九八三年)一九頁。
(86)前掲山本『両から円へ』二五四、八九―一〇二、三一五頁。山本氏は新貨幣の国内流通高減少を正貨流出などから説明している。なお、新紙幣の額面は一〇〇円、五〇円、一〇円、五円、二円、一円、半円(五〇銭)、二〇銭、一〇銭で五〇銭(二分)未満の小額貨幣も含む。
(87)楠本氏は、「千原家は廃藩置県によって公金預りの特権を失い、その上、藩負債並びに旧藩貸下金処分によって藩負債は二五年賦あるいは五〇年賦の公債となり、扶持は廃止され、永納金は棄捐となり、旧藩への貸付金を当てにして借りた旧藩拝借金、石高拝借金、旧幕引継金上納時に借りた拝借金と、多額の拝借金のみが残り、結局千原家の経営は廃業に追い込まれた」と述べている(前掲楠本『近世の地方金融と社会構造』一三五頁)。本書の理解は、地域通貨流通にとって致命的だったのは掛屋の両替業務喪失であり、掛屋の衰退にとって致命的だったのが藩債処分であったというものである。なお、千原幸右衛門は、明治七年八月に豆田町の家宅を処分し、翌八年一〇月には酒造業の廃業届を出している。
(88)正貨に比べて紙幣利用が量的に上回った貨幣体系は、維新政府の廃藩置県後の貨幣政策、たとえば藩札回収を正貨(新貨幣)兌換ではなく紙幣(新紙幣)兌換としたこと、などにとって有利に作用したことは想像に難くない。

第五章　上田の地域通貨流通と贋金

はじめに

幕末の万延幣制改革に伴い、万延二分金は様々な市場において「元建」通貨＝価格基準となった。山本有造氏が述べる、この「万延二分金」本位制論によって、両から円への円滑な接続を説明することが可能になったわけだが（序章）、明治維新期にこの体制は大きく動揺したと考えられる。その要因の一つが贋金流通であり、一つは古金銀回収である。前者は、市場における正貨の流通を阻害し、後者は正貨の供給量を減少させた。

諸藩による贋金私鋳については、少なくとも会津・秋田・仙台・二本松・加賀・郡山・薩摩・筑前・久留米・佐土原・高知・広島・宇和島の諸藩が行ったことが明らかになっている。戊辰戦争の舞台となった東北地方、および九州・西国筋の勤王藩が中心であり、贋金を武器・艦船購入に充てたため、外交問題化した。明治二年（一八六九）六月の「贋貨私鋳厳禁布告」後も、密かに贋造を続けていた藩もあった(1)。

諸藩が私鋳した贋金のみでなく、政府による旧貨幣を模造した劣位正金と合わせて「悪贋貨」と呼ぶこともある。維新政府の貨幣発行部局である会計官貨幣司は、明治元年七月から翌二年二月にかけて幕府鋳貨である万延二分金と安政一分銀を模造し、政府が接収した江戸の金銀座でも引き続き旧貨幣の鋳造を行った(2)。これらは幣制統一の妨げになったのみでなく、品位が非常に劣悪であったため、「悪貨」「悪金」と評された。本書では、「悪貨」も含め、通常の貨幣として用いられない金貨を「贋金（にせがね・がんきん）」と総称することとする。

贋金問題が外交上どのように取り上げられたかについては丹羽邦男氏が、これに直轄県政がどう対処したかについては松尾正人・中村文両氏の研究があるが(3)、贋金流通が与えた経済上の影響については議論が尽くされていないように思われる。

一方の古金銀回収については、まず金札正金引換政策が挙げられる。政府は明治二年六月に、三都に集中した太政官札を再び府藩県に散布する代わりに、それと同額の正金を上納させる政策を実施した。この結果、政府に正貨が集中し、市中では正貨供給量が減少した。たとえば新潟では、英国領事が金札正金引換政策後に正金が市中で姿を消したと報告している(4)。

次いで政府は、明治四年（一八七一）一二月一〇日大蔵省達に基づき、一部の古金銀を回収し、代わりに古金銀預証券（円建て）を発行した。残る古金銀についても、明治七年（一八七四）九月一五日の大蔵省達により引換手続が定められた。当初は翌明治八年中に交換終了の手筈であったが、結局明治一二年（一八七九）一二月まで交換期限が延期されている(5)。

これらと並行して政府は、諸藩の藩札準備金などを収納した。大蔵省は、明治五年（一八七二）から同八年までの四年間に、三四五万五〇五八円余りの「舊藩楮幣準備金」を通常歳入として計上している(6)。他にも「舊藩残金」「舊藩貯蓄金」などの歳入が確認できる。こうして政府の正貨蓄積は増加し、明治五年一二月時点で国庫の正貨準備金は一四〇〇万円を超えた(7)。

明治二年における正金・正銀の流通額概計は、それぞれ八七六一万六五二円、五二六六万五七八七円とされており、退蔵されたものも多くあると考えられるものの(8)、これらが明治二年以降に漸次回収されていったことの市場への影響は少なくない。古金銀回収に関わるこれまでの研究を深める材料はないが、新貨幣が発行されるまでの期間、正貨の供給量が減少した事態は、[9]貨幣流通の変化として議論の前提とすべきであろう。

そこで本章では、政府が古金銀回収政策を展開する中、さらに贋金が流通することによって、「万延二分金」を基軸とする貨幣体系はどのような影響を受け、どう再編されたか、という観点から維新期の貨幣状況を分析したい。

対象とする地域は信州上田（現、長野県上田市）である。海外流出分を含めると贋金総額の推計はほとんど不可能であるが、[10]大蔵省が回収した贋金の額は一部判明している。大蔵省本省と大蔵省京都出張所が回収した贋金は合わせて一五七万五三〇七両余りで、そのうち、伊那県が八万七四九〇両、松代藩が七万二八四〇両、上田藩が五万九七八六両、飯田藩が五万七六一三両、松本藩が五万一二七四両を占めている。[11]信州は全国的に見ても贋金の流入が著しかった地域であり、明治二年の凶作と米価騰貴が加わって、明治二年七月には飯田二分金騒動が引き起こされた。[12]贋金流通が地域にどのような影響を与えたか考える上で、信州は適当な地域であろう。

また、信州上田を対象とすることで新しい論点も生まれる。上田藩が開港以来領外移出品として生産に傾注してきた蚕種業の展開が貨幣流通とどう関連するか、序章に即していうなら、貨幣体系の変容に実体経済はどう対応したか、という点に留意しながら、明治初年の通貨問題を切り口として上田藩域の社会・経済状況を再検討したい。

第一節　上田を取り囲む社会・経済環境

(1)　上田地域の蚕種業

近世中期における蚕種「本場」は奥州信達地方（信夫・伊達両郡、現、福島県福島市・伊達市周辺）であった。上田では、一八世紀までこの信達地方に依存した形で蚕種業が展開していたが、寛政期（一七八九—一八〇一）に入ると商人仲間組織を結成して信達地方からの自立が図られた[13]。そして、開港を契機として横浜を通じた海外用蚕種の輸出が一時的に増加し、横浜蚕種輸出が最高潮に達した明治二年度には、上田藩内横浜向け蚕種が、上田四ヶ町、小県《ちいさがた》郡六四ヶ村、更級郡四ヶ村で、約六二万枚にのぼった[14]。

この上田蚕種業には二つの特徴があった。一つは、生産者＝販売人で、生産過程と流通過程が直結していたこと。そしてもう一つは、桑栽培・種繭生産を行わず製種過程のみに特化していたことである。これらが蚕種生産量の増加を可能にした半面、販売経費・仕入資金を増大させる要因となった。したがって、上田蚕種業の発展を分析する上では、そのような資金需要がどのような金融構造によって充たされたのかが問題となる。飯島千秋氏は、蚕種生産が必ずしも資金力豊富な豪農層のみによって担われたということではなく、「保有貫高に不相応な」展開をしていた経営は、講組織による営業資金貸付によって支えられていたと述べて、農村金融の果した役割を積極的に評価した[15]。

また、相互扶助の講組織のみでなく、売込問屋による仕入資金貸付・荷為替資金貸付[16]、一般高利貸[17]、などによる資金供与が、蚕種生産者の増加・製造枚数の拡大に寄与したことも指摘されている。特に、売込問屋と上田蚕種商との関係を考察した上山和雄氏は、売込問屋の荷主への貸付には第一に蚕種製造のための貸付、第二に輸出商人（買取商）への仕入資金の貸付、第三に横浜への荷為替取組による貸付、の三種があったとして、売込問屋からの資金提供という側面を重視している[18]。

これらに加え、明治三年一月には蚕種業者への貸付機関である上田商法社も設立された[19]。商法社は横浜売込問屋や長野県庁から貸付を受け、それを元手金として蚕種商に貸付を行っていた。資金不足に悩む産地商人は商法社に結集してより多くの資金導入を図り、他方売込問屋は上田の荷主・商品を掌握し、荷受量の増大を実現した[20]。

(2)　上田藩の会所政策

上田藩は、他藩にさきがけ、藩産物会所政策によって早くから横浜交易に乗り出した。安政四年（一八五七）、上田藩は江戸方面へ移出されるすべての国産商品の輸送・販売を一手に握る藩産物会所を設置した。[21] 取引商品の中心は生糸で、「生糸生産者—荷主—上田産物会所と集荷したものを、会所商人付きそいで江戸産物会所へ送って中居屋へ渡し、中居屋が会所商人と相談しながら外商へ売り渡す」という方法が取られた。[22] 横浜居留の外国商人との交渉は横浜売込商・中居屋重兵衛の裁量に任されたようである。その後万延元年（一八六〇）五月に、指定問屋は中居屋から永喜屋富之助に交代した。[23] 生糸の輸出は慶応元年（一八六五）をピークに下降するも、代わって蚕種輸出が主となり横浜交易を推進していった。[24]

慶応三年五月二四日には、再度指定問屋を変更する旨の触れが出されている。[25]

御觸書

御領分産物之儀従来御世話も被成下、横濱御開港以来同所江問屋をも御建被置候處、近年御領産出荷之者共賣捌方彼地問屋株之内江銘々勝手ニ積入賣込致来候趣相聞、自然与取締不宜ニ付、今般為締横濱問屋肥前屋七右衛門方江用達申付、御領産之品於同所賣捌之分同人方江入荷引受申付候間、以後彼地江出荷致候品者同処江積入、賣捌方之義以前之通勝手次第取斗可申候、是迄外問屋向江入荷致候もの共万一於同処賣込方致度候ハヽ、其旨肥前屋七右衛門方江相断〔談〕候へ者、右方ゟ其向問屋江遂懸合取扱差支無之筈ニ候、

一手取扱を上田藩が任せた商人（ここでは永喜屋）以外の横浜売込商に対する積み入れが増加したため、その取締りを新たに横浜問屋・肥前屋七右衛門に依頼しているものである。横浜に出荷（「出荷」「積入」）した上田の産物は、肥前屋が引き受けることになり、その販売先（「賣捌方」）についてはこれまで通りとなったようである。肥前屋以外の「外問屋」に出荷していた荷主も、横浜への出荷継続を希望するなら肥前屋に相談するよう申し渡された。これは肥前屋が「外問屋」の取扱産物を引き継いだことを意味する。ここで厳しく禁じられたのは「勝手ニ積入」ることであ

り、藩下でも、「産物蚕種生糸其外共改印請、其上横浜出荷幷御他領江売渡候分、産会所へ申出候而可致出荷候」として、蚕種・生糸に限らず、そして横浜以外の地への出荷を意味する「他領売」も含め、産物会所を通さない出荷禁止をたびたび触れている。(26)

明治元年一一月の時点で、海外向（「濱出」）・国内向（「他売」）とも、蚕種営業に携わるために必要な鑑札料は鑑札一枚につき初年度五両、翌年から三両と定められており、他に蚕種一枚につき永二五文の冥加金が藩に支払われていた。(27)肥前屋の蚕種取扱高は明治元年五月までで四五六六枚にのぼったので、(28)明治元年一一月の取り決めが先例に倣ったものと仮定するなら、冥加金は一一四両永一五〇文ほどになる。鑑札・冥加金収入額は些少であり、上田藩の主たる目的は後述するように指定問屋からの資金供与を引き出すことにあったと思われる。

明治二年五月に次の触れが出されると、(29)五軒問屋体制に移行して指定問屋への出荷に優遇措置が図られることになる。

御領分産物横濱表交易賣捌方為取締、同処問屋肥前屋七右衛門方へ用達申付置候處、今般尚又相改、左之通

横濱問屋／御領産賣捌取扱／頭取／糸屋万助

同断頭取／七右衛門事肥前次郎兵衛

同断賣捌取扱／大和屋三郎兵衛

同断／不入屋修助

同断／小橋屋傳右衛門

右之者共江用向申付候間、以来濱表賣捌之品者右五軒問屋方へ入荷賣込可致候、就而者是迠濱出シ荷物ニ付冥加幷印税差出シ来り候分者都テ不残令用捨候、御国遣ひ他処引合賣捌之分者是迠之通り可相心得候、

一　他処者御城下へ入込御領産諸品買入、或ハ買次唱候取扱ニ而取引いたし出荷之分者、賣高代金之内冥加差出

へく候、兼テ其旨相心得取引致シ竊ニ出荷取扱決テ不相成候、

一　蚕種商人与唱ひ御国遣引種他処賣いたし候蚕種之分者、本分一枚ニ付銀三分ツヽ之冥加受改チ〔ママ〕候節差出可申、濱出荷物も改方之義者昨年迠之通可相心得候事、

右之通改申付候間、……

指定問屋には糸屋万助、肥前次郎兵衛（七右衛門）、大和屋三郎兵衛、不入屋《いらず》修助、小橋屋伝右衛門の五軒の問屋が選ばれ、横浜において上田産物を取り扱った。ここで定められているのは、①株鑑札を所有する領内商人が横浜五軒問屋に出荷する場合、冥加金・印紙税は不要であること、(30)②他領商人が上田城下に入り込み売買を行った場合は冥加金の支払いが求められること、③横浜以外の内地への蚕種出荷（「御国遣引種他処賣」）については蚕種一枚につき銀三分（金建てで約永一四文）の冥加を差し出すこと、である。税制的に国内用よりも海外輸出用の蚕種を優遇すると同時に、領内商人の保護を図り、さらに①によって指定問屋への出荷を優遇したことが見て取れる。

さらに、明治三年五月に八軒問屋体制に移行すると、問屋達は「御製産諸品為替金」を貸し付けられ、「横濱表へ輸出荷物為替引請賣人衆取締世話方」に任命された。(31)その業務には、横浜着の荷物が外国商社に売り捌けたどうかにかかわらず、定められた日に利息を含めた代価を送金することや、「金銀送り之節於道中自然水火盗難者商法荷主請負方三分割損耗之事」ことなども含まれ、問屋の業務内容と責任が拡大していることが知られる。ここで連印している横浜問屋は小橋屋伝右衛門、中沢屋五兵衛、大和屋三郎兵衛、増江屋次郎兵衛、不入屋修助、糸屋萬之助（万助）、野沢屋惣兵衛、亀屋善三郎である。野沢屋・亀屋といった、従来非指定問屋として上田の産物を預かっていた大手売込商を体制内に取り込むとともに、以降、「濱出し之所者右八軒之問屋方へ入荷賣込幷為替方可申談候」と規定したことで、指定問屋への蚕種集中を企図した。

幕末期の指定問屋制による出荷統制を飯島千秋氏が高く評価するのに対し、上山和雄氏は指定問屋でない原商店や

野沢屋惣兵衛の積極的な上田蚕種荷受を例に「指定問屋制が十分機能したとは思えない」という理解を示している[32]。指定問屋がたびたび変更されたことは、取締りが不完全であったことを意味している。とはいえ、明治に入ってから上田藩は指定問屋制度の適用範囲を拡大させ、かつ横浜向けの上田蚕種を税制的に優遇することで、指定問屋の元に集荷する体制を強化しようと試みた。では、蚕種流通に伴う貨幣需要と貨幣流通の関係は具体的にはどのようなものであったか。以下その検討に移ろう。

(3) 維新期の貨幣状況と農民騒擾

幕末維新期には凶作が続き、特に明治二年は全国的に凶作の年であった。そのため、農民騒擾も全国各地で頻発した。領主財政の逼迫と米価高騰の中で、諸々の要求が農民から掲げられ、領主も対応を迫られることになるが[33]、信州の場合は二分金不通用の解消が騒擾の要求項目に掲げられていたことが特徴的である[34]。騒擾の背景には、維新政府による太政官札の発行、贋金の流入、そしてそれらに起因する小額貨幣不足という貨幣状況が存在した。

太政官札については、諸府藩県へ石高一万石に付一万両の割合で強制的に貸し付けられた石高割貸付金が、上田藩領への第一次的な経路となった。上田藩（五万三〇〇〇石）は、明治元年六―一二月にかけて一万六〇〇〇両借り入れている[35]。

第三章で述べたように、太政官札は高額紙幣という特性から日用取引に利便性がなく、小規模な経済活動には適さなかった。街道筋・宿駅市場における金札不流通という状況は、同時代の報告書にも散見される[36]。維新政府が明治二年六月に実施した金札正金引換政策も、同様に地方の小前層に悪影響を及ぼした。維新政府は、太政官札を各府藩県に下げ渡す代わりに、同額の正金上納を迫ったために、地方では正金が欠乏する状況が生じたのである。この正金上納は、単に太政官札の融通策というのみでなく、古金銀回収政策の一環であった。結果として、諸藩や民間で私製された贋金が、正金および太政官札を補うような形で流通するようになる。

明治三年七月に提出された上田藩の民部省宛願書によると、(37)

……昨年以来贋弐分金夥敷管内ニ流布致、僻遠之地慥ナル鑑定者ニ乏シク真贋相辨兼候ヨリ彼此ヲ論セス弐分金必至通用差塞リ、加之諸作不熟ニテ穀價者勿論諸物共未曾有之騰貴、旁以小民大卒生活之道を失シ終ニ暴動ニモ立至リ候次第ニテ、秋収ニ至リ収納過半ヲ減シ、藩士之俸禄ヨリ小民共救助米等迠聊儲蓄之金幣幷金主共融通金等ヲ以テ他處ヨリ買調、猶又鄙境之好ミヲ以テ藩々ヨリ米金融通頼入為取凌候儀ニテ、困迫之次第又尋常ニ無御座、其上前書弐分金通用差塞リ候而已ニ無之、其他銀貨幷大小銭共如何成行候哉当国一体ニ乏シク、当時専ら通用之分ハ僅ニ近時御施行之楮幣而已ニテ、是トテモ僻遠之大地流布之員数至テ少ク日用営生之諸品買調も出来兼殆ト飢餓離散ニモ可立至勢、片時も差置ガタク、……

明治二年には贋金が大量に領内に流入し、その真贋を見極めることが難しかったために、贋金に限らず二分金自体の流通が差し塞がった。そして、凶作で諸物価が高騰する中、生活の道を失った農民が暴動を起こしたという。問題はこの限りでなかった。二分金、すなわち金貨のみでなく、銀貨や銭貨も不足し、通貨では太政官札（「近時御施行之楮幣」）が大部分を占め、日用取引に支障をきたしていた。高額紙幣の太政官札が流入しても、農民にとっては日用取引に用いることはできず、贋金の流入に伴う正金不信と重なって小額貨幣不足という状況が生じていたのである。実態面での検討は後掲に譲るが、凶作・米価騰貴による窮迫と、贋金流入・小額貨幣不足に起因する経済的損失が農民の不穏な動向を醸成し、これが上田における暴動の直接的契機となった。

ここにある農民の「暴動」とは、明治二年八月の上田騒動を指すが、これに先駆けて飯田二分金騒動が発生しており、それらは相互に関連している。騒擾の発端と波及は次の通りであった。(38)明治二年七月二日、飯田藩領内で騒動が起こり、それが同年八月一六日、上田藩領内に波及して、上田騒動と呼ばれる農民騒擾が起こる。同年八月二五日には、伊那県塩尻局下の筑摩郡四ケ組六三ケ村で騒擾（会田・麻績《おみ》騒動）が発生し、東信から南信にかけて大規模な打ちこわしが見られた。

八月に騒動が頻発したのは、地域の貨幣需要とも関係がある。慶応期以降、蚕種製造業に域内産業連関を傾斜させていた上田藩において、資金需要が発生するのは主に、五月の原紙購入[39]、八―九月の桑買付[40]、および印紙税上納[41]、一一―翌年一月の一般租税上納、の時期である。仮に横浜売込商の手を通じて蚕種が海外に輸出される場合、蚕種紙の出荷は九月頃[42]、売り上げ代金が手に入るのは一〇月以降となる[43]。したがって、八月というのは資金供給が逼迫する中で、資金需要が高まる時節と考えられる。多くの蚕種製造業者が横浜売込商や蚕種買取商等から前借りを受けていたはずであるが、それだけで地域の資金需要を賄えないことが明らかになるのが、明治二年の八月という時節柄であった。

この騒擾に際して、広域行政、個別藩県、地域組織でそれぞれ対応策が取られた。以下、その対応策である各種地域通貨発行を検討しよう。

第二節　地域通貨の発行

(1) 信濃全国札

騒擾発生時の明治二年七月に駅逓会議を開催していた信州藩県連合は、騒擾の発生を受けて議題を変更し、信州全藩県通用紙幣の発行を決定して事態の収拾に努めた。その決定に基づき、信濃国一四藩一県四局（松代・松本・上田・高遠・高島・飯山・飯田・小諸・岩村田・龍岡・須坂・名古屋・高須・椎谷、および伊那県下中野局・中之条局・御影局・塩尻局）で通用した銭札が信濃全国札である。額面は、一貫二〇〇文、六〇〇文、一〇〇文の三種類であった。当該期の上田銭相場一両＝一〇貫文に照らせば、一貫二〇〇文札でも金二朱程度で、いずれも小額貨幣であったと言えよう。総発行高は八万両であるが、村高一〇〇石につき二八両の割合で各藩県に割り振られた[44]。上田藩も石高に応じて信濃全国札七万二八二〇貫二〇〇文（七二八二両相当）を受け取っている。受け取った札に、各藩県局が証印を押し、発行主体を明記した上で流通させた。

注目すべきは、この紙幣には官省札（「金札」）との引換規定しか存在しない点である[45]。先に、小額貨幣不足を導いた原因として、①太政官札の発行と金札正金引換政策、②贋金の流入による正金不信、の二つを挙げたが、信濃全国札は前者への対応であり、太政官札と交換することで地域に小額貨幣を供給しようとしたものと言える。

この信濃全国札は一時的な措置であり、維新政府が明治二年一二月に藩札通用停止を布告したため[46]、明治三年までに引き上げる見込みとなった[47]。とはいえ、一度発行され、市場に流出した貨幣をすぐに回収することはできない。明治三年七月、上田藩は次のような願いを提出している[48]。

信濃全国銭札之儀者兼而各藩連名を以て奉願上候儀ニ付、尚又今般引上ケ方期限之儀茂同様申談連署申上候儀ニ御座候、然ル処各藩管轄大小幷ニ貧富等之不同も有之、自然申談ニ泥ミ遷延致し候様相成候而者朝命疎略ニ仕候場合ニ立至リ候間、藩々限リ尚又引揚ケ方目途相立可申上旨御口達之趣奉畏候、依之尚精々評議を尽し候得共、一体當管下之儀ハ薄地ニ而専ら養蚕之利潤を以て産業相立、他商人共多ク入組候ニ付、散布之数茂多分ニ可有之見込ニ而、彼是程合相量七月晦日限リ引上ケ候様目途相立候、夫々手配仕置候儀ニ而、朝命疎略仕各藩ニ致雷同候様之儀ニ而者毛頭無御座候間、何卒藩情御憐察被成下右期限迄引上ケ方御猶豫被成下候様奉願候、以上、

上田藩は大蔵省に対し、信濃全国銭札引き上げに際して各藩県の足並みが揃わない状態と、一度散逸した貨幣を回収することの困難さを説明している。特に上田藩では、養蚕業に関わる藩内外の商人の往来が頻繁なため全国札が他領に散布しやすく、それを理由に引き上げの猶予を願っている。

表5-1　上青木村信州全国札内訳（単位：枚）

発行主体	1貫200文	600文	100文	小計
上田藩	3	4	25	8貫500文
松代藩		1	33	3貫900文
小諸藩	1	1	19	3貫700文
中之条局		2	22	3貫400文
御影局		1	21	2貫700文
中野局	1	1	5	2貫300文
龍岡藩		2	6	1貫800文
伊那県	1		5	1貫700文
松本藩	1		3	1貫500文
塩尻局	1		1	1貫300文
飯山藩	1		1	1貫300文
岩村田藩	1			1貫200文
高島藩			3	300文
高遠藩			2	200文
椎谷藩			1	100文
須坂藩			1	100文
計	10	12	148	34貫　文

出所：「通用銭引替に付持合分取集控」（『尾崎家文書』444-7）より作成.

この猶予願は叶ったようであるが、また期限が迫ると、引き上げ猶予願を行う上田藩と、大蔵省との問答が繰り返される。当初の引き上げ終了期月を過ぎた明治三年閏一〇月に、上田藩が大蔵省宛に信濃全国札と上田藩札上納の猶予願を出しているのも、その一つである。これは「願之趣難相整、早々可有上納事」という指令が出て却下された(49)。

上田藩領上青木村を例に回収の様子を見ておこう。表5-1に見えるように、上青木村には上田藩の発行した信濃全国札のみでなく、他一五藩県局の札が流入していた。特定の札が選好された形跡も、全国札内での相場差が発生した痕跡も見当たらない。信濃国内の近接する領域同士で分け隔てなく手交が繰り返された結果であろう。伊那県中之条局下更科郡坂木村の流通高を調べた柳沢哲氏の研究でも同様の結果が得られており、「藩・県・局証印全国札が一人或は一ヵ村において多数の藩県局に及ぶという事実は、とりもなおさず当時の商品流通の展開度とその広域化の進行を示す証左である」という結論は支持できる(50)。ただし、全国札引き上げがもたらした経済的混乱を重視し、それが明治三年一一月以降の一連の騒動の要因とする同氏の指摘については(51)、やや過大な評価と言わざるをえない。信濃全国札の発行高は八万両で、上田藩が受け取った額は七〇〇〇両余りに過ぎない。これは松代藩札三二万九八二九両(52)、上田藩札一一万九〇〇〇両と比較すると圧倒的に少ない。また、同一村内での信濃全国札と上田藩札の回収高を示した表5-2を見ると、小額貨幣の分野では信濃全国札の数的優位が認められるものの、流通高では上田藩札の方が多かった。全国札は発行藩県局以外の領域にも流通し、藩札よりも小額な貨幣として一定程度の役割を果たしたことは事実であるが、その回収が明治三年騒擾に与えた影響は、上田藩札回収とあわせて考察すべきであろう。

表5-2　明治3年上青木村信濃全国札・上田藩札回収高

所有者	信濃全国札（枚）			上田藩札（枚）			
	1貫200文	600文	100文	2貫500文	1貫250文	624文	200文
貞三	2	3	25				
馬之助			9				
作蔵			19	4	1	2	
和助	1	1	16		1	1	2
平蔵		1		2		3	
丈右衛門	1		5	2		4	2
政右衛門			12	2	4	2	
作次		1	25				
蔵十	2	2	6				
友次	2		2				
文次	1	1	2		2		2
初右衛門		1	3				
惣助	1	2					
吉兵衛			3				
太十			6				
与平			2	10			
佐市			2	5		1	
槙勢松			1				
平八			5				
代治			1				
寺			1				
次[治]助			3		2	6	1
文三郎				87	3	4	
彦太郎				7	4	3	
茂吉				9	6	4	
不明				160	16	11	1
茂作				3		4	
宇兵衛				1	1	1	
小計	10	12	148	※292	40	46	8
（銭建換算）	34貫文			800貫304文			

出所：「通用銭引替に付持合分取集控」（『尾崎家文書』444-7），「銭札引換員数調帳」（『尾崎家文書』444-12）より作成.

注：表中に示した信濃全国札の引替は8月，上田藩札の引替は4月．※の数値は史料中の数値「284」と一致しない.

(2) 上田藩札

上田藩は旧幕時代に藩札製造の経験はなかった(53)。しかし、明治元年から二年にかけて、贋金が他領商人に持ち込まれて領内に流入し、正金一般への不信という問題が発生すると、贋金を回収するためには地域通貨の発行が不可欠となった。当該期に発行された信濃全国札は、官省札との交換という形で市場に投下されたため、贋金の回収には効果をもたらさなかったと言ってよい。贋金を回収して貨幣価値を安定させるために、そして上田騒動の波及を防ぐために、各藩県が個別に地域通貨を発行する必要性がこうして生じた(54)。

明治二年八月二五日に発行された上田藩札の額面と発行届出高は表５−３の通りである。一両＝一〇貫文換算で、二貫五〇〇文札＝「壱歩札」「大札」、一貫二四八文札＝「一貫二五〇文札」「弐朱札」「中札」、六二四文札＝「六二五文札」「壱朱札」「小札」、二〇〇文札＝「小々札」と表記されることもあった。一〇貫目札は高額貨幣（一両以上）と見做してよいだろうし、二分金一枚に相当する五貫目札も相当額発行され、両者で発行枚数の四〇・八％、発行高にして七七・四％を占めていた。

表５-３　上田藩札発行届出高内訳

額面	新貨換算	枚数（枚）	発行高（円）
10貫目	80銭	68,250	54,600
5貫目	40銭	93,750	37,500
2貫500目	20銭	98,000	19,600
1貫248文	10銭	30,000	3,000
624文	5銭	76,000	3,800
200文	1銭6厘	31,250	500
小計		397,250	119,000

出所：『小県郡史』1066頁.
注：額面は銭建て，新貨換算および発行高は円建て.

上田藩は、発行高一一万九〇〇〇両のうち、八万九〇〇〇両を「弐歩金不通用ニ付預リ置為済急追々相渡候分」、三万両を「昨秋以来極難幷遭災之者江為済急施し及ヒ貸渡シ」た分と説明しており(55)、贋金の交換に下げ渡されたものの他に、凶作に伴う貸し付けも割り当てられていたようである。

もっとも、上田藩も当初より藩札発行を企図していたわけではない。贋金を回収するにあたって、藩に十分な資金があれば新たに貨幣を発行せずとも引き換えに応じることは可能で、仮に資金がなくとも、贋金上納先である政府から贋金回収用の資金を借り入れることができれば引き換えは全面的・即時的に断行されたであろう。だが、それも叶わなかったようである。明治三年四月二日に上田藩から民部大蔵省に提出した願書によると、[56]

……然ル處辰年中長々之出兵其外種々之公務蒙仰藩之用途莫大ニ相嵩、未タ右償之道茂不相立、藩士之俸禄茂漸く繰合宛行候程ニ而、如何与茂手段尽果候ニ付、何卒朝廷江御縋《すが》り申上年賦金拝借奉願、右を御下民共贋金入手難渋いたし候者之手當ニ差遣一時困難を救申度奉存候得共、被為於朝廷候而茂御多端ニ被為在、御入費多々御時節ニ奉願候茂恐入差扣罷在候處、下民之困窮同前ニ差迫り何分其儘ニ難差置ニ付、不得已昨秋中一時為救難御届申上治下限り之銭券摺立、小民共日用不可欠米穀塩噌等買調候ニ差支候もの共所持之贋金与少々宛引替通用為致、或者収納之節真贋共取交受取遣彼是ニ而纔ニ一時を為取凌候得共、前件申上候通り贋金之償三分之一ニ足らす多分之損毛ニ相成候故、下民之愁情今ニ到り融解不仕趣、……前文之事情何卒被成下御垂憐管内贋金之員数程楮幣御貸下被成下候様奉懇願候、

明治二年の凶作に伴う救米の手当て（「右償」）もままならない状態のなか、政府に年賦金拝借を願い出て、贋金を受領し損失を蒙った者に手当てを支給しようとしたが、政府も財源が逼迫しているのは知っているので、上田藩は差し控えていたという。そのためやむをえず、明治二年秋に藩札（「銭券」）を摺り立て、贋金と引き換えて流通させた事情が説明されている。なお、当史料の要旨は次の点にある。租税収納の際、上田藩は正金も贋金も等価に受領したが、これは政府の贋金一〇〇両＝官省札三〇両という原則に照らせば、[57]藩が損失を被る結果となった。そこで、上田藩が民部大蔵省に贋金と同額の官省札貸下げを願い出ているのである（「管内贋金之員数程楮幣御貸下」）。この願いは棄却された。[58]

かかる経緯を経て発行された上田藩札は、本来的に贋金との引き換え証文という性格を帯びていた。上田藩の「日乗」に、

……庶民所持之贋金員数取調藩庁江為差出、即チ其数ニ應シ預リ金證券与引換遣シ、右證券徒ニ所持罷在候而者是亦融通之道相立兼候ニ付、管下限り取引為致専ラ勧農生産之道為相立候ハヽ、下情ニおゐても安心仕、自然贋金所持之分引換之道可相立与奉存候、其節銀臺之分ハ取纏上納仕、右代楮弊御下ヶ之分者速ニ證券与引換、尚残有之分ハ銘々力作養蚕商法等之利潤を以て追々為償惣而證券引揚候様可仕与奉存候、此段御許容被成下置候様藩庁より申越候ニ付奉伺候、以上、

とあるのは[59]、上田藩札の贋金引き換え証文としての性質を端的に示している。贋金の総額を取り調べた上、その額に応じて上田藩札（「預リ金證券」）を発行、管下限りの通用を許可した。「銀臺」とは銀の土台にメッキをして二分金に見せかけた贋金のことである。贋金を政府に上納したのちに下付されるはずの官省札を用いて上田藩札の回収を行い、残余の分については、「養蚕商法等之利潤」で償却することが想定されている。

上田藩札は贋金の流入による正金不信に際して、贋金を直接回収する目的で発行されたものであり、信濃全国札とは発行目的を異にしていたものの、いずれも小額貨幣不足と小前層の救済を最終的な解決事案としていた点では共通していた。だが、贋金流入に対する上田藩の対応は、維新政府の政策との調整を求めた。なぜなら、維新政府は明治二年一〇月に贋金引換策を示し、贋金一〇〇両に付官省札三〇両の割合で交換することを決定したのみならず、同年一二月には藩札通用停止を布告することになるからである。したがって、上田藩も藩札ではなく、あくまで贋金預り札という体裁で発行しなければならず、また、贋金上納に対する政府からの太政官札下げ渡しがその比率でなされる以上、上田藩は贋金価値切り下げの損失を何らかの形で補塡する必要があった。蚕種業を奨励し、問屋制度を整備した理由の一端はここにある。贋金（不通用二分金）回収は、正金不信の中で必ずしも品位が劣悪でない正金も回収したが、当面その点は留保し、以上の経緯を単純に図式化すると、図5-1のようになる。

明治二年一〇月および明治三年四月には、新札を発行して古札と引き換えている[60]。

……素々假設之銭券年月を不遷取扱候心得ニテ、期限短縮仕粗薄之紙ヲ以テ倉卒摺立候品ニ御座候得ハ、自然手磨レ文字殆ト消滅ニ及ヒ證券不分明ニ可相成ニ付、不得止同十月幷當四月新古引替之處置仕候迠ニテ、古券員数外別段新規發行仕候儀ニ而者決テ無御座候得ハ、素ヨリ御趣意謹而奉戴仕、……反覆申上候も奉恐入候得共出格之御仁慈右年限引揚方之儀御許容被成下置候様伏テ可奉懇願旨藩庁ヨリ申越候ニ付、此段奉願上候、以上

上田藩札は元々一時的な措置であったため、紙質は悪く、流通につれ磨耗し、文字が見えなくなる等の支障をきたしていた。二度にわたって新札を発行し、古札と引き換えたが、政府には新規の藩札発行でないことを報告するとともに、引き上げの猶予を願い出ている史料である。明治三年八月以後、上田藩札の引き上げが開始される半面、期月が来るたびに上田藩からの引き上げ猶予願が散見される。

明治三年一〇月八日、藩札引き換えに際して、上田藩は次に見るような願書を大蔵省に提出している(61)。

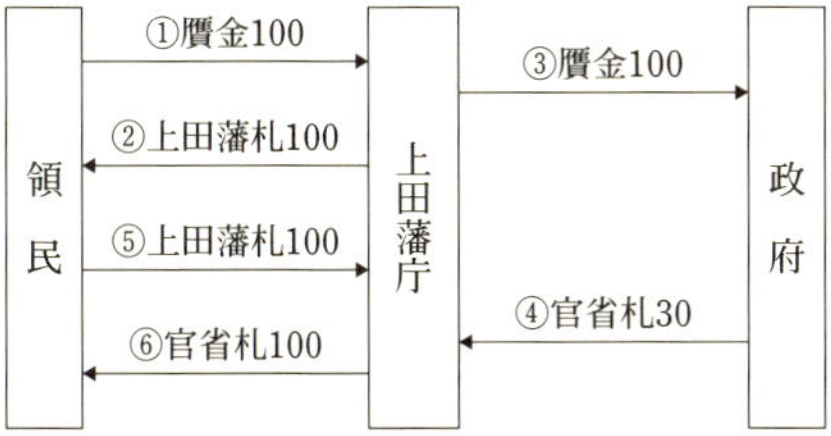

図5-1　上田藩札による贋金引き換え過程

注：厳密にいうと，⑤⑥の藩札回収過程では，明治4年7月14日相場に基づき，官省札100両＝上田藩札100両2分で引き換えられた（「御触書御用向御日家恵」『竹内家文書』1928）．

昨巳年弐歩金不通用幷ニ凶荒等差湊、日用生計差支無餘岐御聞置、管下限リ銭券施行仕候処、於藩私造之楮弊不相成速ニ引揚候様御達御座候ニ付、右銭券引揚尽力罷在候処、分外之大数ニ相成種々金策仕、弐分金弐万両余御座候処、當藩管下之儀者僻陬之大地今日ニ至リ候而も真贋難相辦、何分通用差支即今引揚中殆當惑仕候、何卒出格之訳ヲ以テ内一万両小札ニ御引替被成下候様奉願候、此段御聞済被成下置候様奉懇願候、以上、

上田藩札（「管下限リ銭券」）の引き上げは二分金との交換によって進められたが、二分金の真贋鑑定が困難でその引換は滞っていた。上田藩は、藩札を交換するためではあるが、贋金問題を引き合いに出すことで大蔵省との交渉の余地を作り、所持する二分金二万両のうち一万両を小札に引き換えるよう願い出ている

のである。同時に、小額貨幣が地域に行き渡らないことが、贋金問題と藩札回収問題を解決困難なものとしていたことがわかる。

また、明治四年一月二三日に提出した猶予願によれば、(62)「然処昨秋以来當治下ハ勿論信濃一般蚕種商賣之者共古今未曾有之損毛ニ及、市中幷在方共金融之差支甚敷……當夏作取入養蚕一期収利之上来ル八月迠ニハ如何様ニモ尽力無遺漏引揚候見込ニ御座候間、猶奉願候ハ実ニ奉恐入候得共、何卒事情被成下御垂憐右延月之儀御許容被成下候様奉懇願候」として、明治三年秋以降の蚕種商損耗のため、上田藩札の引き上げは停滞しており、夏蚕の利益が出るまで延月を願い出ていたことがわかる。写し取られた附札によると、明治四年三月まで猶予された模様である。さらに、同年四月一八日にも、同様の願いが繰り返され、同年六月までの猶予が聞き入れられている。(63)信濃全国札の場合と異なり、引き上げの猶予がたびたび許可されているのが特徴であるが、引換期月を過ぎても回収が終わらず、それどころか大蔵省に届け出ていない分の藩札七〇〇〇両余りを誤って流出させてしまい（「員外ノ分誤テ引換遺候」）、旧上田藩権少属・鈴木政民らは罰金（「贖罪金」）を課されている。(64)

一八七〇年七月一九日（和暦では明治三年六月二一日）に普仏戦争が勃発すると、フランスへの蚕種輸出が激減し、上田の蚕種商にも影響が及んだ。これと上田藩札引き揚げが停滞したこととの因果関係を説明するため、蚕種買取商である丸山平八郎の願書を取り上げたい。明治三年一一月に、塩尻組諏訪部村の丸山平八郎は上田藩民政役所に対して一通の願書を提出した。(65)

乍恐書付奉歎願候御事

一　農桑之儀者素ゟ民家之恒産ニ御座候處、御開港以来別而蠶種紙之義者御國益第一之産物ニ有之、就中當御管内逸品与賞算〔賛〕仕候ゟ、年増銘々出精多分製作いたし、横濱表輸出仕候処、當夏ニ至西洋外国ニ於而不慮ニ戦争出来候趣ニ而、洋銀為替方延引相成候間、賣買之季節旬後ニ罷成、依之銘々高金之品持続兼候而、賣出し方取急候ゟ終ニ区々ニ相成、前代未聞莫大之損毛与罷成、兼而聴召被相及候通言語ニ絶候成行ニ而、濱表損分凡高弐百萬与申唱候得共、七八分通りハ当国ニ有之、多分ハ当御管内之損金ニ相成、私手前ニ而右蚕種元金諸方へ取替置候分、当組内者不及申上、御管下組々村々ニ至而百五拾人余孰れも過分之損毛いたし途方ニ相暮罷在、何分ニも勘定相立不申、是非共差延為取續呉候様、一向ニ相歎罷在、如何共致方無之、私ニ於而も千慮万配相尽候へ共、所詮手段ニ不能当惑難渋仕候、然處当夏中奉願上拝借被仰付候御管下急済〔救済〕通銭札、此段御引替之御期限ニ付厳鋪御取立之儀被仰出、何共恐入奉畏候得とも、実以前書次第柄ニ有之、……難奉願上御儀誠ニ非分失敬恐縮至極ニ奉存候へ共、廣大之以御慈悲筋重々奉恐入候得共、朝廷江被為仰立、来ル申十一月中迠御引替幾重ニ茂御猶豫之程御執成被下置御憐恕被為遊被下置候様、拝伏奉悲願候、……

明治三年午十一月　　塩尻組／諏訪部村／丸山平八郎

民政御役所

丸山平八郎は諏訪部村周辺の蚕種を買い集め、横浜に出荷し、横浜売込商の手を通じて外国商社に売却していた。売込商は、外商との売買が成立すると、その販売代金から自身の手数料を得て、丸山平八郎にはその差額を支払う。蚕種製造人は、桑や蚕種紙などの購入原資を丸山平八郎から前借りし、蚕種を生産、横浜での売却をもってその前借り分を精算する、という構造であった。普仏戦争という「不慮」の戦争が起こったとき、フランスとの為替取組が延引したため、外商との売買契約も遅れた。すると横浜売込商は安値で売り急ぎ、前代未聞の損耗となった。これが明治三年秋から同四年にかけての蚕種不況である。横浜での損失のうち七、八割は信州産（「当国」）と言われており、上田藩管下（「当御管内」）の塩尻組でも被害は大きかった。塩尻組内外の蚕種製造人は、丸山平八郎からの前借り分（「私手前ニ而右蚕種元金諸方へ取替置候分」）を返済できず、返済の延期を歎願しているという。このような時期に、今夏に借用した上田藩札（「御管下急済通銭札」）が引き上げられようとしていたため、その引き上げ期限の延長を上田藩に願い出ているのである。上田藩札の引き上げは、単に貨幣の引換というのみでなく、上田藩による融資の引き上げという意味を帯びたため、不況に苦しむ蚕種製造人・蚕種商らの抵抗は大きかった。

結果として、上田藩札発行高一一万九〇〇〇両のうち、明治三年一一月引揚高が六万五一五〇両、同一二月引揚高が二万六〇一八両三分、[66]明治四年四月時点で二万一五〇六両二分の上田藩札が市場に残ることとなった。[67]

くだって明治四年一〇月の時点では、藩札発行高から回収高を差し引いた二万一三九六両二分三朱と、「全木判粗漏ヨリ摸刻等真ニ迫リ贋札弁別致シ兼、誤而引換遣シ真札却而引換残相成居候」分が七三五三両一歩一朱存在した。[68]藩札回収時に誤って贋札を回収したため、真札が市場に残り、結果的に藩札発行高より多い額の藩札を回収する必要があったことを示している。大蔵省には明治三年四月に、信濃国全国札以外の藩札は引き上げが完了したと報告しているにもかかわらず、[69]完了はしておらず、上田藩札は明治六年六月三〇日限り通用、引換期限は一一月までとされた。[70]さらに、明治八年五月、五貫文札を含む上田藩札引揚の事例が見られるように、[71]実際には上田藩札引き上げは明治八年までずれ込んでいた。

押印藩札については、さらに引き上げ時期は下る。明治五年八月に、五銭未満の上田藩札（＝二〇〇文札）は新貨幣相当の押印をして通用することとし、その引き上げが始まったのは、明治七年九月二七日からであり、最終的に完了したのは明治一二年六月のことであった。[72]

前述した上青木村における回収の実例によると（表5-2）、多少の文言の相違はあるが、ほぼすべて「右之通札ニ而渡ス」とある。[73]すなわち、発行時には贋金と引き換えに下げ渡された上田藩札であるが、明治三年の回収時には、官省札（「札」）との交換がなされた。

そして、この交換には上田商法社が深く関与していた。明治三年六月五日の上田藩民政局の触れには、[74]

管下銭券之儀全く窮民御救済之為御發行相成候処、中ニ者他所取引等ニ差支日用困窮いたし候向茂有之趣相聞不

愍之至ニ候、依之右等難渋之事実有之面ニハ御救之為来ル七日より金高弐両迄太政官金札を以御引替被成下候間、
面々印形持参大手前商法社江可願出候、勿論手数料等一切無之事、……

とあり、商法社が上田藩札と太政官札の両替を行っていることがわかる。隔地間取引（「他所取引」）を行うには高額紙幣の太政官札が便利であったため、太政官札との交換を求める者に対して発せられた触れであろう。限度額は二両と設定されていたが、手数料は不要であった。

　また、藩札への押印についても商法社が行っていた形跡が見られる。明治六年二月二〇日、長野県達に見られるように、[75]

旧上田藩銭札之儀新貨比較之上合《ママ》通用候、付而者今般改印可相渡候条、右之内銭弐百文藩札所持之者ハ当月廿五日ヨリ三日之間同町元商法會社江可持参、區内社寺士庶人ニ至迄無洩様可相達候、

商法社が元あった場所で、上田藩札二〇〇文札（一銭六厘）の改印押形が行われていた。上田藩・長野県は、藩札の引き上げ猶予に関する歎願を繰り返す一方、小額の二〇〇文札に押印して再び流通の俎上に乗せ、上田藩札の延命を図ったと言える。

　名目上、上田藩札の大半は贋金の預りを受けて発行した預り証書であった。したがって、贋金一〇〇に対して上田藩札一〇〇を下げ渡した場合、元贋金所持者＝上田藩札所持者にとっては、貨幣価値切り下げの損失を猶予されることになる[76]。その後、明治三年末の上田藩札回収に際して上田藩札一〇〇＝官省札一〇〇の割合で交換するとしたら、上田藩の損失が確定する（前掲図5-1）。上田藩はその損失を、養蚕業の利潤により補填する意図を有していた。上田藩札の両替や改印を担当していた商法社が、蚕種業者に資金貸し付けを行い、その利潤を蓄積し、上田藩に利潤を還元する機能を持っていたとするならば、その構想は実現可能であろう。

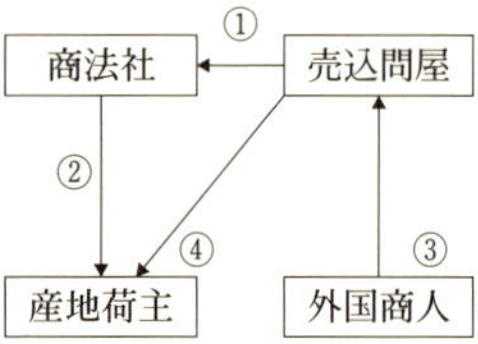

図 5-2　売込問屋の荷為替資金前貸

出所：上山和雄「蚕種輸出の展開と地方荷主（二）——長野県小県郡神川地区を中心として」（『信濃』第 31 巻第 10 号，1979 年 10 月）58 頁.
注：矢印は貸付金・代金のルートを示し，数字はその順番を示す.
①荷為替資金貸付　②荷為替貸付　③売上代金　④精算代金（③－②）

(3)　上田商法社の設立と商社札発行

二分金不通用への地域組織の対応としては、伊那県商社による商社札発行が有名であるが[77]、本項では上田商法社が発行した商社札について詳述する。

上田商法社は、主に蚕種業者に貸付を行って金融疎通を図った金融機関で、明治三年一月に設立された[78]。同年二月一三日までに城下町商人四三名、在方五七ヵ村六九名が世話役に任命されて業務を開始した[79]。

明治三年二月一七日に申し渡された商法社規則を検討した飯島氏によれば[80]、当初商法社の調達予定金額は一〇万両であった。その使途内訳は、①一万五〇〇〇両が日用品の小売店への貸付、②三万両が商社札（「銀札」）の貸付、③五万五〇〇〇両が荷為替前貸付である。

元手金としては、まず社中の者から受け入れた預け金が存在する。商法社への「預ケ金」は社外の者も可能で、その場合「壱ケ月金壱両ニ付銀四分」の利息（年利八％）を得ることができた[81]。

また、商法社設立にあたり、世話役（「世話人」）が連名で上田藩会計庁から金一万両の貸付を受けており、それを商法社に提出している[82]。この一万両は①の小売店貸付に充当された。また、「旧商法社世話方」の嘆願書によれば[83]、商法社は「去ル年厚思召ヲ以御縣庁ヨリ金千五百圓也御貸下ケ被成下置正ニ拝借仕」として廃藩後に長野県から一五〇〇円の貸付を受けていたことが確認できる。

①については上田藩会計庁からの貸付金があり、②は商社札を発行すれば元手金として運用できるが、③については社中・社外からの預け金のみでは到底調達予定金額に及ばなかった。そのため、明治三年四月、八名の売込問屋か

ら計四万両の融資を得て荷為替取組を開始している[84]。

すなわち、図5-2のように、売込問屋からの前貸しを受けた商法社は領内の蚕種業者に資金を貸し付け、集荷した蚕種を売込問屋に出荷、その後売込問屋は前貸しと蚕種売上代金の差額を清算し、商法社を通じて荷主に支払ったのである。零細な蚕種業者に代わって産地で荷主に信用を供与し、横浜売込問屋からの貸付を引き出した金融機関が上田商法社であった。なお、ここで商法社に貸付を行った横浜売込問屋八名は、明治三年五月に上田藩会所政策の中で指定問屋に指名された八軒と一致している。時系列順に考えれば、上田藩および商法社は売込商から四万両の融資を引き出した代わりに、領内蚕種の指定売込問屋への出荷を約束し、融資を行った売込問屋を指定問屋制度に組み入れたと理解できる。一方、売込問屋は商法社を通じて上田領内の蚕種を集荷して勢力を拡大した。ここでは、商法社政策と指定問屋制度が共通の利害関係を有していた。

商法社による貸付金利息の規定は、貸付金額が一〇両以上の場合、「壱ヶ月金壱両ニ付銀五分、三月限ニ以正金幷社札元利返納之事」、一〇両以下は「壱ヶ月金壱両ニ付銀弐分五厘、六ヶ月限ニ元利とも返納之事」と定められた[85]。金一両＝銀六〇匁換算で年利五―一〇％に相当する。比較的低利な貸付であったと言えよう。返済は正金か商社札で行うことが求められたが、「上納正金納」と、あらかじめ返納する貨幣が指定されている拝借証文も見られる[86]。商法社調達予定金額の半分以上が荷為替貸付であり、横浜売込商が蚕種売り上げ利潤を見越したことで低利な貸付が可能になった。

指定問屋制度に包含されない商法社独自の論理が作用した部分もあった。それが贋金引換である。商社札は三万両の発行が予定されたものの[87]、実際は七万八七〇〇両まで増刷されている[88]。次の史料からは、上田藩札同様、贋金の流入に伴う正金不信対策という性格を帯びて発行されたものであることがうかがえる[89]。

商社為替札摺立御聞届相成候者、全商人共一時融通幷弐歩金鑑定不行届無餘儀預リ置、夫々流通之道御開被成下、

且銅判製之儀者贋造之愚無之様も〔と〕の御主意ニ有之候處、右者楮弊ニ紛敷願ニ有之、且太政官小札乏敷所ゟ往々釣銭等ニも相用候趣、右様取扱候而者御主意ニ相触候ニ付、今般仕法替いたし、全為替預リ之手形ニ為引替候間、以来為替并預ケ金願出候もの者其旨相心得可申事、右之通ニ仰出候間、村々小前一同へ不洩様早々相触可申事、

商社札（「商社為替札」）は、商人への資金融通と万延二分金の真贋鑑定困難を理由に正金を預り、それを準備金として発行したものであった。小額貨幣不足の中、釣り銭などの用途で用いられていたものの、この明治四年二月の触れでは商社札が政府紙幣（「楮弊」）に紛らわしいため、純然な為替預り手形に引き換える旨記されている。蚕種業者は商法社に蚕種を提供すれば、横浜での売り込みを待たないで、商法社から蚕種の売り上げを商社札の形で受け取ることが可能であった。商社札の性格はこの時点で、贋金預り手形から荷為替預り手形へ変化したと理解できる。この商社札の引き上げ期限は明治六年二月二三日であった。[90]

額面で贋二分金一〇〇両と商社札一〇〇両を等価に交換し、商社札の運用益によって補塡しようとする政策は伊那県でも見られた。しかし、伊那県の場合、発行にはいたらず実現していない。[91] これは、直轄県では諸藩よりも先に領有制が解体され、維新政府の方針が地域施策を制約したためと考えられる。[92] 逆に領有権の残る廃藩置県前の上田においては、明治維新政府の施策に反する地域本位の貨幣政策を実行しえた。

商社札の発行は、元来商法社が持つ貸付機能を強化し、地域への小額貨幣供給と蚕種業の発展に寄与したと考えられるが、商法社が設立された明治三年は蚕種不況の年であり、商法社や商社札の役割を過大評価することは避けねばなるまい。通商司に提出した明治三年三月改めの「濱出蚕種枚数大凡調名前帳」によると、明治二年度の上田藩内の出荷枚数は六二万七〇一〇枚にのぼっていた。[93] しかし、明治三年に入ると「蚕種生糸等濱出し之義為取締、兼而同所問屋八軒相定置出荷之節何れも為替金融通致し来候処、昨午年之儀ハ蚕種格外之下落ニ而銘々多々之損失ニ及、於今

問屋ニ被差引勘定不相立ニ有之候」という状況に陥って、[94]蚕種業は一気に不況局面に突入した。蚕種価格の下落に伴い、産物会所・商法社経営は困難を極めたものと推察される。

一例を挙げよう。明治四年二月一五日に、井筒屋（宮下）甚左衛門という蚕種業者が商法社に提出した書類によれば、[95]明治三年九月四日に商法社から青白蚕種一三五〇枚の為替金として拝借した一三五〇両について、横浜での売込が思うようにいかず、返済の猶予（「延金」）を頼んでいる。多量の蚕種枚数と借用金額であることから、共同出荷蚕種と推察される。ここでは、蚕種不況が貸付金返納の停滞を導いていた事実が判明する。蚕種不況は商法社経営の行き詰まりに直結したのである。

明治二年六月に名称を改めた「産物改会所」が明治五年四月に廃されたのを期に、[96]上田藩の会所政策は終焉を迎えており、商法社も明治六年二月に廃止されている。[97]

第三節　貨幣流通の実情

(1)　贋金の流通

贋金の流入が農民騒擾を喚起したことは先行研究の述べる通りであるが、贋金のどのような流通のあり方が、経済活動を阻害したのであろうか。以下では、諸帳簿にうかがえる贋金の受領を、具体的に明らかにする。なお、「贋金」「悪金」「銀台」「嫌金」など史料上の用語は多様で、それぞれに含意があるが、既述の通り本書では正金として額面通りに受領されない金貨を「贋金」と総称している。

国分寺組上澤村庄屋・竹内家の「諸事出入帳」によると、[98]竹内家が明治二年一一月一五日に受領した六二両二分のうち、「悪金」が二例含まれていた。

①同日〔一五日〕
入　三両也　正金　仲次
内壱両弐分悪金ニ付返ス、十八日

②同十五日
入　四両也　竹幾之丞
外ニ弐分悪金
十八日悪金ニ付返ス、竹佐次郎

当初は正金として受領したものの、その後贋金であることが判明し、いずれも三日後の一八日になって元の保有者に返却している。受領した時点では、正贋の判別がつかなかった模様である。贋金の混入する比率はそれほど高いとは言えないが、貨幣として受領されることはなかったため、保有者は支払手段に困窮した。史料上に見える「悪金」という言葉は、磨耗・劣化によって流通経路から排除された正金や、維新政府が行った悪鋳貨という含意で使用される例もあるが、竹内が悪金と贋金を区別できたわけではなく、貨幣として受領できないものを「悪金」と呼んでいたと考えられる。

また、同年九月二一日の例でいうと、

③廿一日
入　三両也　紋蔵
内壱両也　包金
内弐分也　悪金返ス
（朱字）「此分札ニて廿六日入」

「包金」一両のうち、二分の贋金が混入していたことが知られる。近世期、幕府への上納や公用取引のため、一定額の正金・正銀を和紙で包装し、額面や包装者の署名・封印を施すことがあり、江戸金座・銀座や三都両替商によって担われていた。秤量貨幣の正銀を包封する場合、取引毎に貨幣の重さを量る手間を省く意味があるが、計数貨幣の場合そのような必要はない。贋金が容易に出回る近世期において、包封という行為は、幕府・両替商による信用付与の側面が強かったと考えられる。幕府崩壊後の明治二年二月には、政府が本町一丁目（現、日本橋本石町）に「包座」を設置し、江戸金座に代わって正貨の真贋鑑定と包封を行っている[99]。ここでの「包金」はそこで改めを受けたものか、かつての金座あるいは三都両替商によって包封されたものかもしれない[100]。いずれにせよ、両替商でもない民間人が、「包金」を開封して中身を確認し、「悪金」と判断するところまで、正金の信用不信は進行していた。贋金引換の規定ができるのが明治二年一〇月のことであり[101]、この九月の時点では贋金の交換比率は定まっていなかった。そのため、竹内は贋金の受領後、元保有者に返金したのである。また、朱字部分に注目すると、贋金の代わりに支払われたのは「札」（官省札か地域通貨）であることがわかる。

ここに登場する竹内家は、開港後、横浜売込商・原商店の出先代理店の役割を務めた商家として有名である。原商店は、竹内造酒平に「立会人」として上田界隈の仲買商人を取り纏めるよう依頼し、竹内を通じて仲買商人への前貸金の供与と蚕種紙・生糸の集荷を行った。竹内を介した原商店による貸付金の合計は、少なくとも六八八七両にのぼったとされている[102]。上田は蚕種・生糸の製造に産業連関を傾斜させた地域であり、こうした他地域から資金の流入しやすい状況が、贋金流通を招いた一因でもあった。

同様の事例は『尾崎正弘家文書』でも確認できる。贋金一〇〇両＝官省札三〇両という贋金引換の取り決めがなされた後の、明治二年一一月一七日、尾崎家は筏賃として七両の出費を計上しており、そのうち「弐分者悪ニ付戻ル」となっている。そして贋金による支払いを拒否された尾崎家は、この代替貨幣として、改めて「此分銭札遣ス」

と地域通貨で支払っているのである。[103] 上田領内における一般の庄屋や商人は、贋金を日常的に受け取ったり、支払ったりする可能性があったものの、その正贋の鑑定は困難であった。同時に、贋金の代わりに正金ではなく「銭札」を支払った事実は、正金不信の中で、「札」の獲得志向が高まった結果と見て取れる。

こうした傾向は、単に竹内家や尾崎家の貨幣取引が偏向していたためではなく、村単位で見られた現象であった。すなわち、金納の時期、国分寺組上澤《あげさわ》村庄屋でもある竹内造酒平家の租税収納を見ると、明治二年一二月一八日から翌一九日にかけて、計六〇両二分を収納し、うち八両が贋金であったことがうかがえる。[104] 全体の内訳で、「札」で入金したことが明らかなのは一四両一分、「正金」と明記されているのは三一両二朱であったから、正金での納入が過半であったものの、贋金もかなりの額が混入している。

贋金流入と正金不信は、領民による「札」の流通を一層促した。明治二年九月五日、国分寺組上澤村は、「弐分金不通用」を理由に計三二両二歩の二分金を上田藩民政庁に差し出し、代わりに、同年九月中、計一一両二分の官省札（「拝借札」）の貸し下げを受けている。[105] これは、不通用二分金一〇〇＝官省札三五・三八の割合になる。そして、その一ヶ月後の明治二年一〇月には、贋金一〇〇両＝官省札三〇両という換算比率が政府によって示されることになるので、[106] 不通用二分金の実態はほとんど贋金であったと推測できる。官省札には、贋金と引き換えられることで市場に浸透した側面もあった。

以上のように、明治初年の上田藩領への贋金流入は、諸村以下で確認でき、租税収納や経済活動を阻害した。明治二年には、正金・贋金にかかわらず二分金が不通用となり、代替貨幣として紙幣が需要されるようになった。

(2) 紙幣流通

前章の日田掛屋・千原家の「金銀出入帳」「札出入帳」のように各種貨幣毎に出入を記載した帳簿があれば理想的

であるが、そうした帳簿を見つけることは極めて困難である。大抵は、金建てないし銀建てで出入りを記載するのみで、金建て・銀建て・銭建て各貨幣の区別や、正貨と紙幣の区別を付けていない。それは、帳簿を記載する人間が日々の取引においてそれらを隔てなく受領していた一つの証左であることは疑いえないが、一方で諸貨幣の流通高を検討する余地を狭めている。

幸い、『尾崎正弘家文書』の「大福金銀出入日記帳」では、同一帳簿内に金建てと銭建て双方の勘定があり、一部において貨幣の種類を類推するに足る記載も見られるので、以下では主にその史料を用いて地域通貨流通の一端を描写したい。

まず、当史料の基本的性格であるが、これは尾崎家の出金・入金に関して、その額・日付・取引先・内容を記載したものである。一定の期間毎に、出金・入金額の帳簿上の小計と有高との対照を行う「改め」がなされ、簿冊は年度単位（概ね一月から一二月）で編綴されている。尾崎の居住する上青木村は上田藩の田中組に属し、尾崎家は近世以来村の庄屋を務める家柄であった。維新後は戸長（明治五—七年）、第八区副区長（明治七—一一年）、県会議員などを歴任している。

年度別に金建て・銭建てのそれぞれの小計を算

表 5-4　尾崎家現金出納表

年度	入		出		出入総額（両）
	金建通貨（両）	銭建通貨（文）	金建通貨（両）	銭建通貨（文）	
安政3年	2,696.250		2,721.188		5,417.4380
慶応3年	3,977.125		4,031.938		8,009.0630
明治元年	5,851.000		5,785.000		11,636.0000
明治2年	5,193.875	(699.2739) 6,745,896	4,470.688	(542.8571) 5,236,944	10,906.6940
明治3年	5,037.000		5,121.063		10,158.0630
明治4年	6,289.250		6,283.625		12,572.8750
明治5年	8,582.625	(117.6531) 1,135,000	8,491.750	(7.2561) 70,000	17,199.2842
明治6年	8,297.940	(3.4725) 33,500	7,764.688	(8.2409) 79,500	16,074.3414
明治7年	5,023.000	(2.6951) 26,000	5,414.163	(2.6951) 26,000	10,442.5532

出所：「大福金銀出入日記帳」（『尾崎家文書』262，503-2，515-3，515-10，616-12，646，651，655，657）．

注：帳簿上の出入額を記載し，そこから差引を求めた．前年度からの繰越額は「入」値に含めず，改めにおける不明金（「過」「不足」）は表中に反映しなかった．したがって実際の有高と若干異なる場合がある．なお括弧内は，金1両＝銭札9貫647文で換算，小数点第4位未満切捨てした金建ての額である．

出し、表5-4とした。まず出入総額を見ると、安政三年（一八五六）頃と比較して、明治元年には約二倍に増加している。この推移は、全国の貨幣流通量の動向と同期しており[107]、その後、停滞するも、明治五・六年には再び拡大に転じ、明治七年に大きく減少している。当初、尾崎家では金建てのみの勘定を採用していたが、明治二年一二月二日改では銭建てが併用される。銭建て勘定が金建て勘定に比べ低額なのは、銭建て貨幣の小額性を一面では表している。しかし、銭建てが併用されたのは、主にこの改めのみであり、それ以後は銭建てによる改めが見られないか、もしくは見られたとしてもごくわずかである。その意味で、明治二年は銭建て貨幣が最も活発化した年であるとともに、貨幣尺度統一に向かう過渡的な年であったと言える。

帳簿記載要領を変更した直後の改めは、他の改めでは省略されている箇所も明記されており、多くの情報を含むため、ここに明治二年一二月二日改を取り上げたい。

入　九百六拾九両弐分壱朱
出　七百五拾弐両弐朱
出入差引　弐百拾七両壱分壱朱
　此所　弐百両壱分三朱　有金札
○引残拾七両　不足分
入　五百四拾貫八百四十四文
出　弐百八十三貫四百七十弐文
出入差引　弐百六十七貫三百七拾弐文〔二五七貫三七二文〕
　此所　三百六拾六貫弐百文　有銭札
差引　九十九貫百弐十四文　過

表5-5　明治2年10月10日〜12月2日，尾崎家現金出納表

摘要	収入	支出	残高
官省札	969両2分1朱		
官省札		752両2朱	217両1分1朱
官省札過不足		17両	200両1分3朱
銭札	540貫844文		
銭札		283貫472文	257貫372文
銭札過不足	99貫124文 (9両3分2朱400文)		366貫200文 (38両)

○此金　九両三分弐朱四百文
○金銭差引　七両壱分弐百弐十四文不足
　内七両弐分也　廣助方ニ有之
　　壱朱弐十四文　不足

金建てと銭建てでそれぞれ入金額・出金額の小計を割り出したのち、出入りの差引額と有高を比較して不足分ないし過分を算出している（表5-5）。また、上田における正金と銭札の換算比率であるが、金九両三分二朱永四〇〇文＝銭札九九貫一二四文、すなわち一両≒九貫六四七文であったことがわかる。「有金札」「有銭札」という表記からは、金建てでは官省札が、銭建てでは地域通貨が、数的優位を占めていたものと推察されるが、正金不信の中でも正金の流通が全く途絶するということは起こらなかったので、「有金札」を官省札の有高とのみ解することには留保が必要であろう。同様に、帳簿中に「正銭」と但書されている出入りも存在し、銭建ての有高の全てが銭札であったと解することはできない。また、金建て勘定でも銭札が含まれることがあるため(108)、厳密な銭札取引量は明らかにできない。

ただし、改めの個別事例から取引に用いられた貨幣の種類を類推することはできる(109)。たとえば、金建てのみの勘定に再び戻った明治三年六月七日の改めでは、差引九〇両一朱のうち、改め後の出金、および不足分を除いた有高七八両二朱の内訳が判明する。内訳は、「弐分判」が一六両二分（二一・一二%）、「壱分銀」が三分一朱（一・〇四%）、「金銭札」が六〇両三分一朱（七七・八四%）であった。この場合、正金（「弐分判」）・正銀

（「壱分銀」）と金札・銭札（「金銭札」）は区別されており、正貨と紙幣という量的対比が可能である。「弐分判」という表記は正金一般を指すと考えられるが、そこには「不通用弐朱出入当分不用ニスル」と付記されている。すなわち、二分金のみならず二朱金に対する不信も高まった結果、尾崎家では二朱金の出入も禁じることとなり、紙幣利用の比率が高まったのである。この改めでも、正銭の有高は明示されていない。勿論、有高は流通高と必ずしも比例関係にないが、一般的に流通速度が速く貯蓄手段に適さない小額貨幣[110]、すなわちここでいう「銭札」が、表5-5に見える銭建て勘定の大部分を占めていたと述べることは可能であろう。

では、同帳簿に現れる「銭札」は一体どの紙幣を指すのであろうか。明治二年一一月二一日の改めによれば、銭札の有高として以下の数量が計上されている。

十一月廿一日改ル
一　銭札　壱貫弐百五拾文　四拾一枚
　　　　弐貫五百文　三拾三枚
　　　　壱貫弐百文　一枚
　　　　六百文　一枚
　　　　六百弐十四文　二枚
　　　　弐百文　二枚
　　　　百文　一枚
　〆百三十七貫百文

帳簿に記されるところの「銭札」には、上田藩札（二貫五〇〇文、一貫二五〇文、六二四文、二〇〇文）と信濃全国札（一貫二〇〇文、六〇〇文、一〇〇文）の双方が含まれており、両者は「銭札」として一括りにされていた。有高の比較を行うと、上田藩札一三五貫三九八文に対し、信濃全国札は一貫九〇〇文であり、「銭札」と表記されている場合、そのほとんどが上田藩札と見做してよいものと思われる。

明治三年以降は銀建ての商社札も発行されていたはずであるが、尾崎家の帳簿上では流通を断定できる記載は見られなかった。だが、商法社との関わりがないわけではない。

明治三年三月九日に、上田商法社から五〇両の官省札（「金札」）を借り入れている事例が確認できるほか、同年一二月二五日には、「小判三拾枚引当」に商法社から一〇〇両を借り入れている。[111] 横浜との関係を有さない非蚕種商の尾崎家にとって、商社札を用いて銀建てで決済する利便性はなく、商社札を積極的に受領する誘因は働かなかった。そのため、商法社から借り入れる場合は、官省札の借り入れという選択を取ったのではないだろうか。また、正金（「小判」）を抵当として商法社から資金援助を受けている事例からも、当該期における正金不信を指摘できる。いずれにせよ、商社札の流通範囲が蚕種製造者に限定されていたことが予想される。

先の表5-4に見るように、明治二年における銭建て勘定の登場は、上田藩札を中心とする銭札の流通活発化を背景にしたものだったが、明治三年以後、金建て勘定に統一される方向に向かう。これは、なぜだろうか。

明治二年九月中旬頃から太政官札の価値は安定的に推移した（第三章、表3-1）。さらに、一時的にではあるが、太政官札相場は一〇〇両を切っている。これは、太政官札が正金よりも価値を高めたことを意味する。明治四年以降は太政官札の贋札も出回るようであるが、[112] 相場下落はそれほど大きいものではない。贋札流通が遅れ、相場も大きく下落しなかった原因としては、①太政官札は銅板印刷で刷られたもので、当時の技術的に贋札製造よりも贋金私鋳の方が簡単だったこと、②明治二年六月の金札正金引換政策の成果、[113] ③明治三年六月に実施された「府縣管轄内贋摸楮幣巡察」の成果、[114] 等が考えられる。太政官札の相場上昇は、贋金流通に伴い正金の信用が低下した時期と一致している。ここには明白な因果関係が認められる。

こうして、価値を安定させた太政官札が、贋金問題で流通高を減少させた正金に代わって、金建て貨幣≒高額貨幣の中心を占めるようになる。元々、上田藩札は金建て貨幣との交換を想定してあり、二貫五〇〇文札＝「壱歩札」、一貫二五〇文札＝「弐朱札」、六二四文札＝「壱朱札」、と呼ばれていた。正金・太政官札ともに不安定だった明治元・二年に比べ、明治三年には太政官札の価値が安定したことで、帳簿上において銭建ての上田藩札を金建てで表示することが可能になった、と考えるのが同時代の状況に即した見方であろう。

上田藩札相場もそこまで下落しなかったようである。廃藩置県後、各藩札は明治四年七月一四日時点の相場にて引き換えることが太政官達で定められた（序章参照）。藩札相場を逐一追うことはできないが、上田藩もその方針に準拠したのでその時点の相場は判明する。上田町における「七月一四日相場」は、官省札一〇〇両につき上田藩札一〇〇両二分であった。[115] 藩札の価値が正金ではなく官省札によって測られているという事実も、先の理解と整合的である。

回収過程でいうと、明治八年五月二三日、庄屋の竹内家が、五貫札・一貫二〇〇文・六二五文・二〇〇文の四種類の紙幣、都合額面で一八貫四二五文と、官省札二五円三歩一朱を回収し、「扱所」に上納している。[116] 付記に、「右者太政官銭札共引替ニ相成候趣御達しニ付差出候也」とあるように、太政官札・銭札双方をまとめて回収したもので、一貫二〇〇文札は信濃全国札、五貫・六二五文（六二四文）・二〇〇文札は上田藩札を指す。内訳は、それぞれ二枚、一枚、九枚、一四枚であるが、押印され新貨幣二銭相当として流通した二〇〇文札はまだしも、明治五年にすでに回収が完了していたはずの五貫札・六二四文札もいまだ市場にとどまっていたことは、上田藩札の回収が不徹底であったことを示す。

上記をあわせて勘案するなら、地域通貨流通の大部分を占めた上田藩札は明治三年以後も流通し、帳簿上は金建てで記載されて、回収も不徹底であった。こうした地域通貨流通は地域の小額貨幣需要に根付いたものであり、本来的に贋金引換証文として発行された地域通貨の回収が完了しない限り、広義の贋金問題は解決しなかった。上田藩が将来的に蒙る損失を補塡すべく発足した商法社も、蚕種不況のあおりを受けて立ち行かなくなり、〈贋金→上田藩札・商社札→太政官札〉の経緯で発生した貨幣価値切り下げのリスクを、結局は上田藩および商法社参画者である豪農商が負うこととなった。彼ら上田豪農商の資本家への転身が妨げられた一方、以後上田で領民による騒擾が起きることはなかった。

小括

維新期の貨幣体系が複雑多様で混乱の様相を呈していたことは疑いえない。維新政府による太政官札発行と劣位正貨鋳造に加え、本章で扱った上田の場合には、贋金の流入に起因する正金不信と、農民騒擾に端を発する三種類の貨幣がそうした状況を形作っていた。

しかし、貨幣相互の関連を踏まえると、必ずしも貨幣経済自体が混乱していたわけでないことが知られる。まず、金建て経済圏の上田で正金不信が起こった場合、その代替貨幣が必要となる。うち、高額貨幣流通では太政官札が、中額―小額貨幣流通では地域通貨が、贋金回収に伴う貨幣需要を一時的に補った。地域通貨の発行時期や発行主体等に注目すると、諸貨幣の性質の違いと必要性が浮かび上がってくる。最初に発行された信濃全国札は、信州諸藩県連合による発行という性格を帯びたため藩際交易（地域間決済）に用いられやすく、金札正金引換政策に伴う小額貨幣不足への対応から、太政官札との交換により市場に投下された。他方、贋金の流入による正金不信への対応として上田藩が発行した上田藩札は、主として贋金との交換により市場に投下された。銀建ての商社札は、横浜と交易関係を持つ蚕種商にとって利便性があったと推測される。そして、これらの地域通貨の準備金となった官省札が、明治三年以降に貨幣価値を安定させた結果、諸貨幣を区別なく金建て表示で帳簿上に記載することが可能になった。これら諸貨幣はそれぞれ異なる機能を有していたが故に、同一地域に多様な貨幣が流通し、受領されたのである。

贋金の流通が与えた影響は、その流通額の多寡のみによって判断できるものではない。贋金は正貨、特に二分金を模して造られることが多かったので、贋金ではない真貨についてもその流通が滞った。このため、流通額以上の金融不通がもたらされた。さらに折からの古金銀回収によって、正貨は政府に集中し、正貨の供給量は減少した。こうした正貨流通の危機に対し、人々は地域通貨と太政官札を利用することで経済活動を継続しえたのである。

蚕種流通および農民騒擾との関連で言えば、次の諸点が指摘できる。

第一に、明治に入って強化された指定問屋制度により、横浜向けの上田蚕種は指定問屋の元に集荷されることになったが、さらなる蚕種業育成のためには金融機構の整備と貨幣供給が必要であった。小額貨幣需要には上田藩札を始めとする地域通貨が応じ、農村金融や売込商金融、商法社貸付に支えられて蚕種業の発展が見られた。

第二に、上田藩札を発行した上田藩、および商社札を発行した上田商法社は贋金回収のリスクを負っていた。贋金の実質価値は額面の三〇％と定められたが、上田藩は領民に貨幣価値切り下げの損失を転嫁せずに贋金を回収するため、贋金の額面通りの価値を認めた形で上田藩札と交換し、租税としても受領した。これは贋金問題の先送りで、そこで生じた損失は蚕種業の利潤により補塡する計画であった。しかし、明治三年の蚕種不況により補塡できず、貨幣価値切り下げの負担は、結局は上田商法社に参画した豪農商にのしかかった。

とはいえ、蚕種業が最も活発化し貨幣需要の高まった明治二年ではなく、外在的要因により蚕種業が不況局面に入った明治三年以後に、贋金処理を先送りできた意義は大きい。贋金の流入によって上田地域の貨幣供給は危機に瀕し、二分金騒動を引き起こしたが、その対策として発行された上田藩札を始めとする地域通貨が貨幣需要に応じたため、上田蚕種業の成長は金融閉塞によって制限されなかったものと評価できよう。これが、維新期上田において、貨幣体系の変容にもかかわらず、幕末以来の「国産会所」方式の継続が可能となった背景である。

(1) 丹羽邦男『地租改正法の起源——開明官僚の形成』(ミネルヴァ書房、一九九五年) 九頁。

(2) 澤田章『明治財政の基礎的研究』(柏書房、一九六六年、初版は一九三四年) 二七七—二八五頁。なお、貨幣司の地金調達方法を検討したものに、安国良一「大坂貨幣司の研究」(『松山大学論集』第二四巻第四—二号〈岩橋勝教授退職記念論文集〉、二〇一二年一〇月) がある。

(3) 松尾正人「明治初年の贋悪貨幣問題と新政権」(『中央大学大学院研究年報』第六号、一九七七年)、中村文『信濃国の明治維新』(名著刊行会、二〇一一年)。

(4) 小岩信竹「明治初年に於ける金札時価回復政策と諸藩領主権の中央統轄過程——金札正金引換政策を中心に」(『土地制度史学』第五四号、一九七二年一月) 四六頁。

(5) 大蔵省紙幣寮編『貨政考要法令編』(大内兵衛・土屋喬雄編『明治前期財政経済史料集成』第一四巻、改造社、一九三四年、所収) 六一—六三、八四—八九、一二一頁。回収の主体は大蔵省造幣寮。

(6) 大蔵省主計局編『歳入出決算報告書 (上巻)』(大内兵衛・土屋喬雄編『明治前期財政経済史料集成』第四巻、改造社、一九三二年、所収) 七六、八四、九二、一〇一頁。

(7) 大蔵省主計局編『紙幣整理始末』(大内兵衛・土屋喬雄編『明治前期財政経済史料集成』第一一巻、改造社、一九三一年、所収) 二八七頁。

(8) 高村直助『明治経済史再考』(ミネルヴァ書房、二〇〇六年) 一二五頁。いずれも明治八年の調査で、民間貯蔵古金銀は九七〇三円と概算されていた。

(9) 入超に伴う正貨流出についても考慮すべきであるが、明治初年は生糸・蚕種輸出が堅調であり、正貨流出が激化したのは明治七・八年である (前掲『紙幣整理始末』二〇二—二〇三頁)。

(10) 「悪贋貨の流通量は、二三四万両よりははるかに多いが、三〇〇〇万両には達しないだろう、というきわめて漠然とした額としてしか把えられない」というのが、丹羽氏の推計である (前掲丹羽『地租改正法の起源』一三頁)。

(11) 前掲澤田『明治財政の基礎的研究』三五五—三六七頁。大蔵省大阪出張所が取り扱った贋金の数値が不明。澤田氏は大阪大蔵省出張所への取扱分を合わせると、計二〇〇万両以上の贋金が上納されたと推量している (三六八頁)。仮に二〇〇万両という数値を採用すると、ここに掲げた信州諸藩県のみで一六・四%の贋金を上納していることになる。なお、ここで澤田氏が依拠している史料は大蔵省旧蔵文書であり、大蔵省文庫焼失後は、澤田氏による謄写が三井文庫に残されている（嶋田早苗「沢田章著『西陣織屋仲間の研究』『明治財政の基礎的研究』の引用史料について」『三井文庫論叢』第三号、一九六九年）。

(12) 柳沢哲「明治二年前半期における信州の世直し状況——二年八月会田一揆の諸矛盾形成の過程」（『長野県近代史研究』第七号、一九七五年）、同「明治二・三年における信濃全国通用銭札」（第三次『信濃』第二八巻第九号、一九七六年九月）二一—五頁。以下、雑誌『信濃』は第三次の巻号。

(13) 大口勇次郎「幕末における蚕種業の発達と農村構造——上田藩上塩尻村を素材として」（『土地制度史学』第一九号、一九六三年四月）三九—四〇頁。「依存」とは、自身で蚕種を製造せず、信達地方の蚕種を仕入れ販売する旅商人の活動によって発展した状態を指す。

(14) 『長野県史』〈通史編・第六巻・近世三〉七三四頁。

(15) 飯島千秋「幕末期における蚕種業の展開と農村金融（一）（二）——上田藩上塩尻村の場合」（『信濃』第二九巻第六・七号、一九七七年六・七月）（一）一九—二〇頁、（二）四四—四五頁。

(16) 上山和雄「蚕種輸出の展開と地方荷主（二）——長野県小県郡神川地区を中心として」（『信濃』第三一巻第一一号、一九七九年一一月）五九頁。上山氏は、売込商が荷為替立替払を行うために必要な、産地で荷主に信用を供与しうる金融機関として上田商法社を評価している（五七頁）。

(17) 飯島千秋「幕末維新期・養蚕地帯における高利貸経営の存在形態——長野県小県郡上青木村尾崎家を事例として」（『信濃』第三二巻第二号、一九八〇年二月）五九—六〇頁。

(18) 前掲上山「蚕種輸出の展開と地方荷主（二）」五五頁。また、相互扶助による家産の維持と急激な発展を示しつつある蚕糸業への貸付を目的として設立された貸付会社が、第一に資金需要への柔軟な対応、第二に長期の貸付、第三に比較的低利な貸付を行い得る資金供給機関として成長したことも認めている（同六一頁）。

(19) 「商法者覚帳」（上田市立博物館所蔵『竹内憲三家文書』一三九〇）。

(20) 前掲上山「蚕種輸出の展開と地方荷主（二）」五七—五九頁。

(21) 尾崎晃「近世後期における上田藩の専売制——産物会所設置の状況」（『白山史学』第二三号、一九八七年四月）。

(22)『長野県史』〈通史編・第六巻・近世三〉七一八頁。

(23)安政六年(一八五九)一一月中旬に、中居屋は幕府に営業停止を命じられた。名目は「店の華美な普請」にあったが、その背景について、「急激な生糸貿易の拡大に危機感を強めた幕府の保守派官僚の存在があったように感じられる」と西川武臣氏は推測している(同「横浜開港と生糸売込商中居屋重兵衛」阿部勇・井川克彦・西川武臣編『蚕都信州上田の近代』岩田書院、二〇一一年、六〇頁)。その後、営業停止は解除されたようであるが、経営悪化は免れなかった。

(24)『長野県史』〈通史編・第六巻・近世三〉七一六—七二二頁、七六三—七六五頁。

(25)「日記」(上田市立博物館所蔵『滝沢家文書』一五八)慶応四年五月二四日条。なお、当日記は原町問屋の滝沢助右衛門が記したもので、「原町問屋日記」と称されることがある。原町問屋日記に関しては、箱山貴太郎氏の解題参照(「上田原町問屋日記について」(『信濃』第二巻第九号一九五〇年九月)。

(26)「日記」(『滝沢家文書』一五八)明治元年一〇月二二日条。

(27)「御用日記」(『竹内家文書』九三〇)明治元年一一月一三日条、慶応四年閏四月一一日条。なお、明治元年一一月頃は、蚕種・生糸の鑑札下渡は東京府収税局の管理下にあり、鑑札料も収税局に支払われた。

(28)「日記」(『滝沢家文書』一五八)慶応四年五月二四日条。

(29)「日記」(『滝沢家文書』一五九)明治二年条。

(30)「御触書」(『竹内家文書』一九六二)にも「横濱五軒之問屋江入荷之分冥加判料差出ニ不及候、并同所外問屋江入荷之義一切不相成候事」とある。

(31)「御触書御用向日家恵」(『竹内家文書』八九四)。

(32)前掲上山「蚕種輸出の展開と地方荷主(二)」六六頁注43。

(33)たとえば、松澤裕作「備荒貯蓄と村」(同『明治地方自治体制の起源』第二章、東京大学出版会、二〇〇九年)の事例では、一つの対応として備荒貯蓄制度の整備が語られる。

(34)『長野県史』〈通史編・第七巻・近代一〉五三頁。

(35)同前三九頁。信州全藩で二六万六〇〇〇両。

(36)岡田俊平「明治初期の通貨供給政策」(同編『明治初期の財政金融政策』清明会、一九六四年)一三九—一四〇頁。

(37)「日乗」(『松平家文書』五三〇)明治三年七月一三日条。「日乗」は上田藩江戸留守居の日記で、維新期では、松平伊賀守の公用人である山本市右衛門・岩間半弥らと維新政府とのやり取りを写した書類が主。
(38) 以下の概略は『長野県史』〈通史編・第七巻・近代一〉五四―六二頁、前掲柳沢「明治二・三年における信濃全国通用銭札」二一―五頁による。
(39) 「原紙税金納帳」(『竹内家文書』二二一五)。原紙とは、①その年に製造する蚕種を産み付ける用紙、のことだが、上田では②製造する蚕種の元となる原蚕種が産み付けられている用紙、を指す場合もある。ここでは①の意。額も比較的高く、分割納付が多いことから、蚕種製造人にとって負担は軽いものではなかった。なお、上田領内では②の意味での原蚕種は、他領から購入するのではなく自家生産した蚕種を翌年の原蚕種にしていたため、資金需要をもたらさなかった、とここでは想定している(「生糸繭原種御免許願帳」『竹内家文書』一三〇八、明治六年一〇月条)。
(40) 「桑買付帳」(『竹内家文書』二一九七)。
(41) 「御印紙税金取集帳」(『竹内家文書』二一九九)。
(42) 「蠶種出荷簿」(『竹内家文書』一三一五)明治八年条。
(43) 時期は下るが、明治三〇年(一八九七)に亀屋善三郎から竹内造酒平に送った「仕切書」が残っている(『竹内家文書』二〇五〇)。一〇月三〇日に外商との売買が成立し、一一月三日に売上代金から手数料を差し引いた額を竹内造酒平に報告している。
(44) 『長野県史』〈通史編・第七巻・近代一〉四二頁。
(45) 「信濃全国通用銭札発行伊那県布達」『長野県史』〈近代史料編・第一巻・維新〉七六六頁。
(46) 藤村通『明治財政確立過程の研究』(中央大学出版部、一九六八年)一二五頁。
(47) 当初は明治三年七月までであったが(「日乗」『松平家文書』五三〇、明治三年七月三日条)、その後明治三年八月に延期されている(同、明治三年八月一七日条)。
(48) 「日乗」(『松平家文書』五三〇)明治三年七月三日条。
(49) 「日乗」(『松平家文書』五三〇)明治三年閏一〇月二日条。
(50) 前掲柳沢「明治二・三年における信濃全国通用銭札」一二頁。
(51) 同前二〇―二一頁。
(52) 吉永昭「松代商法会社の研究」(『社会経済史学』第二三巻第三号、一九五七年九月)六八頁。ただし発行予定高。

(53)『小県郡史』一〇五七頁。
(54)上田藩以外では、松代藩において明治二年八月一九日、二分金引換を主目的として藩札を発行することが領内に回達された(前掲柳沢「明治二・三年における信濃全国通用銭札」五頁)。
(55)「日乗」(『松平家文書』五二九)明治三年七月一三日条。
(56)「日乗」(『松平家文書』五二九)明治三年四月二日条。
(57)明治二年一〇月二九日「銀台贋金交換ノ比準ヲ設ケ金札三拾両ヲ以テ該金百両ニ換フ」(『太政類典』第一編・慶応三年―明治四年・第四巻・制度・貨幣二)
(58)「日乗」(『松平家文書』五二九)明治三年五月二〇日条。
(59)同前。
(60)「日乗」(『松平家文書』五三〇)明治三年七月一三日条。
(61)同前明治三年一〇月八日条。
(62)同前明治四年一月二三日条。
(63)「日乗」(『松平家文書』五二九)明治四年四月一八日条。
(64)旧上田藩の弁明によると、劣化した銭券を回収して新規の銭券と交換する際、真贋の見分けがつかず、贋札を真札として引き換えた。そのために、上田藩の発行総高分を回収したにもかかわらず、まだ市中には藩札が残存してしまったということである。「旧上田藩官員銭券引換方手落ノ罪ヲ贖フ」(『太政類典』第二編・明治四年―明治一〇年・第三五六巻・治罪一〇・行刑八)明治六年五月。ただし、一藩で七〇〇〇両もの贋札が製造されたとは考えがたく、上田藩が大蔵省への藩札届出高を過小に見積もっていた可能性が高い。
(65)「(乍恐書付奉歎願候御事)」(『木屋丸山平八郎家文書』個人蔵)。史料の閲覧にあたっては丸山瑛一氏・阿部勇氏の便宜を得た。
(66)「日乗」(『松平家文書』五三〇)明治四年一月二三日条。
(67)「日乗」(『松平家文書』五二九)明治四年四月一八日条。
(68)「上田藩製造銭札高書上幷処理済届」『長野県史』〈近代史料編・第一巻・維新〉七八九頁。
(69)「日乗」(『松平家文書』五二九)明治三年五月四日条。

(70)「御触書御用向日家恵」(『竹内家文書』一九〇六―二)。
(71)「養蚕関係雑文書」(『竹内家文書』二〇一九)綴中の「記」、「諸事出入帳」(『竹内家文書』九九八)中の「太政官引換取集」など。
(72)『小県郡史』一〇六三、一〇七〇頁。
(73)上田藩札にも贋札はあり、回収を代行した村役人が受け取った場合は「内贋札弐枚御下ケ」として引き換えずに返却したようである。ただし、総額八〇六貫六〇〇文のうち、贋札一貫二五〇文札二枚というのは少ないように思われる。
(74)「御触書御用向日家恵」(『竹内家文書』八九四)。
(75)「御触書御用向日家恵」(『竹内家文書』一九〇六)。
(76)ここでは、贋金の一部あるいは全部が初発から贋金として通用していたわけではないという想定を込めている。すなわち、両替商や包座などの手によって贋金と認められるまでは、正金として流通していた「贋金」があったはずであり、その場合、「贋金」は額面通りに流通していたと考えられる。
(77)横地穣治「伊那県商社設立に関する覚書」(『信濃』第二二巻第一号、一九七〇年一月)、同「伊那県商社の設立と中野一揆」(『信濃』第二二巻第一一号、一九七〇年一一月)、のち同『信濃における世直し一揆の研究』(横地穣治遺稿集刊行会、一九七四年)。青木隆幸「伊那県商社事件顛末記(上)(下)」(『信濃』第六五巻第五・七号、二〇一三年五・七月)
(78)「商法社覚帳」(『竹内家文書』一三九〇)。
(79)飯島千秋「幕末維新期の市場構造と蚕糸金融――信州上田蚕種の流通をめぐって」(津田秀夫編『解体期の農村社会と支配』校倉書房、一九七八年)一四四頁。
(80)同前一四四―一四五頁。
(81)「商法社覚帳」(『竹内家文書』一三九〇)。
(82)前掲飯島「幕末維新期の市場構造と蚕糸金融」一四四頁。
(83)「乍恐以書付奉歎願候」(「商法社一件」上田市立博物館所蔵『宮下兵三家文書』一四五)。後段欠落のため年代は不明であるが、明治五年か六年のものと推定。
(84)商法社の荷為替貸付と横浜売込問屋との関係については、前掲上山「蚕種輸出の展開と地方荷主(二)」五七―五九頁参照。

(85)「商法社覚帳」(『竹内家文書』一三九〇)。
(86)「拝借證文之事」(「商法社一件」『宮下家文書』一四五、所収)。
(87)商社札は、銀六〇匁札、三〇匁札、一五匁札、七匁五分札、三匁七分五厘札の計五種類の銀券発行が予定された(前掲飯島「幕末維新期の市場構造と蚕糸金融」一七一頁注17)。
(88)『資料集　信州の紙幣』(八十二文化財団、一九九五年)三五七頁。六〇匁札、三〇匁札、一五匁札、七匁五分札、三匁七分五厘札の計五種類の銀券が発行された。
(89)「御觸書御用向日家恵」(『竹内家文書』一九二八)、明治四年二月一九日条。
(90)「御触書御用向日家恵」(『竹内家文書』一九〇六)、明治六年二月一九日条。
(91)明治二年一二月五日、府藩県における私札増製を禁止する太政官布告が出されると、伊那県商社は商社札の発行を断念した。その後、窮余の策としてオランダ商人アケントから融資を受け、その返済資金として租税を充当することとし、これが発覚して「伊那県商社事件」となった。高木俊輔「明治初年伊那県政について――その官員構成に関する考察」(『信濃』第二八巻第八号、一九七六年八月)六八二頁、前掲青木「伊那県商社事件顛末記(上)(下)」参照。
(92)前掲中村『信濃国の明治維新』九七頁。近年の研究では、幕末の東信濃の幕府領には〈村役人―組合惣代―郡中代〉という行政系統とは別に、取締系統の中間支配機構が存在しており、維新期にも取締系統にあたる勧農役が治安維持機能の上で行政を補完するような役割を果たしたと言われている(山崎圭「明治二・三年勧農役の活動と地域社会――信濃国伊那県御影局下の場合」『紀要』〈中央・文〉史学第五四号、二〇〇九年三月)。勧農役は、治安維持の他にも、荒地起返・戸籍管理、貧民救助、出米統制および贋金処理にも尽力した。特に本書との関係で言えば、彼ら勧農役が伊那県商社への参画者であったことが重要である。商社札発行構想は、中間支配機構による地域の自主性の発露と見ることができる。
(93)「日乗」(『松平家文書』五二九)、明治三年四月七日条。
(94)「御觸書御用向日家恵」(『竹内家文書』一九二八)、明治四年五月。
(95)なお、この借用金滞高は元利合わせて一四九四両三歩銭四一七文にのぼり、最終的に訴訟事件へと発展している(「明治八亥年一月改甚左衛門義商社・借用金一件書類入」『宮下家文書』一四六)。
(96)「産物改所廃止につき長野県庁達」『長野県史』〈近代史料編・第五巻(一)・産業〉四八七頁。
(97)前掲飯島「幕末維新期の市場構造と蚕糸金融」一四八頁。

(98)「諸事出入帳」(『竹内家文書』九九八)。
(99) 明治二年二月二日布告「贋金鑑別ノ為メ金銀及ヒ金札包座ノ設置」(前掲『貨政考要法令編』四三頁)。
(100) もしくは、高輪談判後の明治二年七月、各開港場では外国人が保有する二分金の検勘鑒封を行い、真贋を区別して包封する作業を行っており(前掲澤田『明治財政の基礎的研究』三二六—三三二頁)、そこで包封された正貨の可能性もある。ただし、これは外国人保有の二分金であり、政府の外交政策という面が強いため、上田地域に流通していたとは考えにくい。
(101) 明治二年一〇月布告「銀臺弐分金ノ引替」(前掲『貨政考要法令編』四六頁)。
(102) 海野福寿『明治の貿易』(塙書房、一九六七年)三八頁。
(103)「大福金銀出入日記帳」(上田市立博物館所蔵『尾崎正弘家文書』二六二)。
(104)「諸事出入帳」(『竹内家文書』九九八)。
(105)「弐分金不通用取調銘々名前」(「御拝借札貸付控」『竹内家文書』一八九九)。なお、上田民政庁が「拝借」する「札」なので、ここで下げ渡された紙幣は藩札ではなく、官省札であると見做した。
(106) 明治二年一〇月布告「銀臺弐分金ノ引替」(前掲『貨政考要法令編』四六頁)。
(107) 岩橋勝「徳川時代の貨幣数量——佐藤忠三郎作成貨幣有高表の検討」(梅村又次ほか編『日本経済の発展』〈数量経済史論集1〉日本経済新聞社、一九七六年)二五八頁。ちなみに、安政三年から慶応三年にかけて、大坂卸売物価(一般物価)は九倍近く上昇している(新保博『近世の物価と経済発展』東洋経済新報社、一九七八年、三六—三七頁)。上田の物価上昇が大坂ほどでないにしろ、MV＝PT(M：貨幣量、V：貨幣速度、P：物価水準、T：取引量)とすれば、最幕末から維新期にかけての物価上昇に対して、貨幣速度の上昇によって対応したことになる。正貨に比べ貯蓄性向の低い紙幣の「専用」が、貨幣速度の上昇に寄与したと考えられる。
(108)「大福金銀出入日記帳」(『尾崎家文書』二六二)の明治二年一一月二五日条には「出　百拾両／内銭札百貫」とある。
(109)「大福金銀出入日記帳」(『尾崎家文書』六四六)。
(110) 本書第四章参照。
(111)「大福金銀貸借日記帳」(『尾崎家文書』五七二)。なお、後者は「大福金銀出入日記帳」(『尾崎家文書』六四六)でも確認できる。
(112) 澤田氏は「然るに〔明治〕四年になると又舊の如く金札相場が下落し始めたのである。これは何故であるかと云へば、今度は金札贋造の弊が著しく禍をなして、折角信用を増加して来た金札の流通を再び阻礙するに至つたのである。」（前掲澤田『明治初期財政の基礎的研究』二六三頁）と述べ、官省札の贋札が紙幣価値下落に与えた影響を重視している。

(113) 前掲小岩「明治初年に於ける金札時価回復政策と諸藩領主権の中央統轄過程」。

(114) 大蔵省編『大蔵省沿革志（上巻）』（大内兵衛・土屋喬雄編『明治前期財政経済史料集成』第二巻、改造社、一九三二年）、九六―九八頁。

(115) 「御觸書御用向日家恵」（『竹内家文書』一九二八）。「金札百両に付銭券百両弐歩ニ而取引之趣」とあり、ここでは「金札」を官省札、「銭券」を上田藩札と解した。

(116) 「太政官引換取集」（「諸事出入帳」『竹内家文書』九九八中）。

第六章　名古屋の通商政策と地域通貨

はじめに

明治維新政府の通商政策については、商法司とその機能を引き継いだ通商司を中心に分析が進められてきた。そのうち通商司に関する実証的研究は、古くは菅野和太郎氏に始まる。(1) 菅野氏は、通商会社・為替会社の「失敗」の原因を政府の干渉と会社制度に通じた人材の不足に求める一方で、法人格を有する会社の嚆矢として両会社を積極的に評価した。(2) それ以前は、早々に解社し意味を持たないとされてきた通商会社・為替会社に対して、菅野氏の研究以降は、明治初期経済史の中に意義付ける動きが生じた。たとえば、新保博氏は、「為替会社→通商会社→地方商社（市中諸商社）→生産者」という前貸信用系列の出発点として為替会社の意義を強調し、同時に為替会社の会社企業という形態を一応は認める形で為替会社を再評価している。(3)

廃藩置県と同じ明治四年（一八七一）七月に通商司が廃止されたことに注目し、廃藩置県と通商司政策の因果関係を説明しようと試みた研究もある。中村尚美氏は国立銀行制度による新しい金融制度の構想と藩体制の最終的解体過程である廃藩置県の断行により、その時点で「通商・為替会社もまた解散せざるをえなかった」と述べ、(4) 新保氏も、「通商会社・為替会社を中心とする全国的商品流通機構の再編は、諸藩国産や収納米・賞典米の流通を掌握して諸藩の経済的基礎を中央政府の統制下に置くことを目的としていたが、これは中央集権的近代国家体制確立のために必要な一準備階梯にほかならなかった。したがって、廃藩置県によって通商会社・為替会社の存在理由が失われることになったのである」と、廃藩置県と通商司廃止の関係性を理解している。[5]両者の研究は、菅野氏と同じ視角を有し、明治二年二月に設置された通商司がなぜ短期間で廃止されたのかという、通商司政策の「失敗」の原因を明らかにしようとするものであった。

地域経済との関連から通商司政策を分析する研究も数多く出された。[6]通商司政策の再評価という研究潮流において、地域経済との関連で通商会社・為替会社やその下に広く展開された市中商社・地方商社の意義を説明しようとする試みであり、国家構想との関連からだけでは十分明らかにできない地域経済活動の実態を浮き彫りにするものであった。

通商司政策を積極的に意義付けようとしたときに地域経済の観点にたどり着いた研究史上の流れを、本書も基本的に汲むものであるが、[7]従来の研究との差異は廃藩置県以後の通商会社を検討するところにある。「国産会所」方式とは本来、地域通貨の発行・流通を前提とする流通形態であり、領主権力ないし藩札の消長と同期すると考えられる。したがって、「国産会所」の要件である「領主的商品流通」が成立しない中で、理論的には「国産会所」が存在理由を失うことになる。しかしながら、廃藩置県後も実際に活動する通商会社もあった。では、この活動をどう理解すればよいのだろうか。同じ「国産会所」方式でも、廃藩置県以前（特に明治維新期）と以後との性質の違いに注目しながら、領主権力が不在の時期に地域内の流通を統制する動きはどのような力によって保たれたのか、政府による藩札回収が指示され始めた時期に「国産会所」方式は果たして有効に機能したのか、といった疑問に答える必要がある。

これらの論点に対する筆者の立場を本書の主題に引きつける形であらかじめ明示しておくと、次の三点に要約される。まず第一に、通商司政策の「失敗」という評価はあくまで明治政府を主格とした見方であって、一部の領主権力（ないし地域行政）にとっては「失敗」でなかったというものである。[8]両者の利害が一致しない場合、明治政府の意図と領主権力の意図は乖離するはずであり、政府の政策として通商司が廃止されたとしても、地域の通商会社の存在理由が失われることにはならない。本章では、名古屋通商会社の事例を取り上げながら、通商司政策の地域的展開を分析し、通商会社の実際の活動がどの程度明治政府の政策意図もしくは地域利益を反映させていたかを明らかにしたい。

第二に、「国産会所」が地域通貨発行の機能を持ち、かつ地域の利害を調整する役割を果たす限り、「国産会所」方式は廃藩置県後も有効に機能するというものである。廃藩置県後も活動した名古屋通商会社の事例を基に、「国産会所」方式がなぜ存続したのか、その理由を如上のように明らかにする。仮に、地域経済の全体的利害を領主権力ではなく通商会社が代弁していたのだとすれば、領主権力が消失した後にも通商会社が存続しえた事由に自明性を与えることができる。

第三に、名古屋通商会社に至るまでの名古屋における通商政策の推移を追うことで、近世と近代との連続面を析出するというものである。名古屋商人における近世と近代の連続性は従前より指摘されてきたものの、明治維新期は空白期になっている(9)。ここでも、他の章と同様に、明治維新期における貨幣体系の変容に伴い、実体経済はどう変容したか、それを「国産会所」方式の継続性に注目しながら検討する、という問題意識を共有している。

以下、当該期における名古屋の通商政策で中心的役割を果した伊藤次郎左衛門家の史料に依拠しつつ、本章では分析を進める。

第一節　伊藤次郎左衛門家と名古屋藩の流通・金融政策

名古屋通商会社は、名古屋藩が明治四年四月に流通・金融政策の一環として設立した「通商会社」であったが、まずは名古屋通商会社成立前史として、伊藤次郎左衛門家の概要と名古屋藩（尾張藩）の流通・金融政策について述べたい。

(1) 近世期

伊藤屋(伊藤)次郎左衛門家は、現在では松坂屋で知られる百貨店の創業家であり、百貨店研究や地方財閥研究、もしくは名古屋商人研究の文脈で語られることが多い[10]。『松坂屋六〇年史』を始めとする社史や[11]、『名古屋市史』『新修名古屋市史』『愛知県史』などの地方史も充実しており、それらにより伊藤家の当該期までの大まかな経緯を記せば次のようになる。

伊藤家は元来武家の出であったが、慶長一六年(一六一一)に名古屋本町で創業、呉服太物業を営み[12]、その後問屋から小売業へ転向し、「現金売り掛け値なし」の商法を採用するなど、当時としては新しい営業方針をとって太物業の経営拡大を図った。伊藤家のこうした時勢に即応した動きは民衆の反響を呼び、延享二年(一七四五)六月に京都店開設、明和五年(一七六八)四月には松坂屋買収に基づく江戸上野進出を果たして、近世中期以降も経営の好調を維持したと言われる[13]。

一方で伊藤家は藩権力に接近し、新興商人から都市特権商人[14]へと成長していった。寛政一〇年(一七九八)九月に尾張藩御勝手方御用達を仰せ付けられ、近世末期には「三家衆」と呼ばれる尾張藩御用達商人の中でも最高位の格式を有した。文化三年(一八〇六)一月から米切手の正金引換の御用を担当するなど藩札発行業務にも携わっている[15]。

この米切手は寛政四年(一七九二)一一月に尾張藩が発行したもので、藩札の一種と見做されている。幕府による宝暦五年(一七五五)四月の金札新規発行禁止令、宝暦九年(一七五九)八月の銀札新規発行禁止令をうけて、尾張藩は「米切手」という名目で藩札を発行し、藩債整理に充てたのである。尾張藩は、米租の場合に米切手で代納することは禁じたが、その反面、米租以外の全ての諸公納に米切手を用いることは認めていたことからも、米切手が本来持つ米との引換券という効力は限定的で、その分貨幣としての機能を強く帯びていたと言える。享和三年（一八〇三）には商法会所・農法会所が設置され、これらが米札と正金の引換を行い、伊藤家は御勝手方御用達として商法会所の両替業務を担当した。(16)弘化期（一八四四―四八）においては正金が払底し「正金不融通」になったために、(17)米切手は財政欠乏を補塡するのみでなく、市中の貨幣供給におおいに資したと考えられる。

弘化二年（一八四五）当時には流通額が九五万六八八〇両余りにものぼったとされる尾張藩米切手も、嘉永元年（一八四八）までには回収されるが、(18)御勝手方御用達としての伊藤家と名古屋藩との関係は明治期に入ってからも変わることなく続いていく。明治元年（一八六八）一二月、名古屋藩は勘定奉行に国産懸りを設け、関戸哲太郎・伊藤次郎左衛門・岡谷惣七を国産用達総裁とした。(19)

また、近世期尾張藩の流通政策についてであるが、特に国産会所による専売仕法と城下商職人による鑑札交付が注目される。天保一三年（一八四二）、株仲間解放の幕令に基づき、恩恵措置として運上銀・冥加銀を免除し物価引下げを督促した尾張藩であったが、領内に株仲間組合の解散を公布して（町触は三月五日）間もない五月には国産会所を設立し、藩・城下商人主導で他領への国産物移出奨励に乗り出した。移出品の価格を検査し、元代金および販売先を届け出させ、元代銀一〇〇匁につき五分を海内備金として徴収する、というもので、単に他移出荷物の関税収入を意図したのみでなく、国産品の領外販売によって得られた正貨の吸い上げ策、すなわち国産品の専売仕法であったとされる。(20)

国産会所はその後、弘化三年・嘉永六年に漸次廃止されていくが、これは必ずしも自由な商取引が約束されたことを意味しない。従前より尾張藩は、城下商職人を通じて鑑札を交付し、商職人の掌握と運上金の徴収に取り組んでおり、さらに同業者間に組合仲間を組織させ独占を許していた。株仲間解散令後も藩は従来の仲間の全員を世話方に任命し、仲間の実質的な温存を図り、弘化四年に早くも仲間古復を認可している。嘉永四年（一八五一）三月に出される幕府の諸問屋再興令に先行する形で尾張藩では株仲間が復活し、そのまま幕末に至った[21]。

ただし、ひとえに株仲間の存続といっても、株仲間のあり方が多様である以上、幾分かの説明を要しよう。現在の江戸問屋仲間の研究水準においては、①享保年間から天保期前半にかけて、「問屋ヘゲモニー」下に配された仲間・組合によって構成される分節的社会構造が進展・成熟し、その有力な中心部分と幕府権力が共生関係を築いていたこと、②天保一二年（一八四二）末―一三年春の株仲間解散令で、幕府がその共生関係を一方的に破棄し、「問屋ヘゲモニー」が不在となったこと、③嘉永四年春の諸問屋再興令は、冥加金を賦課せず、株札を幕府から交付しないなど不徹底な「古復」であり、株仲間の解散によっていったん表出した「自分仲間の論理」に基づく数多の小経営の簇生を幕府は認める形となったこと、④開港後、生糸売込商などの江戸問屋を介さない商人の登場が江戸市中の分節的な社会構造を流動化したこと、が明らかになっている[22]。天保後期から幕末にかけて、尾張藩においてもいわゆる「問屋ヘゲモニー」を利用した流通統制は不完全であったと思われるが、株仲間解散後その「問屋ヘゲモニー」に代わる流通支配の方策として「国産会所」方式が模索されており、次項で述べるように維新期に再びその動きが活性化したことは注目に値する。

(2) 商法会所の地域的展開

明治元年閏四月二五日に太政官札の貸付機関として設置された政府部局が、商法司である（第三章）。この商法司によって全国各地に設置された商法会所が、「商法大意」にその法的根拠を置いていたことは広く知られるものの[23]、「商賈須知方規」との関連についてはあまり触れられていないので、行論の都合上簡単に関説しておく。『大蔵省沿革志』によれば[24]、明治元年五月に次のような内容を含む「商賈須知方規」が商業振興のために頒布された。

第一、各種ノ同業者ノ間ニ定法ト称シテ物價ヲ評定スルノ類ハ稽査ヲ經テ之ヲ聽許ス、其ノ定價ヨリ低折シテ販

鬻スルハ妨ケ無シ、
第二、商業ノ資本金ニ充ル爲メニ抵當物品ヲ納致シテ官金ヲ稱借セント申請スル者ハ償還期及ヒ利子額ヲ限定シテ之ヲ貸付ス、但タ其資本金ヲ他ノ費途ニ支消スルヲ許サス、
第三、商法會所ノ社員中ヨリ肝煎ト稱スル職員二名ヲ選擧シ其ノ氏名ヲ開申セヨ、或ハ臨時官選ヲ以テ指令スル有ル可シ、
第四、諸株（割注）「株トハ同種ノ商業ヲ營スル者ヲ幾戸ト限定シテ其ノ商業ヲ専権シ他人ノ之ヲ營スルヲ許ササルヲ言フ」ノ會社ノ其ノ社員ヲ増減スルハ便宜ニ委ス、
第五、従前課収セシ冥加金（割注）「即チ抽税金」ヲ廢シ日後更ニ税法ヲ立定セン、

第一に、同業者の間で価格を評定する取り決めを行うのは商法会所の許可を得なければならない。ただし、（取り決めを行った後でも）評定価格より低い値段で販売することはかまわない。第二に、抵当物品を納めたものには官金の貸付を行う。第三に、商法会所の社員の中から代表者として「肝煎」を選出する。第四に、株仲間（「株」）は社員の増減を任意に行ってよい。第五に、従来課してきた冥加金を廃止し、新たな税法を後日制定する。以上の五ヶ条である。この「商賈須知方規」は布達・布告の類ではなかったが、大蔵省が諸府藩県に頒布し、さらに諸府藩県が同月中に「商法大意」として触れた(25)。

「商法大意」は多くの研究者が引用するところであるのでここでの引用は避けるが(26)、商法会所の構成員を「社員」ではなく「仲ヶ間」としている点以外は、「商賈須知方規」とほぼ同じ内容である。冥加金の廃止といっても後日それに代わる税制が制定されることが想起されている点や、株仲間を存置する方針がうかがえる点から見ても、「商法大意」は商法会所の設置による旧株仲間の解散・否定というよりも、むしろ旧株仲間を商法会所の管理下に置いたものであった(27)。

こうした商法会所が名古屋において設置されたのは、明治元年八月から九月にかけてのことである。名古屋商法会所の場合、旧株仲間の改変と太政官札貸付という機能に加え、地域通貨の貸付を行う機関として発足する。この点、享和三年（一八〇三）に設置された商法会所との類似性が指摘できる。ただし、ここでの地域通貨は、米切手ではなく「金札小切手」と呼ばれる太政官札を準備金とする小額紙幣であり、その発行事情は次の史料に見える通りである。(28)

方今之御時勢ニ而、越後路戦争且先般水災等ニ付莫太之御物入被為在、町在江御軍費金調達金等追々被仰付、御用達初一同相労れ、此上疲弊およひ候而者御国体ニ相拘候様相成候而者奉恐入候次第ニ付、御国民疲弊ニ不及様者《ママ》夫々職業勉強仕、御富国之基楚等金銀融通第一之事ニ付、於御国金銀増聴《ママ》可仕様仕法立可仕様被仰渡奉恐承候、何分御大業之御儀中々私共愚意難及儀ニ御座候へ共、乍恐左ニ奉申上候、

一　太政官金札何拾万両御借入相成御国中一般通用被仰出、御収納始諸上納物金札ニ而相納、売買貸借正金同様取遣可仕事、

一　右金札拾両札五両〔札脱カ〕多分之由御座候処、纔成買物仕五両札差出、釣正金ニ而差出候様相成候而ハ一同迷惑仕候、況大坂表右体之儀御座候而ハ市中難渋仕候付、両替屋共申合当分為融通、切手弐朱・壱歩相拵金札と引替遣候付、市中危難相凌候儀も承及申候、付而ハ於御国も金札通用被仰出候付而ハ右等之儀難計御儀ニ付、金札預り切手為御計相成候ハヽ、伊藤次郎左衛門初御用達江引請被仰付、御引請高之金札相借置引替方差支無御座、……

辰〔慶応四年〕八月廿七日

この史料は「御用留／商法懸」の簿冊に綴られ、作成者は名古屋藩商法懸の六名（鈴木惣〔摠〕兵衛、岡田徳右衛門、柏屋善祐、高坂善右衛門、森本善七、万屋弥八）であった。明治維新期、戊辰戦争と水災に見舞われる中、名古屋藩の御勝手方御用達を始めとする町方商人はさらなる軍費の調達を強いられ疲弊していたが、「金銀融通第一之事」と考える

名古屋藩から国内正貨の蓄蔵を図るための「仕法」を立てるよう命ぜられ、太政官札に関する願いをしている。具体的には、まず太政官札の流通のために諸上納にあたって太政官札で納めることを認めてもらい、正金と同様に扱う（打歩を設けない）ことを願い出ている。次いで、市中で少額の買い物を太政官札の五両札や一〇両札で行い、正金を釣りとして出すようになっては正金が欠乏するのではないかと危惧した。そこで、大坂両替商が太政官札を準備金として二朱・一分といった小額の融通切手を発行した事例を引き合いに出し、名古屋においても伊藤次郎左衛門ら御用商人を引請とする「金札預リ切手」の発行を提案しているのである。結果、伊藤次郎左衛門・関戸哲太郎・内田鋼太郎の三家衆を初めとする御勝手方御用達を引請として、明治元年九月から翌二年三月限りの「金札小切手」（「小金札」とも呼ばれる）が発行される。

この「金札小切手」の運用は当初、次の通り計画されていた。[29] 商法懸り・商法会所は、商人から預った太政官札（「金札」）二万両を準備金として小切手二万両を発行する。発行された小切手は貸し付けられ、一両あたり「月利銀三分六厘」の利息で原則六ヶ月以内の返済が求められた。さらに、商人は上・中・下に分けられ、その分類に応じて引当品・返済期限の規定が定められた（たとえば、下商は返済期限一ヶ年）。「月利銀三分六厘」の利息は、公定相場の一両＝銀六〇匁換算で、月利0.36/60＝0.006、年利七・二％に相当する。名古屋商人が金利算出にあたって実質相場ではなく公定相場を用いていたことについては後述する。この金利は「御利足之儀ハ可相成丈ケ下直ニ而御貸渡被成下置度」という藩の意向を汲んだ比較的低利の貸付であった。[30]

明治元年九月四日の御用達連の願書でも「今般取端建候商法会所江諸商人金札通用、大金札拾両物・五両物多ニ而小売釣り札差支候向江、預り書小切手任望、預り書小切手弐朱物壱朱物引替遣し可申、……」と、太政官札（特に一〇両札、五両札）の日用取引における不便性を説明するとともに、「但小金札ハ京坂ニハ多分有之候趣ニ御座候得共、他所江一向不相廻、京坂〔に〕おいて小金札正金同様成人気ニ御座候趣ニ御座候」と、京坂地域における小額の官省

札流通を踏まえ、官省札自体の信用低下ではなく、あくまで小額貨幣が不足しているという状況を的確に分析していた。(31)

予定額二万両のうち最初に発行された「金札小切手」一万両の発行高内訳は、一両札一〇〇〇枚一〇〇〇両、一分札六〇〇〇枚一五〇〇両、二朱札二万枚二五〇〇両、一朱札八万枚五〇〇〇両であった。これらは日用取引を頻繁に行う中小商人などの小額貨幣を望む者に貸し付けられたと考えられる。

なお、太政官札も「金札拝借願い出候者、御利足一ヶ月六銭ニ而御貸渡被成下、切手も同様一ヶ月三分六厘ニ而貸借」と定められていたので、「金札小切手」と同じ月利〇・六％、年利七・二％で貸し付けられたことがうかがえる。「金札小切手」の準備金は別途商人から預ったので、商法会所は商法司から貸し付けられた太政官札一〇万両のうち、小切手発行に関わる雑費（約二〇両）を除いた分を貸し出したのであろう。(32)小額貨幣への需要が著しく高まっている経済情勢の中で、高額紙幣の太政官札が政府から半ば強制的に貸し付けられることで、太政官札を準備金とした小切手の発行とその貸し付けという現象が起こった。

また、正金ではなく官省札と兌換関係を持つ切手が発行された理由として、維新期における贋金流通を考慮する必要もある。実は、大蔵省に各府藩県が納めた贋金額でいうと、名古屋藩の額は全国二位であり、(33)前章で見た信州上田と同様に、領内では正金の信用力が大幅に低下していたものと推察される。「金札小切手」は、上田藩札のように直接贋金と引き換えることを目的とした地域通貨ではないが、贋金流入が正貨と兌換関係にない紙幣の発行に結びついた側面は認めてしかるべきであろう。

(3) 国産懸り・諸色配符切手懸りの設置と国産会所の経営

〈名古屋藩商法懸り―商法会所〉という系列で、名古屋藩が市中の小額貨幣不足を解消するための貸し付けを行っていたことは前節に述べた通りであるが、名古屋藩はそれと並行して〈名古屋藩国産懸り―国産会所〉という系列で物産振興に努めていた。これは近世期の「国産会所」方式を引き継ぐもので、藩外や外国との交易活発化を焦点に据えたものであった。両者の機能を厳密に区分するのは適切ではなく、むしろ商法司廃止以後は国産会所が商法会所の機能を継承した点も見られる。それら商法会所との比較にも配意しつつ、当節では、名古屋藩による国産懸りの設置と国産会所の経営を軸に藩の流通・金融政策を分析したい。

名古屋藩が勘定奉行中に国産懸りを設置したのは、明治元年一二月のことである。その際、関戸哲太郎、伊藤次郎左衛門、岡谷惣助が国産用達総裁に、鈴木惣兵衛ら一二名が国産用達に選ばれた[34]。『関戸文書』にある「御国産御用留」によれば、国産懸りは「今度御国産（割注）「惣裁／御用達」申付候は、国々之産物広く捌方朝廷より格別に御世話有之、下々潤ひ国富み候様の厚き御主意御遵奉よりの儀に候間、……」という趣意で設置され[35]、明治維新政府の殖産政策の一環であったことがうかがえる。

同史料中に「横浜表に会所取建候積候」、「大坂表には、今度産物会所御取建之筈候」、「東京は是迄之御屋敷にて事足可申哉」（結局、これまでの市谷屋敷は山手で不便利のため、蠣殻町に蔵物取扱所設置）[36]、「御国産会所御附属岐阜御出張会所」、「京都・東京之儀、元仕入所出張会所其儘に御取用ひ之方と奉存候」などとあるように、名古屋以外に横浜・東京（市谷・蠣殻町）・大阪・岐阜・京都など各地に産物会所や出張所を設置しており、為替を取り組みながら名古屋産物の移輸出と領外産物・海外産物の移輸入を行っていた。そして、明治二年一月には町奉行所が扱っていた「御仕入所」を国産懸りが管轄することとなる。国産懸りに移管されてのち、しばらくこれを「御国産元会所」と称していたが、同月中に再び「御国産会所」と名称を戻した。

この国産会所は自ら自国産物の売込と他国産物の買入を行う傍ら、各地に枝会所設立を奨励し、それらを統括した。藩内の熱田作良新田堤通に「商法会所」を設置したほか、東京・大阪・京都・横浜に会所を設け、名古屋藩から融通された五〇万両を元手金として、藩吏の監督の下で資金の貸付・為替飛脚の用務も扱ったようである。[37] 前節で述べた商法会所は明治二年五月に商法司が廃止されてから活動がうかがえる史料は見当たらず、以後国産会所が商法会所の担っていた貸付機能をも引継ぐ形で藩の通商政策で中心を占めたと考えられる。

そして、この時期も名古屋藩は地域通貨の発行に踏み出すこととなる。まさに商法司が廃止されたのと同月の明治二年五月、すなわち「金札小切手」の回収期限である明治二年三月から二ケ月後、名古屋藩の命により「配符」「切手」が発行された。さらに、これ以後名古屋では官省札（「金札」）兌換の配符・切手がたびたび発行されることになる。[38] 明治二年一二月に藩札の増刷が禁止されて以来、政府による藩札回収政策が展開されるので、[39]「配符」「切手」といった名目で小額貨幣不足に対応したのである。

明治三年五月には、伊藤次郎左衛門ら「商法諸色配符懸リ」が新たに一万両の「諸色配符」を引き受ける上で、市政局に対し模様などの変更に伴う配符の差し止めがないよう要請している。[40] 配符・切手発行総高は不明だが、配符懸りが市政局（「市井科御局」）に提出した勘定書の写しによれば、[41]

配符切手御預け金利足勘定書

一　弐千四百両　元金弐万両午十二月ゟ未十一月迄一ケ月六歩利十弐ケ月分〆高利足

内　金百弐拾両　同元金三千両七月会社へ上納之分、八月より十一月迄四ケ月利足

金百弐拾両　同元金四千両引替金、九月より十一月迄三ケ月利足

金五拾両　同元金四千五百両引替金、十月十一月〆弐ケ月分利足

金四両　同元金四百両二月三月利足

利足〆弐百九拾四両

引残リ　金弐千百六両

右之通御利足上納奉申上候、
　未十一月　　配符懸リ伊藤次郎左衛門印
　　市井科御局
　　　再出シ

明治三年一二月から明治四年一一月までの一年間に配符・切手合わせて二万両の貸し付けを行い、二四〇〇両の利息を得ていた。利率は年一二％、「六歩利」とは金一両につき銀六分（「歩」）の意であり、したがって公定相場である一両＝六〇匁を用いていることがわかる。「三千両七月会社へ上納之分」とあるのは名古屋通商会社への貸付であり、後掲する表6-4の「小切手」の数値とも一致する。そして、名古屋通商会社へ貸し付ける際に生じるはずの利息一二〇両は通商会社から利息を取らなかったために生じず（表6-4）、他に期間の途中で配符・切手を引き替えたにもかかわらず再貸し付けを行わなかった分、すなわち利息が発生しなかった分が一七四両存在した。したがって、年利一二％の計算で発生するはずの二四〇〇両の利息のうち、二九四両は実際には発生せず、実際に発生した利息である二一〇六両を市政局に上納したのである。

なお名古屋通商会社における配符・切手の役割に付言するとすれば、名古屋通商会社の経営全体に占める「小切手」（＝配符・切手）の比重は低かったため、小切手の財務上の意義を過度に評価することはできない。むしろ経営に与えた影響よりも、小額貨幣不足に悩む市場の中で小切手が日用取引に益した状況が推測されよう。

この配符・切手懸りの発行した配符・切手は、商法会所が発行した「金札小切手」と同様に、商人から預金を募る代わりに配符・切手を貸し付けるという形態を取ったが、次に見るように本来準備金であるはずの預金を貸付に回したために新たな問題を引き起こしたようである。(42)

　　乍恐奉願上候御事

去巳年以来諸色配符切手壱匁物御發行之後、右代リ金利足付ニ而銘々御預リ申上候処、内輪ニ而貸附置候間、万一限月遅延等相成候而ハ引換之儀行支候而ハ人気ニも相懸リ甚心配仕、去迚其儘黙然といたし置候而ハ利弁之生シ〔候脱カ〕場無之、如何等申相中之〔ママ〕処、火急取次調達御談相成候間、右金子会計御局江調達仕置候得ハ、慥成御儀と夫是決談之上、昨未十一月限ニ而伊藤次郎左衛門ゟ取次上納仕置候処、去十一月御返下方へ〔ママ〕付御談之趣有之、右ニ付冬分之処ハ先々他借金策仕引替取計申候得共、最早當春ニ至礑と行支申候、依之金弐万弐千百両是非共御下渡被下候様奉願上候、左も無御座候而ハ迚も引替之途相立不申、左候ハヽ一同惑乱いたし候儀も難計誠ニ心配仕、何卒模様ハ可有御座候へ共、只今之場合乍恐簾分御賢察被成下御別策を以前顕之金子何卒早行御返下被成下置候様只管奉願上候、以上、

申〔明治五年〕二月　配符懸リ／下村正之助㊞／代金右衛門

岡谷惣助㊞／代作兵衛

前顕之通相違無御座候、何卒別段之御憐を以御返下之程奉願上候、

伊藤次郎左衛門

（下札）「壱匁配符惣出来　高弐万弐千百両也」

（下札）「本文金高之内　八千両ハ表立調達分　壱万四千百両ハ内輪伊藤ゟ取次調達分」

この明治五年二月に出された配符懸りの願出によれば、配符懸りは一匁札発行の代わりに諸商人から準備金を預っていたが、その準備金の有効な活用方法を模索していた。内輪に貸し付けて遅滞でもしたら一匁札の交換に差し支えが出るし、かといって無為に過ごしては利弁が生じない、との理由により伊藤次郎左衛門の取次ぎで預金分二万二一〇〇両を旧名古屋藩会計懸り（「会計局」）へ上納することとなった。これは明治四年一一月限りの実質的な貸し付けであり、会計懸りであれば確実な返済がなされるであろうという見通しから決定されたものであった。だが、期限を過

ぎても返済がなされないので、当面配符の引換は配符懸りを務める御用達商人が負担したものの、明治五年に至り配符懸りが会計懸りに「下渡」、すなわち返済を求めている。この事例からは、配符・切手の貸付のみならず、準備金（預金）の貸付を行い利子収入を得ようとする、放漫ではあるが利益追求型の経営姿勢がうかがえるとともに、配符・切手流通を支えたのは伊藤次郎左衛門ら元御勝手方御用達商人らによる信用担保の側面が大きかったことが判明する。

このように名古屋藩は、明治二年から四年にかけて、御勝手方御用達を国産懸りや配符懸り・切手懸りに任命し、国産会所を設置して藩内の物産振興・商品流通拡大に努めた。勘定奉行管轄下の国産会所は、町奉行管轄下の仕入所の機能を引き継ぐとともに、商法司の廃止後は商法会所が有していた金融機能（利貸業務）をも包含した。さらに、配符懸り・切手懸りが発行した一匁札のような小額紙幣は、次節で述べる名古屋通商会社に無利子で貸し付けられ、地域の小額貨幣不足の中で貨幣需要に応えた。

ただし、こうした地域通貨発行は政府が目指した幣制統一の動きに逆行するものであり、しばしば太政官の掣肘を受けるところとなった。明治四年四月中に、①預り切手の増造禁止、②官許のない預り切手の廃止と正金引換命令、③蔵米切手の発行禁止、と三度にわたって個別に通告を受けているにもかかわらず[43]、「配符」「切手」と銘打って地域通貨の発行を続けたことは、明治維新政府の通商司政策とは異なる名古屋通商会社の地域本位の政策と見て取れる。公権力に接近しつつ、地域本位の政策を主導する在地特権商人の活動[44]は、政府の幣制統一という理念と齟齬を生じながらも継続していった。

第二節　名古屋通商会社の展開

通商司政策は通商会社と為替会社の密接不可分の関係によって初めて成り立つ構造であった。太政官札や為替会社が発行した為替札が通商会社に貸し付けられると、通商会社はそれを元手に外国取引を中心とする交易活動を行い、通商会社の活動によって得た正貨は為替会社へ還元され、その正貨が為替札の信用を担保する。そこに安定的な経済構造が生まれるはずであった。明治二—三年の大隈財政は、何よりも外国貿易の発展を重視したのであり[45]、また兌換を公的に約束した為替札を大量に流通させていた以上、外国貿易により正貨（洋銀）を獲得することが通商司政策の要であった。〈国内における為替札・太政官札流通—通商会社の統制による海外輸出向け商品の確保—洋銀の獲得〉という通商司政策の構造は〈藩内における藩札流通—国産会所による商品統制と藩際交易—正金の獲得〉という「国産会所」方式とまさに相似形であり、その意味で通商司政策は「国産会所」方式を全国規模に拡大して展開しようとしたものと言える。

だが、歴史上の通商司政策は「失敗」を見せ、通商司は明治四年七月五日に廃止、通商会社・為替会社も明治七年頃までにおおむね解社の道を辿る。これに関して、すでに先行研究によって通商司政策の「失敗」をもたらしたいくつかの原因が指摘されている。

政府の干渉と会社制度に通じた人材の不足・経営の不慣れにより通商会社・為替会社の赤字が慢性化[46]、廃藩置県（明治四年七月一四日）と国立銀行条例（明治五年一一月一五日）に向けて通商司政策の転換が図られ[47]、外圧を契機として通商司政策の目指した国内全国市場の独占的支配は挫折した[48]。そのため通商司政策は「失敗」したというのである。

だが、通商司政策を単に「失敗」とのみ解するのでは不十分であろう。前節で見てきたように、明治二年二月の通商司設置後も地域的「国産会所」方式は根強く残っているのであり、名古屋においてはむしろ商法会所を取り込む形でより一層発展していった。通商会社が国産会所にとって代わるのであれば、通商司政策は国産会所が果たしていた機能をも満たす必要があり、そこには国内流通と海外交易の重層性や維新政府による政策と地域権力による要求との差異が見出されなければならない。特に通商会社の場合、政府の政策意図が貫徹するとは限らず、地域利益を代弁する公権力および在地特権商人の利害と対立することもままあった。

たとえば、京都府は明治三年七月に、通商司事務の府への移管を民部・大蔵両省へ申請している。これは認められなかったが、府は独自に同月中に物産引立総会所を設立、通商司管轄の通商会社と別個に市中商社の統轄を行った。明治四年三月七日大蔵省は開商会社（通商会社が改名したもの）の府への移管を認めるが、今度は逆に府が拒絶。結局、明治四年七月に通商司廃止とともに府へ移管されている。[49]

こうした府藩県の自立性を背景に、明治四年三月七日、各地に設置した開商会社を地方庁に管轄させることを大蔵省は太政官に稟請、太政官の許可を得て同月一四日にその旨達した。[50]名古屋通商会社が設立されるのはその一ヶ月後のことである。

(1)　名古屋通商会社の成立

明治四年四月八日の「申渡書」の写によれば、[51]「名古屋通商会社総頭取」には花井八郎左衛門（町惣代）と鈴木惣兵衛（十人衆）の両名が、「名古屋通商会社総頭取御用向諸務」には関戸哲太郎（三家衆）と伊藤次郎左衛門（三家衆）の両名（実際にはそれぞれの手代）が、「名古屋通商会社総頭取脇」には内田鋼太郎（三家衆）、岡谷惣助（除地衆）、伊藤忠左衛門（除地衆）、下村正之助（除地衆）、岡田小八郎（除地衆）ら五名が任命され、他に頭取一一名、頭取並二九名、肝煎五六名、の計一〇五名によって構成されていた。[52]

表6-1　通商会社惣差引帳

元備金	円	銭	厘	毛
入社金	41,804			
親睦講	26,837	50		
壬申正月元縣庁金	24,000			
瀬戸窯元取立金預元	939	98	2	5
義校預リ	200			
元舟梖方分	61	32		
石川氏預リ	50			
小計	93,892	80	2	5
利足	3,487			
総計	97,379	80	2	5
貸附金元利幷有金調				
貸附金元高	91,783	3	9	4
出入帳差引尻正有金	3,700	83	4	8
貸附金利足高	5,837	91		
小計	101,321	78	4	2
差引	3,941	98	1	7

出所：「惣勘定差引調」（『伊藤家資料』240）.

まず名古屋通商会社は、全二〇条からなる「商社勤役律（商社勤仕規則）」によって、資本金である「社積立金」（身元金）の規定とその運営方法を定めたと考えられる[53]。会社は、総頭取以下の社中から身元金を受け取り、社外の者からも預金を募る。商社の所得金は身元金の多寡に応じて分配する。預金については利息を支払うとともに、通商会社が得た利益の三分の一を預金額の多寡に応じて分配する。社中の者へは貸付を行い、返済期限は借用人が自由に定められる、というものであった。社中・社外の別、身元金制度、利益の三分の一の分配、など明白に「通商為替会社規則」を参考にしている[54]。それゆえ、残りの利益の三分の一は「国力積立金」に、もう三分の一は諸雑費に充てたであろうことが推測できる。

次に名古屋通商会社作成の「惣勘定差引調」を見てみたい[55]。当史料は「名古屋／通商会社」の罫紙に書かれており、開業から明治五年八月二七日までの差引が記されている。これを表にしたものが表6-1である。

まず、元備金であるが、「入社金」「親睦講」「壬申正月元縣庁金」で主に構成されている。「入社金」は先述の「社積立金」（身元金）に相当するもので、「入社金」を納めた商人は通商会社によって営業活動を保障された。「親睦講」は講の形態を取った集金手段で、「壬申正月元縣庁金」は名古屋県からの借入金と考えることができる。いずれの元備金も「出資」という形態であり、利息も発生する債務であった。

一方、そうした元備金の大半を通商会社は諸商人に貸し付けて利息を得ていたことが知られる。元備金九万三八九二円の内、約九七・八％にあたる九万一七八三円を貸し付け、五八三七円余りの利息を稼いでいた。

以上より名古屋通商会社の活動として、商人の通商会社への加入と入社金の獲得、親睦講の運営、社中への貸付、の三つが主なものとして挙げられるが、節を改めてそれらを検討してみたい。

(2) 鑑札の発行と入社金の獲得

名古屋通商会社は諸商人から入社金を集め元備金としたが、代わりに入社した商人には鑑札を配符し、彼らの営業を監督した。明治四年六月から明治五年三月までの期間において業種別に鑑札の発行枚数・入社金額を整理した史料が「業種別営業鑑札帳簿」である（表6-2）[56]。表中では、鑑札の枚数を記しているが、これは商人の数と同義である。

この史料の作成者は裏表紙にある「通商會社勘定方」であり、名古屋通商会社頭取の安藤善祐、酒井佐兵衛、墨卯兵衛の三名であった[57]。

上商、中商、下商のほかに、鑑札を受け取るが入社金を払わない「平商」も多く存在し[58]、業種によってさらに細かい分類がなされていることもある。上商、中商、下商はそれぞれ入社金の額が異なっており、業種別にも違っていた。一般的な入社金額は上商一〇〇両、中商一〇両、下商五両程度であったが、たとえば砂糖業は上商二〇〇両、中商一〇〇両、下商なし、小間物業は上商五〇両、上並商三〇両、中商一五両、中並商一〇両、下商五両などと業種別に違いが見られる。業種別に商人の経営規模が異なるために、それぞれの業種に応じた適正の価格が設定されたのであろう。

鑑札を持った商人が休業した場合、鑑札は通商会社に返却されるが、その際「入社金」も商人に返すこととなっていた。それが表中にある「払戻」である。表中の一年弱の期間に休業する商人は少なかったが、注文取業はそのすべてが休業している（理由は不明）。

このように通商会社は鑑札を配布して名古屋・熱田一帯の商人のべ二三〇〇人余りを取り締まり、彼らを通商会社

表 6-2　名古屋通商会社業種別入社金ならびに営業鑑札

（単位：両）　（単位：枚）

	明治 4 年							明治 5 年			小計	うち払戻	差引	鑑札種類				鑑札小計
	6	7	8	9	10	11	12 月	1	2	3 月				上	中	下	平	
酒			3,705	470	415		116				4,706	601	4,105					
砂糖		2,740	320	10							3,070		3,070	14	27		19	60
呉服太物				2,550		300					2,850	5	2,845	18	26	113		157
舶来品			2,300	145	65				50	100	2,660	310	2,350	13	21	68		102
炭薪		2,192	100		25		25		25		2,511	228	2,283	13	51	19		83
陶器							1,900	210	60	45	2,215		2,215	16	14	36		66
焚味噌				1,525	505	100					2,130		2,130	23	33	18		74
材木	1,375	125		735	65	100	20		5		2,425	580	1,845	5	70	39		114
魚鳥							1,875				1,875		1,875	7	100	35		142
肥物				1,460	155		95	10	25	40	1,785		1,785	10	46	19		75
信州産物							1,400	200			1,600		1,600					8
紙				825	255	25	35				1,140	5	1,135	4	25	47		76
油				1,065	30		30				1,125		1,125		75			75
畳表				840	50	100	110				1,100		1,100	10	9	2		21
米穀				1,015							1,015		1,015	12	7			19
鰹節			400	325	255					25	1,005		1,005	4	16	41		61
蠟・蠟燭			585	105		100					790		790	7	3	6		16
綿					765			15			780		780	10	6	38		54
白木綿				600	130	20		10			760		760	5	26			31
舂米			701			30					731		731	35	198	220		453
塩			400	200	100	100					800	100	700	7				7
鉄物				425	170	20	45		20		680		680	3	22	10		35
小間物							630				630		630	3	31	17		51
糖							560		140		630	70	560					8
莨(多葉粉)				500							500		500	3	8	24	164	199
菜種							485				485		485	8	5	7		20
藻					250	50					300		300					15
元結					235	20	20				275		275		18	1		19
菓物				168	96						264		264	2		24	59	85
銭屋							250		10		260		260		6	40		46
醤油							130		120		250		250		13	2		15
綛糸			210	35					5		250		250		8	2		10
酢					230						230		230		7	2		9
茶				205	9		5				219		219	1	6	21		28
扇子							210		5		215		215		8	27		35
竹						185	20				205		205	2	6	9		17
塗物					145						145		145	2	6	9		17
質物							145				145		145	7	8			15
石灰						85	15				100		100	2	12			14
筆嚢						70	25				95		95		7	5		12
瓦						75	10				85		85		2	6		8
書林						80					80		80		2	12		14
線香							60				60		60		5	2		7
石							45				45		45		2	1		3
糸					20						20		20		1	2		3
紺屋											0		0					
注文取				20	132						152	152	0					0
総計	1,375	5,057	8,721	13,223	4,102	1,573	8,150	445	465	210	43,393	2,051	41,342	246	936	924	242	2,379

出所：「［業種別営業鑑札帳簿］」（名古屋市市政資料館所蔵『伊藤次郎左衛門家資料』55・56）より作成.
注：一部計算が合わないが，史料上の数値をそのまま掲載した.

に入社させることで四万両以上の資金を獲得していた。

さらに、名古屋通商会社は職業毎に「世話方」を設置して、鑑札の配符と入社金の徴収にあたらせた。名古屋通商会社が作成したと考えられる「諸商職業世話方申付相成候留」によると、(59)明治四年五月に八二もの業種において、一から数名の「世話方」を任命していることがわかる。前述した「業種別営業鑑札帳簿」とは職業分類の仕方がやや異なり、より詳細な分類で商人を把握していたことがうかがえる。後に見るように鑑札の返納は「世話方」が取り纏めることが多く、おそらく「世話方」を通じて鑑札の配符・回収や入社金の徴収・返還などがなされていたことが推察される。他の具体的な活動実態については十分に知られないが、いずれにしても名古屋通商会社は鑑札の配符と世話方の設置により商職人の把握に取り組んでいた。

名古屋通商会社は明治六年三月頃に営業を停止したようである。その際、鑑札の回収と入社金の返還を行った。火事などで鑑札をなくした者もいたが、世話方の働きなどもあって鑑札回収と入社金返還は順調に行われていった。(60)

解散後、名古屋通商会社の債権・債務関係は伊藤・関戸両家に引き継がれた。後年の愛知県出納課の報告によれば、(61)通商会社の入社金はすべて伊藤次郎左衛門と関戸守彦が償却し、代わりに通商会社の貸付金に対する返納は両家が受領する権利を持ったという。なお、「藩政へ彼等ヨリ莫太ノ調達金有之、藩主ノ償却全カラサルニ付、曾テ通商会社へ下渡有之局金ハ該調達金へ対シ棄捐相成度与頻々差迫り、遂ニ棄捐ニナリシ……」とも報告されており、両名が名古屋藩に対して持っている債権（の一部）と、名古屋藩が名古屋通商会社創立時に醵出した資金のうち未返済分が相殺されたことがうかがえる。(62)通商会社の残務を執り行う伊藤・関戸にとって、旧藩債権が新・旧公債に切り替えられるリスクを抱えるよりも、名古屋通商会社が持っていた債務と相殺することの方に、債権処理の確実性があった。

名古屋では、株仲間解散直後より流通統制の方策として「国産会所」方式が模索されていたことは前節に述べた通りであり、「商法大意」が株仲間を改変し、通商司が「商売自由」の原則を掲げ株仲間を否定したとき、再び「国産会所」方式が有力な手段として浮上した。名古屋通商会社はその一つの地域的実現であった。一方で、伊藤・関戸両家と公権力の共生関係がそのまま維新期に継続したことに見られるように、旧特権商人の力が温存されたため、鑑札による商人統制が一定の成功を見た。

(3) 親睦講の運営と商人への貸付

入社金に次いで名古屋通商会社の資金源として比率の高かったものが、「親睦講」である。親睦講は明治四年五月四日に初会を催し、以後毎月四日に講掛金を回収することとなっていた。[63] 当初この親睦講は「当辛未〔明治四年〕四月より三十六ケ月間月々金五千両宛」の予定で、[64] 実際に七ケ月間月々二八〇〇両前後で計二万両弱、明治五年まで含めると二万六〇〇〇両程度の集金に成功している。

「入社并親睦差引調」は親睦講の構成員・元金・利息を書き上げた史料で、親睦講掛金（「元金」）の総計が後述の史料と合致しないことから、全てを書き出したものではないと考えられるが、親睦講と通商会社との関係を知ることができる重要な史料である。[65] 史料の一例をあげると、通商会社頭取の酒井佐兵衛は次のように講の掛金を納めていた（表6-3中の備考①—④に対応）。

①　酒井佐兵衛
一　金弐百五拾両　舶来品砂糖　入社
一　金弐百五拾両　親睦講
一　金弐拾八両三分　右利足
〆　五百弐拾八両三分
内　五百五両　貸金元利

引〆　金弐拾三両三分　過

酒井佐兵衛は舶来品業と砂糖業を営む者として鑑札を請け、二五〇両を通商会社に支払い、それと同額の二五〇両を親睦講掛金として納めている。その際、入社金と親睦講掛金を払った代わりに、五〇五両の貸付元利の「借」があることに注目したい。おそらく貸付分が五〇〇両でそれに五両の利息が付いたのであろう。一見、単に預けた入社金と親睦講掛金を通商会社からの貸付金として手許に戻しただけのようであるが、酒井佐兵衛からすると実質的に資金を固定せずに済んでいる。なおかつ、親睦講の配当（＝利息）と借用金に対する支払利息との額を検討すると、前者は二八両三分、後者は五両であり、ある程度の収益が期待できる。営業鑑札を得るためというのが目的であろうが、こうした収益も見込まれるため、商職人は進んで通商会社に加入し、入社金と講掛金を納めた。名古屋通商会社にとっては不利な利率であるが、会社創立期において社中を取り込むための一時的な設定とひとまずは考えたい。

この例では、親睦講の元金（掛金）二五〇両に対し、二八両三分の利息が得られたことがうかがえ、元利合わせて二七八両三分となる。元・利それぞれの記載があるものは少ないが、元利合わせて二七八両三分（二七八・七五両）となるものが計一四件存在し、これらについても利率は同じである（一一・五％の利鞘）と仮定すると、表6-3のようになる。「過不足」の欄に「過」とある分は実質的な貸付である。

また、親睦講には通商会社の社中が引き受けることによって社中でない者も加入することができた。

②　　後藤松兵衛／藤屋佐吉引受

一　金弐百両　　　藤佐　砂糖上商入社

一　金百三拾九両壱分弐朱　同人　親睦元利

一　金百拾四両弐分　　後藤松兵衛分　同斷

〆　四百五拾三両三分弐朱

表6-3（1）　名古屋通商会社入社金・親睦講掛金・貸付金比較表

（単位：両）

番号	人名・集団	業種	借				貸	過不足	備考
			入社金	親睦講 元金	親睦講 利息	小計	貸付元利		
1	澤市郎右衛門			112.250		112.250	102	過	
2	白木屋武右衛門	砂糖・石	220			220.000	215	過	
3	塚本長六			125	14.375	139.375	125	過	
4	吉田唯之助		75	250	28.750	353.750	325	過	
5	間鹿屋甚蔵	紙・元結・畳表	50			50.000	45.75	過	
6	萬屋源六	紙	20			20.000	20	なし	
7	扇屋良蔵	扇	215			215.000	122.5　1.75	過	
8	萬屋新吉			125	14.375	139.375	125	過	
9	山田弥兵衛	焚味噌	40	250	28.750	318.750	303	過	金融講
10	神戸理左衛門	畳表	100	250	28.750	378.750	303	過	金融講
11	萬屋新吉初三人	焚味噌	105			105.000	101	過	
12	松本長延			250	28.750	278.750	252.5	過	金融講
13	抜並庄兵衛	畳表・砂糖	300	250	28.750	578.750	505	過	
14	加藤彦兵衛	紙・信州産	300	250	28.750	578.750	535	過	
15	船越屋喜兵衛初三人	糠・炭薪・油・酒造	315	250	28.750	593.750	565	過	
16	高木久兵衛			125	14.375	139.375	125	過	
17	和泉屋金八初	綛	250			250.000	161.25	過	
18	中村頂郎太			500	57.500	557.500	505	過	金融講
19	名和屋藤三郎初	粕米・太物・舶来・銭	110			110.000	107.5	過	
20	三輪惣右衛門			500	57.500	557.500	533.5	過	
21	吉田新三郎	油・酒造	100	250	28.750	378.750	300	過	
22	大野屋藤七	肥物・油	115			115.000	106.5	過	
23	安田屋喜兵衛	糠	70			70.000	70	なし	
24	内田鋼太郎			750	86.250	836.250	750	過	
25	吹原九郎三郎			500	57.500	557.500	533.5	過	金融講
26	絹屋定助・綛屋丼兵衛	呉服	130	375	43.125	548.125	533.5	過	
27	松本治右衛門			125	14.375	139.375	100	過	
28	武屋勘七			500	57.250	557.250	533.5	過	
29	牧野作兵衛			250	28.750	278.750	213.25	過	金融講
30	大野屋喜蔵初	炭薪	200			200.000	160	過	
31	福田屋傳蔵初	多葉粉	300			300.000	300	なし	
32	木村源左衛門初五人	舶来品	550			550.000	533.5	過	
33	生田屋長七初	炭薪	150			150.000	124.75	過	
34	鏡屋庄七			75	8.625	83.625	54	過	
35	江戸屋金右衛門	小間物	630			630.000	135	過	
36	高坂善右衛門	砂糖	200			200.000	202	不足	金融講
37	高坂善右衛門			250	28.750	278.750	214	過	金融講
38	泉屋喜兵衛治	塩	100			100.000	107.75	不足	
39	表屋伊助	畳表	100			100.000	100	なし	
40	酒井佐兵衛	舶来品・砂糖	250	250	28.750	528.750	505	過	①
41	萬屋傳左衛門初	米穀・焚味噌・酒・肥物・醤油	410	375	43.125	828.125	1,000	不足	

表 6-3（2）　名古屋通商会社入社金・親睦講掛金・貸付金比較表　（単位：両）

番号	人名・集団	業種	借				貸	過不足	備考
			入社金	親睦講 元金	親睦講 利息	小計	貸付元利		
42	萬屋藤左衛門初三人	醤油	60			60.000	60	なし	
43	水谷又吉	材木	25	250	28.750	303.750	303	過	金融講
44	東屋清三郎			110.500		110.500	77.75	過	
45	服部与三治	材木	20	250	28.750	298.750	300	不足	金融講
46	熱田用達中	魚鳥	1,410	1,775	185.625	3,370.625	3,138.75	過	
47	青正藤助	油	1,125			1,125.000	400	過	
48	酒造屋中	酒造	4,105			4,105.000	3224	過	
49	大野屋又右右衛門初	魚鳥	130	375	43.125	548.125	455	過	
50	井筒屋甚左衛門初	菜種	485			485.000	336	過	
51	森本善七			500	57.500	557.500	555.5	過	金融講
52	吉田万蔵	蠟・銭・紙	110			110.000	106.5	過	
53	墨匇兵衛	砂糖・舶来	275	250	28.750	553.750	337.5	過	金融講
54	伊東こう・同ゆき	塩・米穀	125			125.000	125	なし	
55	後藤松兵衛 藤屋佐吉引受	砂糖	200	253.875		453.875	1,000	不足	②
56	藤倉屋捨七 寺屋儀兵衛	砂糖・舶来	405			405.000	434.5	不足	
57	長谷川与三兵衛	砂糖	200			200.000	215.25	不足	
58	山田彦兵衛	塩・材木・炭薪	275			275.000	318	不足	金融講
59	浅野屋助太郎初	炭薪	275			275.000	283	不足	
60	駒屋丞助	砂糖・蠟・舶来	270	125	14.375	409.375	543.25	不足	
61	岡谷惣助・置津屋忠三郎初	鉄物	680	750	86.250	1,516.250	1,565	不足	
62	加藤丞兵衛	砂糖・蠟	300			300.000	303	不足	
63	吉野屋吉右衛門	砂糖	200			200.000	215	不足	
64	後藤松兵衛 信濃屋藤右衛門引受			125	14.375	139.375	500	不足	
65	□□□助初　※	焚味噌	200	625	71.875	896.875	1,010	不足	
66	太田屋嘉蔵	炭薪	225			225.000	200	過	
67	米屋兵吉					0.000	2,870.25	不足	③
68	関戸二郎 伊藤次郎左衛門					0.000	39,291.5	不足	④
計			16,505	13,641.875		30,175.625	69,505.75		

出所：「入社幷新睦差引調」（『伊藤家資料』246）より作成.

注：1分未満は適宜切り捨て．過不足の欄は通商会社による貸し付けが入社金と講掛金の小計を上回る場合「不足」，下回る場合「過」，等値の場合「なし」と記入した．番号は任意に付した．人名・集団の欄は基本的に史料の表記に従ったが，複数人名が書き上げられている場合，適宜省略した．なお備考の数字は本文中の事例引用と対応．「金融講」とあるのは「金融講割戻」「金融社割戻」（『伊藤家資料』262-4～7）に名前が見えるもの．※付箋が重なり読み取れず

（単位：両）

出										計
勘定方	貸付 関戸・伊藤	貸付 その他	休職払戻	小切手	利金	県庁	産物会所	会社備金	その他	
90		12,700								12,790
	5,050	2,050								7,100
202		9,215								9,417
65	10,600	7,552	36							18,253
220	7,000	6,960	700	3,000	325	10,000			65	28,270
11	7,950	2,800		10		2,000	150			12,921
		2,990				9,300		2,000	113	14,403
588	30,600	44,267	736	3,010	325	21,300	150	2,000	178	103,154

内　千両　貸金
さし引　金五百四拾六両弐朱　不足
右と金弐百両　可請取筈
又さし引　三百四拾六両弐朱　損

②では砂糖上商として入社した藤屋佐吉が引受人となり、社中でない後藤松兵衛が親睦講に加入している。貸付金が両名のどちらに対して行われたかすぐさま判別しがたいが、後藤松兵衛が親睦講に加入したのは、親睦講の配当（利息）を見込むとともに、通商会社から融資を受けるためであったと考えられる。

史料中には一般に貸付元金と利金の小計しか書かれていないが、貸付利率の書かれているものが一例あった。

③　米屋兵吉
一　金千両　貸金
此利百五拾壱両弐分拾匁　未八月ゟ申八月迄七歩利
一　金千五百両　貸金
此利弐百拾九両　未九月ゟ申八月迄七歩三厘
〆　金弐千八百七拾両弐分拾匁　不足

米屋兵吉は通商会社に入社せず、かつ親睦講にも加入していない特異な例である。この事例では、貸付金の年利率は一四―一四・六％（一両＝六

表6-4　明治4年親睦講金銭出入

月	入												計
	県庁	講掛金	入社金	預り		相続金		貸金返済	利足	小切手	産物会所	その他	
				社内	社外	材木	砂糖						
5	10,300	2,487			2,010								14,797
6	3,000	2,637				1,355							6,992
7	2,000	2,800				145	4,907						9,852
8	12,600	2,800	6,745	200			200			3,000		225	25,770
9		2,775	13,634					4,260	129				20,798
10	5,000	2,775	4,062	100				12,223	671	10	100	1,739	26,680
11		2,976	42					225				109	3352
計	32,900	19,250	24,483	300	2,010	1,500	5107	16,708	800	3,010	100	2,073	108,241

出所：「親睦講金出入留」（『伊藤次郎左衛門家資料』263）より作成.
注：一両未満切捨て.「相続金」は「入社金」と同義.

○匁の公定相場で、月利7/60〜7.3/60）であった。名古屋通商会社による社外商人への貸付は、比較的高利であった。

最後に関戸・伊藤両家に対する貸付を見てみよう。

④　関戸二郎(66)／伊藤次郎左衛門

一　金三万五千五百五拾両　元貸金

此利三千七百四拾壱両弐分三匁　申八月迄

一　金五千両　切手引換金貸

〆　金四万四千弐百九拾壱両弐分三匁　不足

三万五五五〇両の「元貸金」と三七四一両二分三匁の利息を計上している。始期が不明で正確な利率はわからないが、両家に対する貸付額は全体の中で抜きん出ている。入社金・親睦講掛金の記載もなく、当節の冒頭で触れた「商社勤役律」にも、両家の役務である「名古屋通商会社総頭取御用向諸務」の入社金の額を定めた規定が存在しないことを踏まえると、両家が入社金ならびに親睦講掛金を納めなかったことは十分に考えられる。なお、「切手引替金貸」については、関戸・伊藤両家が小切手を発行する実務を担当し、名古屋通商会社が小切手の引換に必要な準備金を無利子で貸し付けたものと考えられるが、これについては想像の域を出ない。いずれにしても、名古屋通商会社の全貸付額の五六％余りを関戸・伊藤両家への貸付が占めたということは（前掲表6-3）、両家の名古屋通商会社における絶対的な位置を表すものであり、在地特権商人が自己の利益を追求するために通商会社を主導していたと見ることができる。

以上、「入社幷親睦差引調」から親睦講の概要と、名古屋通商会社の貸付先について検討したが、別の史料から確認すると表6-4のようになる。

当初は県庁からの入金が大きな役割を果していたが、次第に入社金が入るようになるとそれを元手に貸付を行うようになる。親睦講の掛金は毎年一定程度の収入が見込めるものであった。

「勘定方」への出金とあるのは通商会社勘定方の諸経費に使ったものであろう。安藤善祐らが務める通商会社勘定方が鑑札帳簿を作成していたことは先に述べた通りであり、「金銀出納幷紙墨炭薪等日用之冗費ハ勘定方可掌之事」とされていたから諸雑費と考えて差し支えない[67]。

県庁への出金は「県庁調達」と記載があるものもあり、調達金として上納した可能性が高いものの、実質借入金の返済と見て差し支えないだろう。県庁からの入金額は前掲表6-1に掲げた額の二万四〇〇〇円を上回るが、これは表6-1が県庁からの未返済借入高（借入総高―返済額）を示したものであって借入総高を示したものでないことによる。明治五年までを含めた県庁からの借入額は三万二九〇〇円以上だったと推測される。

このように、近世期の国産会所が担っていた「国産会所」方式は、明治に入ってから国産懸りに引き継がれ、国産品の領外移出が奨励されるとともに、近世期の鑑札・株仲間制度も商法懸り・商法会所期の株仲間改変と商職人統制を経て、名古屋通商会社による鑑札の発行と世話方の設置に至った。

さらに重要なのは、名古屋通商会社の元備金は県庁からの借入金と身元金、そして親睦講の掛金によって賄い、為替会社の大元会社や他の通商会社から資金援助を受けている形跡が見られないことである。通商司が発足してまだ間もない頃、全国の為替会社・通商会社は東京・京都・大阪の三つの大元会社によって統括され、それぞれの持ち場は東京が横浜、浦賀、新潟、石巻、酒田、清水、箱館の七ヶ所、京都が大津、伊勢、敦賀、伏見、三崎の五ヶ所、大阪が神戸、堺、下関、長崎、四国の五ヶ所と定められた(68)。名古屋はいずれの監督下にも属していない。明治五年に名古屋為替会社が設立されたが、これは名古屋通商会社から金一万五〇〇〇両を預かって運用されたもので、東京や大阪の大元会社とは関係を持たない(69)。明治四年三月に全国の通商会社の管轄が通商司から府藩県へ移されたこととあいまって、名古屋においては維新期に一貫して藩・県そして何よりも在地特権商人が主導する形で通商政策が展開されたのである。

この維新期名古屋における通商政策の一貫性は次のことを示唆している。すなわち、名古屋藩ないし国産会所は明治四年三月まで通商会社の管理下に置かれることを避けるため、「通商会社」を設置せず、「国産会所」のまま通商政策を展開した。明治四年三月に通商会社の管轄が各府藩県に移管されると、ようやく「通商会社」を設置し、そのことによって初めて鑑札発行などの措置を取りうるようになるのである。逆説すれば、それ以前は鑑札発行権を放棄してまで藩の独自性を保とうとしたと言える。通商司政策は海外交易を主眼に置き国内正貨蓄蔵をその一つの目的としていたため、輸出産業以外の分野に資するところは少なく、それだけでは藩レヴェルでの利益を実現できなかった。通商司政策の限界性がここに見えるとともに、通商司政策に包摂された敦賀・大津・新潟が以後衰退し、代わりに名古屋が発展していくのは象徴的であろう。

小　括

維新期名古屋の通商政策（金融・流通）と貨幣発行を担った部局を時系列順に並べるとおおよそ図6-1のようになる。

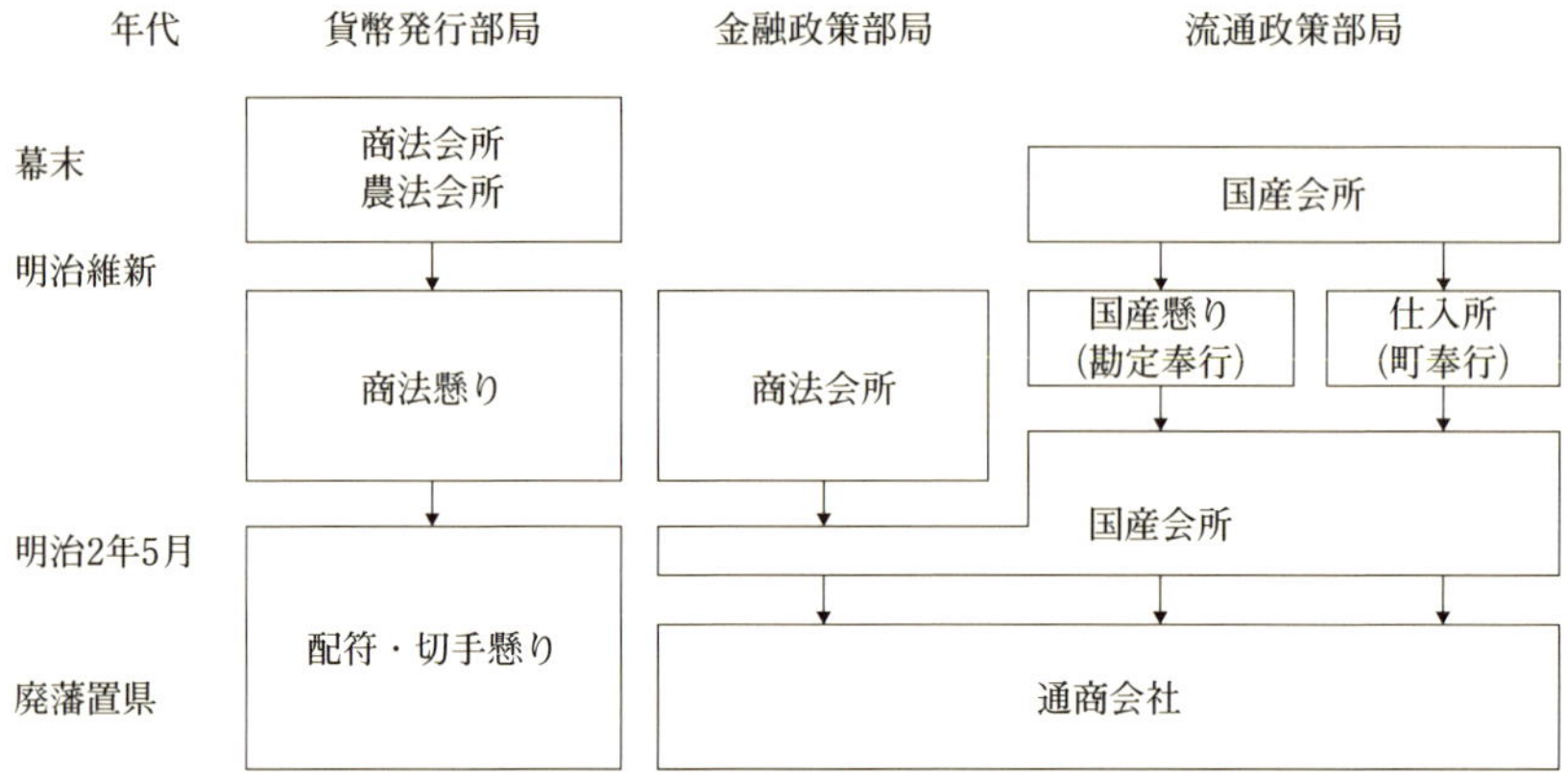

図 6-1　維新期名古屋の通商・貨幣政策

維新期名古屋の通商政策には〈明治維新政府（会計官商法司）―名古屋藩商法懸り―商法会所〉という系列と〈名古屋藩国産懸り―国産会所〉という系列の二つが存在した。前者は株仲間の改変・統制や商人への太政官札ならびに小切手の融資、後者は域外取引の活発化、という点に当初主眼が置かれていたが、商法司の廃止以後は両者が混在化し、さらには国産懸り（勘定奉行）が仕入所（町奉行）を吸収することで通商政策の統合がなされつつあった。

一方、貨幣政策については、商法会所が太政官札を準備金として「金札小切手」を発行したのをはじめ、明治二年に藩札の増刷が禁止された後も、配符懸り・切手懸りが「配符」「切手」という形で地域通貨を発行し、小額貨幣不足という地域の貨幣需要に応じた。近世期の米切手は正金との兌換性が保証されていたのに対し[70]、「金札小切手」は太政官札という紙幣が兌換準備となった点で、維新期の画期性が認められる。これは、太政官札の大量発行や贋金流通に応じた貨幣体系の再編であり、同時に素材価値と切り離された信用貨幣の登場を意味した。

明治四年四月に設置された名古屋通商会社は、国産会所に代わり通商政策を一手に担うこととなる。鑑札の発行と世話方の設置は近世来の商人・流通統制の継続であり、親睦講の運営は通商会社による集金力を強化した。商職人の側にとってみても、通商会社による貸付は比較的低利であったので資産運営の上で合理性があった。

こうした維新期名古屋の通商政策は、一貫して伊藤次郎左衛門ら在地資本と地域行政主体の主導の下で展開された。名古屋通商会社が明治維新政府＝通商司の掲げる海外交易促進政策を取らず、地域通貨を利用してむしろ地域内流通の促進に傾注したことは、通商司政策による全国的金融流通網形成の「失敗」を象徴するものであった。理念的には地域的利害を顧みなかったところに、実態的にはその運営を地域の旧特権商人層に完全に委ねざるをえなかったところに、通商司政策の限界があったと言えよう。言うなれば、通商司政策は海外交易に主眼を置き、地域的利害を無視したために全国的広がりを持たず、当該期の通商政策は地域的利害を代弁する地域行政主体・在地商人の自立性が貫徹したのであった。

貨幣政策でも、幕末から維新期を通じて名古屋藩の御勝手方御用達商人が地域通貨の引受主体となった利点が見受けられる。引受主体の連続性こそが、素材価値と切り離された地域通貨の信用を継続して担保したと言えよう。そして、伊藤・関戸ら特権商人が求心力を保ちつつ、中央政府からの自立性を有したまま地域的利害を調整し、かつ地域通貨発行を継続したことによって、「国産会所」方式は廃藩置県後も有効に機能したのである。

では、伊藤家にとって明治維新期はどのような経営史的意義があったのであろうか。まず、名古屋通商会社の総頭取として、優先的に融資を受けることができた事情が、伊藤家の資本蓄積におおいに寄与したと考えることができる。関戸とともに伊藤の借受額は、名古屋商人の中でも群を抜いていた。また、名古屋通商会社解散後、旧名古屋藩に対する債権と、名古屋藩が名古屋通商会社創立時に醸出した資金（伊藤にとっては債務）を相殺しえたことも重要である。これは藩債の切り捨てを最小限に抑える効果をもたらしたのではないだろうか。銭佐（第一章）とはまた違った形で藩債処分に伴うリスクを回避したと評価できる。

その後の伊藤は、三井とともに愛知県為替方を務め愛知県の公金を取り扱った。(71) これは日田掛屋が廃藩置県後に公金取扱をやめたことと対照的である。伊藤次郎左衛門が「愛知縣賦金為替方」に命ぜられるのは明治八年五月であるが[72]、それ以前から「出納御用所」の名義で公金の取り扱いを行っていることが「上納金受取名記」から知られる[73]。この史料は明治五年三月から始まり、運上・冥加金として商人が納めたもののほか県内各課（材木懸、立木営繕方、租税課など）、元大山県、元知多郡出張所などの名も見える。公金の出納とはいっても、運上・冥加金の徴税までも担当していたのは、鑑札の発行により商職人を把握していた伊藤ならではである。その意味で名古屋藩御勝手方御用達、名古屋通商会社総頭取御用向諸務、愛知県為替方の流れは連続的に捉えるべきであり、伊藤家の場合、近世期の尾張藩（名古屋藩）との関係が円滑に維新政府・愛知県との関係に接続した。こうして伊藤家は、明治一四年（一八八一）に伊藤銀行を設立し、近代的資本家へ転化することに成功したのである[74]。

（1）菅野和太郎「通商会社・為替会社」（本庄榮治郎編『明治維新経済史研究』改造社、一九三〇年）。

（2）同前二六八―二六九、二九七頁。菅野氏はこれと同じ立場から『日本会社企業発生史の研究』（岩波書店、一九三一年）を著す。のちに大塚久雄『株式会社発生史論』（有斐閣、一九三八年）が、有限責任制を株式会社の重要な要素として認めるべきであると提言した後にも、菅野氏は「両会社〔通商会社・為替会社〕は株式会社の特色たる証券制度及び重役制度は之を具備して居つたが、有限責任制度は之を具備して居なかつた。併し乍ら有限責任制度は株式会社の重要なる特色でないため、両会社は株式会社としての重要なる性質を多分に具有して居たといふことが出来る」と自らの立場を変えなかった（同『日本会社企業発生史の研究』経済評論社、一九六六年、再版、二四九頁）。現在では、株式会社としての機能を持たなかったと考えるのが通例である（高村直助『会社の誕生』吉川弘文館、一九九六年、三六頁）。

（3）新保博『日本近代信用制度成立史論』（有斐閣、一九六八年）一〇五頁。

（4）中村尚美『大隈財政の研究』（校倉書房、一九六八年）三〇頁。なお同「明治初期の経済政策――通商・為替会社の役割」（『史学雑誌』第六八編第一号、一九五九年一月）も参照。

（5）新保博「維新期の商業・金融政策――通商会社・為替会社をめぐって」（『社会経済史学』第二七巻第五号、一九六二年五月）二五―二六頁。

（6）吉永昭「松代商法会社の研究」（『社会経済史学』第二三巻第三号、一九五七年九月）。徳田寿秋「通商司政策と地方商社――金沢藩治下における商社の性格」（『北陸史学』通号二一、一九七二年一二月）、同「金沢為替会社の研究」（『日本歴史』通号第三〇七号、一九七三年一二月）。高橋久一『明治前期地方金融機関の研究』（新生社、一九六七年）、同「明治初期における地方商社と商業資本」（『社会経済史学』第三五巻第二号、一九六九年六月）。柚木学「兵庫商社と維新政府の経済政策」（『社会経済史学』第三五巻二号、一九六九年六月）。宮本又次「明治初年大阪の市中商社と貿易商社」（同編『上方の研究』第二巻、清文堂出版、一九七五年）、同『日本ギルドの解放――明治維新と株仲間』〈大阪大学経済学部社会経済研究室研究叢書一〇〉（有斐閣、一九五七年）。中川すがね「明治初年における流通再編の試み――大阪総産会社の場合」（『社会経済史学』第五五巻第五号、一九八九年一二月）。

（7）通商司がなぜ明治四年（一八七一）七月に廃止されたのかという問題も研究史上大きな論争を呼んだが、本章では維新政府の政策論を本格的に検討していないため、参考として掲げるにとどめる。通商司が廃止された理由は、国立銀行制度構想と廃藩置県（前掲中村「明治初期の経済政策」、前掲同『大隈財政の研究』、前掲新保「維新期の商業・金融政策」）、外圧とそれを契機とする新たな政策転換の要請（丹羽邦男『明治維新の土地変革』御茶の水書房、一九六二年）、廃藩置県（前掲新保「維新期の商業・金融政策」）、などによって説明されている。より詳しい内容やそのほかの先行研究については、拙稿「維新期名古屋の通商政策」（『歴史と経済』第二〇四号、二〇〇九年七月）参照。

（8）寺西重郎氏も為替会社は「失敗」ではなかったとしているが、本書とは説明の仕方が異なる。為替会社の目的は「スムーズな廃藩置県実施のためにあらかじめ藩経済に対する旧領主の支配権を弱めておくこと」であり、「殖産興業は付随的目的でしかなかった」というのが氏の主張である（同『戦前期日本の金融システム』岩波書店、二〇一一年、一四九頁）。

（9）林董一『近世名古屋商人の研究』（名古屋大学出版会、一九九四年）、杉浦英一『中京財界史』（中部経済新聞社、一九八六年、初版は一九五五年）。林氏は「伊藤次郎左衛門が発展し、こんにちの松坂屋にまで成長する過程は、まさに名古屋商人史のひとつの重要な研究テーマとなろう」（三〇頁）としつつも、天保末期に成立した三家衆としての地位と明治一四年の伊藤銀行設立を関連付けて説明していないため（八〇、五二八頁）、明治維新期の空白を生み出している。なお、杉浦氏の分類に照らして付言すれば、本章で述べる在地特権商人は「土着派」に相当し、ほかに新興商人としての「近在派」（紅葉屋富田重助・神野金之助ら）、「外様派」（奥田正香ら）がいた。

(10) 近年の百貨店研究の興隆により伊藤家・松坂屋を含むものだけでも膨大な量にのぼるので、差し当たり末田智樹「明治後期・大正期における松坂屋の成立過程——名古屋本店と東京上野店の2店舗体制の確立における企業家の役割」(『人文学部研究論集』〈中部大〉第一六号、二〇〇六年七月)による先行研究整理を参照されたい。また、伊藤家を単なる地方有力商としてではなく、「地方財閥」と捉え、中央財閥と共通する同族的特徴や多角的事業網を有したとする研究に、それぞれ玉城肇「地方財閥(その一)——松坂屋財閥」(同『地方財閥と同族結合』御茶の水書房、一九八一年)、森川英正『地方財閥』〈日本財閥経営史〉(日本経済新聞社、一九八五年)がある。

(11) 社史を補完するものとして竹中治助編『新編店史概要』(松坂屋、一九六四年)も有用である。

(12) 前掲林『近世名古屋商人の研究』二五頁。

(13) 同前七一頁。

(14) 一般商人とは異なる特殊具体的な「特権」を公権力から付与されている商人に対し、本書では「特権商人」と呼んでいる。想定している「特権」は、収税や他商人の監督・管理、独占的営業などである。「特権」が付与される代わりに、御用金の支払いが課せられる場合が多いため、多額の御用金の支払いを特権商人であることの一つの指標と考えている。

(15) 前掲林『近世名古屋商人の研究』五四—五五、六七、六九—七〇頁。伊藤家とともに「三家衆」を構成したのが、米穀商の信濃屋関戸家、同じく米穀商の内海屋内田家である。なお「三家衆」の成立時期については諸説あるが、林氏は天保末期頃と推定している。

(16) 所三男「尾張藩の財政と藩札」(林董一編『新編尾張藩家臣団の研究』国書刊行会、一九八九年)八二、九〇頁、本論文の初出は所同名論文(一)(二)(三)(四)(『社会経済史学』第四巻第七号、第八号、第一〇号、第五巻第一号、一九三四年一〇月—三五年四月)。

(17) 『関戸文書』(名古屋市教育委員会編『名古屋叢書』第一二巻〈産業経済編(三)〉所収)九六—一〇二頁。

(18) 前掲所「尾張藩の財政と藩札」一一九頁。

(19) 『名古屋市史』〈産業編〉七三頁。関戸は近世期に伊藤と共に「三家衆」と呼ばれた米穀商の信濃屋関戸家の八代目で、岡谷惣助も尾張藩御用達商人中で「三家衆」に次ぐ地位の「除地衆」の一員に選任された打刃物商の笹屋岡谷家である。

(20) 『名古屋市史』〈産業編〉八—九頁。『新修名古屋市史』第四巻、三一九—三二三頁。

(21) 同前。

(22) 吉田伸之「伝統都市の終焉」（歴史学研究会・日本史研究会編『近世の解体』〈日本史講座七〉東京大学出版会、二〇〇五年）五九―六三頁。

(23) 前掲宮本『日本ギルドの解放』一四―一九頁。

(24) 大蔵省編『大蔵省沿革志（下巻）』（大内兵衛・土屋喬雄編『明治前期財政経済史料集成』第三巻、改造社、一九三四年）三五七頁。

(25)『明治財政史』は、商法司が「商法大意」を布達したとしているが（第一二巻、三二七頁）、「商法大意」が『大蔵省沿革志』『法令全書』『法規分類大全』で確認できないことから鑑みても、商法司は「商賈須知方規」を頒布したのみであり、地域の実情に応じて府藩県が「商法大意」として触れた、と本書では理解している。

(26) たとえば前掲宮本『日本ギルドの解放』（一五頁）では、京都商法会所の触れた「商法大意」が引用されている。他の府藩県で出された「商法大意」との比較までは本書では及ばなかった。

(27) 柚木学氏は、「封建領主のもとで掌握していた株仲間を解散し、各種株仲間の営業特権とその因襲を打破して、営業自由の原則を承認したものであった。」としながらも、「同時に封建的制約の全面的撤廃を意味するものではなく、あくまで新しい政治権力が商工業を把握するために、旧株仲間を否定したにすぎないのである。」（同「兵庫商社と維新政府の経済政策」『社会経済史学』第三五巻第二号、一九六九年六月、一六―一七頁）という理解を示した。一方、宮本又次氏は、「すでに官許の株仲間たると、私の仲間たるとを問わず、新に願出せるものに対してすらも、一様に鑑札を下附した以上、旧来の株仲間は、実質上全く枯死せり」と見做した（前掲宮本『日本ギルドの解放』一六頁）。本書の立場は柚木氏に近く、商法大意に基づきながら商法会所が旧株仲間を再編したと見ている。

(28)「慶応四年維新期の通貨状況に関する記録」（『新修名古屋市史』〈資料編・近世1〉八七三―八九四頁）。

(29) 同前八七六―八七七頁。

(30) 同前八七五頁。

(31) 同前八七八頁。

(32) 高額紙幣の太政官札と、小額紙幣の「金札小切手」では、貸付対象となる層が異なると考えられるが、ここでは前者が隔地間交易に携わる商人に、後者が日用取引を頻繁に行う市中の中小商人に対して中心的に貸し付けられたであろうと推測・想定している。

(33) 明治四年一二月までに名古屋藩は一三万三五九八両の贋金を大蔵省本省に納めている。なお、一位は若松県の一七万七八五八両（澤田章『明治財政の基礎的研究』柏書房、一九六六年、三五五―三六七頁）。
(34) 『名古屋市史』〈産業編〉七三頁。「三家衆―除地衆―十人衆」は名古屋藩御用達衆の中での格式で、三家衆が最も序列が高い。
(35) 「御国産御用留」『関戸家文書』（『名古屋叢書』第一一巻、産業経済編（二）、四三九―四六二頁に所収）。なお、御国産御用達取締役（総裁）は明治三年一月に「商政方御用取締役」と呼称を変えた。
(36) 蠣殻町は現在の中央区日本橋小網町に当たる区域で、江戸湊の内港としての性格を有し、奥川筋船積問屋が多数存在していた土地柄である（白石孝「日本橋小網町街並み商業史覚書」『三田商学研究』第四五巻第六号、二〇〇三年二月、四七―五三頁）。蔵物取扱所が設置されたのは明治維新期であるが、尾張藩が同地を購入したのは文政一二年（一八二九）のことであった。明治元年八月と同三年七月に、あいついで諸藩邸上地の太政官布告が出され、同三年七月には東京府からも、府内に置かれた諸藩の官邸・私邸それぞれ一つを除き接収することが触れられた。こうした厳しい状況にありながら、名古屋藩は屋敷の使用延期を願い出、結局、蠣殻町屋敷の使用を廃藩置県まで継続することができた。このことは、とりもなおさず藩独自の「国産会所」政策を実行するにあたっての前提となる。なお、以上のことは藤田壮介氏の報告「維新期尾張藩の江戸蠣殻町蔵屋敷」（歴史学研究会大会近世史部会支援報告、二〇一二年二月一八日）によりご教示を得た。
(37) 『名古屋市史』〈産業編〉七四―七五頁。
(38) 明治三年七月五日の触れに「當時通用諸色切手之内、壱匁分今般製造相成候諸色配符ト引替相成候筈ニ付、所持之者ハ来ル八日ヨリ商方御用會所江切手持参、配符ト引替可申候、就而ハ是迄之切手停止、日限之儀ハ追而可申渡候間、夫迄ハ諸色切手配符共取交無差支通用可致候」とあるように、「切手」と「配符」は区別されていたようである（「諸事書上留」名古屋市市政資料館所蔵『伊藤次郎左衛門家資料』二二三八）。また、伊藤次郎左衛門は「諸色配符懸リ」を務めるとともに、「諸色切手懸リ」も兼ねていた。
(39) 大蔵省紙幣寮編『貨政考要法令編』（大内兵衛・土屋喬雄校『明治前期財政経済史料集成』第一四巻、改造社、一九三四年、所収）。
(40) 「諸事書上留」（『伊藤家資料』二二三八）。
(41) 同上。

(42) 同上。
(43) 「明治四年名古屋通商会社の設立に関する記録」(『新修名古屋市史』〈資料編・近世一〉八九四―九〇〇頁)。典拠は『伊藤家資料』五三四一。
(44) 「藩権力の自立化」(藩主導型)ではなく、「産地資本主導型」の国産会所仕法を抽出したものに、西向宏介「幕末期藩専売制の変容過程と市場的条件――姫路木綿専売制の考察をもとに」(『日本史研究』第三九七号、一九九五年九月)がある。
(45) 前掲中村『大隈財政の研究』二三―二四頁。
(46) 代表的な論者は菅野和太郎氏、本章注2参照。
(47) 前掲中村『大隈財政の研究』、前掲新保『日本近代信用制度成立史論』。
(48) 前掲丹羽『明治維新の土地変革』。
(49) 前掲宮本『日本ギルドの解放』六九頁。
(50) 前掲『大蔵省沿革志(下巻)』二九八頁。
(51) 前掲「明治四年名古屋通商会社の設立に関する記録」。
(52) 前掲林『近世名古屋商人の研究』九八―九九頁。慶応四年三月における序列。ちなみに「三家衆―除地衆―十人衆」の順で序列は形成される。他の構成員もそのほとんどが名古屋藩御勝手方御用達を務めていた者であった。
(53) 前掲「明治四年名古屋通商会社の設立に関する記録」。史料中に挿入箇所がある点や具体的な日付が決まっていない点などから鑑みて、おそらく草稿であろう。
(54) 「通商為替会社規則之事」(『日本金融史資料』〈明治大正編〉第二巻、附録一八五―一八八頁)。ただし、預金者への利息は「壱割」となっていて、名古屋通商会社の場合より低利。
(55) 「惣勘定差引調」(『伊藤家資料』二四〇)。
(56) 「(業種別営業鑑札帳簿)」(『伊藤家資料』五五、五六)。
(57) このうち安藤善祐(柏屋)は名古屋藩から「十人衆」(除地衆に次ぐ地位の御用達商人)に任命されていた(前掲林『近世名古屋商人の研究』九八―九九頁)。
(58) 紺屋業に携わる商職人は、鑑札を受け取ったものの入社金を支払わなかったという点で(「未十一月廿六日　鑑札渡　但雑業ニ付入社金なし」)、おそらく「平商」と同様の扱いであろう。鑑札枚数の記載がないため、表中には反映していない。

(59)「諸商職業世話方申付相成候留」(『伊藤家資料』二四五)。「名古屋／通商会社」の罫紙。
(60)「〔鑑札返納の口上覚等〕」(『伊藤家資料』七四三―一〜二八)には、鑑札を失くした者による返納容赦の願書と鑑札返却の覚、入社金請取書が納められている。営業停止に至る過程については、史料的制約から未検討である。
(61)「〔通商会社解散の事後処理〕(抄)」(『愛知県史』〈資料編31・近代8　流通・金融・交通〉五七―五九頁)、典拠は愛知県県庁文書「決議留」明治一三年、徳川林政史研究所所蔵。
(62) 後掲表6-4によると、名古屋通商会社は明治四年一一月の時点で、旧名古屋藩に対して一万両余りの債務を抱えていた(県庁との出入差引)。
(63)「親睦講寄金留」(『伊藤家資料』五四)。
(64) 同上。
(65)「入社幷親睦差引調」(『伊藤家資料』二四六)。
(66) 関戸二郎は関戸哲太郎(八代目)の父で七代目当主・作次郎を指す。
(67) 前掲「明治四年名古屋通商会社の設立に関する記録」。
(68)「為替会社商会社國内部分ケ割方之事」『自明治元年至明治十年爲替會社書類』(『日本金融史資料』〈明治大正編〉第二巻所収、附録一八九頁)。厳密には四国は「四國之地壹ケ所」となっており、実際に大阪の両会社がどこを受け持ったのか特定できず。
(69)「名古屋通商会社「為替会社規則」」(『愛知県史』〈資料編三一・近代八　流通・金融・交通〉三九一頁)。
(70) 前掲所「尾張藩の財政と藩札」八九頁。
(71)『新修名古屋市史』第五巻、二四二―二五〇頁。
(72)「愛知縣賦金取扱規則條約書」(『伊藤家資料』二九七―一)。なお愛知県為替方は以前から三井組の担当であり(明治七年六月―)、明治七年一〇月二二日の抵当増額令(大蔵省乙第十一号達)に伴う小野組・島田組の直接的影響はない。
(73)「上納金受取名記」(『伊藤家資料』四三(一号)、四四(二号)、四五(四号)、四六(五号)、四七(九号)、四八(一〇号)、四九(一一号)、五〇(一三号)、五一(一七号)、五二(一九号)、なお括弧内は原史料による整理番号)。
(74) 名古屋で伊藤家と双璧をなす近世来の豪商・関戸家も、明治二六年(一八九三)に関戸銀行を設立している。ほかに、岡谷惣助も金物商の経営を積極的に展開し、鈴木惣兵衛は材木商として名古屋財界に隠然たる勢力を保持し続けたと言われる

（前掲林『近世名古屋商人の研究』五二六―五二七頁）。ただしこうした理解は、彼ら「土着派」（旧特権商人）に対して、新興商人としての「近在派」（紅葉屋富田重助・神野金之助ら）・「外様派」（奥田正香ら）が無力だったことを意味しないことを付言しておく（前掲杉浦『中京財界史』参照）。

第七章　西播の他領藩札流入と国産会所

はじめに

本章は、西播地域（現、兵庫県西部）を対象として、他領藩札に対する領主の政策と他領藩札の流通性（＝藩札の域外通用）について考察する。

大山敷太郎氏は、備中国の一橋領知における他領藩札流入を指摘し、他領藩札が領民を疲弊させ経済に「悪影響」であった点を強調している。そして、備中一橋領の代官が他領藩札の流入を予防し、「疲弊克服」に尽力した点を評価した。領知役所は町場建設などを通じて殖産興業に励むとともに、産物預り切手を発行し諸産物の買取を行った。その仕法が領知内の豊饒化につながり、「かなりの成果を挙げ得た」と結んでいる[1]。氏の議論は、一橋領知役所による切手発行とその成果に触れた点で、地域通貨（藩札）の弊害のみを指摘する研究とは一線を画している。一方で、他領藩札の流入を領民の疲弊に直結させる議論を前提とし、幕末における百姓一揆多発との因果関係を導き出す理解が見られる。

対して、新保博氏は尼崎藩札の推移を検討し、「藩札が小額面の地方通貨として、領国内ばかりでなく領国外の西摂地方においてもひろい流通性を獲得するとともに、全国貨幣としての幕府貨幣を補完する役割をはたしている」と述べ、藩札（自領／他領）と幕府貨幣との補完関係を説明した。[2] 他領藩札が小額貨幣として地域の経済活動に果たした役割を認める理解である。また、福岡藩領内への秋月札流入を挙げて、「他藩の札が流入し、それが自藩の札を駆逐した事實」を指摘した研究も存在する。[3] では、他領藩札の流入を促した経済的要因と流入による影響をどう解すればよいのだろうか。

第四章の日田の事例では、日田三郡札と太政官札の安定的流通を示すとともに、他領藩札であってもいくつかの藩札はそれほど減価しないで流通していたことを実証した。勿論、それは日田掛屋の機能に依拠した構造であって、全国的に同様の現象が見られたわけではない。大山氏が主張の根拠としている、他領藩札が経済活動の阻害要因であると領主側が認識していた事例は否定しえない。しかし、諸領にも時期的な政策の推移があり、その地域を取り巻く社会・経済環境の変化と他領藩札への対応を関連付けて説明する必要があろう。本章は、新保氏の理解に示唆を受けつつ、この問題を貨幣体系の変容しつつあった維新期における西播地域の実情に照らして考える一つの取り組みである。

特に西播地域を対象として選んだ理由は、当地が姫路藩（一五万石）を取り囲むように中小藩・飛地が密集しており、それら諸領発行札の関係性を考察したいがためである。播州に所領を持ち藩札を発行した領主は、龍野藩（五万石）、姫路藩（一五万石）、明石藩（六万石→八万石）、小野藩（一万石）、三草藩（一万石）、旗本福本（七〇〇〇石、明治二年三五〇〇石加増され大名に列す）、一橋家（一〇万石）、忍藩（一〇万石）、館林藩（六万一〇〇〇石）、水戸藩（三五万石）、会津藩（二三万石）、浜松藩（六万石）、壬生藩（三万石）、尼崎藩（四万石）、三田藩（三万六〇〇〇石）、柳本藩（一万石）、和歌山藩（五五万五〇〇〇石）の、二二家に及んでいた。さらに、これに旗本札・鉱山札・社寺札・宿場札・町村私札を加え、額面・形態ないし引受人（引替所）による相違を問うなら、播州域内だけで一四三二種類の地域通貨が発行された。その内訳は藩札五〇一、旗本札一三二、鉱山札九五、宿場札八一、町村私札六二〇、不明四である。[4] それらが同時期に播州全域に流通していたわけではないが、該地における藩札・私札の多様性がうかがい知れよう。

また、西播地域には林田藩による金札預り切手発行が見られた。この事例と第四・六章で見たような日田・名古屋の事例との比較を行うことで、維新期に地域が抱えた問題とその解決策をより一層浮き彫りにすることを目的としている。

第一節　一橋家領の会所政策

一橋家は、八代将軍吉宗の第四子・宗尹《むねただ》を祖とし、一〇万石の分賜を受けた家柄である。同家は、家老以下諸役人の多くが幕臣から選ばれ、その領地は賄料的な性質が多分にあり、幕府直轄地に準じるべきものであったと言われている。幕末の一橋領は、摂津・和泉・播磨・備中・武蔵・下野・下総・越後の八ヶ国、二二郡という広い地域にわたって散在していた(5)。播州の領地は二万石で、大坂の川口に代官所があった(6)。

この一橋家に仕え御勘定組頭に就いていた渋沢栄一は、当時を振り返り次のように回想している(7)。

当時此の藩札中に於て、長州及び肥後肥前の藩札は、稍や通用が好かつたなれども、姫路其他の藩札は、多くは他領へ通用せぬ、稀れにこれを所持するも、一束の藩札で一丁の豆腐も買へ得られぬ次第にて、其領内の通用も何割引、或は何掛ケなどいつて、例へば百匁の札に三を掛けて、三十匁に取引するといふ始末であつたから、札の表面に書てある直段は殆ど虚価にして、実価は時の相場に従ふものであつた、
ここでは長州・肥後・肥前以外の藩札はほとんど他領において流通せず(8)、領内においても藩札が割り引かれて通用している状況が語られている。

そして、播州一橋領地に赴いた渋沢が自身の功績として強調するのが、同地における藩札引替会所の設立である。

やや長い引用となるが、続く箇所も見てみたい。

> 播州の領分で木綿の多く出るのは、印南郡であつて、其郡中の今市村といふ処へ藩札引換の会所を設立した、尤も木綿の多く出るのは、今市より二三里北に当つた村々であるが、今市村は土地に財産家も多く相応の家屋もあり、又引換正金を貯蓄するにも、土蔵や其他の手当もあり、且つ諸方への運搬便利なども最上であつたから、此の処に会所を定めた訳であります、……さて藩札発行の方法は、木綿買入に付て資本を望む商人へは、其木綿荷物と引換へに適宜に札を渡し、取も直さず荷為換貸金の手続を為る〔ママ〕、若し此の木綿を本人の手で大阪へ売却しやうとする時には、初め資本に借受た藩札の金高を正金にして大阪に於て払ひ込めば、其れと引換木綿を請取ることが出来る、又会所の手で売却を望むものがある時には、会所に於ては売捌手続を立てゝこれを取扱ひ、其売上代金の内から貸付てある所の藩札代を受取り、差引決算を立てる、其間に些少の手数料を取る都合であつた、
>
> ……

今市村は一橋家の播州の領分では木綿の産出が最も多い印南郡に位置し、「財産家」も多く交通の便もよかったので、渋沢はそこに会所を設置し、「藩札」（以下、産物手形）を発行した。渋沢によると、その会所の機能は、木綿買入商人に木綿を抵当に産物手形を前貸しする荷為替貸付が主であった。会所が木綿を集荷し大坂に移出すると、①荷主は前借りした分を正金で払い込んで木綿を受け取り、自らの手で売却するか、それが不可能なら、②会所が木綿を売却し、その売却代金から産物手形で前貸しした分と手数料を差し引いて荷主に払い戻すか、という手段が取られた。

これは姫路藩の「国産会所」方式と酷似している。姫路藩では、文政三年（一八二〇）に御切手会所が設立され、引き続いて翌文政四年に切手会所の中に国産会所が併置された。そして、木綿を独占的に領外へ移出するため、その専売品の仕入資金として木綿切手を前貸しし、前貸し分で足りない場合は「弁済」（木綿売却後の精算）にも木綿切手を充当したのである。(9)「木綿札ハ一分二分壱匁拾匁等ノ種類ニテ、発行スル所ノ惣額殆ント五六十万両ニ上リ一般ノ

通用ニ供スト云フ」とあるように[10]、五〇―六〇万両ほど発行された木綿切手は一般の利用に供されたと言われている。専売か非専売かの相違はあるが、木綿生産に結び付いた形で地域通貨が発行されたことは、播州の特徴を表している。

このように今市会所は、慶応元年（一八六五）に銀札六種（一〇匁・五匁・一匁・五分・二分・一分）を発行し[11]、領内の木綿買入商人に資金融通を行った。この産物手形と今市会所に関して、渋沢は「発行した高が、三四箇月の間に、丁度三万円（ママ）許りになつて、引換も至て少なく、一方に於ては木綿の売買に頗る便利を得たから、最初は新法新法といつて掛念〔懸念〕した領内の村民も、此に至つて何れも安心して、怡《よろこ》びの色を現はしました」と振り返っている[12]。

この会所を資金的に支えた「財産家」は、どのような形で会所政策に関与したのであろうか。播州揖東《いっとう》郡日飼村（現、兵庫県たつの市龍野町日飼）の堀彦左衛門は、「今市村御産物會所惣元〆取締方幷御手形自宅引替渡シ」（「御産物御手形自宅引替幷今市御會所取締役」）に命ぜられ、五人扶持（御徒格）を授かっていた人物である[13]。庄屋も務める堀彦左衛門の居宅が、産物手形の引替所となっていた。

堀彦左衛門は、慶応二年八月に次の請書を提出している[14]。

（端裏書）「扣」

御請書之事　扣

一　金弐百五拾両也

右者當御會所御備金大坂御用所より御廻金遅（ママ）り候節御引替方自然之儀茂難斗ニ付、御手厚之ため日飼村引替急場御手當之備金五百五拾両之内、書面之通暫時差出候様被仰付奉畏候、尤御廻金次第日飼村引替所へ御戻しニ相成儀承知仕候、仍御請書如件、

慶應二寅年八月　元〆／堀彦左衛門印

今市御會所

表7-1　堀彦左衛門の貸付元金および利足

期間	元金（両）	利足（両）	利足（分）
慶応1. 8〜同2.12	670	55	1
慶応1. 9〜同2.12	670	51	3
慶応1.10〜同2.12	660	47	3
慶応1.12〜同2.12	500	32	2
計	2,500	187	2

出所：「右扶持米給金手形」（『堀謙二氏文書』61-3）.

表7-2　慶応3年産物仕法開始につき身元金醵出額

居所	身分	氏名	金額（両）
揖東郡日飼村	御徒格	堀彦左衛門	2,500
加東郡垂水村	百姓	藤浦常八	1,250
多可郡下比延村	百姓	廣田傳左衛門	800
印南郡今市村	百姓	伊藤長次郎	600
印南郡今市村	百姓	入江十郎	300
印南郡今市村	百姓	鈴木又蔵	200
印南郡曾根村	百姓	入江亀太郎	150
飾西郡小坂村	庄屋	前田定五郎	100
印南郡曾根村	年寄	善吉	100
多可郡石原村	百姓	九郎左衛門	120
多可郡嵩村	百姓	佐源次	100
飾西郡小坂村	百姓	平五郎	100
飾西郡小坂村	年寄	善兵衛	60
小計			6,380

出所：「御産物御仕法御開ニ付播州中身元之者共より差出金書上帳」（『堀謙二氏文書』513).

基本的には先の渋沢談の通り、会所は大坂で木綿販売を行い、その売上金を大坂御用所から今市会所に現送し、産物手形の引換を行うという手順が取られていた。しかし、実際には金現送が遅滞する場合も間々あった。そのような場合は、引換用の正金は日飼村引替所の備蓄金五五〇両のうちから捻出し、金現送がなされたら備金を補塡するという仕組みになっていたことがわかる。

そして、堀彦左衛門の役割は、「元金」として会所に資金を供与することであった。慶応元年から同年における会所への出資金額は表7-1の通りである。それによって堀も「利金年六朱之定」（年利六%）を得ていた。堀を含め村民の醵出した額は慶応三年の段階で六三八〇両にまで上っていた（表7-2）。会所はこうした出資を運用し、産物手形引換などの資金として用いていたことがわかる。

最終的に会所は、明治三（一八七〇）年五月時点の残高を出資した身元金額に応じて分配し役目を終えたようである。これは「御下り金」と呼ばれ、御下り金三二四六両三分三朱永五四文七歩のうち、堀も身元金に応じて一二七二両一分余りを受け取っている。[15]

一橋家とはいってもその財政基盤は決して強固ではなく、各地に領地が散在していたがゆえに大規模な会所政策を展開することはできなかった。今市会所を設置し、産物手形を発行して木綿移出を振興できたのは、堀彦左衛門を初めとする「財産家」の身元金醵出があったためである。

ところで、渋沢栄一は、今市会所の経営が軌道に乗った時点で播州を離れ、一橋慶喜の将軍家相続とともに幕臣に転出している。その後、渡欧中（慶応三年一月—明治元年一一月）に幕府は瓦解し、帰国後は静岡藩で勘定組頭を務めることとなる。そして渋沢は、「西洋に行はれる共力合本法」を参照し、「石高拝借金を基礎としてこれに地方の資本を合同させて、一個の商会を組立」てた。すなわち、静岡藩商法会所である。その業務は「商品抵当の貸付金又は定期当座の預り金、或は地方農業の奨励として京阪其他に於て米穀肥料等を買入て、これを静岡其他の市街に売却し、又は地方の村々へ貸与する」ことであった(16)。静岡藩商法会所は太政官札の石高割貸付金を活用するために設立され、その貸付が基本的な業務内容の一つであった。静岡藩商法会所は、藩札新規発行禁止という政府の法令を守り発券業務を行わなかったものの、渋沢の播州での経験を生かして商品抵当貸付を中心とする会所経営を積極的に推し進めていったのである。

第二節　龍野藩の他領藩札流入への対応

(1) 播州における他領藩札の自由通用

龍野藩は外様の中藩で、延享四年（一七四七）の領地は、揖東郡六九ヶ村二万五一三九石余、揖西《いっさい》郡六六ヶ村二万二二二一石余、飾西《しきさい》郡一ヶ村五九一石余、他合わせて五万五九一石余である。また藩主・脇坂家は、寛政六年（一七九四）に美作国の幕府領二万三四六六石余を預かったのを最初として、備中・播磨両国内の幕府領を預かっている。

藩内の重要産業としては，淡口醤油と素麵の生産があった[17]。

龍野藩が最初に藩札を発行したのは文化三年（一八〇六）のことで、銭札四種（一匁・三分・二分・一分・五分）が発行されている。安政元年（一八五四）には、銀札三種（一匁・二分・一分）、銭札七種（五〇〇匁・一〇〇匁・五〇匁・一匁・三分・二分・一分）が発行され、安政三年（一八五六）八月より俵屋正九郎・大川屋源助らを引受人として銭札一〇種（五〇〇匁・一〇〇匁・五〇匁・一〇匁・五匁・一匁・三分・二分・一分・五厘）も発行された。「銭札」が匁建てで表されており、銭匁札であることがわかる。これら安政期に発行された銀札・銭札に加え、明治二年（一八六九）三月に龍野藩生産局の発行した金札四種（一両・一分・二朱・一朱）が、維新期には龍野藩札として流通していた[18]。

金札の発行主体である生産局は、富国強兵と小前窮民層の救済を目的に設置された機関で、その具体的活動については不明な点も多いが、次に見るように「生産者」の取調べと貸付を主たる業務としていた模様である[19]。

此度生産局御取立相成候儀ハ、富国強兵且徒手遊民をして生業ヲ得セしめ窮乏等御救助可被成下御主法ニ而、其道追々盛大ニ被為行度思召ニ有之候間、右御趣意厚奉躰認専生産御益之道相開ケ候様心懸可申、自然妨等致し候様之もの有之候ハヽ、屹度及教戒、小前末々迠大小軽重何事ニ不寄生産之見込有之ものハ聊無遠慮為願出、其上ニ而人物利害故障之否等能々取調生産局へ可申出候、尤見込有之共盗〔資〕金ニ差支候ものハ相應拝借被仰付候間、是又右局へ為相願可申候、

但、是迠下方ニ而生産之見込有之、右懸り役へ直ニ申出候者も有之趣ニ候得共、已来ハ町惣年寄・大庄屋ヲ以不申出候得ハ御取用ニ無之候間、此段分而申達し候、

九月〔明治二年カ〕　庄屋／田寺忠次郎

写シ

生産局は、土地も持たず職業にも従事していない小前に対し、何らかの「生産」――ここでは「生産」の対象物を限

定していない――に携わる予定がある者は町惣年寄あるいは大庄屋に願い出よと言っている。町惣年寄・大庄屋がその人物の素性を調べて問題がない場合、かつ資金難の場合、小前は生産局から相応の資金を借りることができた。こうして生産局発行の金札が貸し付けられた可能性が高い。

これら諸藩札を別の貨幣に交換する機会は、藩側によって定期的に設けられた。たとえば、明治二年八月二一日における龍野藩札（「融通切手」）の引換定日の様相を見ておこう[20]。

融通切手引替定日相立候ニ付、前後ヲ争早天ゟ入込候処、段々増長致し、既ニ昨廿一日引替日之処、一昨晩六ツ時前ゟ多人数押懸候ニ付、懸り之もの夫々引合名前員数等記為引取、昨日不残引替遣し候趣申出候、右躰不法ニ前日ゟ押懸候ハ第一不恐上ヲ致し方、加之中ニハ買集引替ニ通ひ候ものも有之哉ニ相聞、是等ハ甚以不埒之事ニ候、切手引替ハ五ツ時頃より相初候ニ付、當朝六ツ時ゟ参候得ハ格別、六ツ時前ニ参候もの有之候ハヽ、急度御咎被仰付候間、右躰心得違無之様郷中一統不洩可相触候、以上、

巳（明治二年）八月廿三日

ここでは引換日の前日より大勢が押しかけ、その中には藩札を買い集めることを目的として引換に通う者が含まれていたとしている。彼らは市中相場と引換相場との差額を利用し利鞘を稼ぐ者で、こうした「姦商」的活動は藩側の問題視するところであった。

さて、当時播州では各藩が数種の藩札を発行し、藩札が盛んに流通する中、龍野藩領内にも他領の藩札が流入していた。それぞれの藩札の発行主体は異なっており、各藩札間において交換比率を定めていた。ところが明治二年一一月には、

播州諸藩融通切手定相場

一　銀札両替弐百四拾目

但し、正銭両ニ拾貫文通用

一　銭札両替弐百六拾四匁

但し、右同斷

姫路・龍野・三日月・福本・安志・三艸・林田・小野

外ニ明石・赤穂・山崎之義ハ追而沙汰及へく事

右藩々之楮弊之儀者各支配地限便用致来候処、當国一般手廣致通用候得共、上下之便利ハ不及申ニ、市人通商之道も自ら開ケ、富国之一筋ニ茂相成候ニ付、此度藩々熟談之上書面之通各藩之楮弊一定之立相場ヲ以、相互ニ自他之無差別取交、於支配地ニ普通用之義及確定候間、得其意諸品物代者勿論駅場人馬賃・宿料与ニ到迠右藩々之楮弊聊無疑念取渡し致シ可申候、万一及違背候もの有之ニおゐてハ屹度咎可申付候間、心得違無之様可致候、

一　上納ものゝ内是迠當所之楮弊を以納来候分、以来右藩々之楮弊取交相納候儀勝手次第之事

但、藩中ゟ上納物幷渡物之義ハ右ニ準候事、

一　右藩々之楮弊私ニ相場ヲ相立賣買致シ奸利ヲ貪リ候もの有之候ハヽ、双方共吟味之上可處厳科候事、

右之通期日ゟ相改候間、不漏様相触候事、

巳（明治二年）十一月　　民政局

というように、龍野藩民政局が他藩と熟議の上、藩札相場を固定したことが判明する。[21]この結果、播州においては姫路・龍野・三日月・福本・安志・三草・林田・小野といった各藩の藩札は、一両＝正銭一〇貫文での換算で、一両＝銀札二四〇匁、一両＝銭匁札二六四匁という相場に統一された。銀目廃止時の仕舞相場（一両＝二二〇匁）よりやや銀安となっている。さらに、各藩札の播州一国での流通が許され、龍野領内のみならず播州一体で各藩札を「無差別」く流通させるよう令している。従来、自領の藩札で納めてきた諸上納物（税含む）を他領藩札で納めることを認めた

条目は、自領・他領を問わない藩札一律の流通を播州の各領主権力が保証するものであり、一方で各藩札間の相場高下を利用して利鞘を稼ぐ「奸商」的活動を牽制する意味も込められていた。

同様の触れは林田藩領の揖東郡西鳥井村（現、たつの市神岡町）においても確認できる。[22]

一　近来弐分金不通之上金札流通少々下方不融通ニ付而ハ、藩々切手引替相湊〔ママ〕ひ、就而ハ一時差支候向も難斗候得共、追々新金御鋳造御發行相成融通之道相立候得共、於藩々も引替無遅滞可相成候間、當御切手ハ勿論左之藩之通札をも聊無疑惑流通致し、尤藩々申合之儀も有之ニ付、人馬賃銭・宿料・酒飯代銭等何によらす藩之通札相拂候とも決而悪嫌なく受用可致候、萬一致疑惑受用不致もの於有之ハ曲事可申付事、

一　金札幷銀銭切手共藩之申合引替相場左之通り相立候之〔ママ〕間、私に高下いたし姦曲之所業無之様可相心得候之事、

金札壱両ニ付

一　銀札弐百四拾匁　　但し、壱分歩〔打歩（引替手数料）が一分の意〕

弐朱ニ付三拾匁

壱匁ニ付正銭四拾文

右同断ニ付

一　銭札弐百六拾四匁

但シ、切手座引替鞘／弐朱ニ付壱分五厘

壱匁五分ニ付正銭四拾文

姫路　龍野　三ケ〔日〕月　安志　小野　三草　福本

第五章で述べたように、維新期は贋金の流通が横行しており、特に万延二分金に贋金が多く見られたため、二分金の流通は差し塞がっていた。これは播州でも見られた現象である。[23]また、第三章で見たように、太政官札の流通も日用

取引には向かず、庶民の間では少々不融通であった。そのため、一時的に藩札の引き換えに支障が出ることとなった。しかし、追々新貨幣も発行され、諸藩も遅滞なく藩札引換を行うはずであるので、自領・他領問わず藩札を使用するように、と触れている。これは「藩々申合」に基づくものであり、先の龍野藩民政局の触れにあった「藩々熟談」と対応している。

官省札一両＝銭匁札二六四匁＝正銭七〇四〇文という相場は、正金一〇〇両＝官省札一一一・五両換算で（第三章、表3-1、明治二年一一月時点）、正金一両（＝一円）＝銭匁札二九四・三六匁＝正銭七八四二・五六文に相当する。後年の金一両＝銭匁札五〇〇匁＝正銭一二貫（後掲表7-6）に比べて銭高に設定されており、銭匁札ならびに正銭の流通を促進させようとしていたことがうかがえる。ただし、金一両＝正銭一〇貫文という換算率を定めた先の触れには齟齬がある。諸藩の申し合せは、一両＝銭匁札二六四匁の相場で藩札の額面通りの流通を保証するものであったが、金銭相場の統一にまで踏み込むことはできなかった。

(2)　他領藩札通用停止と藩札増製

播州域での藩札自由通用は長くは続かなかった。明治三年には他領藩札の流通を差し止める地域が出てきたのである。それは設定相場と実際の相場との乖離のみでなく、官省札が騰貴したことに起因する。その間の事情を順を追って説明しよう。

まず、明治二年の末から明治三年の初めにかけて官省札の流通が円滑化し、大阪市中相場では正金とほぼ等価になる（第三章、表3-1）。そして贋金流通と「万延二分金」本位制が動揺する中、今度は逆に官省札の人気が高まって、市場では官省札不足という問題が発生した。このことは、地域通貨へ大きな影響を及ぼす。

大庄屋へ

金札拂底ニ而不融通ニ付、隣藩一統融通切手引替方充分不行届ゟして、下方おゐて自己ニ而金相場ヲ立金札取引致し候様相成候ニ付、自然ニ物價沸騰、時勢と者乍申下民難渋致し不便之到思召、依而種々御苦慮被為在格別之取計ヲ以此度差支無之様引替之儀其筋ニ而為取計候ニ付、別紙ヶ条書之通相心得可申候、尤諸入費多御差支之中右様取計候事ニ候得ハ厚ク相心得、諸商人共等ハ賣躰正路第一致し物價成ル丈ケ引下可申、且金札入用之ものハ格別利欲ニ拘リ猥ニ金札引替候者有之候ハヽ、取調之上急度可及沙汰候、

但し、引替方之儀者来月五日ゟ隔日之事、

右は、明治三年七月に龍野藩下に発せられた触れであるが[24]、官省札が不足し（「金札拂底」）、隣藩の発行した藩札（「融通切手」）の両替ができなくなった状況が知られる。さらに、官省札相場が勝手に立ったために、相場差を利用して不当に貨幣売買を繰り返す商人が族生し、物価は騰貴したという。代替貨幣となる官省札が不足・騰貴したことで、藩札の両替が思うようにいかなくなるのである。

引用文中に見える「別紙ヶ条書」と思われるのが、次の覚書である[25]。

大庄屋共へ

覚

一　金札亦ハ銭切手入用之もの共ハ切手座江罷越引替可申候、尤外方ニおゐて以《ママ》相對相場ヲ立両替致し候之儀一切不相成、万一心得違之もの於有之而ハ厳重咎可申付事、

一　金札他方へ賣渡し候儀一切不相成事、

一　諸物價并諸職人等賃銭是迄他札之位ヲ以相定候哉ニ相見へ候間、此度改地札之位ヲ以相定可申事、

但、價定方ヘ夫々直段書取置候事、

右之趣堅相守可申候、若法則ヲ相背候もの有之候ハヽ、厳重咎可申付候也、

庚午〔明治三年〕七月

ここでは、物価上昇への対応として、官省札の相場建てと官省札の売買を禁止している。注目すべきは三ヶ条目である。従来「他札之位」を本位にしていたが、今後は「地札之位」を本位にすると定めている。龍野藩は銭匁経済圏で、それ以外の播州は銀匁経済圏が中心であったから、これはおそらく、これまでは銀匁で物価や賃金を定めていたが、それを銭匁で換算し直すという主旨なのであろう。他領藩札の両替ができなくなった状況でこの触れが出されたというのは、政府貨幣と自領藩札のみの貨幣体系に編成し直そうとする龍野藩の試みと読み取れる。

そして、こうした官省札の騰貴は一般物価の上昇を呼び起こし、ついには他領藩札の通用を差し止めるに至る。

貨幣払底ゟして融通切手引替方充分不行届候ニ付、諸物價沸騰下方難渋致し候ニ付、當九月中引替方改革致し他札通用差留候処、右ニ而者下方融通差支候趣ヲ以他札取交通用致し度段御支配地村々ゟ願出候ニ付、段々取調候処、実以無拠次第有之趣相聞候間、諸上納物之外他札取交通用差免し候、尤於隣藩ニも引替方區々ニ而下方取扱之相場も有之趣相聞候間、自他両替通用之割を以取引可致もの也、

右之通郷中一統可相触候事、

庚午〔明治三年〕十二月

この触れによれば[26]、諸藩札〔「融通切手」〕の引換が思うように進まないことから、明治三年九月に他領藩札〔「他札」〕の通用を差し止めたことがうかがえる。その後、村々から願い出があり、諸上納に他領藩札を使用することは認められなかったものの、それ以外の日用取引については同年一二月に他領藩札を取り混ぜて通用することが許された。

明治四年七月一四日に廃藩置県を迎え、龍野藩の従来の藩域を維持したまま龍野県が新置された。その龍野県は、同月中に次の触れを領内に出している[27]。

肝煎庄屋共へ

姫路縣支配所通用之銭切手幷拾文目切手ヲ初小札共総而古切手与唱候分、當廿二日ゟ来月十一日迄於切手会所當時通用之新切手ト引替候間、右所持之向ハ右日限中引替可申、尤十一日相過候ハヽ、捨リニ相成候旨同縣ゟ申来候間、此段相達候事、〔ママ〕

右之通郷中社寺共可相触也、

辛未〔明治四年〕七月廿四日　龍野縣庁

すなわち、龍野県は姫路藩札の「古切手」を「新切手」と引き換えることとしているのである。政府の新紙幣はこの時点で発行されていなかったから、「新切手」は姫路藩札の新札を指している。廃藩置県直後の時点でも、龍野県は他領藩札の通用停止に踏み込むことはできなかった。

他領藩札の流入を停止し引き換えるには代替貨幣を必要とした。財政難に苦しむ諸藩にとって、藩札の増製は他領藩札回収のための有効な手段であったろう。しかし、維新政府は藩札増製を禁止していた。その間の地域行政の葛藤を、明治四年九月に龍野県が大蔵省に提出した届出の中に見ることができる(28)。

管内通用紙幣ノ儀ニ付御届

当県ノ儀ハ元来正金札甚払底ニ付テハ県ノ紙幣ヲ以通用仕来候処、播州ハ小県入交リ犬牙相接候地故、無限他県ノ紙幣紛入雑沓仕、楮幣相場毎々昂低有之、就テハ奸商共種々奸計ヲ廻ラシ依之物価格外ニ騰貴、夫カ為メ下民産業ヲ失者不少ニ付、制止方秘術ト手ヲ尽シ候ヘ共、他札乱入ヲ防、一定ノ相場相立引替方不取計テハ決テ取締難行届、然ハトテ管内流通仕候許多ノ他札ヲ差留メ県札ノミニ仕候ヘハ紙幣不足致シ、端的融通ニ差支、弥以下民ノ難渋ヲ重ネ、管内ノ治リニ拘リ不容易儀ニ立至リ可申、且引替方ノ儀ハ昨年御届申上候通二十ケ年引換皆済ノ目途ニテ、壱ケ年分纔ニ二千両余ノ引換金ニテハ数月間ニ引替済相成、其後引替不申テハ紙幣通用モ難相成、是亦下民一同ノ難渋ハ申迄モ無御座忽チ沸騰騒乱ヲ来シ可申ト奉存候、右両条ノ処種々苦心仕候ヘ共、外ニ手段モ無御座、不得止一時ノ権宜ヲ以別紙ノ通仕法相立、昨午年中紙幣製造仕、夫々ヘ貸附置追々上納ノ分ハ切捨、数年ノ後ハ全ク支消仕候儀ニテ、他札ハ一切通用差留メ一定ノ相場相立引換方取計、一時焦眉ノ急ヲ救ヒ今日ニ至リ候処、今般廃藩ニ付紙幣ハ追テ御引替被成下候段御布令ニ付、右貸附ノ分速ニ引上方取計切捨候ヘ共、中ニハ年賦等ノ口モ有之、御引替ノ節ニ至リ自然引上残ノ分有之候テハ奉恐入候ヘ共、全ク是迄散出遣ヒ払候紙幣ノ如ク正金札ト引替候儀ニハ無御座、各引当物ヲ以貸附置候間、若延納相成候ヘハ引当物ヲ取上ケ右代金ニテ引替、聊遺害ハ無御座候、今般御布令ノ趣モ御座候付、此段兼テ御届申上置候、以上

辛未九月八日　　龍野県

大蔵省御中

……〔別紙仕法書略〕

官省札（「正金札」）が県内に行き渡らずこれまで龍野藩札（「県ノ紙幣」）を用いていたが、播州は小藩や飛地が多数入り混じる土地柄、他領藩札の流入も著しかった。それら藩札の相場の高下を利用して「姦商」が差益を獲得したため、物価が騰貴したという。ここには触れられていないが、全国的な貨幣供給量の増加も物価上昇には寄与したと考えられる(29)。下民の難渋を救うためには他領藩札の流入を防止しなければいけないと県側は認識しているものの、他領藩札の流入を差し止めることは「紙幣不足」につながり「融通ニ差支」と考えられていた。また、龍野県は、二〇年で藩札回収を完了する見込みであったが、毎年大蔵省から支給される引換金二〇〇〇両では、県民の引換請求に応じることができないと訴えている。藩札の増製を禁じた明治二年一二月五日布告があるにもかかわらず、明治三年に龍野藩が藩札を増摺したのは、上記の理由によるものと弁解しているのである。そして、廃藩置県に伴い藩札引換の布令が出たが（厳密には藩札引換価格の設定）、藩札貸付の中には年賦のものもあり、市場には回収しきれていない藩札が残っていた。これらは抵当を取って貸し付けているので、返納が遅れた場合は抵当物を取り上げてその売却代金で藩札を

回収すると述べている。藩札増製はいわば、他領藩札の流入を停止したことに対する龍野藩側の弾力的な貨幣供給政策の一つであった。

だが、政府の許可を得ない藩札増製は紛れもなく違法であり、厳しく処罰されることとなる。「楮幣製造ノ儀ニ付テハ厳重御布告モ有之、仮令困迫ノ餘リ不得止急難ヲ救候儀トハ乍申、全専断ヲ以取計候始末有心故造ノ筋ニ相當リ、公罪過誤失錯ヲ以テ論シ難ク、依之右適律申上候儀ニ御座候」として、司法省は龍野県大参事水谷祇徳・大参事進藤俊有の謹慎四〇日、元権大属・柳川兼美、大属・本庄秀徳の謹慎三〇日という判断を下している(30)。

龍野県はその後、明治四年一一月二日播磨国内の各県を統合した姫路県に編入される（同月八日県名を飾磨県と改称）。姫路県に編入されることにより、元龍野県域にとっての他領藩札は「他領」ではなくなり、回収は先送りされることとなった。この意義は大きい。すなわち、姫路県が含む旧諸藩域（姫路藩・明石藩・龍野藩・林田藩・赤穂藩・山崎藩・安志藩・三日月藩・三草藩・小野藩、およびその他忍藩など飛地）が発行してきた藩札が、自領藩札として流通するようになった点は特筆すべきであろう。

第三節　林田藩の金札預り切手発行と藩札回収

第四章では日田三郡札を事例に、太政官札を準備金として地域では小額の地域通貨が発行されたことを示し、第六章でも名古屋において商法会所が太政官札を準備金とする「金札小切手」を発行したことを指摘した。先行研究でも、福山藩札が同様の紙幣であったことが指摘されている(31)。領内では流通しにくかった高額の政府紙幣＝太政官札を準備金に、領内への小額貨幣供給を果たそうとする地域の試みがあったわけだが、そうした試みが全国的に展開した一例として、本章でも西播地域における金札預り切手の発行事例を紹介したい。また、龍野藩域では藩札回収まで検討することができなかったので、隣藩の林田藩の事例を元に藩札回収の様子を見ることとする。

(1) 金札預り切手

林田藩は龍野藩に隣接する一万石程度の小藩である。藩札発行に関して言えば、文政期より銀札一種（一匁）と銭札七種（一〇匁・五匁・一匁・五分・三分・二分・五厘）が発行された(32)。龍野藩と同じく銭匁経済の土地柄であった。

金札預り切手の発行は明治元年一二月のことである。姫路屋三木忠左衛門、東南元屋宗野重次郎、材木屋長谷川忠右衛門、北横内田淵彦左衛門、四人連名で計一八〇両二朱の金札預り切手を発行している。そのときの「引替帳」が残されている(33)。

切手の印の真偽を確認した上で引換は行われ（「引替ニ参リ候節ハ右之印鑑ニ引合相改申候事、連印一統役〔約〕定ニ御座候」）、金札預り切手を引換に来た人名・金額が「引替帳」に記録された。たとえば、

一　同〔金札〕拾両　（割注）「壱両預リ／壱歩預リ」　田淵清太郎殿

右ニ付

拾両札　相渡し

辰〔明治元年〕十二月廿九日引かへ

とあるのは、田淵清太郎が明治元年一二月二九日に金札預り切手一〇両（額面一両札と一歩札）を持参し、それに対して太政官札一〇両札と引き替えたことを表す。

金札預り切手は太政官札（「金札」）の預りに対して発行されたはずであるが、その引き替えは必ずしも太政官札でなされたわけではない。

一　同壱歩札壱枚　常前／清兵衛

代銭六拾三匁六歩
銭札ニ而引かへ
巳〔明治二年〕三月廿五日

とあるのは、金札預り切手一歩に対し銭札六三匁六分を渡したことを表している。すなわち、金札預り切手は太政官札との交換を約束する限定的な意味での証文ではなく、普遍的な価値を有する貨幣として取引されていた。

ただし、明治元年の発行は額を見てもわかる通り試験的な意味合いで発行されたものであり、切手の製造が本格化するのは明治二年になってからのことである。この年に四家は、計一六四三両三分という額の金札預り切手を発行した。内訳は表7-3の通りである。一両札の発行高が多く、必ずしも小額貨幣供給に重点が置かれたとは断言できないが、太政官札が一〇両札・五両札を多く含んでいた点から鑑みても、それとの交換は地域の小額貨幣供給にある程度の意義はあったと考えられる。

この金札預り切手のうち、明治五年一月八日に五五両が「強盗持退」に遭い、同月二七日までに四四二両、同年五月までに一七五両を消却した。残りについては不明であるが、かなりの額の金札預り切手が明治五年以降も回収されずに市場に残ったことが知られる。

以上のように、林田藩では太政官札発行をうけて金札預り切手を製造し、地域の小額貨幣需要に応えたと言える。残念ながら、姫路屋三木忠左衛門ら四家が林田藩とどのような関係にあり、そして太政官札・金札預り切手を用いてどのような事業を展開したのか具体的な内容については不明であるが、日田や名古屋で見られたような貨幣発行様式が、地域通貨の錯綜する西播地域でも見られたことは指摘できよう。

表7-3　金札預り切手内訳

	発行枚数	発行額	
	（枚）	（両）	（分）
1両札	1,088	1,088	
1分札	1,899	474	3
1朱札	1,296	81	
計	4,283	1,643	3

出所：「金札預り切手引替帳」（たつの市龍野歴史文化資料館所蔵『田淵達麿家文書』30-1）.

表7-4　明治6年西鳥井村藩札回収取調べ

（単位：匁）

	龍野札	林田札	林田五匁札	林田十札	姫路札	無記入	小計	備考
辻庄	15.0					140.4	170.0	
伊右衛門	100.0						200.0	※
伊右衛門母						121.0	121.0	※
佐平	3.0					42.5	53.5	「内拾匁札・林田札有」
治平	80.0					25.0	185.0	
忠左衛門	60.0	10.0			2.0	121.0	262.0	
六兵衛		10.0				437.4	452.0	
嘉兵衛	1.0					17.5	19.5	
平次	12.0	30.0	45.0			934.0	1,066.0	
佐助	6.0		5.0			608.0	627.0	
惣兵衛	10.8					1,565.0	1,593.0	
市左衛門	24.0		10.0		20.0	128.0	254.0	
太右衛門	116.0	20.0			10.0	2,683.0	2,975.0	※
源右衛門					50.0	195.0	355.0	
田兵衛	20.0					196.0	236.0	
新右衛門						100.0	100.0	※
林蔵						316.5	316.5	※
又右衛門	6.0					23.0	35.0	
新平			10.0	50.0		478.4	567.4	
計	453.8	70.0	70.0	50.0	82.0	8,131.7	9,587.9	

出所：「旧藩楮幣取集記帳」（たつの市龍野歴史文化資料館所蔵『森崎忠邦氏文書』25-333）．

注：小計は藩札額面の単純な合計ではなく，銀匁に訂正した上での合計．　※〆高が記帳されていないものであり，龍野札1匁＝2匁，林田札1匁＝1.4匁，姫路札1匁＝3.2匁として計算．

(2)　藩札回収

本項では、龍野藩では確認できなかった藩札回収の実情に関して、隣藩の林田藩における事例から検討を行ってみたい。

明治六年における西鳥井村での藩札回収内訳を示したのが表7-4である。西鳥井村は旧林田藩域の揖東郡に位置し、旧龍野藩域ともほど近い。

内訳が判明するものとしては、龍野藩札が最も流通高が多い。それに林田藩札、姫路藩札と続く。しかし、それ以上に目を引くのが藩札の種類を記載していない「無記入」が全体の約八四%を占めている点である。これは一体何を意味するのであろうか。また、「小計」の列は帳簿に記載してある数値をそのまま写し取ったものだが、この数値は左の列を合計した数値と合致しない。これはいかなる理由によるものであろうか。

表7-4に示した「嘉兵衛」の項目を見ると、

一　拾七匁五歩　　嘉兵衛
一　龍野札壱匁
〆　十九匁五歩

とあり、龍野札一匁を小計では二匁相当と換算していることがわかる。同様に他の箇所から、姫路札五〇匁＝一六〇匁（一匁＝三・二匁）、林田札一匁＝一・四匁で換算していることも判明する。

また、この明治六年前後の時期に行われたと思われる藩札枚数取調べと新貨との換算を表7-5に示した。龍野藩札は一部を除いて、一匁＝新貨二厘（一円＝五〇〇匁）相当、林田札は一匁＝一─二厘相当である。林田藩下の西鳥井村では、枚数的には林田藩札の流通量（枚数）が最も多かったが（六二・八％）、流通高（新円換算）では安志藩札が最も多かった（四六・七％）。少額取引では林田藩札の利用が頻繁で、やや高額になると安志藩札が用いられやすくなる傾向にあった。廃藩置県後の統廃合で林田藩も姫路県に合流したが、そのことと旧他領藩札の流入とは無関係ではないだろう。

この換算比価は当然のことながら、「価格比較表」に則っている（表7-6）。

以上を踏まえて推測するならば、表7-4の小計は相場の異なる諸藩札を一定の基準で換算し直したものと言える。無記入は換算の必要がない銀札、銭匁札であろう。林田藩札で最も回収枚数の多い一匁札は新貨一厘にあたる。これは（一両＝）一円＝一〇〇〇匁に相当するが、この比価は三日月藩札・山崎藩札にも共通する比価であり、この数値が基準になっていたように思われる。安志藩の五〇匁─五匁札価格もその比価と近似している。

この推測が可能であるなら、表7-4は必ずしも龍野藩札の流通高が林田藩札よりも多かったことを意味しない。なぜなら「無記入」に林田藩一匁札・五分札を含むと考えられるからである。むしろ、自領・他領含めて多数の藩札が流通する西播において、諸藩札が同一の換算比率に則って流通していたことを評価すべきであろう。その比価は一

表 7-5　西鳥井村藩札枚数表

藩名	種類	額面		枚数	額面価額		新円換算				1匁あたり新円	備考
		匁	分	枚	匁	分	円	銭	厘	毛	厘	
龍野	銭匁札	100		5	500		1				2.00	
		10		27	270			54			2.00	
		5		43	215			43			2.00	
		1		96	96			19	2		2.00	
			3	16	4	8			8		1.67	
			2	10	2				4		2.00	
小計				197	1,087	8	2	17	4			
安志	銭匁札	50		114	5,700		5	13			0.90	
		30		25	750			67	5		0.90	
		5		132	660			52	8		0.80	
		1		150	150			5			0.33	
			3	11	3	3			2	7	0.82	
			2	19	3	8			2		0.52	
	銀札	不明		9				9				※1
小計				451	7,266	1	6	38	7	7		
林田	銭匁札 銀札	1		139	139			27	8		2.00	
		5		123	615			86	1		1.40	
		15		52	520			78			1.50	
		1		615	615			61	5		1.00	
			5	242	121			12	1		1.00	
			3	38	11	4		1	2	6	1.10	
			2	100	20			2	5		1.25	
			3	53	15	9		17	6	2		※2
			2	102	20	4		25	5			※2
小計				1,464	2,077	7	3	12	3	8		
三日月	銭匁札	200		2	400			25	4		0.63	※3
		50		1	50			6	4		1.28	
		30		28	840		1	6	4		1.26	
		20		12	240			30			1.25	
		10		8	80			10	4		1.30	
		5		11	55			5	5		1.00	
		1		143	143			14	3		1.00	
			3	6	1	8			2		1.11	
小計				211	1,809	8	1	98	6			
山崎	銭匁札	5		1	5				6		1.20	
			5	3	1	5			1	5	1.00	
			2	3		6				6	1.00	
小計				7	7	1			8	1		
総計				2,330			13	67	9	6		

出所：「旧藩楮弊取集記帳」（たつの市龍野歴史文化資料館所蔵『森崎忠邦氏文書』25-333）.

注：※1　藩札の額面価額が不明のため，計上せず．　※2　新円価格の比率が他の取引に比べ極端に藩札安になっており，偽札の可能性もあるが，不明．　※3　枚数で「壱」が抹消され「二」となっており，「壱枚」で計算されていたとすると，藩札１匁あたり 1.26 銭となる．

貫目（一〇〇〇匁）＝一円であった。

ついでながら、明治八年の「旧藩札御引換届」も確認しておこう（表7-7）。この時期流通していたのは、押印藩札の対象となった五銭未満の小額紙幣のみである。また、明治八年にもなると、藩札の磨耗も著しかったようで、「悪札」も目に付く。額は少額であるが、西鳥井村が属していた旧林田藩札以外の他領藩札の比重は決して低くなく、

表7-6　藩札新貨価格比較表

藩名	種類	額面	新貨換算		銭相場（金1両につき）	銭匁相場（銭匁札1匁につき）
			1枚につき	額面1匁につき（厘）		
林田	銀札	10匁	1銭6厘	1.6	11貫200文	17文
		1匁	2厘	2.0		
	銭匁札	10匁	1銭5厘	1.5		
		5匁	7厘	1.2		
		1匁	1厘	1.0		
		5歩	5毛	1.0		
		3歩	3.3毛	1.1		
		2歩	2.5毛	1.3		
		5厘	0.7毛	1.4		
山崎	銭匁札	100目	12銭5厘	1.3		15文
		50目	6銭5厘	1.3		
		20目	2銭5厘	1.3		
		10匁	1銭2厘	1.2		
		5匁	6厘	1.2		
		1匁	1厘	1.0		
		5歩	5毛	1.0		
		2歩	2.5毛	1.0		
		1分	1.25毛	1.3		
		5厘	0.6毛	1.2		
三日月	銭匁札	500目	63銭7厘	1.27	11貫475文	15文
		100目	12銭7厘	1.27		
		50目	6銭4厘	1.28		
		30目	3銭8厘	1.27		
		20目	2銭5厘	1.25		
		10匁	1銭3厘	1.30		
		5匁	5厘	1.00		
		1匁	1厘	1.00		
		3分	3.3毛	1.10		
		2分	2.5毛	1.25		
		1分	1.25毛	1.25		
		5厘	0.6毛	1.25		
龍野	銭匁札	500目	1円	2.0	12貫文	24文
		100目	20銭	2.0		
		50目	10銭	2.0		
		3分	5毛	1.67		
		1分	2毛	2.0		
		5厘	1毛	2.0		
安志	銀札	10匁	1銭	1.0	11貫200文	10文
		5匁	5厘	1.0		
		1匁	1厘	1.0		
	銭匁札	50目	4銭4厘	0.88		
		30目	2銭7厘	0.90		
		10匁	9厘	0.90		
		5匁	4厘	0.80		
		1匁	1厘	1.00		
		3分	2.5毛	0.83		
		2分	1.6毛	0.80		
		1分	0.8毛	0.80		

出所：「旧藩楮幣取集記帳」（たつの市龍野歴史文化資料館『森崎忠邦氏文書』25-333）．内閣記録局編『法規分類大全』〈第九巻・政体門九〉（1891年）．

注：1匁あたり新貨厘は小数点第3位四捨五入．目＝匁．

表 7-7　明治８年西鳥井村藩札引換届け

所持人	藩名	額面 匁	分	枚数	小計 匁	(新円換算) 銭	厘	備考
平形定五郎	林田	10		2	20	3		
	三日月	30		1	30	3	8	
		20		1	20	2	5	
		10		3	30	3	9	
	山崎		5	2	1		2	
	赤穂	1		1			5	元銀札古
		1		1			1	元銀札新
高橋秀五郎	安志	30		1	30	2	7	
		10		1	10		9	
	姫路	10		1	10	3	2	「悪」とあり
	龍野	10		1	10	2		「悪」とあり
	赤穂	1		1			1	
萩本夘平	三日月	10		1	10	1	3	
	龍野	1		1	1		2	「悪」とあり
	安志	1		3	3		3	
森崎忠右衛門	姫路	10		1	10	3	2	
	龍野	1		1	1		2	
寺田太平	山崎	20		1	20	2	5	
		5		1	5		6	
		1		2	2		2	
	龍野	1		12	12	2	4	
	林田	1		3	3		3	
	三日月	1		4	4		4	
小計				46		34	5	

出所：「旧藩札御引換届及旧藩札メモ」（たつの市立龍野歴史文化資料館所蔵『森崎忠邦氏文書』385-1）.

注：「悪」は磨耗した札もしくは贋札と思われる.

藩札回収末期まで残っていたことは、姫路県への統合に伴う他領藩札回収の先送りの結果と見て取れる。

小括

以上、史料的制約から一つの地域に絞って掘り下げることができなかったものの、いくつかの得られた知見を確認することで小括に代えたい。

まず、第一節では播州一橋家の会所政策を検討し、それを資金面で支えた「財産家」の活動を見た。今市会所は産物手形を発行し、その手形を領内の木綿買取商人に貸し付けることで木綿移出を奨励していた。手形の準備金には庄屋層などが醵出した身元金が充てられた。得られた純利益で身元金に応じた分配がなされた点は、通商司政策の先駆的形態であったと評価できる。

第二節では龍野藩による他領藩札流入への対応を見た。播州は小藩・飛地が錯綜し、各種藩札が大量に発生していたが、その中で藩札の相場差を利用して利鞘を稼ぐ「姦商」的活動が横行していた。他領藩札それぞれの日々の相場変動を把握しつつ、大名貸を通じて諸藩とのパイプも持ち、収税と両替の業務を遂行する日田掛屋のような商人がいれば別であるが（第四章参照）、そのような商人がいない場合、他領藩札の流入は相場差を利用して利鞘を稼ぐ「姦商」を跋扈させるのみであった。こうした状況下では、貨幣が供給されても貨幣は生産的投資分野に適切に配分されない。加えて、明治に入ってからは太政官札の発行と万延二分金の増鋳が物価上昇に拍車をかけた。物価上昇に比し小額貨幣の供給が遅れたため、地域は小額貨幣不足という問題に直面した。

そこで播州諸藩連合は、「姦商」的活動と小額貨幣不足の二つの問題を一挙に解決するため、諸藩札間に相場を建てず自由に通用させる政策を一時的に採用した。他領藩札の流入推進自体は、維新期の貨幣状況に照らして考えると経済合理性があった。他領藩札流入を拒否した場合、藩は自領藩札の増製に踏み切るしか選択肢はない。だが、それには準備金を用意する必要があり、何より法的に処罰を受ける可能性があった。他領藩札の相場変動を抑えることができるなら、領主側にも他領藩札流入を黙認する理由はあった。他領藩札流入は、地域への弾力的貨幣供給の一形態として評価すべき側面もある。

ただし、明治三年頃より官省札が円滑に流通し始めると、かえって官省札が不足し、他領藩札の両替が困難になった。他領藩札の相場も大きく変動し、「姦商」の活動する余地はかえって増えた。そのため、播州諸藩は次々に藩札の自由通用を取りやめ、龍野藩などは政府が禁じている藩札増製に及んだのである。

第三節では、林田藩下で金札預り切手が発行されていた事実を指摘するとともに、藩札回収における各藩札の割合を分析した。金札預り切手の発行は、名古屋藩でも見られた事例であり、太政官札を準備金とした地域通貨発行という意味では日田三郡札なども同様と言える。これは、石高割貸付金などで地域に渡った太政官札を退蔵せず、なおかつ小額貨幣を地域に供給する有力な手段であった。

また、藩札回収期に他領藩札が残存していたことも指摘した。第二節で述べたように、播州諸藩連合の他領藩札自由通用政策は長くは続かなかったが、この時期に諸藩の藩札価格が公権力によって一律に保証されたことが重要であろう。そして、廃藩置県に伴う姫路県の成立によって、これまで他領藩札として用いられていた隣藩の藩札は自領藩札として再定置された。

諸領が入り組む西播の地では、近世的貨幣体系から近代的統一貨幣体系への移行は、こうした地域単位での貨幣統合を経由していたことがわかる。同様に諸領が入り組み多様な貨幣が流通していた日田では、掛屋が諸貨幣の統合機能を担っていたが、そのような金融機関が存在しない西播においては、異なる方法で諸貨幣の統合が進展したのである。

(1)　大山敷太郎「紙幣の濫発とそれをめぐる諸問題——他領銀札による一橋領地の疲弊とその克服の場合」(同『幕末財政金融史論』ミネルヴァ書房、一九六九年、第六章)三四六—三五一頁。なお、大山氏は、紙幣濫発が百姓一揆を招いたとする土屋喬雄『封建社会崩壊過程の研究』(弘文堂書房、一九二七年)、黒正巌『封建社会の統制と闘争』(改造社、一九二八年)

などの古典的な議論を肯定している。

(2) 新保博「地方通貨としての藩札――19世紀の尼崎藩札を中心に」(『経済情報学論集』〈姫路獨協大学〉創刊号、一九九一年三月）四四頁。

(3) 遠藤正男『九州経済史研究』(日本評論社、一九四二年）三一五頁。

(4) 龍野歴史文化史料館編『お金――貨幣の歴史と兵庫の紙幣』(たつの市立龍野歴史文化資料館、二〇〇五年）一六三―一八八頁。現在の埼玉県行田市に藩庁を置いていた忍藩などは、播州内に引替所を設置し、藩札の流通に努めた。また和歌山藩は播州内に引替所を持たなかったが、播州を含む五ケ国での通用を約した銀札を発行していた。

(5) 前掲大山「紙幣の濫発とそれをめぐる諸問題」二九六―二九八頁。

(6) 渋沢栄一『雨夜譚』巻之三（渋沢青淵記念財団竜門社編『渋沢栄一伝記資料』第一巻、渋沢栄一伝記資料刊行会、一九五五年、所収）三六九頁。

(7) 同前三七〇頁。

(8) 日田の千原家では確かに肥前札・肥後札の流通が見られる。しかし、肥前札が明治四年一〇月までほぼ額面価値通りに通用したのに対し、肥後札は下落している（第四章、表4-9)。これは千原家と佐賀藩・熊本藩との関係性の差異が原因と考えられるが、より詳細な分析は後考を俟ちたい。

(9) 穂積勝次郎『姫路藩綿業経済史の研究』(穂積勝次郎、一九七〇年）九二、一〇三頁。ただし、姫路藩の場合、大坂積は大坂商人によってかなりの利益が壟断されたため、会所による移出先は大坂積みを避け、江戸積みが中心であった。

(10)『姫路市史』第一二巻〈史料編・近現代1〉三八三―三八六頁。その後、明治四年の国産会所の廃止に伴い、輸入綿布の人気とあいまって「姫路木綿ノ衰頽ハ実ニ甚シク、昔時木綿問屋ト称スル者三十軒余アリシカ今ハ只五六軒ニ過キス」という状況に陥った。

(11) 前掲『お金』二七四頁。渋沢の回想によれば、発行予定高は二〇―三〇万両であった（前掲『雨夜譚』巻之三、三七一頁)。

(12) 前掲『雨夜譚』巻之三、三七一頁。

(13)「今市村産物会所惣元締取締方・御手形自宅引替申渡し五人扶持下さるる書付」(たつの市立龍野歴史文化資料館所蔵『堀謙二氏文書』六〇)、「右扶持米給金手形」(『堀謙二氏文書』六一―一)。

(14)「御会所御備金回送遅れ、急場手当金差出し仰せ付けられ請書」（『堀謙二氏文書』一九九）。
(15)「今市御會所御下り金残金之分指引帳」（『堀謙二氏文書』五一六）、「今市御會所備金割退帳」（『堀謙二氏文書』五一四）、「金有高覚」（『堀謙二氏文書』五一五）。他に堀が会所から御下り金や身元金返済を受けた記録は見つからないので、会所の欠損を堀らの身元金で賄った可能性があるが、渋沢が利益金を上げたと回想していることも鑑みて、「御下り金」は純利益の分配と見た。
(16)渋沢栄一『雨夜譚』巻之四（渋沢青淵記念財団竜門社編『渋沢栄一伝記資料』第二巻、渋沢栄一伝記資料刊行会、一九五五年、所収）九四―九五頁。
(17)『角川日本地名大辞典』。
(18)小林楓村編『相生史話』第一巻（西播史学会、一九六三年）四八頁、『図録兵庫の古貨幣』（若林泰氏を偲ぶ会、一九九一年）二六頁、前掲『お金』二七二頁。ただし、銭札は引受人の違いと札色の違いを加味して厳密に数えると一三種類になる。また五〇匁札はいずれも『図録』『お金』には収められておらず、現存は確認できない。
(19)「播州諸藩融通切手定相場達し」（たつの市立龍野歴史文化資料館所蔵『龍野藩領阿曾村文書』一三）。揖東郡阿曾村は龍野藩領、現、兵庫県揖保郡太子町。
(20)「知藩事触書」（『阿曾村文書』一二）。
(21)前掲「播州諸藩融通切手定相場達し」。
(22)「姫路以下播磨七藩藩札につき触書」（たつの市立龍野歴史文化資料館所蔵『森崎忠邦氏文書』六）。年代推定は明治二年一一月頃。
(23)地域は多少異なるが、播州兎原郡魚崎村（幕府領、大坂谷町代官所支配）では、明治三年八月二〇日に計三八一両二分の贋金を回収している（「悪弐分金書上帳」神戸市文書館所蔵『松尾家文書』一一五三）。
(24)「金札払底につき郷中への触書」（『阿曾村文書』一五）。
(25)同前。
(26)「貨幣払底につき触書等」（『阿曾村文書』二〇―一）。
(27)「姫路県銭切手につき触書等」（『阿曾村文書』二五）。
(28)「紙幣増摺事件の報告」（『龍野市史』第六巻、二八―三一頁）。「龍野県、龍野藩紙幣増摺の件につき報告」（『兵庫県史』

〈史料編・幕末維新二〉二八四頁)も同文。典拠は『公文録』明治四年・第一四四巻・辛未一一月・司法省伺。

(29) 新保博『近世の物価と経済発展――前工業化社会への数量的接近』(東洋経済新報社、一九七八年)表二―八(五六頁)、表五―九(二八二頁)。

(30) 前掲「紙幣増摺事件の報告」。

(31) 山本有造『両から円へ』(ミネルヴァ書房、一九九四年)二六二頁。

(32) 前掲『お金』二七二頁。

(33) 「金札預り切手引替帳」(たつの市龍野歴史文化資料館所蔵『田淵達麿氏文書』三〇―一)。

第八章　群馬・埼玉の藩札買上政策と藩札回収

はじめに

藩札回収については堀江保蔵氏の先駆的業績以来[1]、幣制統一という観点からいくつかの優れた研究が存在する。長野暹氏は、政府が藩札での租税上納を認めたため、藩札回収によって租税の貨幣納入（石代金納）が進展したこと、旧佐賀藩域内では幕府鋳貨よりも藩札が主要な流通貨幣であったこと、などを明らかにしている。そして、そのように「基軸通貨」として機能していた藩札が回収された意義を、新貨体制の確立する「物資的基礎地」の形成として重要視した[2]。山本有造氏も、法制上ではなく国民レヴェルでの「円」の定着した時期に関心を寄せ、藩札回収を地域における「円」の普及過程の中に位置付けた。そして「両」から「円」への転換が「円滑に進行した」ことの基盤として、「徳川期に国民の間に養われた国定説的貨幣観と藩札その他による紙幣使用の実地訓練」を想定している[3]。

両氏が述べるように藩札回収によって円建ての計算単位が全国的に浸透したことを前提としつつ、本書全体の主旨を顧みるならば、廃藩置県に伴う領主権力の消失と藩札回収によって地域経済はどのように再編されたかが問われるべきであろう。

さて、序章において確認した藩札回収政策の要点は次の通りである。明治五年（一八七二）六月九日、廃藩置県時の「七月一四日相場」に基づきながら、それを銭札九六文＝新貨八厘で換算し直して藩札と新貨との交換比率を定めた「価格比較表」が出された。このとき定められた相場を「改正相場」という。同年七月二三日の太政官布達によって、五銭以上に該当する貨幣のみを引き換え、それ未満の藩札については当分通用させることが定められた。このとき、大蔵省は諸府県に価格比較の印を渡し、それを五銭未満の藩札に押印して通用させることとした（押印藩札）。のちに、五銭以上の藩札は新紙幣と交換されることとなった。

この過程で、藩札の発行主体（旧藩）は藩札準備金の新県への引継ぎを行い、回収主体（新県）も準備金を大蔵省に上納した上で、藩札の回収・保管、そして小額藩札への押印を行った。その後、回収した藩札を大蔵省に上納し、新紙幣の払い下げを受けるのである。

ここで重要なのは、①回収主体である新県にとって、新紙幣との等価交換方式と藩札の買上方式の二種類が回収方法として選択可能であった点、②新県から大蔵省への藩札上納高と大蔵省からの新紙幣払い下げ高が必ずしも等価とは限らなかった点、である。

たとえば、旧佐賀藩域などの大藩を引き継いだ行政区域では、藩札の信用度が高かったため、新貨と藩札との等価交換という様式で回収が進み、旧厳原藩・旧唐津藩などの小藩の領域では、藩札価値が下落したため、藩札の買上方式が採用されたという[(4)]。新置された県にとって、藩札を改正相場の額面等価で交換するか、市場価格で買い上げるかは選択可能であった。新県が租税として藩札を収納する場合も改正相場の適用が認められたので[(5)]、県に納められたのち市場に還流しないならば、藩札での租税収納は等価交換方式に基づく藩札回収と見做すことができる。

新県による大蔵省への藩札上納高と大蔵省からの新紙幣払い下げ高が一致しない（②）というのは、このうち買上方式を採用した場合である。藩札を買い上げる際には市場の相場によって取引を行うが、大蔵省との関係においては改正相場が原則的には適用される。準備金の支払いは旧藩の責任においてなされるため、新県は藩札回収において差益（改正相場―市中相場）獲得の機会があったというわけである。市場の藩札相場が改正相場以上に上昇したときには、買上方式は選択されない。

すなわち、藩札を新紙幣と等価で交換するか、あるいは藩札を買い上げるか、の判断基準は、藩札の信用度というよりもむしろ、「七月一四日相場」を新貨換算した改正相場に比べて、回収時の藩札相場がどれだけ下落しているか、にあったのではないだろうか。そうだとすると、藩札の市中相場がどの程度下落すると回収主体は買上を行うのか、相場が上昇に転じた場合に回収主体は買上をやめるのか、といった追加的な疑問にも答える必要がある。

政策決定過程の分析には本章では及ばないが、以上の点に留意しつつ、群馬・埼玉両県の事例から、藩札買い上げの実態と地域経済への影響について検討する。両県はいずれも、廃藩置県とその後の行政区域整理を経て、複数の藩県が統合された県である。発行主体と回収主体が同一ないし連続した行政体ではないという、廃藩置県後の旧中小藩特有の事情にも注目したい。

第一節　群馬県における藩札流通

明治四年（一八七一）七月、廃藩置県の直前に、岩鼻県知事・青山貞から上野国諸藩を統合した「上野県」設置の建白書が提出され、同年一〇月二四日には高崎・沼田・安中・伊勢崎・小幡・前橋・七日市・岩鼻の八県を廃止して「高崎県」を設置する布告案が大蔵卿から提出された。その後、県名を「群馬県」と変更して同二八日に太政官から布告される。この群馬県は、勢多・群馬・片岡・碓氷・甘楽・多胡・緑野・利根・吾妻・佐位・那波の一一郡、四五万二一三六石を管轄した。

山口和雄氏の研究によれば、そのうち藩札を発行していたのは高崎藩・沼田藩・安中藩・伊勢崎藩・小幡藩・前橋藩・七日市藩の七藩であった(6)。また、政府の直轄県であった岩鼻県も岩鼻県札を発行していたことが確認できるので(7)、群馬県下ではすべての地域で各々の藩札が流通していた。

このように群馬県は地域通貨に馴染みの深い土地柄であった。本節の対象となる高崎藩では、表8-1のような種類別の藩札を発行していた。

藩札回収に際して、藩札と引き換えることが想定されたのは新紙幣である。しかし、高崎藩札と新紙幣との交換では貨幣特性に若干の差がある。高崎藩札は一両以上の高額紙幣を含むものの、一分（円建てで二五銭相当）未満の小額貨幣も多く発行されている。対して新紙幣は一〇銭や二〇銭といった小額面の紙幣はそれほど多くなかった（表8-2）。藩札回収に伴って新紙幣の小額札が十分に供給されない場合、地域内の小額貨幣不足を惹起し、回収事業を困難にすると考えられる。

表 8-1　高崎藩発行金札種類別内訳

種類	（円換算）	枚数（枚）	発行高（両）
五両札	5	2,000	10,000
三両札	3	1,883	5,650
一両札	1	55,800	55,800
二分札	0.5	500	250
一分札	0.25	207,600	51,900
二朱札	0.125	148,000	18,500
一朱札	0.0625	278,800	17,425
計		694,583	159,525

出所：山口和雄「明治初年の藩札調査」113 頁．典拠は「各藩々札発行高取調　自元年至四年」（三井文庫所蔵史料 W1-48）．数値は修正を加えた．

表 8-2　政府紙幣発行高額面毎内訳

（単位：円）

額面 円	銭	太政官札	民部省札	新紙幣
100				2,248,000
50				1,049,050
10		20,332,890		26,529,140
5		5,969,685		15,504,325
2				24,138,352
1		15,485,798		44,894,663
	50		3,683,009	11,351,218
	25	5,161,296	2,407,107	
	20			9,218,893
	12.5		1,093,895	
	10			11,685,590
	6.25	1,050,330	315,988	
小計		48,000,000	7,500,000	146,619,231

出所：『明治貨政考要』156 頁より作成．
注：発行高は明治元年から同 17 年までの総計．1 円未満切捨て．1 円＝1 両で換算したが，官省札の減価は当表では勘案していない．

こうした条件に規定されつつ、(1)明治四年には未発行藩札の流出、(2)明治五年には藩札買上政策の展開、が見られた。

(1)　未発行藩札の流出

廃藩置県後、高崎県は高崎藩札のうち古札を新札に引き換えることとし、古札の過半を回収していたが、いまだ未回収のものもあった。そのうち、引換残りの新札五万両を抵当として吉田安兵衛（東京府在住・生糸製造所発起人）から太政官札二万五〇〇〇両借り入れる計画を立てた。高崎県は吉田に対し藩札の散布を一切禁じていたのであるが、吉田安兵衛がその約定に違って藩札を散布することにより、本来古札と引換に市場に出るべき藩札が、古札を残したまま市場に流出するという事件が起こった(8)。

厳密には「吉田安兵衛周旋ニテ、物産局ヨリ金弐万五千両也御貸付金ノ内拝借相成候手続出来」とあるので、吉田の周旋で東京府物産局から借り入れる予定であった。吉田安兵衛は太政官札を渡さず、実際に貸借関係は成立していない(9)。

明治五年五月、東京裁判所・東京府・大蔵省の介入により「安兵衛返弁方精々説諭ノ上年賦返弁ノ手続迄ニ相運候儀ニ御座候」と吉田安兵衛に処分が下されている。罪の所在を問うことは本章の目的ではないので、以下では旧高崎県および群馬県の窮乏と県下の小額貨幣不足に焦点を当てて、事件を詳細に分析する。

まず、明治四年段階での高崎県の説明を見てみよう(10)。

……一躰右楮幣ノ儀ハ古札引換ノ為ニ出来候テ、別段流通可為致品ニ無之候ヲ、吉田安兵衛不法ノ取扱を以漫リニ散布ニ及候ニ付、無拠取戻方相願候事ニテ、決テ天札等換金ニ可受取品ニ無之候ヱ共、御所置済ノ上全数ニ相当ル天札等被差向、直様管下流布ノ県札ニ引換候ハヽ、御届員外ノ空札全ク無之廉ニ相当候間、……

辛未〔明治四年〕八月十八日　　　　高崎県

東京府御中

吉田安兵衛が使用した藩札というのは、「古札」引換のために印刷した藩札であり、しかも印刷はしたものの市場に投入していない段階のものであった。吉田安兵衛は、高崎県に太政官札を貸し付ける前に、この未発行藩札を抵当として取得し、そして不法に使用したのである。高崎県は、その回収のために「天札〔＝太政官札〕等被差向」たいと東京府に願い出ている。東京府は吉田安兵衛の居住地で、その吉田を介して東京府〔物産局〕から元々太政官札を借りる予定であったこともあり、何より藩札の散布元であったために協力を求めたのであろう。

その後、明治五年二月に高崎県は事態の処理を求めて大蔵省に伺を提出している[11]。高崎県側の主張によれば、藩札を渡したにもかかわらず太政官札〔「官札」〕は一切支払われないので、藩札の返却を請求したところ、五万両のうち二万両がすでに散布されていたというのである。そのため、「右ハ素々貸借ノ訳ニ無之、官礼〔札カ〕融通ノ為メ無拠一時為手形相渡候処、官札用弁無之ノミならず手形ノ藩札返弁無之」と、藩札も発行できず太政官札も入手できないという窮状に陥り、吉田安兵衛らの不法行為を大蔵省に訴えることとなった[12]。

明治五年三月二五日、高崎県から事件を引き継いだ群馬県は「尤旧藩ノ不行届ハ申迄も無之候ヱ共」と旧高崎藩の非は認めつつも、「右は別途ニ御所置相成、安兵衛其余のもの共不行届の始末ハ断然御裁断相成候歟、或ハ日限済方を以右金御省ヱ御取立相成候歟、両条ノ内何れ共司法省ニ於テ御所分相成至当と奉存候」と引き続き大蔵省に対して吉田安兵衛への処分を求めている[13]。

だがここで一つ疑問が生じる。それは吉田が散布した二万両の高崎藩札が東京府で流通したのかという問題である。当然高崎藩札の東京府での流通は政府が認めるところのものではなく、日用取引では全く用いられなかったと考えられる。ただし、吉田が生糸製造所の発起人であることと、高崎藩の陳述中に見られる次の記述に注目したい[14]。

……当時御府下銀町出稼松本安兵衛と申もの藩札七千五百両藩地エ持参、糸絹等産物買求メ又ハ官札等買上ケ候ニ付、松本安兵衛差押藩札出処相糺候処、金蔵〔飯塚〕ヨリ被頼七千五百両同人手代兵兵衛倶々持参官札幷糸絹等買揚候旨申、之外ニ弐千両武州幡羅郡下奈良村栗原半三郎と申もの、巴町糸局おゐて小倉勇助と申ものヨリ繭代金代リニ受取、夫々高崎駅エ散布、……

ここでは飯塚金蔵から頼まれた東京府在住の松本安兵衛なる者が藩札を高崎藩領内へ持参し、その藩札で生糸・絹などの特産物や太政官札を買い上げたことがうかがえる。同様に武州奈良村の栗原半三郎という者が、東京府西久保巴町の糸局で小倉勇助から繭代金代わりに高崎藩札を受け取り、高崎駅に散布している。吉田安兵衛自身も「金融差支切迫ノ処ヨリ東京飯塚金蔵・松本安兵衛・山城屋和助・武州下奈良村栗原半三郎方エ差向ケ融通仕候」と認めているように、彼らは吉田安兵衛から直接藩札を受け取った人物であった。

これは当該期において藩札の流通が地域市場において根強く残っていることを証明するとともに、日用取引において藩札が全く流通しない地域にあっても、「藩地」との取引を行う隔地商人にとっては藩札の使用価値が損なわれなかったことを示すものである。むしろ地域通貨としての藩札を利用することにより、地域特産物の買上は円滑に進んだであろうし、さらに地域内市場では使い勝手の悪い高額紙幣の太政官札との交換を行うことによって、地域市場は藩札を手に入れ、隔地商人は自らが必要とする地域間決済通貨を手にすることもできた。

また、維新期における小額貨幣不足の問題も想起すべきであろう。藩札回収が進捗することによって貨幣供給は逼迫し、新たな供給（ここでは新紙幣・新貨幣）が行われない限り、藩札への需要がやむことはない。五銭未満の藩札は押印藩札として流通が継続し、官省札・藩札と交換の対象となった新紙幣も当面一円・五〇銭・二〇銭・一〇銭が発行されたが、それでも小額貨幣需要は満たされなかった。明治政府による貨幣発行が小額貨幣供給の役割を十分に果たし始めるのは、二銭・一銭・半銭（五厘）・一厘の四種の新貨幣（銅貨）が流通し出す明治七年以降のことである(15)。

このような貨幣制度の下で、未発行藩札の市場への流出が起こりえたのであって、これは構造的必然であった。
その後、吉田安兵衛散布の藩札は明治四年七月中に実施した真贋検査の際の改印がないために、群馬県下での回収が進んでいったと考えられる(16)。

(2) 群馬県の高崎・前橋藩札買上政策

政府が本格的に藩札回収に取り組む前に、各府県では藩札相場が下落したのを見計らって藩札を買い上げていた。この事情は三井文庫所蔵の「舊藩札買上一件簿」に詳しい(17)。「舊藩札買上一件簿」からは、高崎藩札と前橋藩札の買上をめぐる群馬県と大蔵省紙幣寮のやりとりがうかがえる。

最前御買上故高崎藩札之分ハ銘々所持之品も御座候ニ付、別段手當等不相願候得共、今般正贋御改ニ付而滞留中一日金壹両ツヽ、幷彼之地より持越候運輸之費用及往返旅費共別途ニ五拾両被下候様仕度奉存候、

一　故前橋藩札之分実際買附之相場平均金壹両ニ付銭拾八貫文ニ相當リ、右買付ニ就而者夫々手配等之諸費買付方働之者手當とも概百両ニ付五六円位迠相掛、将又御引換濟まて之利子及往返旅費、且者贋札辨金之分も不尠、旁比較表拾貳貫五百文ニ四貫文安拾六貫五百文ニ而一切之諸費見込御買上被下候様仕度奉存候、

一　今般持参之高崎藩楮幣ハ実地百八拾両を以買上候ニ付、是又一切之諸費与して百七拾両ニ御買上相成候様仕度奉存候、

一　前條之通御許容相成候上ハ尓後買付之義ハ高崎宿沼賀茂一郎幅〔副〕与して清水新次郎両名之内江直チニ買付方被仰付候様仕度奉存候、

　但買附之分上納證書並換金受取證之類者縣庁おゐて取扱可申奉存候、

一　前願御引換之義ニ付何等御談之次第も有之、私義不時御呼出に有之旨兼而御達被下、旅費之義、第一定備ハ

御定則も御座候ニ付、第二定備之内を以仕拂可相立旨、是亦御達相成候様仕度奉存候、

右之條々御許容被下候様奉仰候、以上、

壬申七月廿四日　　群馬縣權大屬川崎弼

紙幣寮御中

右は、明治五年七月二四日、群馬県が紙幣寮に届け出た贋札改めに関する伺いの写しである。まず群馬県は、①高崎藩札の正贋鑑定を行う鑑定士の滞留費・旅費を紙幣寮に催促するとともに、②前橋藩札（銭札）[18]については、相場では（正金）一両で藩札一八貫文を買い付けることができるけれども、人件費や利子、往返旅費、贋札の弁償金など差し引くと、一両あたり一六貫五〇〇文になるため、その割合で買い上げてほしいと述べている。「安」というのは、「価格比較表」で定めた一二貫五〇〇文相場より四貫文藩札価値が安くなるという意味である。ここでは、大蔵省に藩札を納入する代わりに、藩札買上代金および回収費を下げ渡してほしいという趣旨が示されている。③次に高崎藩札については、群馬県が正金一〇〇両で一八〇両分買い上げた藩札を一七〇両相場で買い取ってほしいと大蔵省紙幣寮に願い出ている[19]。贋札改めのために、贋札を含む藩札一般を買い上げる措置をとったものと考えることができる。

これに対し、明治五年七月二九日に紙幣寮が作成し、翌日に下された指令は次の通りであった[20]。

壬申七月廿九日　同晦日濟　中屬藤沢直侯印

印輔印　　頭印　　屬印

丞印

群馬縣權大屬川崎弼より、高崎前橋両藩札買上ニ付諸入費其外別紙之通申出候ニ付取調候處、右買付ニ付手配之入費東京迠運送入用及び代金操替中之利子或ハ贋札之償も有之段申出之趣無相違不相當にも不相聞候へ共、代金を以仕切勘定相立候よりハ、間益之貳割為御手當被下候方可然奉存候、其他廉々紙幣寮印を以附札之積指令案相

伺申候

初ヶ条、申出通ニハ難聞届都而五拾両相渡候間、真贋検査中滞留入費等右之内を以相賄可申事、

二ヶ條、三ヶ條、前橋高崎藩札買上入費之儀者改正相場与間益之弐割相渡候間、藩札ハ実地買附代を以勘定相立可申事、

四ヶ條、高崎宿沼賀茂一郎外壹人へ買付方於當寮直ニ難申付、取締向等都而縣庁ニおゐて取扱候儀与相心得、

但書之儀ハ伺之通候事

五ヶ條、右藩札買上ニ付尋問有之候節ニ可相達旅費之義者御用濟之上取調〔トル〕可申立、兼而達置候儀ハ難相成事、

但縣庁御用兼出京之節ハ日数割之積可相心得事、

壬申七月晦日　紙幣寮

紙幣寮は群馬県の催促を受けて事実関係を確認したところ、相違はなかった。しかし、①都合五〇両を支払うので、それで贋札改めをすべて賄うこととし、②前橋・高崎藩札買上についても、諸経費を計算して群馬県に支払うのではなく、群馬県の方で「間益」の二割を手当金（諸入費含む）として受け取らせ、残額を上納せよと命じた。ここでいう「間益」とは改正相場、すなわち明治五年六月九日の大蔵省達によって定められた相場[21]と実際の買上額（市中相場での換算額＋諸経費）との差益のことである。この指令に基づけば、群馬県は藩札を回収したのち、「間益」二割分の藩札を除外して残りを大蔵省に上納し、それに対して大蔵省が代替貨幣を支払うため、大蔵省支払額が大幅に減少することとなる（表8-3）。また、③高崎宿の沼賀茂一郎[22]・清水新次郎を紙幣寮の名で藩札買付方に命じてもらえるよう申し出を行っていたが、これも群馬県取り扱いとされた。

この指令案が起草された七月二九日同日に、群馬県の他、佐賀県（厳原藩札）、福岡県（厳原藩札・秋月藩）、飾磨県（姫路札外九藩札）、鳥取県（鳥取藩札）、小田県（鳥取藩札）、北條県（福山藩札）、犬上県（津山藩札・鶴田藩札・真島藩札）

表 8-3 前橋藩札を回収する際の必要額と大蔵省紙幣寮支払額仮定

	新貨1円につき藩札価格	額面 9.9 万貫文の藩札回収に必要な金額（A）	群馬県から紙幣寮への藩札上納額	紙幣寮から群馬県への新紙幣支払額（B）	群馬県の収支（C=B−A）
①改正相場	12 貫 500 文	7,920 円＋諸経費	9.9 万貫文	7,920 円	−諸経費
②市中相場	18 貫文	5,500 円＋諸経費 ＝ 6,000 円※1	9 万 2,088 貫文（間益 2 割が手元に残る計算）	5,500 円＋間益 2 割（384 円）※2	−116 円

出所：「舊藩札買上一件簿」（三井文庫所蔵史料 W1-47）.

注：9.9 万貫文の藩札を回収すると仮定した場合の数値．9.9 は各藩札相場の公倍数（任意）．「間益」は改正相場で買い上げた時と市中相場で買い上げた時の差益を差し，ここでは 1,920 円が間益となる．1 円＝1 両換算．

※1 諸経費を合わせた場合，1 円＝16 貫 500 文相当になるという史料上の表記から算出．

※2 紙幣寮に納めなくてよいとされた「間益」2 割分の藩札 6,912 貫文（＝384 円）を，紙幣寮から群馬県への支払額に組み入れている．実際に紙幣寮が支払う額は 5,500 円．

に対する藩札買上の内達案も起草され、八月三日に達せられている[23]。明治五年七月二三日の布告で「心得違ノ者有之自然不融通ヲ醸成相場及下落候場合ニ乗シ、正金々札〔正金と官省札〕ヲ以テ藩札買集候哉ノ趣不埒ノ事ニ候」とされ[24]、民間による藩札の買い集めは禁止されたものの、県による買上は大蔵省の政策として推し進められていったようである。

その後、大蔵省紙幣寮の指令に従い、群馬県は高崎藩札買上分の提出と報告を行っている。

初度群馬縣ニ而買上差出候分

一 藩札二万両　高崎藩

此改正金壹万四千貳百七拾五両壹分永貳拾八文

此買上代金壹万千百拾壹両永百拾壹文

但、届ケ百四両買上百八拾両

差引　金三千百六拾四両永百六拾七文　益

内　金五拾五両　歩合壱分七厘三毛ニ當ル　買上手當申出高

内　金五両　真贋検査中滞留日数凡五日積

金五拾両　持運運賃其外

残金三千百九両永百六拾七文　全益

歩合二割七分九厘八毛

〆

右は群馬県による高崎藩札の一度目の買上の結果である。改正相場によれば一万四二七五両余りに相当する額面二万両の高崎藩札を、一万一一一両余りで買い上げ、その差額から一・七三％の手当とその他諸経費を引いた三一〇九両余りを「全益」として計上している。これは、一〇〇両を用いて高崎藩札一八〇両を購入した比率になり、「届ケ百四両買上百八拾両」というのも、群馬県があらかじめ届け出た相場（＝改正相場）は一〇四両であったが、買上相場は一八〇両まで下落していたということを表している。

群馬県による高崎藩札・前橋藩札の買上は再度行われ、「再度群馬縣ニ而買上差出候分」では、高崎藩金札三三九五両、前橋藩銭札五万一七三五貫六〇〇文が買い上げられている。二度目の買上について行った「真贋検査濟清算之分」では高崎藩金札三三七二両二分（新貨換算二四〇六円五五銭六厘）[25]、前橋藩銭札五万一三八七貫二〇〇文（新貨換算四一一〇円九七銭六厘）が、それぞれ一八八六両永一一一文一分、二八七四両永二〇〇文で買い上げられていることがわかる。したがって、贋札はそれぞれ二二両二分、三四八貫四〇〇文発生している。二度目の買上における二口合計の「全益」は一四三一両一分永一一文二分であった。

高崎藩札は一六万両近く発行されており（前掲表8-1）、藩札発行総高に占める買上分の割合はそれほど大きくなかったが、買上が差益を生んでいたことが重要である。この二度の買上により四五四〇両一分永一一文二分の差益が生じている。

高崎宿沼賀茂一郎清水新次郎両人者藩札取扱方罷在候趣之處、當九月御買上ケ之節跡手配之分仝月中旬より十月下旬迠ニ逐々買付候得共、漸々拂底殊ニ公納時節ニ差向、相場格外騰貴纔之間金ニ候得共、最初手配之取引ニ付不得止買付候處、藩札通用不宜去リ迚賣買者固ヨリ御制禁今日商法之道ヲ失シ、殆ント困窮ヲ極メ御引換相願候積リ、既ニ藩札持参懇々歎訴申出不得止之景象従前之手續ヲ以御買上有之度、依之別紙上納證書相添差出候間、換金并買付之際ゟ目今迠之間相當之日歩御手當御渡相成候様仕度候也

壬申十一月廿六日　　群馬縣参事井上如水

紙幣頭芳川顕正殿

群馬県は高崎宿の沼賀茂一郎・清水新次郎両人に藩札買上を命じていたが、明治五年九月から一〇月にかけて藩札相場が「格外騰貴」し、「間金」（＝間益）もわずかになってしまったことを説明している。にもかかわらず、買上を継続したために、藩札は市場で通用しなくなり、かといって買い上げた藩札を売買することは禁制に触れるので、群馬県が困窮を極めていたことがわかる。そこで今日に至るまでの手当を支給していただきたい、という紙幣寮に対する願い出である。(26) 当初より、藩札買上政策は県の財政支出を要請していたが、藩札の相場上昇に伴い、必要経費は増加した。

翌二七日には証書を送付し、藩札を上納するので換金してほしいと添えている。それによれば、前橋藩札五万貫文を買い付けるのに太政官札三六二三両余り費やし、「間益」は三七六両ほどしか発生しなかったことがわかる。「但官札壹両ニ付平均拾三貫八百文替」とあるように、藩札価格は届出相場の一両につき藩札一二貫五〇〇文替えよりも一〇％ほど下落していたが、当初予定していた一八貫文替えに比べ二三％ほど高い値のため、見込みと違い手当など諸経費が捻出できなかったものと思われる。この願い出を受けて紙幣寮は迅速な対応を取る。

壬申十一月廿七日　　權中属　青山利恭印

頭印　　出仕印　　属印

別紙群馬縣ヨリ申出候舊高崎藩札御買上代金取調候處、高崎藩札ハ厘〔届カ〕相場ト差引七分壹厘余之落低、前橋之方ハ壹割余之落低ニ相當リ、當六月中群馬縣令江御達之趣者届相場ヨリ壹割已上之落低ニ不相當分者買上方見合候積リニ付、高崎藩札之分歩合手當等差引候得者間益少ニ付御買上不相成旨申達、前橋之分者是迠之振合ヲ以検査之上御買上取計候様可仕与奉存候、依之請書案相伺申候、

……〔以下請書案略〕

紙幣寮は、高崎藩札の買上価格が届相場から七・一％ほど、前橋藩札は一〇％ほどしか下落していないことを認め、届相場より一割以上下落していない藩札については大蔵省による買上を見合わせる請書案を作成した。すなわち、前橋藩札は買上を継続し、高崎藩札は「間益」が少ないので買上を停止する旨達したのである。早速、群馬県は紙幣寮の提示した請書案の通りに請書を作成する。

御請

舊高崎前橋両藩札買上之義申出候處、高崎藩札ハ間益壹割以内ニ而最前御達之趣与相違ニ付御買上ニ者不相成書面、御下ケ相成落手いたし候、前橋藩札者申出之通御買上相成間益之貳割買付手當として御渡相成候旨、御達之趣承知仕候也、

壬申十一月廿八日　群馬縣大属川崎弼

「最前御達之趣」は先の請書案を指す。明治五年一一月の時点で、既に見てきたように藩札の相場が上昇してきたため、「間益」がなかなか発生しない場合が出てきた。群馬県が高崎藩札の買上を行った際、「間益」が一割に満たなかったので、紙幣寮は高崎藩札の買上を行わないことを指示、群馬県もその指示を受け入れているのである。ここで注意したいのは、高崎藩札についてのみこの措置が取られ、前橋藩札は「間益」が一定程度見込まれたために、政府は買上を行うということである。買上価格が上昇するということは、そのまま紙幣寮からの代替貨幣下げ渡しの増額を意味したから、適当な額の「間益」＝藩札相場下落を見込んでいた紙幣寮が、藩札回収を先送りにしたものと受け取れる。

だが、「間益」が発生しなかったという理由で大蔵省紙幣寮に買上を拒まれると、群馬県は代替貨幣（新紙幣）を受け取ることができず、さりとて一度買い上げた高崎藩札を市場に還流することもできず、県財政は逼迫する。そのた

め群馬県側も一度は承知したものの、結局は次に見るように紙幣寮に対し再願している。

舊高崎前橋両藩札御買上之儀申進候處、高崎藩札ハ間益壹割以内ニテ最前御内達之趣ト相違ニ付御買上不相成、前橋藩札ハ申出之通御買上ケ相成候趣御達之條承知仕候、就テハ前顕高崎藩札ハ買集人江差戻シ候ハ勿論ノ儀ニ候得共、左候ハヽ一般御引換之運ヒニも立至リ間益等不相立、最前御買上ケ歩合御内達ニハ相振レ候得共、乍聊御益ニも相成候事故、目今買付之相場ヲ以御買上相成候方ニ者有之間敷哉、現ニ四百金余之御不益ニも相成候儀ニ付、今一應御勘考有之度存候也、

明治六年一月八日　　群馬縣参事井上如水印

紙幣頭芳川正顕〔ママ〕殿

ここでは「前顕高崎藩札ハ買集人江差戻シ候ハ勿論ノ儀ニ候」として一度買い上げた藩札を「買集人」（高崎宿の沼賀茂一郎・清水新次郎）に差し戻すことを想定しているが、そうすると「間益」も生じなくなるだろうと予想している。そもそも藩札の売買自体明治五年七月二三日大蔵省達で禁じられているので、政府公認の買上はまだしも、差し戻しは無理な想定で、群馬県の窮状を察するに余りあるものであった。群馬県としては何としても買上を行った藩札に関しては手当をもらわないと財政的に苦しい状態であり、「間益」が一割には満たないものの少しは「間益」が発生しているので、今の相場のまま買い上げてもらえないだろうかと再考を促しているのである。

これに対し明治六年一月一〇日、紙幣寮は、

酉一月十日　　同十二日濟即日群馬縣官江渡ス　　權中属青山利恭印

頭印　　属印

舊高崎藩札買上之儀間益少ニ付買上不相成段及御達候處、乍聊御益ニも相成候事故買付相場ヲ以買上相成候方ニ者有之間敷哉之段承知致し候、右御見込之趣可然ト存候間、此度限リ買上取計候ニ付、最前之上納證書相添藩札

御差出可有之候、此段及回答候也、

明治六年一月十日　紙幣頭芳川顕正

群馬縣参事井上如水殿

と群馬県の窮状を見兼ねたのであろうか、今回に限り買上を取り計らうことを決したのであった。

以上、三井文庫所蔵の「舊藩札買上一件簿」から、藩札買上をめぐる群馬県と大蔵省、特に紙幣寮とのやりとりを見てきたが、まとめると次のようになる。群馬県では明治五年の中頃まで、高崎藩札（金札）と前橋藩札（銭札）の買上を紙幣寮主導の下で行い、買上の諸入費を紙幣寮に求めていた。紙幣寮は、現在の相場（＝群馬県が買い上げた相場）が改正相場（明治五年六月九日に定めた相場）よりも一割以上下落した場合、藩札を買い上げ、その差額（＝「間益」）の二割を群馬県が受け取り、諸入費・手当金に充当することとした。

群馬県での買上政策は一定程度の「間益」を生んだのであるが、この政策を受けて市場で藩札相場が上昇し始めたために、実際の相場が改正相場に近接し、次第に「間益」を生じなくなっていった。そのため大蔵省としては買上政策を行う財政的意義を失い、結局「間益」の少ない買上については行わないことを一度は決する。しかし、「間益」が発生しないという理由で政府が新紙幣払下げを拒んだからといって、群馬県としては市場から引き上げた藩札を市場に再び還流することもできず、「困窮」は解決されない。結局群馬県の再願を経て、紙幣寮は若干の「間益」は生じるとの理由で今回限り藩札を買い上げて新紙幣を払い下げることを認めた。

紙幣寮にとっては「間益」を生む藩札買上が好ましかったが、「間益」の少ない買上を群馬県が既に実行していたために問題が発生した。政府が「間益」二割の他に手当金を付けて買上を行うか、「間益」二割のみで買上を行うか、買上を行わず藩札を市場に還流させるか（もしくは群馬県が退蔵）、という選択肢の中で、両者の利害は大きく揺れ動いていた。群馬県の手当がどうなったかの記述はなく不明であるが、政府に買い上げられないよりは、少ない手当金でも買い上げられた方がよかったであろう。政府としても「間益」が少ない以上、買上を行わないという選択肢もありえたのであるが、両者の妥協として手当金＝「間益」二割での買上が行われたのであった。

第二節　埼玉県における藩札買上政策の展開

(1) 廃藩置県後の藩札融通政策

本節では、埼玉県の忍《おし》藩札回収について検討する。幕末の忍藩は、松平忠敬《ただのり》が一〇万石を治めた譜代の中藩である。忍藩は武州管下で三〇匁札、一五匁札、七匁五分札、三匁七分五厘札、の四種類の銀札を、播州の飛地で五貫五〇〇文札、五〇〇文札、四八文札、の銭札と、三分札、二分札、の銀札を、勢州の飛地で銀一匁札を発行していた[27]。明治四年（一八七一）七月の廃藩置県で忍県が設置され、同年一一月一四日には岩槻県とともに埼玉県となった。行政の統廃合に応じて、忍藩札の回収主体は、忍藩から忍県へ、そして忍県から埼玉県へと変化する。

埼玉県は地租改正前から金納化が著しく進展していた地域であり（表8-4）、貨幣経済の発達は藩札発行との関連性を示唆している。特に明治二年の凶作に際しては、米価上昇に伴って金納志願の動きが活発化し[28]、より一層金納化が進展した。明治政府による貨幣供給が全国に行き渡らなかったことに加え、石代金納の進展が地域の貨幣需要を高めることとなった。

当初、松平家は勢州と播州の飛地のみで藩札を発行していたが、忍へ移封後武州管内でも発行した。その後、一度は藩札流通を取りやめたものの（「民心不折合之廉ヲ以一時廃幣」）、明治維新期頃に再び銀札を用い始めた（「近年臨時差湊、上下疲弊仕候ニ付、廃棄仕置候銀札再藩地ニテモ施行仕候」[29]）。忍藩は明治三年四月一五日に、製造高とそれまでの回収高を表8-5のように報告している。

表8-4　明治5・6・7年埼玉県租税内訳

（単位：円）

租税種類		明治5年	明治6年	明治7年
正租	米正納	46,209	67,262	51,069
	田方石代納	452,866	566,312	780,495
	畑方金納	92,095	92,275	92,738
口米金	米正納	1,320	1,921	4,193
	田方石代納	12,939	16,180	68,441
	畑方金納	2,762	2,768	2,782
小計		608,194	746,721	999,720
雑税		13,553	21,902	80,051
総計		621,747	768,623	1,079,771

出所：『埼玉県史料三』（『埼玉県史料叢書』第3巻、所収）〈埼玉県史料3〉44-47頁より作成.
注：1円未満切捨て.「米正納」は円換算額のみを記載した.

表8-5　忍藩藩札製造高および回収高

（明治3年4月）

額面	枚数（枚）	額	
		銀建て（匁）	金建て（両）
30匁	105,181	3,155,430	52,590.5
15匁	189,322	2,839,830	47,330.5
7匁5分	308,525	2,313,938	38,565.6
3匁7分5厘	589,014	2,208,803	36,813.4
小計	1,192,042	10,518,000	175,300.0
内　引換済		2,704,530	45,075.5

出所：『新編埼玉県史』〈資料編17・近世8領主〉799-801頁.
注：銀建は小数点第1位，金建は小数点第2位四捨五入．忍藩は，金1両につき60匁相場を適用して換算している.

この報告と、明治七年五月に埼玉県が大蔵省へ届け出た表8-6を比較してみたい。明治三年の届出の時と比べて、製造届出高は半減している。また、表8-5の「引換済」額は、表8-6の「旧藩中引換焼捨分」の額を大きく上回っている。それらの理由は判然としないが、藩札製造高の届出はそれに応じた準備金の上納を求められたので、それを減額する狙いがあったのかもしれない。ここでは、忍藩札は金一分相当未満の小額紙幣が中心であったこと、明治七年五月の時点でいまだに製造届出高の約八九%（表8-5の小計に依拠するならば九五%）もの藩札が市場に残存していたことを指摘するにとどめる。藩札回収は廃藩置県前より始まっていたが、(30) 明治七年頃まで本格化しなかったことが判明する。

さて、旧忍県から埼玉県への引継ぎ文書の中に、藩札回収の具体的な動きが確認できる史料が含まれている。次に引用したのは、旧忍県が埼玉県に対して藩札の回収引継を依頼した明治五年一月九日の史料である。(31)

　舊藩紙幣御處分奉願候書付

舊藩勝手向不如意ニ付、従前管内限施行之紙幣公私之融通ニも相成便利ニ寄リ近傍管外迄も廣ク飛行致候處、昨

表8-6　忍藩藩札製造高および回収高再度取調高（明治7年5月）

	枚数（枚）	額		
		銀建て（匁）	金建て（両）	円建て（円）
製造届高	266,798	5,292,682.5	88,211.38	
旧藩中引換焼捨分	38,758	527,362.5	8,789.38	
引換期限迄不差出消滅ノ分	9,100	34,552.5	575.88	
残銀札	218,640	4,730,767.5	78,846.13	53,943.71

出所：『埼玉県史料四』（『埼玉県史料叢書』第4巻、所収）282-87頁.
注：銀建ては小数点第1位，金建て・円建ては小数点第2位四捨五入．埼玉県も金1両につき60匁相場を適用して換算している．残銀札の行方については表8-7参照．

七月廢藩被仰出候ニ付、紙幣之事下民狐疑ヲ生シ、近傍管外ハ素より管内も不通用ニ相成候折柄廢藩被仰出、然ル儀者土地人民分割ニ相成、別而通用差支候、勿論公納ニ者無滞取立候得共、自然縣庁下行田町壱ケ所江輻湊致し、融通之道相塞リ小民苦情甚敷、勿論是迠不足之会計差操ヲ以壱ケ月六度ツヽ、金高弐千両或者千両五百両内外引換来候得共、中々融通ニ不相成日々小民相迫候處、兼而昨秋中御布令之趣も御座候間、民間疑惑なく通用致候様百方説得仕候得共、何分引換之実蹟不相立候故、戸暁家諭すへからす、且又縣庁ニおゐても漸々集リ候札高三萬両ニ《マ》余《マ》ニ及ほし、其餘引換残民間ニ散布致候分共融通相塞、公私之間遣拂方ニ差支、萬一此上急迫之餘リ人気沸騰致候様之儀醸出候而者不相済候間、右藩札両様差湊候分共請拂度、就而者兼而御布令御座候得共今以御處分之道不相立候處、前顕差懸り候儀ニ付至急御配慮被成下候様仕度、此段奉願候、以上

壬申正月　　元忍縣少参事　山田政道㊞／元忍縣権大参事　山田俊美㊞

埼玉縣御中

忍藩は財政困窮の中で、藩札を藩内限りではなく藩外でも通用させていたが、明治四年七月の廃藩置県に伴い人々は藩札に対する信用を失い、藩内でさえ不通用になっていたという。廃藩置県は旧行政域と新行政域の齟齬を生じさせ、「管内限施行之紙幣」が新行政域にうまく対応することができなかったのである。一方、藩札の公納は認めていたため、自然と藩札は市中（「行田町」）に集中することとなった。忍県は藩札の引換を推し進めてきたが、その効は上がらず、市中の融通は改善されなかった。

さらに、県庁に集まってきた藩札の額は三万両余りに及んでいたが、（いまだ政府か

ら代価の払下げがないので）支出に差し支えが生じ、万一窮迫のあまり騒擾が起こっても困るので、「両様」すなわち会計を差し繰りして引き換えた分と主に公納によって集めた分について、埼玉県に対しそれらの引き取りとそれに代わる貨幣の払下げを要求している。

この要求は埼玉県を通じて大蔵省に達せられたが、五月二七日に大蔵省は「各縣一般之御處置」を出す予定であることを理由に却下している。[32] ここで大蔵省が述べる「各縣一般之御處置」とは明治五年六月九日に提示されることになる「価格比較表」と、それに基づく藩札回収政策のことであろう。

これは聞き届けられなかったが、代わりに埼玉県の石代金納の内二万両の猶予が認められた。[33] この時期、大蔵省は藩札相場が下落しているからといってすべての藩札を回収するという決断は下さず、「価格比較表」が完成するまで藩札引換を先送りにした。

この二万両の返済期限が差し迫った際には、埼玉県は大蔵省に「元忍縣内藩札融通之為買入方勘定書」を添付した上申書を提出している。[34] 別の会計から二万両をやり繰りして上納する（「貢納口江引戻し」）ことを述べた上で、藩札引換については、買い入れた藩札を「七月一四日相場」に換算した額（六〇三〇両）と実際の買入に要した費用（四二〇〇両＋手数料）の差分（＝「相場間際」）である一七四六両を上納するとしている。忍藩札に対する信用は低く、不融通であったことが知られるが、藩札を安く大量に買い上げると、人々は窮迫し騒擾が勃発（「急迫之餘リ人気《じんき》沸騰」）するのではないかと危惧していた。人々が窮迫すると考えられたのは、①貨幣価値を切り下げるリスクが藩札保有者に転化されること、②藩札回収により小額貨幣が不足すること、の二点が理由であろう。

諸府県にとっては、廃藩置県時の公定相場（「七月一四日相場」）が租税上納価格として担保されている以上、民間の相場下落とは関係なく藩札の価値は維持される。また政府にとっても、藩札を「七月一四日相場」に従い追々新紙幣・新貨幣と引き換えるという条件の下、[35] 発行主体の旧藩から藩札準備金（正貨）を回収することによって財政補塡に充てられるという旨味があった。

さらに、「元忍藩紙幣引換諸上納札其外取調帳埼玉縣ヨリ大蔵省ヘ上申」には後掲表8-7のような内訳の記載がある。これによると、先ほどの「相場間際」金は（おそらく紙幣寮を経由し）大蔵省出納寮に納められていた。「大蔵省ヘ御買上之分」は一万一五〇九枚・三〇二八円九一銭確認できるが、藩札回収という意味合いでは明治五年・六年度の租税寮への納金の方がはるかに大きかった。

明治五年二月一三日には、旧管下地が二県に分かれた場合でも、双方の地で藩札公納を認める達が大蔵省から埼玉県に出され[36]、藩札の価値下落防止の措置が取られた。だがこれは、前述した県庁および行田市中への藩札集中を促進させるだけで、他の地域での藩札流通にはつながらなかった。

明治五年三月から四月にかけては、より直接的に藩札を融通させるために藩札を買い入れている。「元忍縣旧藩札融通之為買入方勘定書」は明治五年三月から四月にかけて埼玉県が行った藩札買入の差引であり、「右者元忍縣旧藩札融通之為買入高之内、定相場を以元入消却之上相場間際有余之分書面之通有之候也」として一七四六両を計上している[37]。

一　金弐千両　　三月朔日買入

此藩札三千五百六拾両

但、金百両ニ付藩札百七拾八両替

……

合金四千弐百両　　元金高

此藩札七千五百三拾七両弐分　　買入高

此正金六千三拾両　但、辛未七月十四日相場金壱両ニ付藩札銀七拾五匁替

右之内
金四千弐百両　元金引分
金八拾四両　買入方用達之者へ手数料相渡
是ハ藩札買入方是改方悉手数相拂候付、元金高之弐分通差遣候分別紙受取證書有之
差引残金千七百四拾六両　有余

とあるから、「相場間際有余」すなわち藩札の価格が下落していく中での相場の価格差を利用して利鞘を得る結果となったのである。この藩札買入を可能にしたのは、旧藩札を明治四年七月一四日相場価格で藩内通用させるとした明治四年一二月二〇日布告が有効で[38]、その相場において各府県は租税寮に対し租税上納も行っていたためである[39]。また公定相場と民間市中相場の相違は、政府の法的強制力が及ばなかったものとも評価できるが、群馬県の事例で見たように、埼玉県が意図的に相場下落の時期を狙って買入を行ったためでもあった。

「藩札買入」ではない形で県庁に集まってきた三万両については、押印されて市中へ還流したと推測される。藩札買入額はごく僅かであり、この時点では忍藩・大蔵省ともに藩札の全面的な回収ではなく、藩札流通促進（「藩札融通之為買入」）を期待していた側面が強かったと言える。

明治五年六月九日には、藩札と新貨の交換比率に関する大蔵省達が出され、添付された「価格比較表算則解」に基づき引換を行うよう達せられた[40]。これは明治四年「七月一四日相場」に代わる新しい価格体系であった。前節で繰り返し述べた改正相場とはこのときの相場である。

明治五年六月二五日の大蔵省達では、地域行政の会計・物産部局（「會計物産方」）あるいは領内人民に藩札を貸し付けた分に関して、戻入返納期限の記載がないものが多く不都合であるから、「新置県」がしっかりと取調べを行い、上記の価格比較表に従って金額を査定し直すように、と述べられている[41]。後述するように忍県にも物産局が設置され、

「国産会所」方式による藩際交易が行われており、物産会所もしくは領内人民に対する杜撰な貸付を是正する上で、「元忍県」ではなく「埼玉県」に藩札回収の主体は移っていく。

明治五年九月二四日の大蔵省達では、藩札の流通が複数県にまたがった場合、各種相場が異なり錯雑なので、新置管轄内に限り従前の区別にかかわらず藩札の交互通用が許可された。[42]これは明治五年二月一三日の大蔵省達に見られたように、旧行政域と新行政域の齟齬から来る問題であり、藩札の流通促進を企図するものであった。

そのような中、全国的に商人による藩札買集という事態が生じてくる。藩札不融通・相場下落の際、官省札（「正金札」）で藩札を買い集める者が出現し、不埒であるとして、藩札の通用を各県に促したのが、明治五年七月二二日の大蔵省達である。[43]公納の際の藩札価格（新円換算）は、「価格比較表」に定められた通りであったから、市場での藩札相場が下落すれば、それだけ差益を得ることができたのである。

明治六年中に藩札回収は一気に進展するのであるが、明治六年三月二八日大蔵省布達により、租税等で公納の藩札は紙幣寮官員派出の上焼却、官員請取証書を大蔵省本省に提出することとなっていた。埼玉県では上納が済んでおらず、明治七年三月九日に大蔵省から至急納めるようにとの指令がくる。[44]

明治七年五月に埼玉県出納課が大蔵省に提出した「元忍藩紙幣御引換諸上納其外取調帳」によれば、[45]元忍藩紙幣製造届高は銀札五二九二貫余り、うち旧藩中引換焼捨の分と引換期限まで差し出さずに消滅した分を除く四七三〇貫余り（新貨換算で五万三九四三円余り）の引換が完了したと言う（表8-7）。この引換には、「五銭以下壱厘以上押印済通用之分」も含まれ、押印藩札の回収が済んだことを意味しないが、上記の紙幣寮官員派出・焼却以外に、主に藩札は明治四年・五年分の租税金として租税寮に納めるという形で大蔵省と各府県間の引換が達成された。

なお、八〇七〇枚（新貨換算で三四七円一銭）あったとされる小額の押印藩札[46]についても、明治七年七月二五日に埼玉県は大蔵省への公納を希望する伺いを提出し、同年八月五日には「伺之通可取計事」とされているので、[47]明治七年

表8-7　埼玉県による忍藩札消却方法

	枚　数	額　面
製造総高銀札	266,498	5,292貫682匁5分
旧藩中引換焼捨候分	38,758	527貫362匁5分
御引換期限迄不差出消滅之分	9,000	34貫552匁5分
差引	218,640	4,730貫777匁5分（新貨53,943円70銭5厘）
		※以下新貨換算
壬申年租税金東京租税寮納	54,722	13,998円11銭
辛未年租税金東京租税寮納	26,476	9,051円97銭
辛未年蠶種紙税租税寮納	130	43円86銭
辛未租税之内元入間縣へ引渡候分	69,431	13,709円75銭
庚午年川々國役金土木寮納	2,545	869円87銭
辛未年分夫食種籾金外貸付返納出納寮へ可相納分	8,381	2,866円30銭
辛未年外債消却として旧縣より出納寮納	10,625	3,462円75銭
壬申年藩札流通之内買入間隙金出納寮納	8,730	1,492円83銭
見本札上納	12	1円92銭
五銭以下壱厘以上押印済通用之分	8,070	347円01銭
大蔵省へ御買上之分	11,509	3,028円91銭
五銭已上御引換相成縣地於テ派出官員へ引渡焼捨候分	18,009	5,070円39銭
残札	0	0

出所：「元忍藩紙幣引換諸上納札其外取調帳埼玉縣ヨリ大蔵省ヘ上申」（『国費部・雑款』明1602-103）より作成.
注：銭未満切捨て.

八月以降、租税寮に納めるという形で大蔵省と埼玉県間の引換は進展していくこととなる。

このように、藩札買上政策は藩札回収というよりも、公定相場と市中相場との差益獲得や藩札流通促進に力点が置かれており、それは地域市場における藩札需要を再び喚起するものであった。

(2)　藩札回収と忍藩物産局

忍藩札の引き受け主体であり、忍藩札ならびに準備金を運用したのは、忍藩物産局（忍県物産局）である。物産局の貸付金を返済しない者も多く、藩札回収が遅滞したため、大蔵省は借用証書の取調べを行うよう埼玉県に指令した。この物産局への取調べ一件を通じて、忍藩物産局の活動を見てみたい。

埼玉県が忍藩札の貸付に関して取り調べたところ、忍藩物産局からの借用証書には無利息三〇〇ケ年から有利息二〇ケ年まで多様な貸付が存在していた(48)。それに関する説明を旧忍県官員から聞き出し、大蔵省に答申したのが次の史料である(49)。

……〔借用人名・金額書き上げ略、計一万五〇〇二円七九銭三厘二毛〕

……借用人共儀、追々歎出候者銘々借用金之儀旧忍縣物産局於テ致借用候處、他之管下不通用之藩札故官札ト交換、生糸蠶種紙買入横濱表江出荷致シ、同局横濱出張所於テ外國人江追々賣込候處、不幸ニシテ午未両年〔明治三・四年〕共蠶種紙之價格外之下落皆損同様之仕合、藩札官札交換間損ヲ始トシテ銘々有金迠モ失ヒ、不注意トハ乍申今日生産ヲ全スルヲ得ス、既ニ借用人之内ニハ逃亡致シ加判之者引請居候者モ有之、返納差支之趣ヲ以前書三百ヶ年賦納之者迠年賦一倍ニ相願度願出候間、右者素々藩札ト承知致借用、銘々欲スル所之商法ニ係リ損金有之候迚、返納差支候トノ苦情歎願之趣者難聞届置旨懇々申諭、年賦之通返納可致旨為申聞願書下ケ置、旧官員呼寄右貸附起立年限且取扱方相尋候處、起立ハ明治元戊辰年中藩札為消却利倍之積貸付候処、同年及未年共借用人共儀買入候蠶種紙價格外下落皆損同様之者モ有之返納差支種々之致歎願、利倍貸附之名義ニハ悖リ候得共無余儀別紙證文之通年賦等モ終ニ聞届候儀之旨申聞候、右者年賦通強テ取立候ハヽ、可及退轉者モ可有之、旁前顕之通年賦ヲ割替候ハヽ、無滞取立方可相成ト参考致シ候間、割替之通御許可有之度、依之演説書仕譯書弐冊借用證書本紙弐拾弐通相副此段相伺候也、

明治七年九月十四日　　埼玉縣権令白根多助代理／埼玉縣權参事岸良俊介㊞

大蔵卿大隈重信殿

借用人は、忍藩札を忍県物産局から借り入れたが、他の地域では不通用のため太政官札〔「官札」〕と引き換えた上で生糸・蚕種紙を買い入れ、横浜表に出荷、忍県物産局横浜出張所〔「行田屋小兵衛店」〕を通して外商に売り込んでいた。だが、明治三・四年の蚕種紙価格の暴落により「皆損同様」の被害を蒙り〔第五章参照〕、既に借用人の中には逃亡して保証人が借金を引き受けている事例すらあった。これらの場合、年賦通りに取り立てを強行するとさらなる退転者も出てくる恐れがあるので、年賦の変更許可を大蔵省に伺っているのである。借用人である蚕種買取商は、必ずしも

旧忍藩領内でのみ買付を行うわけではなく、他領でも買付を行い、その場合は忍藩札よりも地域間決済通貨の太政官札に利便性があったことがうかがえる。

大蔵省はこれに対し明治八年三月三日の回答で、「尤方則ニ抵牾不都合ニ者候得共、事情無餘義相聞候」として、年賦を変更した上で取り立てを緩和するという方針自体は認めている。

忍藩物産局の具体的な活動が知られる史料は見当たらないものの、忍藩物産局の支店である行田屋小兵衛の活動の一端が知られる史料が次のものである。(50)

奉願候書付

埼玉縣管下第十四区／武蔵國埼玉郡行田町／商／　久保田傳七／大沢半七

熊谷縣管下／上野國緑野郡藤岡町／商／　池田卯平

東京府管下第一大区七小区／因幡町八番地／商／　黒川正兵衛

同八番同居／　福島併三郎

同府縣下同大区十六小区／灵（霊）岸島濱町六番地／久保田徳次郎

右之者義、去辛未年中旧忍藩物産局ゟ拝借金之義、先般返納被御申渡候得共、一体右拝借金之義者同局ヨリ横濱本町弐丁目江行田屋小兵衛与申名義ニテ支店取開候節、私共六名とも素々基立人与相成、夫々他借等迠も致シ銘々出金之上商法漸次盛大ニ及、然ルニ其頃上州岩鼻河岸之儀者生糸蚕種等取扱候ニハ至極便利宜敷土地ニて、既ニ通商司御取設ニ相成候風説も有之候程之義ニ付、又々右基起人とも奮発致銘々自己之商業も打捨行田屋家名為相輝度忠念ニテ、右物産局ハ本局之事故同局ヨリ藩札を以借受彼地へ同名前ニ而家作ニ及支々店取設開業致居候共、無程廃藩之御沙汰ニ相成万端散々之成行、依而無拠私共之負債と相成同局へ則金弐千八百九十円之証書差入候義ニ御座候得共、一体其義者廃藩ニも不相成速ニ同局支店行田屋家名立行候時ハ詰リ藩ヨリ御出金ニ可相成品ニ御座候、乍去今更過去之情実申上候而も無詮ニハ御座候得共、夫ガ兎角一同之者大疲弊ニ及、方今八年来之住所ニも相離れ難渋致生活ニも差支候者過半ニ御座候間、昨明治七年御呼出之節以書付事情申上無利足五十ヶ年賦奉願上候共、今般御呼出之上右ハ三十ヶ年賦御聞届相成候趣ヲ以御受書可差上旨被御申渡難有奉存候得共、前顕奉申上候通一同之もの其後商法向引続手違而已ニて実以大疲弊ニ及、何分三拾ヶ年賦ニ而ハ御返納之方法相立不申、依テ親戚之者迠打寄せ種々相談仕候得共、身ニ餘リ候大金之義ニ付何分仕法相立兼候間、更ニ無利足四十ヶ年賦ニ上納御聞済之程奉歎願候、……

明治八年四月五日　右黒川正兵衛／福島併三郎／久保田徳次郎／右三名代印

久保田傳六㊞

大沢半七㊞

池田卯平㊞

埼玉縣権令白根多助殿

忍藩物産局が横浜に行田屋小兵衛という名義で支店を開いた際、久保田傳六ら埼玉県・熊谷県・東京府の商人六名がその起立人として加わっていた[51]。忍藩の近辺では岩鼻の川岸が生糸・蚕種の産地として有名であり、行田屋が上州岩鼻における生糸・蚕種の買取と横浜表での売込を目的に設置されたことがうかがえる。行田屋は明治四年に忍藩物産局から藩札を借り受け、岩鼻に支店を設置していた（物産局にとっては「支々店」）。その後、ほどなくして廃藩置県の沙汰になり、また蚕種価格暴落の影響もあったのだろう、行田屋の借金を久保田らが引継ぎ、物産局へ二八九〇円の証書を差し出すこととなった。その返納にあたっては、明治七年に無利息五〇ヶ年賦の願い入れをしたものの、明治八年三月三日に三〇ヶ年賦での聞き届けとなり、改めて四〇ヶ年での年賦返済を再願しているのである。明治八年一二月二〇日、この四〇ヶ年賦は大蔵省に聞き入れられるところとなる[52]。

ただし、こうした再願が全て聞き入れられたわけではなく、同じく物産局の貸付証文取調べに名前の見える根岸弥七については[53]、当人が死去後、保証人となった後家うい̇し̇が幼少の子供を抱え難渋したため、一年に七円ずつの上納を頼み入れるが、それでは「三百拾余ヶ年賦ニ相當」するため大蔵省は「永年賦ニ相當際限モ無之」として聞き届けなかった[54]。

行田屋小兵衛は原善三郎・茂木惣兵衛らとともに明治六年五月の横浜生糸改会社の設立に参画しており[55]、取引額は不明なものの明治六年の時点では活発な活動を行っていたことが推測される。

これら城下町商人が忍藩札と太政官札を用いて領内外の生糸・蚕種を買い取り、積極的に横浜に移出していたことがうかがえるが、蚕種価格の暴落により大きな損失を負ったことも同時に判明する。

小　括

群馬の事例では、未発行藩札の意図せざる流出を取り上げた。この事態は、①廃藩置県以後も藩札の流通が地域市場に根強く残っていることを証明するとともに、②日常的に藩札が全く流通しない地域にあっても、旧藩領域と取引を行う隔地商人は藩札を受領していたことを示している。

確かに、廃藩置県と同日に「七月一四日相場」が設定されたことは、藩札回収と領有制解体が一体の改革であることを意味している。しかしながら、法共同体の強制力ではなく市場の需要により貨幣が流通し始めることもある。藩札回収が進捗することによって貨幣供給は逼迫したため、新貨幣（銅貨）が流通し始める明治七年頃まで、小額貨幣への需要がやむことはなかった。

そして、地域通貨としての藩札を使用することにより、地域特産物の買い上げは円滑に進んだであろう。流通したとはいうものの地域内市場では使い勝手の悪い高額紙幣の太政官札との交換が行われることによって、地域市場は藩札を手に入れ、隔地商人は自らが必要とする地域間決済通貨を手にすることができた。

また、明治五・六年の藩札買上の政策意図は、明治五年改正相場に基づく査定価格と市中相場に基づく購入費用(実際の買上価格)との差益を獲得することにあった点も確認した。その際、大蔵省が新県から藩札買上を行うかどうかの判断基準は、藩札の市中相場が改正相場より一割以上下落しているかどうかにあった。結果として、新県が藩札買上を開始すると、地域の小額貨幣不足とあいまって藩札価格の上昇を招き、差益獲得の機会を減少させることにつながった。

埼玉の事例では、より直接的に藩札融通政策として藩札買上がなされたことがうかがえる。明治四年七月一四日の公定相場、およびそれに基づいて新貨との換算を示した「価格比較表」が租税上納価格として担保されていたにもかかわらず、市中相場は下落していた。そのため、新県は藩札を部分的に買い上げることで、藩札融通と差益獲得を狙ったのである。政府も旧藩から藩札準備金を回収し、新県からは差益(「間際金」)の残りを獲得できるという旨味があった。群馬・埼玉両県の事例を見る限り、差益の多くは大蔵省に帰するところとなった。

そして、藩札の流通は藩レヴェルでの「国産会所」方式の有用性を意味する。地域内において地域通貨による特産品の集荷が可能であれば、国内他地域から地域間決済通貨を得ることができる。実際に「国産会所」と結びつくか否かは別として、藩札による特産物集荷と官省札の蓄積は可能であった。ただし、忍藩物産局の個別的事例で言えば、蚕種輸出の不振が産地での買取商的活動の余地を決定的に狭めるようになる。第五章で見た上田の事例と同様に、蚕種不況が地域の経済発展を大きく制約したと考えられる。それは、忍藩物産局の債権回収を困難なものとし、同時に藩札回収を停滞させた。

明治七年以後になると、政府は押印藩札も含めて新貨との交換を本格的に推し進め、徐々に地域通貨は消失していく。それは、「国産会所」方式の存立基盤が崩されたことを意味するとともに、地域通貨を用いない地域経済へと再編を促すものであった。明治七・八年の藩札回収の進展によって近代的統一貨幣体系が成立したと言えるが、その体系に適合的な実体経済の中心的システムは、もはや「国産会所」方式ではなかったのである。

（1）堀江保蔵「両と円との関係に就いて――明治八期間決算の円価計算」（『経済論叢』〈京大〉第二八巻第六号、一九二九年六月）、同「明治四年の幣制改革」（本庄栄治郎『明治維新経済史研究』改造社、一九三〇年）。

（2）長野暹『明治国家初期財政政策と地域社会』（九州大学出版会、一九九二年）一九二、二五〇、二五七―二五八頁。

（3）山本有造『両から円へ』（ミネルヴァ書房、一九九四年）二七六、三一七頁。

（4）前掲長野『明治国家初期財政政策と地域社会』二四一頁。

（5）明治五年二月一三日大蔵省布達。「価格比較表」に表記がない藩札（＝明治四年七月一四日時の相場が不明）、たとえば厳原藩（対馬藩）田代札や同藩浜崎札などは、発行管内限りでの上納を認めるという措置が取られている。佐賀、唐津、小城の藩札は佐賀県全域で上納が認められたが、田代札・浜崎札は旧佐賀藩、小城藩領域内では公納金として使用できなかった。ただし、のちに公定比価が定まり、公納金としての使用が認められている（前掲長野『明治国家初期財政政策と地域社会』二〇一―二〇四頁）。

（6）山口和雄「明治初年の藩札調査」（『三井文庫論叢』第二五号、一九九一年一二月）。ここで山口氏が依拠している史料「旧藩札流通額概数表」については茂木陽一氏によって「明治初年の藩札発行・流通状況を知るために従来利用されてきた「概数表」は、その資料的性格が確定できないことから、考察の基準数値にすべきではない」との批判がなされているが、これらの藩が藩札を発行していたことについては異論の余地がないと思われる（茂木陽一「明治初年における藩札発行高の全国数値について」『三重法経』第一二一号、二〇〇三年三月、二六頁）。「概数表」は、内閣記録局編『法規分類大全』政体門九（原書房による復刻版を利用、一九七五年）八五―九六頁、明治財政史編纂会編『明治財政史』第一一巻（吉川弘文館、一九七二年）二七三―二八五頁、大蔵省紙幣寮編『明治貨政考要』（大内兵衛・土屋喬雄編『明治前期財政経済史料集成』第一三巻、改造社、一九三四年、所収）二四―三七頁、などに所収。

(7)　たとえば「旧岩鼻県製造札包過不及ノ儀上申書」(『群馬県史』〈資料編一七・近代現代一〉五九六頁)。

(8)　「旧高崎藩札吉田安兵衛ヱ相掛候一件申出候書付」(『群馬県史』〈資料編一七・近代現代一〉一五九―一六〇頁)。なお、この一件に関する東京府と正院の往復が、「華族大河内従五位元高崎藩知事奉職中楮幣製造ノ儀ニ付待罪伺」(『公文録』明治八年・第二三七巻・明治八年四月・司法省伺（二・布達))である。

(9)　「旧高崎藩札ノ儀ニ付伺」(『群馬県史』〈資料編一七・近代現代一〉一九六―二〇二頁)。

(10)　同前。

(11)　高崎県は明治四年七月一四日に設置、同年一〇月二八日に廃止されているので、このときは既に群馬県。残務処理のため名称を継続して利用していたものと考えられる。

(12)　前掲「旧高崎藩札ノ儀ニ付伺」。

(13)　同前。

(14)　同前。

(15)　「今内地ノ景況ヲ観ルニ旧諸藩ノ楮弊熟レモ低価ノモノニシテ貧民之ヲ以テ便利致シ居候ニ付テハ、追テハ銅貨ヲ以御交換有之候ヨリ致方有之間敷」という趣旨で新貨幣の銅貨が発行された(「明治六年五月二八日大蔵省伺」『法規分類大全』第一編・政体門・制度雑款三・貨幣紙幣附・貨幣一、一六八頁)。銅貨の発行は藩札と正貨との交換を認めるものであった。新貨幣の流通は、内閣統計局編・中村隆英監修『日本帝国統計年鑑一』(東洋書林、一九九九年)五九一―五九二頁、参照。

(16)　「旧高崎藩製造紙幣吉田安兵衛引合一件ニ付窺書」(『群馬県史』〈資料編一七・近代現代一〉二四二―二四五頁)。

(17)　「舊藩札買上一件簿」(三井文庫所蔵史料、W一―四七)。なおこの史料は旧大蔵省文庫所蔵の文書を三井文庫が筆写したもので、関東大震災の際に原本は焼失している。史料には朱字が混在しているが、繁雑さを避けるため、注記は省略した。

(18)　前橋藩札は一〇〇文、二〇〇文、二五〇文、五〇〇文が会計局から発行されたことが確認できる(東京大学経済学図書館古貨幣・古札画像データベース)。

(19)　後述するが、これは一〇〇両で高崎藩札一八〇両を購入し、諸経費を勘案して、一七〇両相当の藩札と見做すという意味である。

(20)　前掲「舊藩札買上一件簿」。写されたカガミから判断するに、明治五年七月二九日藤沢直侯の起案、同月晦日付で本省(大蔵省)の決済を得ているので、実際に群馬県にこの指令は出されたものである。藤沢は紙幣(寮)中属(『職員録・明治

五年五月・官員全書改（大蔵省）』国立公文書館所蔵）。

(21)「価格比較表算則巨細ノ儀ハ猶別紙相達候趣ヲ以テ改正相場ヲ仕出舊藩札通用ノ地エ布告可致事」とされた（大蔵省紙幣寮編『貨政考要法令編』（大内兵衛・土屋喬雄編『明治前期財政経済史料集成』第一四巻、改造社、一九三四年、所収）二〇四—二〇五頁）。

(22)沼賀茂一郎は、のちの明治一四年五月には、前橋の五大生糸商（下村善太郎・竹内勝蔵・勝山宗三郎・市村良平・江原芳平）らとともに発起人の一人として「生糸売込方申合の主意」書を発表している。この主意書は、取引慣行に関わる外商の専横を嘆き、従来の商館引込取引を廃止して、売込商の店頭における外商取引の実施を要求したものである。連合生糸荷預所の下部機構をなす生糸荷造所の設立に関わった地方荷主とされる（海野福寿『明治の貿易』塙書房、一九六七年）。

(23)前掲「舊藩札買上一件簿」綴中の「舊藩札買上方御内達相成居候向江猶御内達案相伺申候」。

(24)前掲『貨政考要法令編』二〇七頁。

(25)高崎藩金札三三九五両の正金換算＝二四二五両（「再度群馬縣ニ而買上差出候分」）、高崎藩金札三三七二両二分の新貨換算＝二四〇六円五五銭六厘（「真贋検査濟清算之分」）であり、両者を比較した上でも一円＝一両と換算していたと考えて差し支えない。

(26)紙幣寮ではなく租税寮であれば、公納という形で改正相場通りに藩札を受領したはずであるが、ここでは紙幣寮との交渉に終止している。その事情は不明だが、租税収納期まで藩札を保蔵しておくだけの財政的余裕がなかったとここでは推測する。

(27)「旧忍藩札各種別ニ付大蔵省上申」（埼玉県立文書館所蔵行政文書、明一六〇二『国費部・雑款』三七）。以下、「明」の後に数字が続く史料は、埼玉県立文書館所蔵行政文書。

(28)「浦和県申牒布令類編」（『埼玉県史料五』（『埼玉県史料叢書』第五巻、所収）三八〇—三八二頁。

(29)「自明治二年六月至同四年十一月忍藩県治（抄）」『新編埼玉県史』〈資料編一七・近世八領主〉七九九—八〇一頁。

(30)「忍藩楮幣交換延期ヲ許サス」（『太政類典草稿』第一編、慶応三年—明治四年、第一九九巻、理財、国債及紙幣三、雑）明治三年一一月。

(31)「元忍縣藩札處分ノ義ニ付上申ニ對スル大蔵省指令」明一六〇二—一〇。

(32)同上。

(33) 同上。
(34) 「元忍県旧藩札融通備金上納ノ件埼玉県ヨリ大蔵省ヘ上申」明一六〇二―二三。
(35) 明治四年一一月八日大蔵省達「藩札引換ニ係ル調書差出方並價格定メ方等督促」(前掲『貨政考要法令編』一九八頁)。
(36) 「旧藩管轄地新県甲乙二県ニ引分ル旧藩札交通及処分方ニ付大蔵省達」明一六〇二―一六。
(37) 埼玉県立文書館所蔵行政文書・明一六〇二『国費部・雑款』二三。
(38) 「旧藩銭札ヲ当分銅貨ノ価位ニ比較シ七月十四日ノ価格ヲ以テ該旧藩内限通用」(前掲『貨政考要法令編』一九九頁)。
(39) 「旧藩札ヲ以テ租税等ニ於テノ送納方及其雛形」(同前二〇三頁)。
(40) 「旧藩新貨比較引替取扱方ニ付大蔵省達」明一六〇二―二四。
(41) 「旧藩札ノ内貸付或ハ繰替貸等ノ分精細取調引揚ノ処分方」(前掲『貨政考要法令編』二〇六頁)。
(42) 「新県ニテ旧藩札取扱方ニ付大蔵省達」明一六〇二―三九。
(43) 「旧藩札通用取締方ニ付太政官達」明一六〇二―一。
(44) 「租税其外諸公債旧藩県旗下製造紙幣上納方大蔵省ヨリ埼玉県ヘ指令」明一六〇二―九二。
(45) 「元忍藩紙幣引換諸上納札其外取調帳埼玉縣ヨリ大蔵省ヘ上申」明一六〇二―一〇三。
(46) 「旧忍藩札五厘以下一厘以上押印済取調帳大蔵省ヘ進達」明一六〇二―一一六。
(47) 「旧忍藩札押印再発ノ分取計方埼玉県伺ニ付大蔵省指令」明一六〇二―一一七。
(48) ただし、「凡舊諸藩ヨリ貸出シタル一切之貸付金穀ハ向後都テ無利息ト定メ各其種類ニ因リ年賦ヲ以テ可取立事」と定めた明治六年三月三日太政官第八一号布告の通りであれば、これらの貸付金はすべて無利息の扱いとされたはずである(『法令全書』明治六年、六七―七〇頁)。
(49) 「舊忍縣藩札交換準備貸付金取立方ノ件埼玉県伺ニ付大蔵省指令」明一六〇三『国費部・国庫雑部(貸下金)』三九。
(50) 「埼玉県行田町久保田伝六外旧忍藩準備貸付金返納ノ件埼玉県伺ニ付大蔵省指令」明一六〇三―五六。
(51) 久保田らは前掲「舊忍縣藩札交換準備貸付金取立方ノ件埼玉県伺ニ付大蔵省指令」の借用人に名前が見える。
(52) 前掲「埼玉県行田町久保田伝六外旧忍藩準備貸付金返納ノ件埼玉県伺ニ付大蔵省指令」。
(53) 前掲「舊忍縣藩札交換準備貸付金取立方ノ件埼玉県伺ニ付大蔵省指令」。
(54) 「秩父郡下田野村根岸うし旧忍藩準備貸下金返納年延願件熊谷県上申ニ付大蔵省指令」明一六〇三―五九。

（55）『横浜市史』第三巻上、九三頁。

終章　貨幣体系の変容に応じた実体経済の再編

各章毎に要点をまとめたが、改めて序章で示した課題に沿って確認することとし、本書の結論としたい。

貨幣体系の構造的変容

一つ目の課題は、「万延二分金」本位制の動揺によって生まれた、幕末とは異なる維新期特有の貨幣体系について。本書では、維新期における三つの現象を軸に貨幣体系を検討した。その現象とは、①正金から太政官札への機能移行、②銀目廃止に基づく銀目手形の書き換え、③藩札の残存ないし新規発行、である。

維新期は、旧幕府鋳貨増鋳と官省札（太政官札・民部省札）の発行によって、飛躍的に貨幣供給量が増加した時期であった。幕末には、三都以外にも地域市場が成立し(1)、全国レヴェルでの商品流通量が増大したため(2)、貨幣供給量の増加は市場における貨幣需要の高まりに照応したものとなった。しかしながら、これは必ずしもすべての人々の貨幣需要が満たされたことを意味しない。貨幣経済の浸透は、貨幣需要の中でも、特に小額貨幣に対する需要を喚起したが、明治維新政府の発行した貨幣ではこれに応えることができなかったのである。さらに、会計基立金の募債や金札正金引換政策の影響もあって、正金は都市部に吸い上げられ(3)、代わりに太政官札が地方に散布される傾向にあったから、とりわけ三都以外では小額貨幣不足に悩まされた。維新期には、高額紙幣の太政官札を死蔵させず、小額貨幣需要にいかに対応するかが地方的課題となった。本書は、太政官札が帯びることとなった地域間決済通貨としての機能と兌換準備貨幣としての機能に注目し、地域が太政官札を用いてどのように対応したかを明らかにした。

太政官札は、中央政権が発行した日本史上初の全国紙幣であり、高額であるが故に、日用取引には向かなかった。反面、地域間決済通貨という貨幣特性を有し、隔地間取引を行う商人に用いられた。商人にとって、高額で、持ち運びに便利な、全国で通用することを政府が保証した紙幣を利用することは、高い期待収益に基づく行為であった。これは、正金が担っていた地域間決済通貨としての機能が太政官札によって代位されたことを示している。

さらに、太政官札は兌換準備貨幣としての役割も果たした。日田県の発行した日田三郡札、上田藩の発行した上田藩札、名古屋藩商法懸り・商法会所が発行した金札小切手、そして林田藩が発行した金札預り切手、これらはすべて官省札を兌換準備貨幣とする地域通貨である。福山藩札も同様の紙幣であったことが指摘されている[4]。太政官札を死蔵させずに小額貨幣需要に対応する措置として全国的に見られた地域通貨発行の様態であり、幕府鋳貨が近世期に担っていた地域通貨の兌換準備貨幣としての機能をも、太政官札が代位したことを意味する。

明治二年になると、贋金が横行して正金の信用危機が発生し、万延二分金の国内的基軸性は動揺した。正金に対する人々の不信は、太政官札の流通をますます推し進めたと考えられる。

こうして、太政官札発行とその流通により旧幕府鋳貨から新政府貨幣への移行が準備された。とはいえ、国際的基軸性はいまだ正金と洋銀が担っていた。その意味で太政官札は幕府鋳貨の全ての機能を代位したとは言えず、対外的には「万延二分金」本位制が幕末から松方財政期まで継続した。他方で、対内的には「万延二分金」本位制が動揺し、官省札に諸貨幣が関連付けられる維新期の新しい貨幣体系が出現して近代的統一貨幣制度を準備した[5]。

銀目廃止に関しては、高知藩との交渉によって銀建て証文の書き換えに妥協点を見出した銭屋佐兵衛家の事例をあげた。銀相場が幕末から維新期にかけて大幅に下落する中で銀目廃止が決行されたため、貨幣（および手形・証文）保有者は銀安の状態で銀建て貨幣を代替貨幣に切り替える必要に迫られた。これは保有している貨幣の実質的価値が切り下げられる危険性を帯びていた。そうした状況でも、大坂両替商は発行元と交渉を繰り返すことで価格を銀高に設定し、収益の最大化に努めた。銀目廃止の影響を最小限に抑えることができたのは、大坂両替商が貨幣発行主体との間に交渉のルートを持ち、かつ交渉の余地が存在したためである。このことは交渉のルートがない領民に相場差損が転嫁された事実と整合的である。代替貨幣として太政官札が流通したことで、銀建て貨幣から代替貨幣への切り替えは円滑に進行した。

藩札の流通は、地域の経済活動をどのように貨幣が媒介したかを理解する手掛かりを与えてくれた。上田における上田藩札や信濃全国札の流通は、中額―小額貨幣の分野で、贋金回収に伴う貨幣需要を一時的に補った。名古屋では、伊藤次郎左衛門ら地域の有力商人が「金札小切手」および「配符」「切手」の引受人となり、小額貨幣需要に対する弾力的な地域通貨供給を図った。また、日田や西播では、一時的にではあるが藩札が安定的に流通し、特産物の領外移出と結び付く形で地域経済の活性化に貢献した。群馬県下で旧高崎藩の未発行藩札が流出した事件は、代替貨幣が供給されない場合、本来市場に出るべきでない類の藩札が市場に流出する誘因が働いたことを示している。

こうした地域通貨発行は、幣制統一を掲げて藩札や官許のない預り切手の流通停止を推し進める維新政府の施策と対立した。にもかかわらず地域通貨は、小額貨幣需要ないし贋金回収に伴う貨幣需要と、有力な在地商人の信用担保に支えられて流通した。維新期に、地域的利害を代弁する地域行政主体および在地商人の自立性が貫徹した場合、藩札流通も有用性を持ち続けたと考えることができる。

これら三つの現象は、紙幣利用の一般化に帰結する。明治維新期における地域金融市場では、小額貨幣の分野でも高額貨幣の分野でも、ともに紙幣の利用が定着した。また、太政官札（紙幣）を兌換準備とする地域通貨（紙幣）が発行され流通したことは、正貨（地金）や米との兌換から切り離された貨幣、換言すれば普遍的な素材価値を有する物質に依拠しない信用貨幣の創造、を部分的に実現したものと評価できる。一方で、三貨制度は維新期に〈両―永文〉建て（＝金銭建て）に編成し直され、その後の〈円―銭―厘〉という統一的計算単位制定の前提となった。維新期は近世的貨幣制度から一段飛躍した段階に到達したことが見て取れよう。これこそが貨幣体系変容の内実であり、貨幣保有者がこの事態に対応できるか否かで、その経済的成長が左右される類の歴史的事象であった。

明治七年を境に、世界市場における金高銀安傾向と日本の対外支払超過による正貨流出を受け、対外的には銀を基準とし、対内的には紙幣が流通する「一種の管理通貨体制への転化を余儀なくされ」たと言われているが[6]、国内における紙幣流通の優位化は明治維新期からすでに進展していた。紙幣流通が一般化していたからこそ、明治前期の大幅な入超に耐えうるだけの正貨蓄積を用意できたのであり、また正貨流出によって国内の貨幣体系が大きく変容することもなかったと考えられる[7]。

持続的成長

二つ目の課題は、明治維新期の経済発展について。本書ではこれを、両替商の経営史的連続性と大坂金融市場の活況、そして太政官札と地域通貨が媒介した地域経済の展開、という観点から説明しようと試みた。

石井寛治氏は、大阪市中の銀行に占める両替商系銀行の預貸比率を割り出し、「両替商系統の銀行は、たんに系譜的に見て重要だというだけでなく、それぞれの時代の金融市場において構成的な比重を占めており、その活動を無視しては、日本金融史を理解することは不可能」と述べている[8]。この点について筆者も同意見であるが、本書は、商人の近代的資本家への転化を可能にした背景を、石井氏が示したような両替商間のネットワーク以外の側面から描出した。

明治維新期における両替商の「休店」「閉店」に関して、そのすべてを経営的な悪化によるものと本書は理解してはいない。銭佐のように、鳥羽伏見の戦いが勃発した直後から戦火を避けるために家財を持って疎開すれば、軍事的

表終-1　近世近代移行期における貨幣体系と実体経済の変容

時期	国内貨幣体系		実体経済の中心	
近世中期～天保期	A	近世的貨幣体系（米本位）	A′	諸藩の大坂廻米を中心とする領主的商品流通
天保期～幕末 （万延期～）	B	近世的貨幣体系（正貨本位） （「万延二分金」本位制）	B′	「国産会所」方式が展開する中での領主的商品流通
明治維新期	C	維新期貨幣体系（紙幣本位）	C′	維新期実体経済（「国産会所」方式の継続）
明治7・8年頃～	D	近代的統一貨幣体系（本格的には明治12～18年に確立）	D′	近代的実体経済

な「分捕」をやり過ごすことができたわけであり、そもそも銭佐は朝敵藩との関係が薄かったので、「分捕」の対象にならなかった可能性もある。いずれにせよ、銭佐の「休店」は一時的なものに過ぎなかった。加えて、銭佐の場合、①累積純利益が乖離しないような大名貸の経営拡大と、②新旧公債への切り替えによって、近世期の蓄積を近代以降に持ち越すことができた。これが、経営史上重要な意義を持ち、明治一三年（一八八〇）に逸身銀行を設立する際の蓄積基盤ともなった。

この大名貸の安定的な経営拡大は、近世的実体経済の継続を意味しない（表終-1）。銭佐は、米本位経済から貨幣（正貨）本位経済への移行においては（A→B）、米切手担保ではなく高知藩の白砂糖為替取組のように商品作物の大坂移出を担保に取る形で、「万延二分金」本位制から維新期貨幣体系への移行においては（B→C）、銀建て証文切り替えの持つ内在的リスクを諸藩との交渉によって幾分か回避する方法で、貨幣体系の変容に対応した。銭佐の事例は、貨幣体系が構造的に変容を遂げても、それに対し貨幣保有者が資本の論理に応じて諸関係を編成し直すことができたことを示している。これは一つの個別事例に過ぎないが、両替商の近代的資本家への転化を可能にした背景を説明している。

さらに一点目の論点との関わりから次のことが言える。銭佐とは対照的に、官軍の「分捕」と銀目廃止の影響を免れなかった両替商は倒産し、手形の流通市場は明治元年（一八六八）に大きく縮小・変容した(9)。これにより現金取引の必要性が著しく高まったにもかかわらず、明治二年六月の金札正金引換政策によって三都以外への正金の供給は不安定となり、一方で贋金が流通して正金に対する信用が下落した。この過程で、万延二分金の基軸性によって支えられる「万延二分金」本位制は動揺し、明治維新期の市場経済は、①代替貨幣を導入して従来通りの経済活動を継続するか、②貨幣流通高の減少を物価下落によって相殺するか、③経済規模を縮小させるか、の岐路に立った。現実に観察されたのは、明治二年における大幅な物価上昇であり、太政官札と各種地域通貨の発行・流通であった。

太政官札が幕府鋳貨の機能を部分的に代位し、地域間決済通貨として果たした役割は先述した通りである。太政官札の流通は、幕末以来の隔地間交易の継続を保障した。

そして、この太政官札を兌換準備とする地域通貨が、地域の経済発展を下支えした点にも注目した。たとえば、名古屋通商会社を通じて貸し付けられた地域通貨は、太政官札の供給過多と小額貨幣不足に直面していた地域の再生産構造を維持・拡大する役割を果たした。結果的に、名古屋では伊藤次郎左衛門・関戸哲太郎ら名古屋通商会社参画者への資本集中が進み、彼らの近代的資本家への転化を可能にした。これは地域通貨が維新期の経済活動を媒介した好例であろう。

逆に、本書では近代的資本家への転化に失敗した日田掛屋の事例や、蚕種の輸出拡大を果たせなかった上田蚕種業の事例も見た。日田掛屋・千原幸右衛門は、豆田町生産会所を経営し、日田三郡札の引き受け主体となった。それでも日田地域の小額貨幣不足は解消されなかったため、領外から多種多量の藩札が流入したが、掛屋は太政官札と三郡札および領外藩札の収税・両替を通じて、地域通貨の価格維持に寄与した。千原家が両替を行うことができたのは、生蠟・櫨実の領外移出によって安定的に太政官札を獲得し、地域内に供給できたためである。これと並行して、九州諸大名・諸村へは貸付を行い、銭佐同様に資本蓄積を果たした。しかし、千原家は近代に入り衰退した。衰退の理由は本論で触れた通りだが、銭佐との経営上の相違は、千原家の貸付業務が他人資本、とりわけ公金と拝借金に依存していた点にあると考えられる。幕末維新期、千原家は日田の公金や諸藩からの拝借金を用いて貸付を行うとともに、貸付先からは利息収入を得、公金と拝借金に対しては利息を支払っていた。ところが、明治四年になると、藩債の元利支払いが一時停止となり、続いて債権の一部が新旧公債に切り替えられ、残りは棄捐された。一方、諸藩からの拝借金はいずれも短年期の返済を迫られたという(10)。そして、公金預りと諸藩からの拝借金という利権が廃藩置県によって消失し、運転資金が欠乏、経営上決定的な打撃を蒙ることとなった。維新期に限って言えば、千原家は交渉によって妥協を引き出せない類の他人資本に依存し過ぎた故に、藩債処分に対応できなかったのである。また、伊藤次郎左衛門家との対比で言えば、公金取扱業務を廃藩置県後に継続できなかったという事情が、他人資本を継続的に導入できなかった理由を説明している。

上田蚕種業にはまた別の事情がある。上田地域における蚕種業の成長が制約されたのは、普仏戦争の勃発に起因する蚕種不況、という外在的な要因による。第五章で検討したように、上田藩ならびに藩下の蚕種業者は、上田藩札・信濃全国札・商社札などの地域通貨の発行によって「万延二分金」本位制の動揺を乗り越えようとした。そして、それは贋金回収が持つ貨幣価値切り下げのリスクを先送りにするという形で、一定程度の成功を見た。しかし、地域通貨を回収する時点で蚕種不況に突入したがために、蚕種輸出の利潤によって貨幣価値切り下げの損失を補塡するという計画は失敗に終わったのである。

とはいえ、これらの例においても地域通貨が果たした役割は少なくない。いずれの事例にも共通することは、特産物の領外移出が地域経済を健全化させていたという点であり、地域通貨がそれを媒介していたという点である。これは三つ目の課題にも関わる。

さて以上の検討を終えて、維新期大坂の経済的停滞論を否定するとともに、地域経済に即して藩札流通を積極的に評価することが可能になった。全国一律的な経済発展を論じることはできなかったが、少なくとも大坂や名古屋においては、銭屋佐兵衛家や伊藤次郎左衛門家のような商人が、会計基立金募債・銀目廃止などの打撃を乗り越えて近代的資本家へ転化した事実を看取しうる。為替ネットワークの一時的断絶と贋金流通、古金銀回収などによって、現金取引の重要性が増し、とりわけ正金以外の貨幣が需要される中で、太政官札や藩札の流通が幕末以来の経済活動を下支えした側面もあわせて強調しておきたい。

個別には千原幸右衛門家や上田蚕種業・忍藩物産局のように、持続的な発展が見られなかった事例も存在するが、いずれの地域においても、小額貨幣流通の逼迫に対しては、人々は地域通貨の発行や複数の貨幣を使い分けによって柔軟に対処しえたと評価できる。

実体経済の質的変容

三つ目の課題は、商法司・通商司政策下での「国産会所」方式の継続と廃藩置県に伴う領主権力の消失および藩札回収により、地域経済がどのように再編されたかについて。

本書では、「領主的商品流通」を年貢米廻送と「国産会所」方式の二種に分解して捉え、前者が支配的だった時代（A′）から、後者が支配的になる時代（B′+C′）への移向を、貨幣体系の変容と関連付けて説明しようと試みた（前掲表終-1）。同じ近世三貨制度の中でも、人々の暮らしを取り巻く貨幣体系は変容していき、貨幣経済の進展と大坂への年貢米廻送量の減少によって実体経済も次第に変化していったという理解である（A′→B′）。米価が下落し始め、大坂廻米と結びついた大名貸の構造が限界を迎える享保期頃から、この移行が進展したと考えられる。そして、安政六年（一八五九）開港後の「国産会所」方式の高まりの中で、正貨本位の経済が成立した。ここで正貨本位と称した含意は、領主も納税者も米穀ではなく正貨（＝幕府鋳貨）の獲得を至上目的とする経済思想とそれに基づく商取引が広範に展開した事象を汲み取るためである。この経済は、地域間決済と地域内決済を本位貨幣である正貨が統合している体系、すなわち地域間決済通貨と地域通貨兌換準備貨幣の両方の手段で幕府鋳貨が用いられる貨幣体系、に依拠していた。そして、万延元年（一八六〇）以後は、幕府鋳貨の中でも特に万延二分金が基軸通貨化して「万延二分金」本位制となった。

近世的実体経済においては、領主は地域内の貨幣需給変動の自律性を保つために、地域内への入超に伴う債務過多という事態を避けなければならず、したがって必然的に、域内産業連関を傾斜させて移出産業を開発・振興するよう動機付けられる。(11) 米価が安定的に推移していれば、領内における本百姓保護と大坂への米穀廻送によって地域内への入超は防げるが、享保期以後の激しい米価下落に直面したとき、特産物の生産奨励という誘因が働く。本書で挙げた、高知の白砂糖、日田の生蠟・櫨実、上田の蚕種、播州一橋領地の木綿、岩鼻の生糸・蚕種などはそのような移出用特産物である。領外移出によって地域間決済通貨を得て、それを地域通貨の兌換準備とし、地域通貨によって特産物を仕入れ、さらなる領外移出を奨励する方法が、「国産会所」方式である。

ただし、同じ「国産会所」方式でも、幕末期と維新期とではそれが依拠する貨幣体系は異なっている。すなわち、幕末期には万延二分金が国内外で基軸性を示していたが、明治二年以後、古金銀回収と贋金流通に伴って「万延二分金」体制が動揺すると、国内市場では地域間決済通貨としての太政官札が一定の信認を得て、領主にとっても納税者にとっても太政官札を獲得することが至上目的化した。米本位とも正貨本位とも異なる紙幣本位の地域経済が成立したと言える。では、正貨本位から紙幣本位の貨幣経済へ移行したことで、地域経済はどのように再編されたのであろうか。

維新期には、商法司・通商司政策によって地域の「国産会所」方式の展開は一層推し進められた。日田では、商法司政策の下で設立された豆田町産物会所が、政府から日田県を経て貸し付けられた太政官札を元手金として、生蠟・櫨実の移出を積極的に展開した。上田でも、上田商法社による蚕種の横浜移出が見られた。忍藩物産局も藩札を貸し付けて生糸・蚕種を買い取り、横浜で売り込みを行っていた。これらは幕末期の「国産会所」方式と同様の形態である。既に述べたように、太政官札と地域通貨の供給が為替ネットワークの一時的断絶と正金不融通を補い、「国産会所」方式と幕末以来の経済活動の継続を可能としたのである。そして、領主権力（ないし地域行政）[12]による太政官札・地域通貨の貸付という側面が、「国産会所」方式の出発点となっていた。

反面、幕末期と維新期の「国産会所」方式の差異として、維新政府の意図と領主権力の意図が乖離していたことには留意すべきである。前者にとっての移出産業とは海外向けの輸出産業であり、地域間決済通貨とは洋銀を指す。後者にとっての地域間決済通貨とは太政官札・正貨であり、必ずしも洋銀である必要はない。したがって、輸出用商品に産業連関を傾斜させようとする通商司政策と齟齬するような生産奨励を地域が独自に行うと、地域が目的を達成しても、通商司政策は逆に「失敗」への道を辿る。地域は「国産会所」方式を継続させたものの、それは政府との軋轢を深める結果となった。その意味で、維新期の「国産会所」方式は限界を有していた。

このように明治維新期における地域の「国産会所」方式は、政府の意図に反するという意味で限界を有しつつも、領主権力の介在と地域通貨の流通が継続可能性を担保していた。

では最後に、近代的統一貨幣体系と近代的実体経済について若干の展望を行い、本書を結びたい。貨幣制度の面では、明治四年五月の新貨条例によって円建ての計算単位が創出されたわけだが、円建ての新貨に統一するために、古金銀回収や藩札回収などの政策が展開された。特に明治四―八年に関係法令は集中して出され、明治七・八年頃に藩札の大部分が回収された。官省札も本来の通用年限である一三年間を経ることなく、明治八―一〇年の間に回収されている（前掲表序-4）。明治七・八年までに政府に貨幣高権が集中しており、これを近代的統一貨幣制度の成立と見做すことができる。同時に、実態面でも円建て貨幣（特に新紙幣）の専一的流通が見られたことから、近代的統一貨幣体系もこの時期に成立したと評価できる。

旧貨幣が全面的に回収されたのはこれより後のことである。藩札回収は押印藩札も含めると明治一二年六月に完了し[13]、他の旧貨幣も明治一二年末に政府の保証対象外となった[14]。

明治一〇年から一六年にかけては、大量の国立銀行券が流通したが、本書の枠内でこれを位置付けておく。明治五年（一八七二）一一月、国立銀行条例が制定され、民間銀行であるところの国立銀行が誕生した。国立銀行の設立希望者は、資本金の六割相当を官省札・新紙幣で大蔵省に払い込み、大蔵省から同額の六分利付金札引換公債証書を受け取り、その公債証書を政府に預託することで同額の国立銀行券を発行することができた。残りの資本金四割は正貨で兌換準備することとなった。このとき設立された銀行は四行のみで、銀行券の発行高も低調であった（前掲表序-4）。そこで政府は、明治九年（一八七六）八月、国立銀行条例を改正し、銀行券の発行限度額を資本金の六割から八割に引き上げ、兌換準備を資本金の四割から二割に引き下げた。さらに、銀行券を正貨ではなく政府紙幣との兌換とし、新公債証書・金禄公債証書を出資金とすることも認めた。これにより、国立銀行は一五三行まで急増し、国立銀行券の発行高も増加した[15]。アメリカのナショナル・バンク制度を範とした日本の国立銀行制度は、貨幣発行主体の分散と競合を通じて、貨幣供給の地域的偏差を調整するものであった。これは従来の藩札が担っていた機能である。とはいえ、政府によって全国通用が保証され、租税・運上を含む公私の取引において政府貨幣同様に用いることが許された国立銀行券は、地域通貨の範疇に含まれない。また、政府による貨幣発行権の分与と奪取が容易に行われた点、大蔵省紙幣寮が銀行券の製造費用を負担し（改正後は銀行が紙幣寮に費用上納）、紙幣寮が銀行券を製造して下げ渡した点、銀行券には大蔵卿ならびに大蔵省出納頭の印（改正後は記録頭印も）が押された点などから鑑みても、藩札発行とは異なる集権的な貨幣発行形態であると本書では理解したい。

明治一五年（一八八二）一〇月には日本銀行が開業し、明治一六年五月には国立銀行条例が再改正されて、全ての国立銀行は発券業務を行わない普通銀行へ転換するよう定められた。松方デフレが収束した明治一八年には、日本銀行が政府紙幣の兌換を開始することとなる。旧貨幣の中で最も遅くまで流通した天保銭の通用停止は、明治一九年一二月である。(16)

以上のように、①貨幣の計算単位が統一され、②政府・中央銀行へと貨幣高権が一元化され、③政府・中央銀行が全国に流通するすべての貨幣について本位貨幣との兌換性を保証する、という意味での日本の近代的統一貨幣制度は、より本格的には明治一二―一八年に確立したと考えられる。

こうした貨幣制度の変容と、実体経済の質的変容は相互に影響を及ぼしあっていた。廃藩置県に伴い、地域内の貨幣需給を調整する責任は、領主ではなく中央政府（のちに日本銀行も加わる）に移った。地域を主体として捉えた場合、移出産業を振興して他府県から地域間決済通貨を獲得しなくとも、地域内の貨幣需給は他律的に均衡状態に保たれるようになった。また、明治七・八年頃までに、藩札はほとんど回収されたため、少なくとも国内においてはすべての貨幣の流通範囲が同一化した。近代的統一貨幣制度が敷かれる中で、領主権力の消失と藩札回収は、「国産会所」方式を行う第一義的な目的である地域間決済通貨の獲得を不要なものにしたのである。

ただしより厳密には、広義の地域間決済通貨の獲得は、国家にとって重要な目的であり続けた。近代的統一貨幣体系の成立により、日本という国が初めて経済的主体としての地域となった。このとき、海外諸国との交易で用いる洋銀が唯一の地域間決済通貨となる。政府は地域内（＝日本国内）の貨幣供給が逼迫しないよう過度な輸入超過を防がねばならず、輸出産業を振興して地域間決済通貨（＝洋銀）の獲得を目指すか、輸入産業を成長させて輸入防遏を図ることとなる。この政策は明治維新期から取られていた。その代表例が通商司政策であるが、通商司政策は各府藩県レヴェルの地域の施策と衝突したために、換言すれば洋銀のみでなく太政官札の獲得が至上目的化したために、「失敗」に帰した。しかし、洋銀が唯一の地域間決済通貨となったとき、そして、国家が唯一の貨幣需給調整者となったとき、日本という地域単位の経済政策が一元的に管理・実行される近代的実体経済が展開するであろう。

（1）たとえば米穀市場については、本城正徳『幕藩制社会の展開と米穀市場』（大阪大学出版会、一九九四年）参照。本城氏は、幕末期の瀬戸内海沿岸地域において、大坂を経由しない新興納屋米集散市場が形成されたことを実証している。
（2）速水融・宮本又郎「概説　一七—一八世紀」（速水融・宮本又郎編『経済社会の成立——一七—一八世紀』〈日本経済史1〉岩波書店、一九八八年）七四頁。
（3）幕府鋳貨のうち正金の中にも一分未満の小額貨幣が含まれていたから、ここでは正金回収に伴って、小額貨幣供給が逼迫された側面を部分的に認めている。
（4）山本有造『両から円へ』（ミネルヴァ書房、一九九四年）二六二頁。
（5）なお、計算単位の統一については、山本有造氏の説に従い、明治七年前後に「円」が定着するまで果たされないという見解を本書でも支持し、それ以前には計算単位の統一が果たされていないという意味で近代的貨幣制度はまだ成立していないと見做している。
（6）山本有造「明治維新期の財政と通貨」（山本有造・梅村又次編『開港と維新』〈日本経済史3〉岩波書店、一九八九年）一四〇頁。
（7）明治一〇年以後、紙幣価値が大きく下落したのは、入超に伴う正貨流出も関係しているが、西南戦争を起因とする紙幣増発が直接の契機であろう。
（8）石井寛治『経済発展と両替商金融』（有斐閣、二〇〇七年）二四六—二四七頁。なお、その比率は、明治二五年（一八九二）には五〇％前後、一八九九年には四〇％前後である。
（9）同前一三二頁。銭佐のようにすべての両替商が近代的資本家へ転化したわけではなく、手形市場が縮小したのも事実である。生き残った両替商がのちに金融市場において構成的な比重を占めていたことを鑑みると、維新期の倒産は両替商淘汰の過程と考えることができる。
（10）楠本美智子『近世の地方金融と社会構造』（九州大学出版会、一九九九年）一二八頁。
（11）黒田明伸『中華帝国の構造と世界経済』（名古屋大学出版会、一九九四年）、一三—一四、一〇六頁の議論を参照。地域毎

に独自の貨幣体系が成立していた近世期において、ある地域経済の入超は、地域内の貨幣供給量の減少につながる。地域を治める領主は、移出産業を奨励し、移出入の均衡を保ちながら、貨幣供給の逼迫を防ぐ必要があった。本書の議論は、領主が政策的に重視する移出産業が従来の米穀から特産物に変化した、という実体経済上の変化を、貨幣体系の変容と関連付けて説明するものである。

(12)　ここで領主権力を地域行政と併記した理由は、廃藩置県前に府藩県が中央集権政府の「地方行政機構」として再定置されていくことを念頭に置いたためである。この過程を描いた近年の研究成果に、中村文『信濃国の明治維新』（名著刊行会、二〇一一年）や池田勇太『維新変革と儒教的理想主義』（山川出版社、二〇一三年）がある。藩は領主権力による統治が、府県は中央集権政府の出先機関による統治が敷かれたのであるが、その一方で、地域利害を実現しようとする両者の同質性を、本書は一貫して主張してきた。

(13)　大蔵省主計局編『紙幣整理始末』（大内兵衛・土屋喬雄校『明治前期財政経済史料集成』第一一巻、改造社、一九三二年、所収）一九〇頁。

(14)　「旧貨幣交換幷ニ公納許可ノ期限ヲ尚又延期」（大蔵省紙幣寮編『貨政考要法令編』大内兵衛・土屋喬雄校『明治前期財政経済史料集成』第一四巻、改造社、一九三四年所収、一一七頁）。

(15)　「国立銀行條例同成規制定」（同前三一六―三二七頁）、「国立銀行條例同成規ヲ改正」（同前三四五―三五四頁）。

(16)　同前一二六―一二七頁。

あとがき

本書は、二〇一〇年度に東京大学大学院人文社会系研究科に提出した同名の過程博士学位請求論文に加筆・修正を加えたものである。

既発表論文のうち、本書に関わるものを発表年月順に示すと以下の通りとなる。

「明治初年における太政官札の流通経路」（『史学雑誌』第一一五編第七号、二〇〇六年七月）

「維新期名古屋の通商政策」（『歴史と経済』第二〇四号、二〇〇九年七月）

「明治初年における上田藩の贋金問題と紙幣流通」（阿部勇・井川克彦・西川武臣編『蚕都信州上田の近代』岩田書院、二〇一一年一二月）

「幕末維新期の貨幣経済」（『歴史学研究』八九八号、二〇一二年一〇月）

「幕末維新期における銭佐の経営」（逸身喜一郎・吉田伸之編『両替商　銭屋佐兵衛』第2巻、東京大学出版会、二〇一四年）

研究テーマとして太政官札に関心を持つようになったきっかけは、学部三年の演習のレポートにさかのぼる。課題は、明治大正期の刊行物を用いて何か書けというもので、それ以外の内容的制約はなかったように記憶している。私は、日本史学研究室の図書室で年代が古そうな装丁の書籍を探し、和紙に墨で筆写され函にしまわれた澤田章編『世外侯事歴　維新財政談』（岡百世、一九二一年）を手にとった。「世外侯」すなわち井上馨に関する事歴を渋沢栄一ら関係者が回想した同書は、冒頭から太政官札に関する叙述にかなりの紙幅を費やしており、太政官札について何も知らなかった当時の私にも、太政官札発行が維新期の変革の中で初発の重要な政策であったということが理解できた。

以後「明治維新期の貨幣経済」について研究を積み重ねてゆく中で、貨幣発行の政策論よりも貨幣流通の実態把握に分析の主眼が移ったが、維新期に特定の貨幣がどのように流通したか、あるいは流通しなかったか、その考察を通じて貨幣流通のメカニズムを自分なりに解き明かしたいという関心は変わっていない。維新期は日本史上最も多くの種類の貨幣が発行された時期だが、それをもって人々が混乱し経済活動も停滞したと安易に結論付けるのではなく、同時代の人々が多様な貨幣をどのように使い分けていたのか、それを経済活動に即して捉え直そうと試みたのが本書である。

本書の成り立ちにあたっては、数多くの人々の御世話になっている。

まずは、卒業論文から博士論文に至るまで一貫して御指導いただいた東京大学大学院人文社会系研究科・文学部の鈴木淳先生に心より御礼申し上げたい。投稿前の論文を先生に見せに行くと暫くして面談の機会を作ってくださり、そこで丁寧かつ示唆に富んだ御指導を賜った。大抵はそのままでは投稿することができず、何度となく先生との間でやり取りを要したが、この経験を通して研究者・教育者のあるべき姿を学ばせていただいた。

同じく野島(加藤)陽子先生には、たえず暖かい言葉をかけていただき、巨視的な観点から歴史叙述をすることの重要性を教えていただいた。吉田伸之先生には、史料調査の手法とそれに必要な技能、そして何よりも史料から出発するという歴史学研究者の基本理念を教えていただいた。東京大学ではほかに、藤田覚先生・武田晴人先生・伊藤正直先生・新田一郎先生・冨善一敏先生のゼミで学ばせていただき、それぞれ学問的な刺激を受けた。

学位請求論文は鈴木先生・野島先生・吉田先生、および日本女子大学の井川克彦先生、明治学院大学の神山恒雄先生に審査していただき、本書の執筆にあたって有益な御教示を得た。

井川先生には、博士課程修了後に受入教員となっていただいたほか、大学院時代から現在に至るまで、長野県上田市を中心とするフィールドワークに同行させてもらっている。この研究グループでは、阿部勇先生・西川武臣先生・吉良芳恵先生・上田飯沼史学会の方々にも大変御世話になった。井川先生が事務局を務めていた明治前期経済史研究会にも参加させていただき、高村直助先生から直接の御指導を受ける機会を得た。

史学会、地方史研究協議会、政治経済学・経済史学会、社会経済史学会、経営史学会、歴史学研究会では、学会報告への批判あるいは論文投稿に対する査読コメントという形で、各分野の多くの先生から有益な御教示を得た。なかでも歴史学研究会の大会報告を行う機会を与えてくれた三ツ松誠氏、同大会の批判報告を行ってくださった石井寛治・中川すがね両先生に深く御礼申し上げる。

現在筆者は、日本銀行金融研究所貨幣博物館の常設展示リニューアルに関わる研究業務を受託しているが、当該業務に携わる鎮目雅人先生・関口かをり氏から学ぶことも多く、その知見は本書でも生かされている。カバーの装丁に使用した錦絵は、同館の御厚意により拝借した。

また、お茶の水女子大学が新潟県教育庁から受託した「佐渡金銀山の歴史的価値に関する歴史学的・史料学的研究」にも五年ほど前から携わっている。研究代表者の小風秀雅先生には様々な研究上の便宜を図っていただき、神山先生・内藤隆夫先生からも多くの御教示を得た。

以上の諸先生による御指導・御教示に加え、筆者にとって大きな刺激となったのは、先輩および学友との議論である。日本史学研究室の千葉功・松澤裕作・今津敏晃・若月剛史・池田勇太・満薗勇そのほか同窓諸氏から受けた恩恵は計り知れない。また、法学政治学研究科の伏見岳人氏、経済学研究科の高槻泰郎氏と学生時代に忌憚のない意見を交わすことができたことも幸運であった。

史料の収集にあたっても多くの方々の御世話になった。とりわけ、『逸身家文書』の史料原蔵者である逸身喜一郎先生、ならびに調査・研究を主導された吉田先生、実務上の全てを取り仕切った小松（武部）愛子氏、「土佐用日記」の読み合わせに協力してくれた藤田壮介氏、ほか逸身家文書研究会のメンバーには格別の御礼を申し上げたい。三井文庫、東京大学文学部図書室、大阪歴史博物館、大阪商業大学商業史博物館、国立公文書館、高知市民図書館、国文学研究資料館、九州大学附属図書館付設記録資料館九州文化史資料部門、上田市立博物館、名古屋市市政資料館、たつの市龍野歴史文化資料館、神戸市文書館、群馬県立文書館、埼玉県立文書館、などの史料所蔵機関にも、閲覧や複写・撮影などの便宜を与えていただいた。

二〇一四年四月からは秀明大学にて職を得たが、ここでも川島幸希先生はじめ多くの先生方の御世話になった。出版にあたっては東京大学出版会・山本徹氏に一方ならず御配慮を戴いた。校正・索引作成は、池田真歩・鈴木智行・福田真人の諸氏にも御尽力いただいた。

なお、大学院時代には日本学術振興会特別研究員（DC1）として、博士課程修了後は同（PD）として、JSPS科研費〇七J〇〇二六二、一一J〇五七三八助成を受けた。さらに本書の刊行に際しては、第四回東京大学南原繁記念出版賞を受けた。記して関係各位に感謝申し上げる。

二〇一五年二月

小林延人

逸身喜一郎・吉田伸之 編	両替商 銭屋佐兵衛	A5	一二〇〇〇円
吉田伸之 著	伝統都市・江戸	A5	六〇〇〇円
石井寛治 著	資本主義日本の歴史構造	A5	五二〇〇円
福岡万里子 著	プロイセン東アジア遠征と幕末外交	A5	五八〇〇円
松沢裕作 著	明治地方自治体制の起源	A5	八七〇〇円
満薗勇 著	日本型大衆消費社会への胎動	A5	六八〇〇円
吉田伸之・伊藤毅 編	伝統都市〔全4巻〕	A5	各四八〇〇円
石井寛治・原朗・武田晴人 編	日本経済史〔全6巻〕	A5	各四八〇〇～五五〇〇円

ここに表示された価格は本体価格です．御購入の際には消費税が加算されますので御了承下さい．

著者紹介
1983年生まれ
2005年　東京大学文学部歴史文化学科卒業
2007年　東京大学大学院人文社会系研究科修士課程修了
2011年　東京大学大学院人文社会系研究科博士課程修了．
　　　　博士（文学）．
現　在　秀明大学学校教師学部講師

主要論文
「幕末維新期における銭佐の経営」（逸身喜一郎・吉田伸之編『両替商　銭屋佐兵衛』第2巻，東京大学出版会，2014年）
「政体取調一件書類に見る明治初期行政文書の性格」（『東京大学日本史学研究室紀要』14，2010年）

明治維新期の貨幣経済

2015年3月20日　初　版

［検印廃止］

著　者　小林延人《こばやしのぶる》

発行所　一般財団法人　東京大学出版会
代表者　古田元夫
153-0041 東京都目黒区駒場4-5-29
http://www.utp.or.jp/
電話 03-6407-1069　Fax 03-6407-1991
振替 00160-6-59964

印刷所　株式会社精興社
製本所　牧製本印刷株式会社

ISBN 978-4-13-026239-2　Printed in Japan

索　引

・原則として引用文を除く本文から，人名・事項名・地名を抽出したが，一部章末注から重要語句を採録している．
・人名は姓名を基準に採録した．ただし，本文に姓が記されていない場合，その限りでない．
・「正金」と「金札」に関しては全章にわたって頻出しているため採録していない．また，「両替商」（1章），「大坂」（1章），「太政官札」（3章），「日田」（4章），「上田」（5章），「贋金」（5章）については頻出する各章に限って頁数を掲出しなかった．

あ 行

か　行

さ行

た 行

な 行

は 行

ま　行

や　行

ら　行

わ　行